차이를 만들어낸 200인의 얼굴·1

아이콘

ICONS OF THE 20TH CENTURY

차이를 만들어낸 200인의 얼굴·1

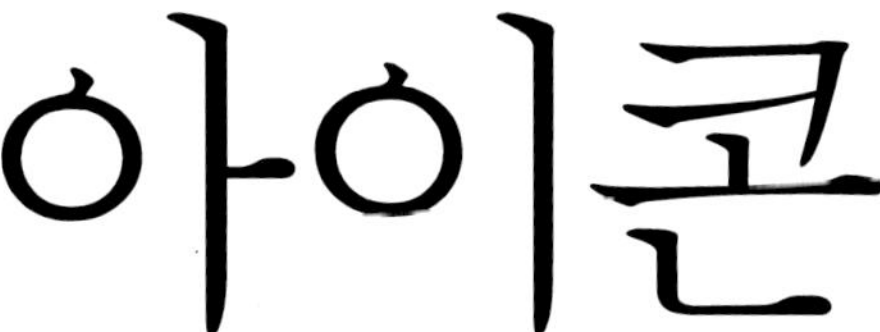

바바라 캐디 지음 | **장-자크 노데** 사진 편집 | **박인희** 옮김

거름

● **일러 두기**

옮긴이 주는 별표(*)로 표시했습니다.

차이를 만들어낸 200인의 얼굴·1

아이콘

지은이 **바버라 캐디** | 사진 편집 **장 자크-노데** | 옮긴이 **박인희** | 펴낸이 **하연수** | 펴낸곳 **기획출판 거름**

출판등록 제7-11호(1979년 6월 28일)
120-840 서울시 서대문구 충정로3가 270 푸른숲빌딩 4층
이메일 master@keorum.com | 홈페이지 http://www.keorum.com | Tel(02)313-0006 | Fax(02)313-0220

제1판 제1쇄 2006년 6월 20일
제1판 제2쇄 2006년 7월 1일

ISBN 89-340-0326-X 04900
89-340-0328-6 04900(세트)

*책값은 뒤표지에 있습니다.
*잘못 만들어진 책은 구입하신 서점에서 바꾸어 드립니다.

:: 감사의 글

우선 이번 작업에 함께 참여한 유능한 사진 편집자 장-자크 노데Jean-Jacques Naudet에게 깊은 감사를 전한다. 힘들 때마다 나를 구해 주고 용기를 북돋워 준 친구이자 에이전트 루이스 드 라 하바Lois de La Haba, 그리고 이 책을 한층 세련되게 다듬는 데 일조했으며 지혜와 비전의 소유자인 발행인 피터 마이어Peter Mayer에게도 깊은 감사를 드린다.

힘든 작업 내내 성실함을 보여 준 책임 편집자 트레이시 칸스Tracy Carns와 부편집자 앨버트 드페트릴로Albert Depetrillo에게 심심한 감사를 전하며, 뛰어난 제작 능력을 보여 준 클라크 와카바야시Clark Wakabayashi에게도 감사한다. 또한 『아이콘』의 디자인을 맡아 작품을 생동감 있게 만들어 준 조엘 아비롬Joel Avirom과 최고의 직업 의식과 열정으로 늘 나를 놀라게 한 마우라 캐리 다마시온Maura Carey Damacion, 베스 보츠Beth Bortz, 머레이 피셔Murray Fisher, 그리고 조이 파커Joy Parker에게 감사를 드린다. 수석 연구원이자 항상 도움이 되는 조언과 제안을 아끼지 않았던 친구 줄리 릭비Julie Rigby와 조수였던 이브 라스무센Eve Rasmussen, 오마르 르 덕Omar Le Duc에게도 감사의 마음을 전한다.

통계학자 모리스 올리츠키Morris Olitsky의 공도 잊을 수 없다. 그는 어쩔 수 없이 복잡할 수밖에 없었지만 매우 효율적이었던 투표용지를 만들어 자문위원들에게 발송했으며, 투표 후 자료 분석을 통한 선별 작업에서 중요한 역할을 수행했다.

내가 찰리 팬코스트Charlie Pancost와 릭 겐저Rick Genzer의 도움을 받아 컴퓨터에 익숙해지고 잘 해나갈 수 있게 되기 전에 초기 원고를 타이핑해 준 재클린 오레일리Jacqueline O'reilley, 그리고 『아이콘』의 자문단을 모집하는 데 도움을 준 로스앤젤레스 유명인사 단체의 친절하고 박식한 회원들에게 마음으로 감사한다. 펜실베이니아 리핀코트 도서관, 특히 필라델피아 공공도서관의 믿을 수 없을 만큼 효율적인 정보 체계를 갖추고 있는 예의 바르고 능력 있는 전문가들, 그리고 53번가에 있는 뉴욕 공공도서관 지국에서 일하는 자료실 직원들의 친절한 모습에 감탄했다.

그 외에 항상 내 이야기를 귀담아들어 준 아래의 친구들과 그 가족에게 고개 숙여 감사의 뜻을 전한다.

Wanda Celichowski, Patricia Prybil, Dr. Leslie Dornfeld, Grazia Dornfeld, Jay Cooper, Jack Wilkie, Greta von Steinbauer, Ann Thomson, Karen Kahn, Ton Drain, Sasi Judd, Dugald Stermer, Valerie Cavanaugh, Caryn Mandabach, Bonnie Turner, Marci Carsey, Darren Clemens, Jay Allen, Chris Cannon, Fr. Frank Gambone, Karen Snyder McGrath, Barbara Flood, François Vincens, Erica Fletcher, Hester Beavington, Bernie Schleifer, Jenifer Wohl, Dan Marcolina, Jan de Ruiter, Bridget de Socio, Laura de la Haba, Joeseph Greco, Keith Estabrook, Dr. James R. Waisman, Joyce Cole, Tom and Jill Durovsik, Sharon Dorram, Dr. Joe Rogers, Ann Siefert, John Van Doorn, Molly Sheridan, Marie Moneysmith, Bonnie Carpenter, Adele Chatelaine, Jessica Lauber, Firooz Zahedi.

차이를 만들어낸 200인의 얼굴·1

아이콘

차례

ICO

NS

ICO

차 례

차이를 만들어낸 200인의 얼굴·2

아이콘

윈저 공작 부부 Duke & Duchess of Windsor
오프라 윈프리 Oprah Winfrey
테네시 윌리엄스 Tennessee Williams
행크 윌리엄스 Hank Williams
칼 융 Carl Jung
돌로레스 이바루리 Dolores Ibarruri
아멜리아 이어하트 Amelia Earhart
베이브 디드릭슨 자하리아스 Babe Didrikson Zaharias
장칭(마담 마오) Jiang Qing (Madame Mao)
믹 재거 Mick Jagger
마이클 잭슨 Michael Jackson
마이클 조던 Michael Jordan
제임스 조이스 James Joyce
엘튼 존 Elton John
찰리 채플린 Charlie Chaplin
윈스턴 처칠 Winston Churchill
앙리 카르티에-브레송 Henri Cartier-Bresson
피델 카스트로 Fidel Castro
레이철 카슨 Rachel Carson
알 카포네 Al Capone
프란츠 카프카 Franz Kafka
마리아 칼라스 Maria Callas
프리다 칼로 Frida Kahlo
존 F. 케네디 John F. Kennedy
헬렌 켈러 Helen Keller
그레이스 켈리 Grace Kelly
르코르뷔지에 Le Corbusier
콜레트 Colette
자크 쿠스토 Jacques Cousteau
마리 퀴리 Marie Curie
애거서 크리스티 Agatha Christie
잭 키보키언 박사 Dr. Jack Kevorkian
마틴 루터 킹 주니어 Martin Luther King, Jr.
빌리 진 킹 Billie Jean King
테드 터너 Ted Turner
테레사 수녀 Mother Teresa
엘리자베스 테일러 Elizabeth Taylor
셜리 템플 Shirley Temple
아르투로 토스카니니 Arturo Toscanini

NS

:: 서론

우리가 살았던 20세기는 아마도 직접성의 시대로 기억될 것이다. 동시적으로 이루어진 세계화 시대에 거의 모든 사람이 역사를 함께 공유하며 목격했다. 과도한 커뮤니케이션과 유명인이 넘쳐나는 이 시대에 우리는 보도와 홍보 활동, 그리고 조작된 루머가 새로운 형태의 미디어로 자리 잡으면서 야기된 혼돈을 경험했으며, 과도한 정보의 홍수 속에서 진정한 지식을 쉽게 분간해 내기가 사실상 불가능해졌다. 우리는 전례가 없는 즐거움에 빠져서 모든 것을 심각하게 받아들이지 않게 되었으며 통제마저 불가능한 대중문화의 영향 아래 노출되어 있다. 오늘날 우리는 전자 데이터 전송 시스템 덕분으로 말 그대로 과거 어느 때보다도 한순간에 더 풍요로워지거나 더 빈곤해진다. 신문 발행, 업무 일람, 그리고 정보들이 전화나 팩스, 이메일을 통해 전달되며, 위성을 이용한 생중계는 우리로 하여금 다음 정보에 대해 더욱 갈증을 느끼게 만든다. 우리는 텔레비전과 컴퓨터 화면에 고착되어 자신이 놓인 처지에 따라 우리를 속박하거나 자유롭게 하는 눈부신 기술 변화의 주역인 동시에 볼모가 되었다. 극작가이자 체코 대통령이었던 바츨라프 하벨Vaclav Havel이 이러한 심각한 과도기의 종말에 대해 언급한 바 있듯이, 우리는 모든 것이 가능하면서도 확실한 것이라고는 거의 없는 '폭발 직전의 방'에서 살고 있다.

『아이콘』(원제 *Icons of the 20th Century*)은 이렇듯 빠르게 변하고 있는 20세기의 말미에 탄생된 작업이다. 이 시점이야말로 전 인류가 잠시 발걸음을 멈추고 지난 100년 동안 점철된 명예와 오욕을 되돌아볼 가장 적합한 시기다. 책 제목에 나오는 아이콘icon이란 '이미지 혹은 표상'을 의미하는 그리스어 에이콘eikon에서 비롯되었다. 이 책은 지난 100년을 대표하는 인물들을 담은 사진집이다. 그들 중에는 몽상가, 숭배의 대상, 혁명가, 폭군, 유행의 창시자, 그리고 여론 형성자로서 우리의 집단적 시대 정신Zeigeist을 형성했던 독보적인 이들이 있다. 엘비스 프레슬리, 지그문트 프로이트, 월트 디즈니, 베니토 무솔리니, 다이애나 황태자비, 달라이 라마, 메리 픽포드, 체 게바라 등이 여기에 속한다. 또한 어디서나 청중의 관심을 이

끌어 내고 주위의 자기장磁氣場에 영향을 미친 문화적 시금석 같은 존재로서 변화의 선구자였던 이들도 있다. 윈스턴 처칠, 프랭클린 D. 루스벨트, 마하트마 간디, 샤를 드골 같은 남성과 마거릿 미드, 테레사 수녀, 골다 메이어, 마리 퀴리 같은 여성이 바로 그들이다.

이러한 남성과 여성의 이미지들은 도처에서 접할 수 있다. 그들의 이름과 얼굴 그리고 그들이 남긴 명언들은 문화의 소통, 교육, 엔터테인먼트, 예술 분야에 깊숙이 침투되어 있다. 대체로 기이하고 유동적이었던 그들 각각의 삶은 흥미롭게도 다른 이들의 삶과 교차하는 경우가 빈번했다. 「사이언티픽 아메리칸*Scientific American*」의 표지 사진에서 찰리 채플린과 앨버트 아인슈타인이 우아한 턱시도를 입고 나란히 서 있는 모습이나, 테레사 수녀와 다이애나 왕세자비가 만나는 장면, 아돌프 히틀러 옆에 자랑스럽게 서 있는 찰스 린드버그의 모습, 대통령과 차례로 사진을 촬영하는 빌리 그레이엄과 프랭크 시나트라, 피델 카스트로와 시가를 나누어 피우는 가브리엘 가르시아 마르케스, 그리고 이 책에 언급된 거의 모든 사람들과 함께 촬영했던 앤디 워홀이 그러하다. 이 인물들 가운데 상당수는 우리 모두가 지니고 있는 개인적인 강박관념을 보여 주었다. 그리하여 우리는 그들의 이미지 속에서 자신의 모습을 재구성하고 그들을 공공의 강박관념으로 변형함으로써 동시대의 신화를 이루는 중요한 구성 요소로 만들었다.

이 책은 때로는 비난의 대상이 되기도 했고 때로는 경탄의 대상이 되기도 했던 인물들의 보기 드물고 독특한 이미지를 통해 현대 사진의 진수를 보여 주는 시연장으로서 사진 분야에서 가장 뛰어난 재능을 갖춘 작가들의 작품을 보여 주고 있다. 그 중 몇몇의 이름을 거론하면 앙리 카르티에-브레송(그 자신도 200명의 아이콘들 중 하나로 선정되었다), 헬무트 뉴튼Helmut Newton, 세실 비튼Cecil Beaton, 로버트 카파Robert Capa 등이 있다. 사진 편집자 장 자크 노데는 5년에 걸친 준비 기간 동안 전 세계의 자료들 속에서 이 특별한 이미지들을 간추려 냈다. 그 덕분에 고난과 평안의 시대를 살았던 한 세기의 인물들을 담아낸 놀라운 책이 탄생할 수 있었다. 이 책에는 인류의 상상력을 자극하고 꿈을 갖게 해준 남녀들이 소개되어 있다. 그들은 우리가 제일 좋아하는 영화, 역사서, 텔레비전 다큐멘터리, 신문, 건물의 벽, 아침 식사용 시리얼 상자의 표지에서 실재한다. 어떤 인물들은 신기술의 힘을 빌려 컴퓨터를 이용한 애니메이션에서 부활했다(고인이 된 프레드 애스테어는 불행하게도 텔레비전 상품 광고에서 청소기와 춤을 추는 모습으로 등장했다).

이 책에는 할리우드를 비롯한 영화의 메카들에서 시도했던 기묘한 현실 변형의 과정에 참여한 스타들도 포함되어 있다. 우리는 이 불후의 영화 주인공들을 통해 우리의 환상과 자기기만의 욕구를 충족할 수 있었다. 홀로 뮤지컬의 영광을 만끽했던 프레드 애스테어를 비롯하여 영화계의 기념비적인 인물이었던 험프리 보가트, 말론 브란도, 캐리 그랜트, 제임스 딘, 그리고 다른 어떤 배우보다 진정한 미국 영웅의 이미지를 전 세계에 알리는 데 일조했던 용기와 굳센 의지의 소유자 존 웨인이 이에 속한다. 우리의 마음을 한껏 설레게 만들었던 그들은 모자의 가장자리를 정확히 잡아채는 방법과 말을 타고 달리면서 총을 쏘는 법, 여성이 빼 든 담배에 불을 붙이는 법, 그리고 술을 마시지 않는 법을 가르쳐 주었다. 물론 이 숭고한 신전에는 여신들이 빠질 수 없었다. 그레타 가르보, 마를레네 디트리히, 매릴린 먼로, 엘리자베스 테일러, 캐서린 햅번, 그리고 브리지트 바르도가 바로 그들이었다. 또한 대형 스크린 위에 펼쳐진 불후의 명작 뒤에는 세르게이 에이젠슈테인, D. W. 그리피스, 앨프리드 히치콕, 오손 웰즈, 페데리코 펠리니, 잉마르 베리만, 스티븐 스필버그, 우디 앨런 같은 영화계의 뛰어난 개성파 감독들이 있었다.

영화에 대한 연대기를 작성하는 과정에서 우리는 신선하고 '현대적'이며 근본적으로 새로운 방법으로 세계를 바라볼 수 있었다. 이러한 변화는 예술과 문학 분야에서도 마찬가지여서 파블로 피카소, 베르톨트 브레히트, 이고르 스트라빈스키, 마사 그레이엄, 그리고 제임스 조이스를 전혀 새로운 시각에서 바라볼 수 있는 계기가 되었다. 이 새로운 운동이 보여 준 메시지들은 그것을 만들어 낸 메신저들과 마찬가지로 충격적이었으며 우리를 흥분시키기에 부족함이 없었다. 예술가들은 자신들이 창조한 작품과 더불어 자신들의 숭배자와 비판자 모두에게 영원한 연구 대상이었다.

이 책에는 또한 '모든 것 중에서 가장 귀중한 소립자'(DNA를 말함)*를 발견한 왓슨과 크릭에서부터, 할아버지의 현관을 밝게 비추어 주고 귀뚜라미가 울어 대는 깊은 밤 시골 촌부들의 외로움을 달래 준 라디오를 발명한 토머스 에디슨에 이르기까지 금세기의 과학적 지성들도 포함되어 있다. 뿐만 아니라 대량 생산의 개척자로서 우리의 부모 세대에게 자동차를 선물하여 교외로 진출할 수 있게 해준 헨리 포드, 인간도 하늘을 날 수 있음을 입증한 용감한 천재 형제 오빌과 윌버 라이트가 있었다. 20세기를 빛낸 과학자들 가운데 앨버트 아인슈타인은 단연 독보적인 존재였다. 그는 지난 세기에 가능했던 모든 과학 기술상의 발전을 이루어냈으며, 엔리코 페르미와 J. 로버트 오펜하이머 같은 동료 물리학자들의 도움으로 새로운 시대의 문을 여는 중추적인 역할을 담당했다. 물론 나중에는 자신이 열어 놓았던 문을 다시 닫을 수 있기를 소망했지만.

이 책에는 또 기록을 갱신하고 난관을 돌파해 나간 이들도 있다. 스포츠 분야의 로저 베니스터, 베이브 디드릭슨 자하리아스, 재키 로빈슨, 정치 분야의 마틴 루터 킹 주니어, 로자 룩셈부르크, 넬슨 만델라, 엘리너 루스벨트, 베티 프리단 같은 십자군들, 의학 분야에서 세계적인 인기를 누린 소아과 의사 벤저민 스포크 박사, 스포크와 논쟁을 불러 일으켰던 크리스티안 바너드, 잭 키보키언 박사, 건축 분야의 선구자 프랭크 로이드 라이트와 르코르뷔지에, 비즈니스계의 거물 존 록펠러와 빌 게이츠 등이 그 주인공들이다.

이 책에는 헬렌 켈러와 알베르트 슈바이처 같은 휴머니스트들과 알 카포네 같은 범죄자도 포함되어 있다. 뿐만 아니라 통치권을 행사하는 동안— 때로는 국민의 자발적인 의사에 따라—나라를 이성의 가장자리로 몰고 가서 비이성을 향해 뛰어내릴 것을 강요했던 요제프 스탈린과 마오쩌둥 같은 독재적인 인물들이 있다. '아이콘'이 지닌 이차적인 종교적 의미(동방 정교회에서 아이콘은 '예수 그리스도와 성모 마리아, 성인 등의 이미지나 표상'을 의미한다)를 최대한 제외하고 보면, 이 인물을 통해 우리는 전 민중에게 공포를 심어 주고 그들을 교묘히 사주했으며 그들의 목숨을 빼앗는 참혹한 만행을 저질렀고 살아남은 자를 '재교육했던' 열광적인 몽상가들을 볼 수 있다. 그들 가운데 의심할 여지없이 20세기의 첫째가는 재앙은 아돌프 히틀러다. 그토록 극악무도한 비행을 저지른 그에 대해 많은 철학자와 역사가는 유례를 찾아볼 수 없는 악의 화신으로 생각했다. 이 책에는 악명 높은 히틀러와 닮은꼴인 현대의 다른 '구세주들'도 포함되어 있다. 록 스타나 영화 스타처럼 하나의 이름으로 잘 알려져 있는 레닌, 무솔리니, 프랑코, 마오가 그들이다.

『아이콘』에 소개된 200명의 인물들은 예술, 과학, 정치, 출판, 교육, 패션, 엔터테인먼트, 기술 분야에서 활동하는 저명인사들로 구성된 다국적 자문 위원회의 도움을 받아 선정되었다. 자문위원들에게는 "이름과 얼굴이 널리 알려져 있으며 좋은 의미에서든 나쁜 의미에서든 현대사의 흐름을 형성하는 데 영향을 미친 인물"이라는 아이콘의 정의에 따라 삭제와 추천, 그리고 순위를 정하는 작업이 과제로 주어졌다. 투표를 집계한 결과 200명 중에서 약 15퍼센트가 상대적으로 적은 표를 얻어 통계상의 종형 곡선에서 양쪽 가장자리를 차지했다. 이 때부터 지은이와 발행인, 이 프로젝트의 편집자들과 조사자들의 공동 작업이 시작되었다.

물론 완벽한 분류 작업이란 불가능하며, 중요도에 따라 서열을 정하는 기준이 되는 객관적인 지표가 존재하는 것도 아니다. 누구를 넣고 누구를 뺄 것인가에 대한 기준 역시 마련되어 있지 않다. 따라서 이런 의문들이 즉각 제기될 것 같다. 왜 나세르는 포함되고 호메이니Khomeini는 제외되었는가? 식민 시대 이후 아프리카를 파괴시킨 상징적 인물인 이디 아민Idi Amin이나, 독립국인 가나가 격동의 대륙

아프리카에 더 큰 희망을 선사하는 데 일조했던 콰미 느쿠마Kwami Nkuma는 왜 빠졌는가? 조국을 제3제국의 폐허에서 구해 내어 전후 독일 민주주의를 확립한 콘라트 아데나워Konrad Adenauer는 왜 없는가? 제2차 세계대전 당시 아시아 정세에 일본 왕가보다 더 밀접한 관련이 있던 도조 히데키東條英機가 아니라 히로히토 일왕이 선정된 이유는 무엇인가? 결론적으로 말해서 음악이나 문학 같은 분야의 핵심 인물들을 제외하지 않는 한 유명한 정치적 리더들을 모두 포함시킨다는 건 불가능한 일이다. 20세기 정부의 지도자들이—그들이 대량 학살의 장본인이든 태양신 같은 존재든 간에—결과적으로 세계무대를 지배했다는 사실을 인정하더라도 우리는 그들이 이 책을 독식할 수는 없다는 결론에 도달했다.

이 세계에 대한 우리의 시각에 영향을 준 이들 중에는 앨프리드 킨제이Alfred Kinsey나 부크민스터 풀러Buckminster Fuller, 그리고 마셜 맥루한Marshall McLuhan처럼 이 책에 소개되지 않은 이들이 꽤 많다. 어떤 이는 단지 얼굴이 많이 알려지지 않았다는 점이 탈락 이유였다. 에이콘 혹은 이미지를 소개한다는 이 책의 기본 개념을 감안할 때 그 점은 상당히 중요한 문제였다. 텔레비전, 컴퓨터, 제트 엔진, 경구용 페니실린처럼 발명가 자신보다 발명품이 더 많이 알려진 경우가 있는데, 이 금세기의 혁신적인 개발자들 중에 상당수가 이 같은 이유에서 탈락되었다. 이렇듯 『아이콘』은 사물이 아니라 사람에게 중점을 둔 책이다.

인간의 노력에 대한 분류 작업을 하기로 결정했을 때, 한 항목 안에 너무나 많은 후보자가 거론되어 당혹스러운 경우가 한두 번이 아니었다. 누레예프는 되면서 니진스키Nijinsky나 밸런친Balanchine은 왜 안 되는가? 빌리 홀리데이는 되는데 베시 스미스Bessie Smith나 엘라 피츠제럴드Ella Fitzgerald는 왜 안 되는가? 마르셀 프루스트는 되는데 토마스 만Thomas Mann이나 윌리엄 포크너William Faulkner는 왜 안 되는가? 베이브 루스는 되는데 조 디마지오Joe DiMaggio는 왜 안 되는가? 금세기에 이루어진 대중 매체의 발전에 힘입어 각자의 분야에서 상징적인 존재가 된 그 외의 수많은 유명 운동선수들과 연기자들은 왜 안 되는가? 작업은 끝없는 토론의 연속이었다. 그러나 최종적으로 완성된 선택이 최상의 선택이 되었다.

선별된 인물 가운데 여성보다 남성이 더 많다는 점을 우려하는 사람도 있을 것이다. 그러나 이러한 성비의 차이는 현실의 실상을 보여 주는 것이라고 보며, 아마도 다음 세기에는 그 양상이 달라질 것이다. 그리고 미국인의 수가 압도적으로 많다는 의견에 대해서는 여러 가지 측면에서 20세기는 미국이 주도했다는 사실을 언급하지 않을 수 없다. 따라서 다음 세기에는 다른 결과가 나올 수 있을 것이다. 어쨌든 비범한 인물들과 그들을 담은 훌륭한 사진들은 그 자체로 모든 것을 말해 준다. 개인적으로 이 책에 소개한 인물의 짧은 평전이 현재의 문화 조류를 반영할 뿐만 아니라 변화하는 우리의 감정을 보여 주며, 더 나아가 미래에 대한 제안이 되기를 소망한다. 변화의 속도를 감안할 때, 우리 모두를 깜짝 놀라게 하는 데는 한 세기면 충분할 것이다.

『아이콘』이라는 책을 만들기 위해 2년 동안 200명의 인물을 선별하는 작업을 했다. 이 프로젝트는 자문위원회의 구성, 투표, 개표 결과에 대한 통계 평가를 거쳐 지은이와 발행인의 마지막 마무리 작업으로 진행되었다. 먼저 통계원이 위원회에 합류하여 지은이를 도와 약 100명의 이름이 올라와 있는 '시드 리스트seed list'인 투표용지를 작성하는 과정부터 시작되었다. 그 다음 단계로 지은이는 또 다른 표를 작성하기 시작했다. 여기에는 수천 명에 달하는 세계적인 유명 인사와 예술, 과학, 정치, 스포츠, 출판, 패션, 교육, 엔터테인먼트, 기술 분야에서 활동하는 국제적인 인사 가운데 복잡하고 많은 시간을 요구하는 투표 과정에 적극 참여할 의사가 있는 사람들의 이름이 기록되어 있었다. 지은이는 자문위원회를 구성할 위원들이 여러 분야를 대표하는 동시에 다양한 문화와 인종과 국적을 대변할 수 있도록 특별히 많은 주의를 기울였다. 또한 위원들의 연령대가 다양해야 한다는 점 또한 중요하게 생각했다. 그렇게 선택된 아이콘들이어야 20세기 전체 역사를 반영함과 동시에 단순히 현 세대가 아니라 모든 세대의 평가를 수용할 수 있기 때문이었다. 이러한 목표를 달성하기 위해 노벨상과 여러 명예로운 상의 수상자 명단을 참고했고, 예술계와 과학계에서 인정받고 있는 저널들을 면밀히 조사했으며, 대중 잡지와 신문이 주최한 각종 기념 조사와 특집 기사를 두루 모았다. 이렇게 해서 1,000여 명의 예비 자문단 명단이 확보되자 선별 작업이라는 어려운 과제가 우리 앞에 놓였다. 유명인사 조사 업체와 연구원들을 활용하여 그들 대부분의 소재지를 확인할 수 있었지만 당연히 모든 사람과 연락이 닿았던 것은 아니었다. 이에 대한 보완 작업으로 전화로 대화를 하고 대리인과 접촉을 시도했다. 그리고 투표용지 복사본을 발송했고 투표를 진행하고 있던 자문단 명단에 몇 사람의 이름을 추가했다. 마지막 투표용지를 발송한 후 모든 투표 결과에 대한 분석 작업을 시작하기까지 또 1년이라는 시간이 필요했다.

투표는 몇 단계에 걸쳐 진행되었다. 지은이가 제시한 명단에 대해 동의 여부를

결정한 뒤 (1) 가장 중요한 인물, (2) 누락되어서는 안 되는 인물이라는 두 가지 기준으로 순위가 결정되었다. 그런 다음 자문위원들은 (1) 지은이가 제시한 명단 가운데 제외시키고자 하는 인물을 결정하고, (2) 그 대신 자신이 추천하는 명단을 추가했다. 물론 자문단이 추천한 인물들에 대해서도 중요도에 따라 순위가 정해졌다 (투표 대상이 된 인물들은 정치, 과학, 문학, 스포츠, 그래픽 및 조형 예술 | 디자인, 연극 | 무용, 음악, 철학 | 신학, 영화, 미디어, 휴머니스트 | 사회사업 등으로 분류되었다). 통계원이 작성한 투표 결과의 목록은 지은이가 제시한 '시드 리스트'의 정당성을 입증해 주었고, 자문단의 인물 추천을 통해 흥미로운 인물들이 더욱 많이 소개되었다.

Harold M. Agnew
Lisa Anderson
Leon Botstein
James L. Brady
Lord Alan Bullock
Cornell Capa

Marija Gimbutas
Françoise Giroud
James K. Glassman
Vartan Gregorian
Amy Gross
Rev. Theodore M. Hesburgh

Harrison E. Salisbury
Daniel Schorr
Ingrid Sischy
Susan Stamberg
Christoph Stolzl
Gay Talese

Benny Carter
E. Graydon Carter
Jane Chestnutt
Leo Castelli
Camilo Jose Cela
Jay Cooper
Robert J. Cousy
Anne d'Harnoncourt

Stanley Hoffmann
Arata Isozaki
Bruce Jenner
David M. Kennedy
Firuz Kazemzadeh
Richard Koshalek
Nelson Lichtenstein
Kevin McKenzie

Roger Thérond
John Toland
Jay Tolson
Pierre E. Trudeau
Tommy Tune
Stewart L. Udall
Eric Utne
Kapila Vatsyayan

Wendy Doniger

Leslie Dornfeld, M.D.

Lita F. Dove

Jean-Louis Dumas Hermès

Oriana Fallaci

Leonard Feather

Andrée Putman

Ernest Fleischmann

Pierre Rosenberg

Issey Miyake

Hanae Mori

Fumio Nanjo

Joyce Carol Oates

David J. Pecker

Richard Pildes

Sean Kevin Fitzpatrick

Ned Fifkin

Robert Venturi

Eli Wallach

George T. Wein

Robert Wise

James E. Young

Daniel Filipacchi

Lynda Rae Resnick

Thomas P. Gerrity

투표에 참가해 준 자문위원들에게 깊이 감사한다. 그들의 수고와 지혜, 그리고 열의가 있었기에 『아이콘』이 탄생될 수 있었다.

Yuri Gagarin

유리 가가린

1934~1968

1961년 4월 12일, 모스크바 시간으로 정확히 오전 9시 7분에 최초의 우주비행사 유리 가가린은 보스토크 1호에 몸을 싣고 한때 신들이 살았던 것으로 추측되는 곳을 개척하기 위해 지구를 출발했다. 그는 무게가 거의 5톤에 가까운 우주선을 이끌고 겨우 108분 만에 과거 그 누구보다 더 빠르고(약 시속 2만 9,000킬로미터), 더 높이(약 302킬로미터) 비행했다. 그는 지구를 한 바퀴 돌고 돌아왔고, 이 용감한 애국자를 환영한 세계는 완전히 새롭게 변했다.

최초로 우주를 비행한 사람이 주물 공장 노동자 출신이라는 사실은 '보통 사람의 시대'라는 구호에 딱 맞는 일이었다. 그러나 공산당 당원이었던 그는 '평범한 사람'이라는 자기에 대한 평가 앞에 '소련'이라는 단어를 덧붙이는 것을 잊지 않았다. 특별한 업적을 남긴 평범한 남자였던 유리 알렉세이비치 가가린Yuri Alekseyevich Gagarin은 클루시노라는 작은 마을에서 태어났다. 이 마을은 모스크바에서 서쪽으로 100마일 떨어진 곳에 있는데, 지금은 가가린의 업적을 기리는 의미에서 마을 명칭이 그의 이름으로 바뀌었다. 그가 제정 러시아의 가가린 왕자의 피를 이어받은 귀족이라는 주장과는 달리, 그의 아버지는 집단 농장에서 농부와 목수 등 다양한 직업을 전전했고 어머니는 소젖 짜는 일을 했다. 1941년에 그가 살던 마을이 나치에 점령당했고, 당시 일곱 살의 가가린은 용감한 행동을 목격하게 되었다. 이것은 그가 평생의 목표를 결정하는 영감으로, 그리고 그의 운명을 암시하는 기분 나쁜 전조로 작용했다. 한 소련 전투기 비행사가 적의 공격으로 부서진 비행기를 타고 시커먼 연기를 뿜어내며 가가린의 머리 위로 지나갔는데, 기관총을 난사하면서 독일군 행렬을 향해 떨어져 자폭 공격을 한 것이다.

전쟁이 끝난 1950년에 가가린은 못다 한 공부를 마치기 위해 모스크바 근처에 있는 류베르치 주물학교에 등록했다. 그는 겉으로 보기에는 마치 중공업 분야에서 최선을 다하는 일벌레로 새로운 소련 시민의 전형이 될 운명을 타고난 것 같았다.

그런데 류베르치는 비행기 공장으로도 유명했다. 그는 비행사들과 어울리면서 그들의 시험 비행을 눈여겨보았다. 그리고 다음 해 사라토프 공대에 입학한 그는 근처에 비행학교와 비행장이 있다는 사실을 알고 비행 수업을 듣기 시작했다. 하여튼 공식적인 기록은 이러했다. 그러나 사라토프는 우주 탐험을 포함해서 극비 프로젝트를 위해 소련이 마련한 몇몇 비밀 도시 중 하나였고, 가가린이 그곳에 있게 된 것은 어쩌면 우연이 아니었는지도 모른다.

비행 이론과 야간 비행술을 공부하던 가가린은 처음으로 낙하 연습을 하게 되면서 전투 비행기에 탑승하는 행운을 얻었다. 그는 나중에, 그 순간 마치 청명한 다이아몬드처럼 머릿속이 맑아지는 것을 느꼈다고 고백했다. 1955년에 그는 주물 기술 자격증과 비행 수료증을 모두 획득했으며, 여름 내내 전투기 비행 훈련에 매달렸다. 그 해 가을 오렌부르크 비행학교에 입학한 그는 1957년에 학교를 졸업하고 전투기 비행사로 소련 공군에 입대했다. 약 157센티미터에 불과한 작은 키 때문에 그는 대열의 맨 앞줄에서 행진하지 못했으며, 미그기로 훈련할 때는 의자 위에 방석을 깔아야 했다. 그러나 나중에 우주선 조종석 같은 좁은 공간에서는 아담한 체격이 오히려 유리하게 작용했다. 1957년, 그는 간호대학 학생과 결혼했고 중위로 진급했다. 그리고 2년 후 소련의 비밀 우주 계획에 대해 듣고 지원했다. 그동안 계속 우주비행사 교육을 받아 왔다고 믿을 만한 근거도 충분했다. 솔직하고 성실했던 그는 자신감이 넘치고 신중했으며 두려움을 몰랐다. 또 지금까지 아무도 시도해 본 적 없는 극도로 위험한 일을 수행하는 데 필요한 조건을 충분히 갖추고 있었다. 신체 조건도 적합했고 의욕이 넘쳤던 그는 매일 훈련을 게을리 하지 않았고 술과 담배를 멀리했다. 고속 폭탄이라고 할 수 있는 전투기 출동 명령을 위해 대기하는 조종사로서, 그는 완벽한 우주비행사 지망생이었다.

그러나 3년에 걸친 집중훈련 기간 동안 배운 것이라고는 로켓 변속시 발생하는 관성력의 크기를 예측하는 것과 무중력 상태에서 방향 감각을 상실했을 때 대처하는 방법, 그리고 대기권에 재진입하는 방법뿐이었다. 그리고 운명의 날이 되어 가가린 소령이 가족에게 "매우 중대한 임무를 수행하러 간다"는 수수께끼 같은 말을 남긴 후 이륙을 준비하는 동안에도 확실한 것은 아무것도 없었다. 우주 공간에서 인간에게 어떤 일이 일어날지 아무도 예측할 수 없었다. 신체는 극심한 기온 변화에 어떤 반응을 보일 것인가? 또 심리적 긴장감을 어떻게 이겨낼 것인가? 기술적인 문제가 발생하면 가가린은 까맣게 타버리던지 아니면 희뿌연 우주 공간에서 천천히 고독한 죽음을 맞을 수도 있었다.

8만 톤의 추진력을 지닌 그르렁대는 로켓 위에 설치된 자갈 모양의 캡슐로 기어 올라가는 동안, 오직 가가린만이 침착함을 잃지 않았다. 가속을 알리는 불길이 몇 번 일었고, 뒤 이어 그를 태운 우주선이 2시간이 못 되는 비행을 위해 발진했다. 이렇게 해서 러시아인들은 그간의 모든 비행 기록을 갱신하는 데 성공했다. 또 1957년 소련의 무인 인공위성 스푸트니크 발사로 시작된 강대국들 사이의 경쟁적인 우주 개발에서 선두 주자 자리를 차지하려던 미국의 야망을 산산조각 내는 성과를 거둘 수 있었다. 보스토크 1호가 대기권에 재진입하자, 긴장한 가가린은 〈조국이 듣는다 조국은 안다〉라는 노래를 부르며 둥근 창 너머로 불빛이 번쩍이는 것을 지켜보았다.

마침내 그는 '레닌의 길'로 알려진, 전혀 개간되지 않은 집단 농장의 딱딱한 지면 위에 안전하게 착륙했다. 영웅 대접을 받은 가가린은 승리를 만끽하면서 우주에는 모든 인간을 받아들일 만큼 충분한 공간이 있다고 말했다(그는 곧 레닌 훈장과 '소련 영웅'이라는 칭호를 받았다). 소련 수상 흐루쇼프를 만나는 영광을 얻은 가가린은 면담 도중 자본주의자들을 앞질렀다는 사실에 약간 희열을 느꼈다는 것을 인정했다. 그는 욕실에서 넘어져 내이內耳를 다친 후로는 다시는 우주복을 입지 못했다. 그리고 1968년 3월 27일, 미그기 정기 훈련을 받던 중 30여 년 전 어린 시절 자신이 본 무명의 소련 비행사처럼 사망했다. 그러나 무명의 용사란 명칭은 가가린의 운명과는 어울리지 않을 것이다.

Greta Garbo
그레타 가르보

1905~1990

그 얼굴. 절묘한 아름다움을 지녔지만 뭐라고 규정할 수 없고 좀체 잊히지 않는 슬픔을 지닌 얼굴. 나른하게 무심한 듯하면서도 엄청난 열정을 내뿜는 얼굴. 여배우들 가운데 카메라의 적나라함에 초연하거나 카메라의 신화를 창조하는 위력을 유감없이 활용한 사람은 가르보말고 아무도 없었다. 그리고 가르보는 강렬함과 냉정함이라는 정반대되는 특징을 기묘하게 결합시킴으로써 진한 감동을 전해 주었다는 점에서 독보적인 여배우였다.

본명이 그레타 로비사 구스타프슨Greta Lovisa Gustafsson인 그레타 가르보가 열네 살 되던 해에 스톡홀름의 풍경 화가였던 아버지가 세상을 떠났다. 잇따른 여동생의 사망으로 상실감이 더욱 커진 가르보는 신경과민을 얻었고, 약속과 배신에 대해 매우 경계하는 태도를 지니게 되었다. 그녀는 많은 생각 끝에 1925년 조국 스웨덴을 떠나 할리우드로 향했다. 그녀가 루이스 B. 메이어Louis B. Mayer와 계약을 체결함으로써 영화감독 모리츠 스틸레르Mauritz Stiller는 자신이 원하던 이미지의 여배우와 일을 할 수 있게 되었다. 스틸레르는 곧 이 여배우의 스승이자 연인이 되었다. 폴란드 출신 이민자인 그는 스톡홀름 왕립연극학교에 다니던 가르보를 발견하고 첫눈에 꾸밈없는 열일곱 살의 그녀 안에 이글거리는 나비가 들어 있음을 알아보았다. 그는 4시간짜리 무성 영화 〈예스타 베를링의 전설Gösta Berling's Saga〉(1924)에 그녀를 조연으로 캐스팅했다. 이 영화의 개봉과 함께 가르보는 스타의 반열에 올랐는데, 극중의 순정 소녀 역할을 위해 그녀에게 체중 20파운드의 감량과 치아 치료를 요구했던 스틸레르의 공이 컸다. 그럼에도 불구하고 언론에 대해 무뚝뚝했던 그녀의 태도 때문에 MGM은 그녀에게서 상업적 가치를 전혀 발견하지 못하다가—MGM은 스틸레르가 추천하는 다소 평범해 보이는 여배우를 일괄 계약으로 받아들였다—그녀가 '스웨덴의 스핑크스'라는 이미지로 뜨고 나서야 비로소 성공을 거두었다.

1925년에 가르보는 MGM에서 찍은 첫 영화 〈급류The Torrent〉의 촬영을 시작했다. 비센테 블라스코-이바네즈의 소설을 각색한 이 영화는 한 스페인 독재자와, 가족의 영지에 사는 가난한 소녀와 아들 사이의 결혼을 반대하는 독재자 어머니에 관한 이야기였다. 평범한 내용에도 불구하고 반응은 대단했으며, 스튜디오 간부들은 스틸레르가 누차 주장했던 흥미로운 현상들이 실제로 일어나는 것을 목격했다. 가르보는 눈부셨다. 카메라는 그녀의 모습을 모든 각도에서 사랑스럽게 담아냈으며, 그녀는 관객들을 취하게 하는 에로티시즘을 발산했다. 한편 스틸레르는 몰락했다. MGM은 그가 가르보와 처음으로 찍은 〈유혹The Temptress〉에서 감독을 교체했고, 그는 스웨덴으로 돌아가 2년 뒤에 죽었다.

가르보는 1927년에 〈육체와 악마Flesh and the Devil〉에서 남자배우 존 길버트John Gilbert와 짝을 이룬 뒤에 다시 『안나 카레니나』를 각색한 〈사랑Love〉에 출연했다. 그녀는 비록 길버트의 개인적인 도움에 크게 의존하기는 했지만 스크린에서 더욱 확실한 자리를 확보하는 데 성공했다. 두 스타는 필시 로맨틱한 관계로 발전한 듯 하나—그렇게 되기를 기대하는 관객들의 눈에는 기정사실로 여겨졌다—무성영화 전문 여배우였던 가르보가 블록버스터 영화 〈안나 크리스티Anna Christie〉에서 첫 대사를 했던 1930년 무렵엔 그들의 관계도 끝이 났다. 그때까지 그녀는 MGM이 가장 아끼는 배우가 되었는데, 영화사로서는 탄탄한 각본을 갖춘 영화를 제외하면 박스오피스에서 넘버원을 기록하는 매력적인 여배우만큼 소중한 존재는 없었다. 실제로 가르보는 시나리오의 단점을 메우는 능력이 큰 장점이었고, 그녀는 여러 번 그런 역할을 맡아야만 했다. 그녀가 MGM과 함께 만든 24편의 영화 중 에른스트 루비치의 〈니노치카Ninotchka〉(1939)말고는 하나같이 대본이 평범했다. 그러나 대본 외의 것들은 모두 최고 수준이었다. 값비싼 세트, 화려한 의상, 유능한 감독, 그리고 실력이 뛰어난 카메라맨은 모두 가르보의 분위기를 만드는 데 일조했다. 그에 대한 보답으로 그녀는 MGM을 위해 최선을 다했다. 그녀는 자신의 단점을 잘 아는 미숙한 여배우로서 강한 집중력과 본능에 가까운 감성, 그리고 유능한 감독들이 활용한 프로다운 유연성을 통해 완숙한 연기를 선보였다.

가르보는 연기에 최선을 다했지만 촬영이 끝나면 사생활이라는 장막 안으로 사라졌다. 영화감독 클래런스 브라운Clarence Brown은 "그녀는 일을 마치면 곧바로 사라졌다"고 말했다. 하녀가 무대 위로 걸어 나와 가르보에게 물잔을 내밀면 이 여배우는 작별 인사를 남기고 무대를 떠나곤 했다. 가르보가 은둔하면 할수록 대중은 그녀의 사생활에 더 큰 관심을 보였다. 그러나 이 여배우는 자신의 사생활에 대한 권리를 포기하지 않았다. 그녀는 연기 생활을 계속하는 것과 대중의 관심에서 벗어나는 것, 두 가지를 모두 원했다. 할리우드의 전통을 거부했던 이 영화배우는 자필 서명과 인터뷰를 허락하지 않았다. 심지어 자신의 출연 작품이 개봉하는 자리에 참석하는 것조차 싫어했다. 또한 그녀가 속한 스튜디오는 그녀의 전화번호조차 알지 못했다. 말년에 그녀는 일부러 신비감을 조성하려고 그런 건 아니라고 주장했지만, 거의 독신으로 지낸 그녀가 〈그랜드 호텔Grand Hotel〉(1932)에서 "혼자 있고 싶어요"라고 한 대사가 곧 그녀의 진심인 것 같았다. 또 〈니노치카〉에서 "혼자 있고 싶나, 동지?"라는 질문을 받는 장면에서 그녀는 이러한 숨바꼭질 게임을 충분히 이해하고 있는 것처럼 보였다. 여기서 완고한 볼셰비키로 나왔던 그녀는 "아닙니다!"라고 소리쳤다.

가르보는 자신을 위장하는 것을 좋아해서 '미스 해리엇 브라운Miss Harriet Brown'은 그녀가 가장 좋아하는 인물 가운데 하나였다. 한편 전통을 거부하는 그녀의 행동은 점점 극단적인 방향으로 흘렀다. 그녀가 지내는 곳이 수수께끼 정도라면, 그녀의 성적 취향은 완전한 미스터리였다. 물론 가르보는 주연 배우들과의 열렬한 연애와 동성 미인들이 관련된 밀통에 관한 소문들을 번갈아 터뜨림으로써 자신을 둘러싼 무성한 추측을 교묘하게 유도했을지도 모른다. 그녀의 의도가 무엇이든 이 복잡한 관능성 때문에 MGM의 광고 효과는 대단했다.

〈크리스티나 여왕Queen Christina〉(1933), 〈안나 카레니나〉(1935), 그리고 〈춘희Camille〉(1936)를 통해 배우로서 확고한 입지를 확보한 가르보는 출연료 인상을 요구했고, 이러한 요구는 개런티 면에서 그녀를 MGM의 거물급 배우로 만들었다. 그녀는 〈두 얼굴의 여자Two-Faced Woman〉(1941)을 통해 코미디언으로 연기 변신을 시도했지만 실패했고, 서른여섯 살 때 잠시 일선에서 물러나 제2차 세계대전이 끝나기를 기다렸다. 그러나 국가 간의 대립은 계속되었고, 이 유명한 은둔자는 결국 사람들에게서 점점 잊혀져 갔다. 카메라는 이제 그녀에게 관심을 보이지 않았으며, 늙어가는 사이렌siren(아름다운 목소리로 뱃사람을 유혹하여 조난시킨 그리스 신화 속의 바다 요정)*의 운명은 그다지 상상력을 불러일으키지 않았다. 그녀는 때 이른 은퇴 덕분에 팬들의 기억 속에 영원히 눈부신 아름다움으로 기억되고 있으며, 그녀의 전설은 아직도 영원하다.

Mohandas Gandhi
모한다스 간디

1869~1948

20세기의 위대한 혁명가인 모한다스 간디가 늘 입었던 옷은 손으로 짠 천에 아무 염색도 하지 않은 단순한 요의腰衣로서 그 기능 못지않게 상징적이었다. 기도와 금식 그리고 비폭력 저항 같은 그의 무기들은 정통적인 것과는 거리가 멀었다. 그러나 다른 자유 투사들의 총이나 탱크보다 훨씬 더 큰 설득력을 발휘했다. 유랑하는 성자이자 인도 독립 투쟁의 순교자이며 반현대주의의 옹호자로 동포들에게 소박하고 영적인 삶을 위해 물질적 가치를 부정할 것을 촉구한 모한다스 카람찬드 간디는 수많은 숭배자들로부터 마하트마Mahatma(산스크리트어로 '위대한 영혼'을 뜻한다)로 불리며 팔십 평생 동안 모든 생명은 존귀하며 어떤 희생을 치르더라도 존중되어야 한다는 명제에 헌신했다.

간디는 인도 서쪽 해안에 있는 포르반다르라는 작은 어촌에서 태어났다. 그는 다소 응석받이로 자라며 행복한 어린 시절을 보냈다. 바이샤Vaishnavite(인도의 카스트 중 세 번째 계층으로 수공업과 상업 교역을 주요 직업으로 삼음)*에 속하는 상인 계급이었던 그의 가족은 엄격한 힌두 카스트 제도 안에서 평균 정도의 지위를 누렸으며, 더러운 집안일을 담당하는 '불가촉천민' 노예들을 많이 거느렸다. 1891년, 간디는 법률을 공부하기 위해 런던이라는 '오염된' 환경에서 3년이나 머물렀다는 이유로 그가 속해 있던 모드 바니아 카스트 공동체에서 추방당했다. 이것은 젊은 학자에게는 엄청난 사건이었다.

자기비판과 실용주의 성향이 뚜렷했던 간디는 해외에 머무는 동안에도 익숙한 전통과 한 번도 경험해 보지 못한 영국의 세련된 관습 사이에서 현명하게 행동했다. 본토의 인도인에게는 '갈색 영국인'이라며 영국에 동화된 사람 취급을 받기도 했던 그는 런던에 도착하자마자 실크해트와 지팡이를 과시하며 사교춤과 웅변술 수업을 받기 시작했다. 그러나 실망스럽게도 화려한 의상과 완벽한 에티켓도 문화와 인종적인 면에서 속물 근성을 지닌 이들로부터 그를 지켜 주기에는 부족했다.

간디는 시간이 갈수록 경제적으로 쪼들리게 되었고, 그럴수록 공부에 전념했다. 그 시절의 공부는 이후에 영국 통치에 반대하는 수많은 조직적인 비폭력 저항 운동과 반복된 구금 생활 속에서 그를 지탱하는 힘이 되었다.

연약하고 수줍음 많던 이 청년은 런던에서 다양한 철학과 종교를 경험했다. 그는 기독교와 채식주의에서부터 신지학theosophy(보통의 신앙이나 추론으로는 알 수 없는 신의 본질이나 행위에 관한 지식을 신비적인 체험이나 특별한 계시에 의하여 알게 되는 철학적 · 종교적 지혜 및 지식)*과 일련의 유토피아적인 사상에 이르기까지 다양한 행동 방식을 접했다. 어린 시절 자이나교(기원전 6세기 인도에서 일어난 종교)*의 비폭력에 대해 배웠던 그는 이제 신약 성경과 그가 나중에 암기하고 다녔던 힌두 경전 『바가바드기타*Bhagavad Gita*』 안에서 자비와 극기라는 비슷한 주제를 발견했다. 또한 그는 소로Henry David Thoreau의 작품에서 시민 불복종의 아이디어를 얻었고, 톨스토이의 작품에서 현대 정부의 해악을, 그리고 러스킨John Ruskin의 에세이에서는 노동에서 구원받는 법을 배웠다. 그 후 간디는 봄베이에서 법정 변호사로 일하기 위해 인도로 돌아왔지만, 얼마 안 있어 또다시 2년 동안 집을 떠나게 되었다. 이번에는 남아프리카공화국에 있는 이슬람교 회사에서 보수가 적은 자문위원 자리를 맡았다. 당당하기는 했지만 지도자로서 아직 부족한 점이 많았던 간디는 그곳에서 나중에 인도의 운명을 바꾸게 될 계몽적인 수동적 저항 프로그램을 처음으로 실행에 옮겼다.

더반에서 프리토리아로 가기 위해 기차를 탄 그는 유럽인에게 자리를 양보하지 않았다는 이유로 일등칸에서 쫓겨나고 운전사에게 폭행을 당하는 수모를 겪었다. 이 사건을 계기로 그는 곧 동화주의적 시각을 포기했고, 그로부터 21년 동안 남아프리카 인도인들을 규합하여 그들의 시민적 권리를 위해 영국 정부와 맞서 싸웠다. 그는 국민의 행복에 헌신하기 위해서는 재산과 육체적 욕구를 포기하는 것과 같은 가족의 희생이 절대적으로 필요하다고 생각했다. 젊은 간디가 아내인 카스투르바와 잠자리를 같이 하는 동안 아버지가 돌아가시는 충격적인 일을 당한 이후로 성적 욕구의 조절은 언제나 그에게 고통의 근원이 되었다. 네 아들의 아버지였던 그는 이러한 성적 욕구를 억누르기 위해 1906년에 금욕을 선언했다. 그리고 여성 추종자들 옆에 누워 밤을 보냄으로써 자신의 결심을 시험했다.

1915년, 간디는 인도로 돌아오자마자 인도 안팎을 막론하고 모든 형태의 사회적 부정의를 척결하기 위한 비폭력 저항을 조직했다. 그는 식민적 압제와 불가촉천민이라는 힌두교의 비양심적인 인습에 대항하는 운동을 주도했다. 그는 자신을 따르는 추종자들에게 시민 불복종의 결과에 대해 책임질 것을 가르치면서 인도 국민회의당에 가담하였으며, 철저한 독립운동을 위한 개혁자의 자세를 점차 갖추기 시작했다. 그리하여 간디는 영국 정부에게 식민지 지배를 위해 반드시 해결해야 하는 걸림돌이 되었다. 한 감시자는 "그는 위험하고 불편한 적이다. 왜냐하면 그의 몸은 언제든 정복할 수 있지만 그의 영혼은 조금도 흔들리지 않기 때문이다"라고 고백하기도 했다. 식민 정부는 간디의 오랜 금식과 그보다 더 널리 알려진 상징적인 저항들—새로 신설된 소금세에 반대해 1930년에 시도했던 200마일에 달하는 행진과 같은—이 지닌 도덕적 힘에 맞서기 위해 여러 가지 전략을 시도해 보았지만 어느 것 하나 효과를 거두지 못했다.

비평가들은 평화 시위 도중에 종종 발생한 유혈사태를 막지 못했다면서 간디의 순진함을 비난하기도 했다. 자와할랄 네루Jawaharlal Nehru는 간디가 궁핍을 미화하는 점을 못마땅하게 여겼는가 하면, 시인 사로지니 나이두Sarojini Naidu는 '간디지Gandhiji'의 궁핍을 유지하기 위해 엄청난 비용이 지출된다는 사실을 지적했다. 인도는 1947년에 독립했지만 각각 이슬람교와 힌두교를 믿는 두 나라로 분리되었고, 간디는 조국의 비극적인 '분단'을 마지못해 인정했다. 그리고 1년 뒤 힌두교 광신자에게 갑자기 암살됨으로써 전 세계에 충격을 안겨 주었다. 그의 시신을 따라 수백만 명의 사람들이 성스러운 줌나강으로 행진했으며, 죽음을 애도하는 통곡 소리가 끊이지 않았다.

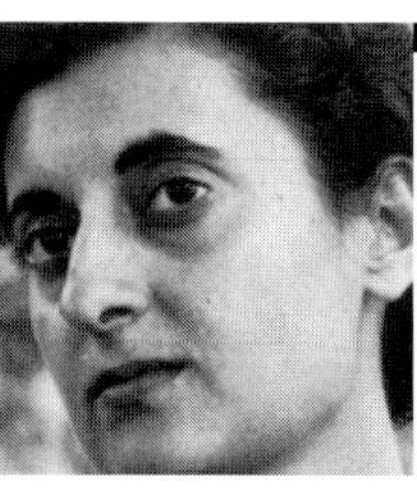

Indira Gandhi
인디라 간디

1917~1984

5억 명에 달하는 인도 국민에게 인디라 간디—강대국들 가운데 수상에 오른 최초의 여성 정치가이자 인도의 유명한 정치 명문가의 후계자—는 암마Amma(어머니) 혹은 간단하게 '그녀'로 알려졌다. 힌두교 신자가 압도적으로 많은 나라에서 어머니의 이미지는 힘센 여신에 대한 환상이 더해지면서 강력한 위력을 발휘했다. 간디는 오랜 재임 기간 동안 때로는 다산의 여신으로 박애의 축복을 베푸는 여신인 두르가Durga가 되었다가, 때로는 파괴의 여신인 칼리Kali가 되었다. 그리고 암살 사건이 일어날 즈음 인디라는 국민의 사랑과 증오의 대상이 되어 있었다.

인디라 프리야다르쉬니 네루Indira Priyadarshini Nehru는 인도 북부의 우타 프라데쉬 주에서 미래의 인도 지도자인 자와할랄 네루와 그의 젊은 아내 카말라 사이에서 브라만 계층의 아이로 태어났다. 자라면서 인도 민족주의자들의 저항에 참여하게 된 그녀는 독립을 향한 인도인의 모든 투쟁의 순간을 목격했고 또한 동참했다. 어린 시절 그녀는 자신의 아버지와 할아버지인 모티랄 네루Motilal Nehru가 왕정에 복종하지 않았다는 이유로 재판을 받는 모습을 지켜보았다. 아들 네루가 외국 상품을 파는 가게를 감시한 것에 대해 유죄 판결이 내려지자 화가 난 민족주의자 네루 부부는 유럽산 벨벳과 시폰을 불에 태워버리고 앞으로는 올이 굵은 모직물만 입을 것을 맹세했다.

어린 인디라는 아버지가 항의 집회에 참여하거나 영국에서 수감되면서 집을 비우는 일이 잦아지자 대부분 혼자 지냈다. 아버지와 할아버지가 그녀의 교육에 대해 정치적인 견해 차이로 대립하게 되어 영국 학교와 인도 학교 사이를 두 번이나 옮겨 다녀야 했을 때, 인디라는 처음으로 자기 자신에게 의지하는 법을 배웠다. 그녀가 쌓은 학식의 상당 부분은 옥중에 있던 아버지와 주고받은 편지에서 얻은 것으로, 세계 역사를 총망라하는 내용이었다(이 편지글을 모은 책이 네루의 『세계사 편력』이다)*. 외롭고 우울한 그녀의 어린 시절은 그 후 그녀의 성격을 형성하는 데 커다

란 영향을 미쳤다. 한편 말괄량이 같은 면이 강했던 그녀는 성격이 적극적이면서도 자신을 잔 다르크라고 생각할 정도로 이상주의적인 면도 지니고 있었다. 1926년에 그녀는 스위스의 한 학교에 입학했고, 어머니는 그곳에서 결핵 치료를 받았다. 1927년에 인도로 돌아온 그녀는 열두 살 되던 해인 1929년에 아버지의 절친한 친구 모한다스 간디의 비폭력주의에 영향을 받아 민족주의자 어린이 단체인 몽키 브리게이드Monkey Brigade를 조직했다. 이 단체는 독립 운동의 주동 세력이었던 인도 국민회의당을 위해 은밀히 편지를 전달하는 일을 맡았다.

인디라는 1936년에 어머니가 돌아가시자 인도를 떠나 영국 옥스퍼드의 소머빌 칼리지에 입학해 현대사를 연구했으며 페로제 간디Feroze Gandhi(모한다스 간디와는 무관하다)와 사귀기 시작했다. 런던경제대학교의 학생이었던 페로제 간디는 정치 활동에 열심이었다. 그러나 그녀는 아버지와 함께 인도 독립에 대한 지지를 촉구하기 위해 이곳저곳을 돌아다니느라 대학 생활은 순조롭지 못했다. 제2차 세계대전이 임박하고 영국 총독이 영국 왕실의 편에 서서 분노한 인도 시민을 탄압하기 시작하자 인디라는 페로제와 결혼하기로 결심했다. 그녀의 아버지는 페로제의 부모가 장사를 하는 파르시 계급이라는 이유로 끈질기게 반대했지만 결국 그녀는 1942년에 결혼식을 감행했다. 그러나 마하트마가 그들의 결혼을 축복해 주자, 자와할랄 역시 그들의 결혼을 인정했다. 한편 네루는 시민불복종운동으로 체포되어 9개월 동안 수감 생활을 해야 했는데, 다행히 페로제는 서둘러 몸을 피했다. 그러나 인디라는 결국 알라하바드의 대중 집회에서 체포되어 불결한 나이니 감옥에 갇히게 되었고, 그곳에서 13개월 동안 글자를 모르는 죄수들을 가르쳤다. 그녀는 석방된 후 남편과 다시 만났고 1944년에 첫째 아들 라지브를 낳았다. 2년 후 영국은 왕실에만 의지할 수 없게 되었고 인도에 독립을 제안했다. 그리고 그 해 둘째 아들 산자이가 태어났다. 분노한 이슬람교도와 힌두교도 사이에 유혈 사태가 발발하여 나라가 인도와 파키스탄으로 분리되던 와중에, 그녀의 아버지가 인도 수상의 자리에 오르면서 1947년 8월 15일 새로운 국가가 탄생했다.

인디라 간디는 아버지의 호스티스이자 절친한 친구가 되었으며, 아버지에게서 비동맹에 대한 신념과 인도 경제를 강화해야 한다는 신념을 물려받았다. 1955년, 그녀는 이러한 원칙을 관철시키며 인도 국민회의파를 다스리는 강력한 인물로 부상했다. 1964년에 네루가 사망하자 비탄에 잠겨 있던 인디라는 새 수상 랄 바하두르 샤스트리Lal Bahadur Shastri가 이끄는 정부의 부수상 자리에 올랐다. 2년 후 샤스트리가 죽자, 네루의 딸로서 국가 결속의 상징이었던 인디라는 수상으로 선출되었다. 극심한 가뭄이 닥치자 그녀는 경험 부족 탓에 처음에는 다소 당혹감을 드러내 보이기도 했다. 그러나 그녀는 곧 인플레이션과 펀자브 폭동과 같은 문제들을 효율적으로 해결하는 방법을 배웠다. 또 대대적인 산아 제한 프로그램을 실시했으며, 산업화를 통해 가난을 몰아내는 온건 사회주의의 달성을 위해 식량 증산을 이루고자 노력했다. 그녀가 통치하는 동안 인도는 비동맹국가의 선두 자리에 오를 수 있었다.

그녀가 재직하는 동안 모든 일이 순조롭지만은 않았다. 부패 혐의로 여러 번 기소된 그녀는 1971년 선거에서 부정을 저지른 혐의로 1975년에 법원으로부터 6년간 정치 활동을 금지 당했다. 그러나 그녀는 법원의 명령을 피하기 위해 독재적 권력을 휘두르는 강경책을 선택했다. 그리고 남은 기간 동안 오로지 정적 제거에만 매달려 악의적인 음모와 공공연한 배신에 몰두하기도 했다. 1977년 선거에서 패한 그녀는 부패 혐의로 잠시 철창 신세를 졌다. 1980년에 그녀는 다시 정권을 획득했지만 자신의 법정 상속인이었던 산자이를 비행기 사고로 잃는 슬픔을 겪었다. 1984년에 그녀는 무장한 시크교도들의 은신처이자 시크교의 성소였던 황금사원 Golden Temple에 대한 폭격을 명령했다. 당시 측근들은 보안대에서 시크교도들을 제거할 것을 그녀에게 끊임없이 종용했지만 그녀의 고집을 꺾을 수가 없었다. 그리고 드디어 사건이 터졌다. 1984년 10월 31일, 그녀는 보안대 소속 시크교도 두 명에 의해 정원에서 암살되었다. 그녀의 죽음은 1947년 영토 분할 이후 최악의 시민 폭동을 유발했다. 결국 파괴의 여신 칼리가 승리하여 인도의 어머니를 자신의 품에 안은 셈이었다.

Judy Garland
주디 갈런드

1922~1969

「라이프*Life*」는 그녀가 죽고 난 뒤 "주디 갈런드의 가장 놀라운 점은 그녀가 마흔일곱 살까지 산 것이다"라고 평했다. 미네소타 주 그랜드래피즈에서 프랜시스 검Frances Gumm이란 이름으로 태어난 갈런드는, 수줍음 많던 열일곱 살 소녀 시절 〈오즈의 마법사The Wizard of Oz〉에 출연하여 마음속의 이상향을 찾는 용감한 캔자스 소녀 도로시로 온 세계의 사랑을 한 몸에 받았다. 30년간 알코올과 약물에 중독된 고통의 삶을 살다가 우리 앞에 나타난 그녀는 더 이상 관심의 대상이 될 수 없었다. 애끓는 목소리로 관객을 꼼짝 못하게 했던 소녀는 한물 간 가수가 되어 나타났는데, 그녀의 공연은 도저히 지켜볼 수 없을 정도로 처참했다. 갈런드를 괴롭혔던 불안 증세는 부모와 두 언니들과 함께 '베이비 검Baby Gumm'이라는 이름의 보드빌 서커스단을 만들어 순회공연을 다닐 때로 거슬러 올라간다. 두 살 때 데뷔한 이후로, 그녀는 감정을 잘 드러내지 않는 어머니 때문에 힘들게 살아야 했다. 어머니는 때때로 딸의 버릇을 고치기 위해 호텔 방 안에 몇 시간이고 그녀를 혼자 가두어 두기도 했다. 열두 살이던 프랜시스가 MGM 영화사와 계약한 지 석 달 만에 아버지가 사망하자, 그녀의 어린 시절은 모두 MGM의 차지가 되었다. 오로지 현실적인 목적을 위해 영화 촬영소에서 자란 그녀는 스튜디오가 시키는 대로 꼼짝없이 따라 해야 했다. 회사에 소속된 의사는 체중을 줄이기 위해 그녀에게 약을 처방해 주었으며, 또 잠이 잘 오는 약과 잠 깨는 약도 처방해 주었다. 주디는 이러한 약품 때문에 자신의 건강한 신경 체계가 병들었다고 주장했다. 그녀는 〈1938년의 브로드웨이 멜로디Broadway Melody of 1938〉, 〈사랑이 앤디 하디를 찾는다Love Finds Andy Hardy〉, 〈에브리바디 싱Everybody Sing〉, 〈리슨, 달링Listen, Darling〉, 그리고 불후의 명작 〈오즈의 마법사〉에 이르기까지 MGM이 만든 수많은 영화에 출연을 했다. 그러나 그녀는 스무 살의 어린 나이에 첫 남편과의 이혼 문제로 고민해야 했고, 이미 처음으로 신경 쇠약을 경험하기도 했다.

예나 지금이나 주디 갈런드의 팬들은 엄청나게 많다. 영화와 텔레비전에 출연한 자료와 음반 등을 통해 그녀의 놀라운 재능이 잘 보존된 덕분이다. 팬들이 주디를 20세기 미국 최고의 연예인 중 한 사람으로 여긴 것은 바로 그녀의 뛰어난 감수성 때문이었다. 갈런드에게는 자신이 직접 견디거나 이해하지 못할 개인적인 문제가 없어 보였다. 그녀의 충실한 대중은 존경에 가까운 감정으로 그녀를 대했다. 그런 감정은 상호적인 것이었다. 갈런드도 관중을 사랑했다. 그녀가 자신의 대표곡 〈오버 더 레인보우Over the Rainbow〉를 끝으로 대중 앞에 모습을 드러내지 않게 되었을 때, 긴밀한 유대 관계는 절정에 달했다. 그녀의 부드러움은 그녀의 모든 죄를 사하여 주었다. 기괴할 정도로 짜증을 내는 성격과 계약을 파기하는 무책임함은 문제가 되지 않았다. 또 팬들은 자신들의 우상이 전성기 때 수월하게 냈던 음을 내려고 억지로 목소리를 쥐어짜는 애처로운 모습도 묵과해 주었다.

그러나 배우로서 가장 활발한 활동을 벌이던 시절에도 갈런드가 진정 평온했던 날은 손에 꼽을 정도였다. 회사의 귀중한 재산인 그녀를 끊임없이 활용하던 MGM은 무대 위에서 그녀에게 연기 교육을 시켰다. 또 갈런드가 식이요법을 잘 따라 하는지 감시하기 위해 여자 친구들을 붙여 주기까지 했다. 그녀의 진정한 친구로는 동료 아역 배우 미키 루니Mickey Rooney가 유일했는데, '앤디 하디' 시리즈에 갈런드와 함께 출연하여 엄청난 성공을 거두었다. 갈런드는 영화계에서 배우는 속도가 남달리 빠른 것으로 유명했다. 그녀는 타고난 연예인이었다. 노래 레슨이나 무용 레슨을 한 번도 받은 적이 없었고, 악보를 읽지는 못했지만 한 번 음악을 들으면 금방 완벽하게 연주할 줄 알았다. 첫 번째 신경 쇠약을 일으키던 해, 그녀는 처음으로 성인 역을 맡았던 〈나와 나의 소녀를 위해For Me and My Gal〉에 진 켈리Gene Kelly와 함께 출연하여 극찬을 받았다. 그리고 몇 년 후 〈세인트루이스에서 만나요Meet Me in St. Louis〉(1944)와 〈하비 걸즈The Harvey Girls〉(1946)와 같은 히트작들을 발표한 후, 그녀는 다시 켈리와 함께 〈해적The Pirate〉(1948)에 출연했다. 그녀는 이 영화에서 콜 포터가 작곡한 노래 '광대 되기Be a Clown'도 불렀다. 같은 해, 그녀는 어빙 벌린Irving Berlin이 음악을 맡은 〈부활절 퍼레이드Easter Parade〉에서 모방할 수 없는 배우 프레드 애스테어Fred Astaire와 짝을 이루었다. 이 작품에서 그녀는 떠돌이로 출연하여 자신의 가장 유명한 춤 장면 '멋쟁이 커플A Couple of Swells'을 보여 주었다.

빈센트 미넬리Vincent Minnelli 감독의 아내이자 딸 라이자의 어머니였던 그녀는

40대 후반에 정신적 · 육체적으로 심각한 붕괴 현상을 보였다. 종종 촬영 현장에 늦게 나타나 건강을 위해 살인적인 스케줄을 조정해 줄 것을 여러 번 요구했지만, 스튜디오의 대답은 한결 같았다. 하루는 〈로열 웨딩Royal Wedding〉 촬영 현장에 나오지 않아 계약 위반으로 출연 정지를 당하기도 했다. 결국 MGM은 1950년에 그녀의 출연 정지를 풀어 주었다. 47년을 사는 동안 45년간 배우로 활동한 그녀는 "믿을 수 없는 사람을 위해 수많은 영화를 찍었다"고 비꼬듯 말했다.

더욱 빈번해진 신경 쇠약과 수많은 소송 사건들, 그리고 공공연한 비밀이었던 몇 번의 자살 시도에도 불구하고, 쇼 비즈니스의 전설이 된 그녀는 1950년대에 콘서트를 통해 가수로서 활동하기 시작했다. 특히 런던의 팔라듐Palladium과 뉴욕의 팰리스 극장Palace Theater의 공연이 인상적이었다. 세 번째 남편 시드 루프트가 그녀의 매니저를 맡았다(두 사람 사이에서 그녀의 두 번째 딸 로르나가 태어났다). 인심 좋은 RCA 빅터 레코드사와 계약을 체결하자, 갈런드의 텔레비전 인기와 수입이 올랐다. 〈스타 탄생A Star Is Born〉(1954)에서 제임스 메이슨의 상대역으로 다시 영화계로 돌아온 그녀는 사랑 때문에 좌절한 한 여배우를 진솔하게 그린 감동적인 연기를 인정받아 아카데미상 후보에 올랐다.

그러나 1960년대 초반이 되자 갈런드는 그때까지 자신을 지탱해 주었던 목표 의식을 모두 상실했다. 계약을 완수하기 위해 다량의 리탈린Ritalin(주의결여 장애에 쓰이는 약)*에 의존하면서 거의 빈털터리 신세도 전락했으며, 편히 쉴 집도 없이 자주 옮겨 다니는 신세가 되었다. 1969년, 탄탄대로는 갑자기 끝이 났다. 그러나 그녀는 오즈의 나라—혹은 꿈이 현실이 될 수 있는 그 어떤 곳—가 아니라 런던의 집에서 다섯 번째 남편과 함께 있었다. 6월 22일 아침, 그녀는 수면제 과용으로 뜻하지 않은 죽음을 맞았다. 그녀는 화려한 삶을 살았지만, 시간이 지날수록 더 마음에 사무치는 불멸의 노래를 전설로 남긴 채 우리 곁을 떠났다. 빙 크로스비Bing Crosby가 갈런드에 대해 말했듯이 "그녀가 못 할 일은 없었다. 자신을 돌보는 일만 빼고는."

Che Guevara
체 게바라

1928~1967

"진정한 혁명가는 사랑의 감정에서 동기를 부여받는다." 전 세계인에게 '체'라는 이름으로 많이 알려진 에르네스토 게바라Ernesto Guevara가 남긴 글이다. 그의 이런 주장은 반란군 최고사령관의 잔인함에 대해 익히 알고 있는 사람들에게는 의구심을 자아내기에 충분하겠지만, 이 급진주의자의 마음속에 내재된 연민의 감정을 이해하는 사람들에게는 그렇지 않다. 한 남자 안에 사회주의를 위해 사람을 죽이려는 의지와, 또 그것을 위해 자신의 목숨을 버리려는 의지가 공존한다는 이 역설은 반란 선동자들 중 하나로 널리 알려진 한 사람의 짧고 격렬한 인생을 한 마디로 요약해 준다.

레닌과 마찬가지로 체는 아르헨티나 상류사회에 확고한 자리를 구축하고 있던 아일랜드-스페인계 귀족 집안의 장남으로 태어났다. 어머니 셀리아 데 라 세르나는 스페인 귀족의 후손이었고 아버지 에르네스토 게바라 린치는 스페인과 아일랜드 귀족 집안의 피를 물려받았다. 다소 자유분방한 사춘기를 보낸 체는 운동과 의지만으로 병약한 체질을 이겨냈다. 또 여성 편력에 있어 앞뒤를 가리지 않는 남성의 기백을 유감없이 발휘했는데, 한번은 제일 좋아하는 숙모의 등 뒤에서 몰래 하녀를 농락한 적도 있었다. 그러나 그는 평생 천식으로 고생해야 했는데, 결과적으로 그러한 사실이 그의 전설을 더욱 빛나게 해주었다.

1945년부터 1951년까지 부에노스아이레스대학교에서 의학을 공부한 그는 이듬해에 남아메리카 대륙 북서쪽을 돌아다니는 방랑 생활을 시작했다. 그는 모든 면에서 짜증스러울 정도로 독선적인 초창기 히피족이었는데, 목욕도 하지 않고 물질적인 풍요를 거부한 채 부모에게 돈을 보내 달라고 귀찮게 요구했다. 마르크스주의에 빠진 뒤로는 부모에게 남아메리카 사람들의 가난에 대해 설교했다. 1953년에 그는 의사 면허를 따기 위해 아르헨티나로 돌아왔지만, 곧 또 다시 방랑 생활을 시작했고 이 때 과테말라를 방문하게 되었다. 좌파 정치인 하코보 아르벤스Jacobo

Arbenz가 정권을 잡고 있던 당시 과테말라의 정치 상황은 막 태동 단계에 있던 반항자의 철학에 자극제 역할을 했다. 1954년에 아르벤스 정권을 전복시키는 과정에서 미국 CIA의 비열한 음모를 직접 목격한 체는 무장 투쟁만이 가난한 사람들의 권리를 지켜줄 수 있다고 결심하게 된다. 체는 한 신비한 이방인을 만나 자신의 운명에 대한 예언을 들었다. "당신은 주먹을 불끈 쥐고 입을 꼭 다문 채 죽음을 맞이하게 될 것이다. …… 벌집의 정신이 당신의 입을 통해 말할 것이며 당신의 행동을 통해 전해질 것이다." 체가 일기에 기록해 놓은 예언은 이러한 신념에 이끌려 그가 앞으로 어떤 삶을 살 것인지 잘 설명해 주었다.

좌파라는 정체가 드러나 피신해야 했던 그는 멕시코시티의 중앙 병원에서 직장을 구할 수 있었다. 당시 멕시코는 경쟁적인 첩보 활동으로 폭발 직전의 가마솥과 같았다. 1955년에 체는 새로운 반란 선동자들 중 악명이 높았던 피델 카스트로를 만났다. 쿠바에서 바티스타 폭정을 전복시키려다 실패하는 바람에 멕시코로 망명을 와 있던 피델에게서 혁명가의 미래를 발견한 체는 카스트로가 모집한 소규모 핵심 기간요원에 가입했다. 이듬해 체는 갓 결혼한 아내와 딸을 남겨 놓고 쿠바 원정대에 들어갔다. 그들은 농부들을 가난으로 내 몬 정권을 무너뜨리고 봉건 영주, 미국 투자가들, 그리고 아바나를 카지노와 사창가 소굴로 전락시킨 깡패들을 응징하고자 했다.

바티스타의 부대뿐만 아니라 자신들의 무경험과 싸우는 사이, 약 100명에 달하던 게릴라 부대는 시에라 마에스트라 요새에 가까이 다가가기도 전에 24명으로 줄었다. 1957년까지 재정 상태가 개선되면서 피델은 체를 제2종대 사령관으로 임명했다. 그 다음 해 역공을 감행한 체는 전략적 요충지였던 산타클라라를 점령했다. 1959년 1월 1일, 바티스타는 도망을 갔고 드디어 반란군이 아바나를 해방시켰다.

바티스타 편에 섰던 '전범들'에 대한 군법회의를 주관하면서 이 아르헨티나 청년은 정치가 자신의 적성에 맞지 않음을 깨닫고 농업개혁연구소의 산업부장을 시작으로 쿠바 국립은행 총재로 활동했다. 24시간을 일하는 와중에도 그는 종종 사무실을 벗어나 사탕수수 농장에서 일을 하기도 했다. 돈 때문이 아니라 도덕을 중요하게 생각하는 새로운 사회주의 인간상을 실현하려는 의도에서였다. 그와 동시에 그는 소련 및 중국과 밀접한 관계를 맺게 되었다. 그는 두 국가야말로 증오의 대상인 미국을 대신할 수 있는 대안이라고 생각했다. 1962년에 쿠바가 자국 내에 러시아 미사일 설치를 허락하자, 체는 미국을 비난하는 첫 번째 투쟁을 지지했다.

정착할 줄 모르고 모험을 즐기는 천성과 대중의 무력 해방에 대한 절대적인 신념을 지녔던 그는 1965년 또 다시 콩고에서 폭동을 선동했다. 방종에 빠진 로랑 카빌라Laurent Kabila를 지원하기 위한 그의 원정은 실패로 끝났다. 다음 해 그는 좌파 조직인 삼대륙 컨퍼런스Tricontinental Conference 앞에서 역사적인 연설을 했다. 그 자리에서 그는 "둘, 셋, 그리고 수많은 베트남의 탄생"을 촉구했는데, 자신의 영역 안에 최대한 많은 수의 베트남을 탄생시키는 것이 그의 야망이었다. 그는 이 목표를 위해 1966년에 볼리비아를 공격했다. 그러나 몇 달 만에 그가 이끄는 소부대는 농부들에 의해 고립되었는데, 도시의 폭도에게 조롱을 당하고 CIA를 포함한 적들에게 추격을 당하는 신세가 되었다. 배고픔과 통제할 수 없는 분노에 치를 떨던 체는 몇 명 남지 않은 부하들을 이끌고 최후를 향해 치닫고 있었다. 1967년 10월 8일, 그는 라이게라라는 작은 마을 근처 협곡에서 전투를 벌인 뒤 그는 체포되었고 다음 날 즉결 심판에 넘겨졌다. 그의 죽음을 증명하기 위한 증거로 그의 두 손이 잘려 나갔으며 나머지 시신은 아무도 모르는 곳에 매장되었다.

남아메리카의 가난한 사람들은 스스로 의협심이 강하다고 자부했던 기사를 기리기 위해 성지를 세웠다. 제3세계의 억압 받는 이들은 포스터를 붙였고 그의 이름을 기리는 집회를 열었다. 그러나 또 한편에서는 대중문화와 자본주의의 혜택을 누리는 무리가 공존했는데, 그들은 티셔츠에서 오토바이에 이르기까지 돈이 될 만한 물건들을 팔기 위해 체의 낭만적인 이미지를 남용했다. 체가 자신에 대해 어떻게 생각하고 있는가 하는 것은 콩고 전투 전날 밤 부모에게 보낸 편지에 잘 나타나 있다. "다시 한 번 로시난테(돈키호테가 탔던 늙은 말의 이름)*의 갈비뼈를 밟고 서 있는 기분이 듭니다. 사람들은 저를 모험가라고 부르겠지요. 네, 그 말이 맞습니다. 그러나 저는 다른 의미의 모험가입니다. 자신이 생각하는 진실을 보여 주기 위해 목숨을 건 사람, 저는 바로 그런 모험가입니다."

Bill Gates

빌 게이츠

1955~

20세기 말 미국에서 사용되는 IBM형 퍼스널 컴퓨터의 약 90퍼센트가 마이크로소프트 윈도우즈로 작동되고 있다. 이 실용적인 소프트웨어 프로그램은 탈공업화 시대의 몽상가 윌리엄 헨리 게이츠 3세William Henry Gates Ⅲ가 운영하는 수억 달러 규모의 복합 기업체 마이크로소프트에 의해 개발되었다. 그 이전에 개발된 자매 프로그램 MS-DOS와 더불어 윈도우즈는 미국인의 생활에서 없어서는 안 될 일부가 되었다. 그 과정에서 빌 게이츠는 세계 최고 갑부의 반열에 올랐고 역사상 가장 영향력이 큰 사업가로 떠올랐다. 운영 시스템 소프트웨어 시장에 대한 마이크로소프트의 지배력은 독점이라는 비난을 받아 왔다. 1997년 10월 미국 법무부는 마이크로소프트가 개인용 컴퓨터 생산업자들에게 윈도우즈95 운영 시스템에 대한 허가를 내주는 조건으로 인터넷 익스플로러 브라우저를 설치할 것을 강요함으로써 1995년에 제정된 합의서를 위반했다며 소송을 제기했다. 시장을 악용했다는 온갖 비난에 대해 빌 게이츠는 자신의 결백을 주장했다. 길어질 것으로 예상되는 그의 법정 투쟁이 정보통신 전문가들의 눈에는 독점을 규제하는 19세기의 법률이 21세기의 기술 발전에 과연 적절한 것인가 또는 기술 발전을 저해할 위험은 없는가를 알아보기 위한 시험처럼 보였다.

붙임성 있고 쾌활한 성격의 빌 게이츠는 컴퓨터 기술에 대한 충분한 이해 못지않게 컴퓨터 업계에 대한 날카로운 이해, 적절한 시기를 알아차리는 감각, 그리고 에너지와 확고한 의지를 두루 갖추고 있다. 실제로 게이츠는 자신감과 사업적 통찰력을 갖춘 인물이었다. 아버지는 시애틀에서 성공한 법인 변호사로 활동하던 저명 인사였으며, 대학교의 학생처장이었던 어머니는 자선 단체를 책임지고 있었다. 특히 수학에서 두각을 나타냈던 천재 소년 게이츠는 사립 특수 목적 고등학교를 다니던 십대 초반에 처음으로 아주 초보적인 수준의 ASR 33 텔레타이프 컴퓨터를 접했으며 컴퓨터 언어 베이직BASIC을 익혔다. 그는 자신보다 나이가 두 살 많은

폴 앨런Paul Allen과 친하게 지냈는데, 그는 컴퓨터에 대한 열정과 사업 추진력을 게이츠와 함께 나누었다. 16세 되던 해 게이츠와 앨런은 몇몇 친구와 함께 첫 번째 컴퓨터 회사인 트라프-오-데이타Traf-O-Data를 세웠다. 게이츠는 1973년에 하버드에 입학했다. 그러나 1975년에 폴 앨런이 우연히 본 한 신문 기사가 두 사람의 인생을 완전히 바꾸어 놓았다. 초기 퍼스널 컴퓨터 가운데 하나였던 MTS 알테어 8800에 관한 기사를 본 게이츠와 알렌은 미래에는 하드웨어가 아니라 소프트웨어가 시장을 지배할 것이라고 확신하게 되었다. 그리고 소프트웨어는 사용하기 쉽고 배우기 쉬워야 한다고 생각했다. 그런 생각을 했다는 것 자체가 그들의 천재성을 증명해 주었다.

두 사람은 1975년에 마이크로소프트를 세웠다. 그리고 제일 먼저 MTS 알테어를 위한 소프트웨어를 개발하는 사업을 시작했으며, 그 후 MTS에 판매 허가를 내주었다. 퍼스널 컴퓨터는 주로 컴퓨터 애호가들이 소프트웨어를 개발하여 친구들과 나누어 쓰는 방식으로 사용되어 왔기 때문에 소프트웨어를 통해 돈을 벌려는 게이츠의 생각은 혁신적이었다. 또한 소프트웨어 표절에 단호하게 대처한 자세는 컴퓨터 산업의 미래를 열어 주었다. 1977년에 게이츠는 하버드대학교를 중퇴했고 앨런은 마이크로소프트의 정식 직원이 되었다. 게이츠는 미래의 고객들에게 마이크로소프트의 서비스를 판매하는 일을 맡았다. 그해에 라디오 섁Radio Shack 점포의 소유사 탠디 코퍼레이션이 게이츠와 앨런의 베이직 버전에 대해 판매 허가를 내주었고, 마이크로소프트는 발전을 거듭했다. 그러던 중 1980년에 IBM이 마이크로소프트에 도움을 요청해 오면서 회사는 일대 전환기를 맞았다. 이 거대 회사 IBM은 회사가 개발하고 있던 새로운 퍼스널 컴퓨터에 사용할 소프트웨어와 운영 시스템이 필요했고, 극비리에 개발 중이던 그 컴퓨터는 1년 후에 출시될 예정이었다. 게이츠와 앨런은 소프트웨어와 운영 시스템을 단기간에 개발해야 한다는 점이 마음에 걸렸으나 시애틀 컴퓨터즈가 갖고 있던 운영 시스템에 대한 사용권을 확보함으로써 해결책을 마련했다. 그들이 획득한 운영 시스템은 MS-DOS의 토대가 되었다.

1980년대 들어 컴퓨터 시장이 확대되자 마이크로소프트는 급격한 성장을 이룩했다. 그러나 게이츠의 노련한 협상 능력과 완벽주의를 추구하는 정신이 없었다면 그러한 성장은 불가능했을 것이다. IBM은 MS-DOS가 설치된 컴퓨터를 한 대 팔 때마다 마이크로소프트에 로열티를 지불했을 뿐만 아니라 사용권 협정에도 독점 계약이라는 조건이 명시되지 않았다. 이렇게 해서 마이크로소프트는 IBM의 경쟁 업체인 이른바 IBM '호환 기종' 제조업체들에게도 자유롭게 판매할 수 있었고 실제로 그렇게 했다. 매년 성공적인 신상품이 출시되면서 마이크로소프트의 발전 속도는 가히 기하급수적이라고 할 수 있었다. 새로 출시된 상품들로는 MS-DOS 워드 프로그램과 마이크로소프트 마우스, 그리고 윈도우즈 3.0이 있었다.

게이츠는 혁신적인 사업 비전으로 또 다른 모험을 감행했다. 그는 온라인 엔터테인먼트 사이트 MSN를 개설하고 NBC와 제휴하여 케이블 채널 MSNBC을 발족했다. 그리고 하루에 4만 개의 이미지를 추가하며 성장하고 있던 코비스 아카이브 Corbis Archive를 인수했다. 1990년대 들어 게이츠는 인터넷을 뛰어넘는 미래에 관심을 돌렸다. 이미 언론에 많이 보도된, 컴퓨팅과 케이블 텔레비전의 통합이 바로 그것으로, 마이크로소프트는 이것을 '텔레비전 스페이스'라고 명명했다. 케이블은 모뎀보다 100배 빠른 속도로 데이터를 전송할 수 있는 데다 PC를 설치한 가구가 2,000만 가구에 불과하다는 사실과 비교할 때 6,800만 가구에 서비스를 제공하고 있는 케이블은 미래에 커다란 물결을 일으킬 가능성이 충분했다. 1997년 4월 게이츠는 4억 2,500만 달러를 주고 텔레비전에 인터넷을 덧붙이는 서비스인 웹티비 WebTV를 인수했다. 두 달 뒤 그는 규모 면에서 미국 내 4위에 해당하는 케이블 운영회사 컴캐스트Comcast의 지분 11.5퍼센트를 10억 달러에 인수했고, 이를 통해 텔레비전 프로덕션과 다이렉트 위성방송 사업에도 관심을 가지게 되었다. 1998년, 게이츠는 텔레커뮤니케이션즈와 획기적인 거래를 발표했다. 이 거래를 통해 소형 컴퓨터에서 디지털 전화에 이르기까지 모든 것에 활용할 수 있도록 만들어진 새로운 마이크로소프트 운영 소프트웨어 윈도우즈 CE는 미래의 새로운 컴퓨터/케이블 기기에 적용될 수 있게 되었다.

뛰어난 머리와 추진력을 갖춘 빌 게이츠는 20세기가 저물어 가는 지금 겨우 50대 초반이다. 그는 토머스 에디슨과 헨리 포드 같은 20세기의 기술 개척자들과 상당히 많은 공통점이 있다. 미래의 기술은 아직도 개발 중이며, 빌 게이츠가 최전선에 서서 모든 이를 위한 기술 개발에 일익을 담당할 것이 확실하다.

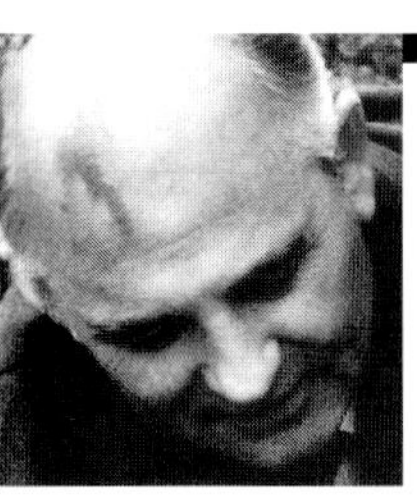

Mikhail Gorbachev

미하일 고르바초프

1931~

소비에트 연방의 깃발이 마지막으로 내려진 순간, 미하일 고르바초프는 1922년 12월 20일부터 시작하여 79년 11일 만에 막을 내린 드라마의 마지막 주인공이 되었다. 미하일 고르바초프는 소련의 마지막 대통령이자 글라스노스트(개방)와 페레스트로이카(개혁)의 설계자였으며, 러시아 공산주의를 마지못해 해체한 장본인이었다.

고르바초프는 소련 외곽 지역에서 자유를 사랑하는 코사크(자치 농민집단)*의 후예로 태어났다. 농장을 경영하여 비교적 생활이 넉넉했던 그의 할아버지는 그를 시기하던 이웃의 고발로 스탈린 비밀경찰에게 체포되었고, 어린 고르바초프는 할머니의 무릎 위에서 농부들의 노래와 함께 그 비밀스러운 사실에 대해 알게 되었다. 농장 인부로 일하던 그는 열여덟 살 때 노동 적색기 훈장을 받고 1952년에 공산당에 입당했다. 모스크바대학교에서 법률을 공부하던 그는 당시 같은 대학에서 철학을 공부하던 라이사 티토렌코를 만나 결혼했다. 힘이 넘치는 라이사는 그에게 학문에 대한 열정을 심어 주었고 영어 공부를 도와주었으며, 그 후 정책을 설정하는 데 조언자 역할을 톡톡히 했다. 러시아 지도자 중 배우자에게 의지한 사람이 거의 없었던 것과는 달리, 그는 아내에게 많이 의지했다. 북코카서스에 있는 고향 스타프로폴로 돌아온 그는 1950년대와 1960년대의 거듭된 승진으로 지방 공산당 의회의 지도부에 올랐다. 1970년에는 소비에트 연방의 최고인민회의에 선출되었으며 그 후 농업 담당 서기를 역임했다. 1980년에 그는 유리 안드로포프Yuri Andropov의 제자로 소련 정치국에 합류했다.

고르바초프가 공산당 서기장이 되었을 때 당과 국가는 처참한 상황에 직면해 있었다. 개혁을 목표로 정한 고르바초프는 소련 정치국의 나이 든 보수 세력에게 은퇴를 강요하고 그 자리에 자신과 비전을 같이 하는 젊은 신진 세력을 앉혔다. 마지막으로 그는 당이 국민의 가장 사소한 일상적인 욕구조차 해결하지 못한다는 현실

에 직면했다.

사려 깊고 노련했던 고르바초프는 서로 대립되는 이중적인 역할을 자처하고 나섰다. 당 지도자이자 개혁자로서 그는 자신의 영향력을 키우기 위해 절대적으로 필요한 완고하고 무능한 관료 사회와 대결해야만 했다. 현명하게도 그는 서구 사회를 시작으로 외교 수완을 통해 외부로부터 변화를 꾀했다. 그는 단호하면서도 상냥한 라이사를 동반하고 외국을 순방하고 회담을 열어 각국 수상과 대통령의 마음을 사로잡았다. 소련의 세력권 안에 있던 폴란드가 1989년에 독립을 쟁취했고 헝가리와 체코슬로바키아가 그 뒤를 따랐다. 그러나 작은 샘물로 시작한 것이 나중에는 홍수가 되어 돌아왔다. 발트해 연안 국가들과 변방의 공화국들이 모두 독립을 하겠다고 들고 일어섰는데, 그들의 저항이 거셀수록 소련 관료들 역시 더욱 완강히 맞섰다.

언제나 공산주의를 이상으로 추구하고 있던 고르바초프는 공산당을 개혁하고자 했지만 절멸시킬 마음은 전혀 없었다. 그러나 경제 위기에 동유럽의 상황이 더해지면서 연이어 사건이 터지기 시작했다. 체르노빌 원전 사고와, 레이건의 스타워즈 실험 계획 중 상당 부분을 10년간 유예해 달라는 제안이 거절된 지 3년 후인 1989년, 그는 적군赤軍이 아프가니스탄에서 철수하고 베를린 장벽이 무너지는 것을 목격했다.

경제는 악화일로를 걸었다. 동유럽에서 소련의 지배권 상실, 발트해 연안 국가들과 그루지야 공화국의 독립 요구, 여기에 광부들의 파업까지 더해지면서 그는 사면초가의 위기에 놓였다. 사실 광부들의 파업은 고르바초프를 축출하기 위해 공산당 중앙위원회 정치국 회원들과 KGB의 수뇌들, 그리고 내무장관이 주동이 된 쿠데타 세력의 교사에 의해 발발한 것이었다. 그에 대한 반대 세력을 이끌고 있던 이는 보리스 옐친Boris Yeltsin으로, 고르바초프가 서기장 자리를 지키고 있는 동안에도 국가 권력은 옐친에게로 넘어가 있었다. 옐친은 재빨리 수순을 밟았다. 그 달 말경 그는 공산당 활동을 금지하고 그 자산을 동결했으며 발트해 연안 국가들과 우크라이나의 독립을 인정했다. 9월, 소련은 공식 투표를 통해 해체되었으며 12월이 되자 독립국가연합이 구성되었다. 고르바초프는 이와 같은 새로운 정치 체제를 비난했지만 그의 정책이 새로운 체재를 잉태한 원동력이 되었다는 것은 아이러니컬한 일이었다.

냉전을 종식한 그는 서구에서는 정치 영웅이었다. 그가 쓴 회고록은 그를 기꺼이 처칠에 비교하는 외국 독자들에게 불티나게 팔렸다. 그는 강연을 통해 매번 10만 달러씩 수익을 올렸으며, 샌프란시스코에 있는 그의 협회는 정치 연구의 중심으로 남았다. 그러나 국내에서 그의 개혁은 이름만 개혁이었을 뿐 실질적인 소득은 없었다. 따라서 그는 소련 붕괴의 주요 원인이 되었다는 오욕을 뒤집어 쓴 채 사람들에게서 잊혀져 갔다. 러시아 기자들은 그를 비방하지는 않았지만 '고르바초프의 비극'에 대해 이야기했다. 1995년에 고르바초프는 "내게 가장 큰 불행과 가장 깊은 슬픔은 나라를 하나로 유지하지 못한 일이다"라고 토로했다.

고르바초프는 1996년에 보리스 옐친을 상대로 대통령 선거에 출마함으로써 조국을 다시 일으켜 세우고자 했다. 그러나 도전은 처참한 패배로 끝났다. 러시아 유권자 중 그를 지지한 사람의 비율은 약 1퍼센트였다. 나이 든 강경론자들은 그를 증오했고 정치적 통제에서 해방시켜 준 지식인층은 그를 구시대의 인물로 치부했으며 자유를 낯설어 하고 책임에도 익숙하지 않은 새로운 러시아의 시민들은 글라스노스트 이후 소련에서 일어난 거의 모든 문제를 그의 탓으로 돌렸다. 그러나 고르바초프는 소비에트 연방을 무너뜨린 사람이 아니라 그보다 더 훌륭한 인물로 기억되기를 바라면서 꿋꿋이 버티고 있다.

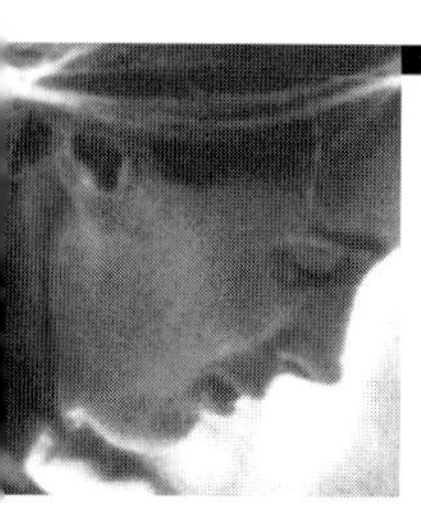

Jane Goodall
제인 구달

1934~

"내가 처음 곰비Gombe에 갔을 때 기자들은 내게 타잔을 만나러 왔냐고 물었다." 제인 구달은 침팬지의 행동을 연구하기 위해 탄자니아에 첫발을 내딛었을 때를 이렇게 회상했다. 1960년 스물여섯 살의 풋내기 과학자는 약간 모욕감을 느끼기는 했지만 울창한 숲속으로 용감하게 들어갔다. 침팬지가 인간과 어느 정도 유사한지를 알아보기 위해서였다. 그러나 실제로 그녀가 알아낸 것은 인간이야말로 침팬지와 유사하다는 점이었다. 역사상 극히 위대한 자연주의자 중 한 사람이었던 구달은 연구 대상에 전례 없이 가깝게 다가감으로써 새로운 경지를 개척했다. 그녀는 침팬지와 함께 살았다. 그들과 함께 먹고 놀았으며, 그저 그들이 사는 모습을 바라보기만 함으로써 신뢰를 얻었다. 구달 전에는, 생물학적으로 우리와 가장 유사한 종족에 대한 연구는 대부분 침입하고 방해하는 경향이 강했기 때문에 침팬지들이 겁에 질려 밀림 속 서식지로 도망치기 바빴다. 그 결과 침팬지에 대해 알려진 것이 거의 없는 상태였다. 그러나 수풀 속에서 오랫동안 혼자 지내겠다고 주장한 구달은 선임자들이 모은 자료보다 훨씬 더 많은 정보를 얻을 수 있었다.

구달은 런던에서 소설가 어머니와 자동차 경주를 몹시 좋아하는 엔지니어 아버지 사이에서 태어났다. 그녀는 부모에게서 모험심과 상상력을 물려받았고, 여기에 호기심이 더해지면서 미래의 직업을 수행하는 데 도움이 되었다. 그녀는 일곱 살 되던 해에 동물과 이야기를 할 수 있다고 주장한 별난 과학자 두리틀 박사의 이야기를 읽고 깊은 감명을 받았다. 봉제 침팬지 인형 주빌리를 한시도 내려놓지 않았던 그녀는 몇 시간이고 정원의 벌레와 닭장 속의 암탉을 살폈고 어디를 가든 벌레에 관심을 보였다. 1952년에 고등학교를 졸업한 후 옥스퍼드대학교에서 비서로 일할 때는 자신이 아프리카에서 살고 싶어 한다는 사실을 깨달았다. 그리고 운이 따랐다. 1957년 케냐에 있는 친구에게 초대를 받은 그녀는 몇 달 후 낡은 화물선에 몸을 실었다. 아프리카에서 그녀는 유명한 인류학자 루이스 S. B. 리키Louis S.

B. Leakey를 만났고, 구달의 열정에 감동한 리키는 그녀를 조수로 채용했다. 그리고 곧 올두바이 고지Olduvai Gorge에서 그를 도와 초기 인류의 잔해를 발굴하는 일에 참여했다. 구달이 원숭이에 관심이 많다는 사실을 안 리키는 곰비에 있는 잎이 무성한 닫집에서 2년간 침팬지를 연구하는 프로젝트에 그녀를 추천했다.

대학 졸업장도 없고 과학 실험 훈련도 받지 않은 연약한 여성에게 그처럼 힘들고 벅찬 일을 맡긴다는 것은 문제의 소지가 많은 결정이었다. 리키는 구달에 대한 확고한 믿음을 가지고 있었지만, 그의 동료들은 이 풋내기 연구원이 침팬지와 눈도 마주치지 못할 거라며 거드름을 피웠다. 그러나 구달은 그들의 예상이 틀렸음을 증명했다. 영국에서 몇 달의 걸친 준비 작업을 마친 구달은 어머니를 조수로 데리고 돌아와 탄자니아 황야에 캠프를 세웠다. 수풀 안으로 들어가 처음 침팬지 무리를 발견했을 때, 침팬지들은 그녀를 위협하기는커녕 도망치기 바빴다. 결국 그녀는 단순히 사냥감의 흔적을 뒤쫓는 평범한 방법을 포기하기로 마음먹고, 한 손에 쌍안경을 들고 침팬지의 움직임과 습성을 관찰할 수 있는 절벽 위에 자리를 잡고 섰다. 그러자 침팬지들도 그녀를 관찰하기 시작했다. 그녀의 작전은 효과가 있었고, 마침내 침팬지들은 '피부가 하얗고 이상하게 생긴 원숭이'에 익숙해졌다.

전망 좋은 절벽 위에서 구달은 몇 가지 놀랄 만한 사실을 발견했다. 침팬지들은 언덕이나 흙무더기를 파서 개미와 흰개미를 잡아먹기 위해 연장을 만들고 사용할 줄 알았다. 그들은 먹이를 찾아 헤매는 육식동물이었으며 껴안기와 뽀뽀하기와 악수를 즐겼다. 그리고 가장 놀라운 것은 사랑을 할 줄 안다는 점이었다. '침팬지는 분노, 슬픔 등 인간에게 익숙한 다양한 감정을 느낄 수 있다'는 구달의 깨달음은 새롭게 발견한 중요한 사실이었다. 그녀는 전통적인 과학 연구에 사용되는 무미건조한 규정들을 포기한 채 침팬지에게 다양한 이름을 붙여 주었다. 전 세계는 곧 암컷 우두머리 플로, 용맹한 데이비드 그레이비어드, 난폭한 폼, 그리고 수컷을 유혹하는 지지에 관한 이야기를 알게 되었다.

구달이 침팬지에게 이름을 붙인 일은 기존 학자들의 비웃음을 샀지만 그녀의 노력에 대한 지지를 이끌어 내는 데에는 도움이 되었다. 또 이것은 침팬지가 특정한 인격을 갖춘 단일한 존재라는 그녀의 확신을 뒷받침해 주었다. 이름 붙이기는 침팬지가 동물이 아니라 사람처럼 느껴지게 했다. 이러한 유사성은 사회적으로 큰 파장을 몰고 왔으며 『내 친구 야생 침팬지*My Friends the Wild Chimpanzees*』(1967), 유명한 저서 『인간의 그늘에서*In the Shadow of Man*』(1971), 그리고 『무지한 살인자들

Innocent Killers』(1971) 등 그녀의 작품 전반에 끊임없이 등장하는 주제가 되었다. 이 저서들은 그녀가 출연한 수많은 영화와 텔레비전 특별 프로그램, 그리고 각종 언론 기사와 더불어 그녀를 20세기의 저명한 과학자로 만들어 주었다.

1965년에 구달은 캠브리지대학교 역사상 학사 학위 없이 곧바로 박사 학위를 받은 여덟 번째 사람이 되었다. 박사 학위를 받기 1년 전 구달은 자연 사진가인 휴고 반 라윅과 결혼했고 두 사람 사이에 아들이 태어났다. 그러나 그들의 결혼은 오래가지 못했다. 1974년 그녀는 첫 번째 남편과 이혼하고 탄자니아 의회 의원이었던 데렉 브라이서슨과 재혼했지만 1980년에 데렉이 암으로 사망하자 심한 충격을 받았다.

1990년대에 접어들면서 구달은 침팬지 서식지 보호를 위해 부단히 노력했고 첨단 기술인 CD-ROM과 비디오테이프를 이용해 침팬지의 행동에 대한 기록을 꼼꼼하게 보관했다. 그러나 적절한 대접을 받지 못하는 영장류를 보호하려는 그녀의 노력에 대해 미래의 수익자인 침팬지들이 항상 감사한 마음을 가진 것은 아니었다. 1994년에 우리에 갇혀 있던 한 침팬지가 자신을 돌보아 준 은인을 알아보지 못하고 그녀의 엄지손가락을 깨문 사건이 발생했다. 이 사건은 수줍은 한 침팬지가 숲속에 모습을 나타낸 젊은 구달에 대해 경계를 풀고, 털 없는 손에 들려 있던 바나나를 받아 들던 감동적인 장면과 극적인 대조를 보였다.

Cary Grant
캐리 그랜트

1904~1986

캐리 그랜트가 영화계의 전설로 자리 잡은 것은 출중한 외모와 더불어 동년배 청년들에게서는 찾아볼 수 없는 젊음 덕분이었다. 주연 배우로 30년간 할리우드를 주름잡았던 그는 1970년에 평생의 공로를 인정받아 오스카 특별상을 수상했다. 그 자리에 참가한 그는 요제프 폰 슈테른베르크 감독의 〈금발의 비너스Blonde Venus〉(1932)에서 여배우 마를레네 디트리히를 유혹하는 정열적인 인물로 출연했을 때의 멋진 모습 그대로였다. 볕에 그을린 듯 멋진 구릿빛 피부를 자랑했던 그는 세대와 문화를 막론하고 거부할 수 없는 매력을 지닌 배우였다. 무관심한 듯 주머니에 두 손을 꽂고 서 있는 침착한 태도, 부드러운 런던식 발음 등 매력을 발산할 수 있는 모든 요소를 갖추고 있던 그는 저항할 수 없는 존재였다. 그런데 이러한 낭만적인 분위기에 못지않게 코미디언을 능가하는 능숙한 언변 또한 대단했다. 여성 팬들은 그와 진지한 관계를 갖기보다는 오히려 불장난 같은 탈선을 꿈꾸었다.

이처럼 임기응변의 화신이었던 그는 본명이 아치볼드 리치Archibald Leach로 영국의 브리스틀에서 태어났다. 리치는 몹시 가난했고 어린 나이에 부모가 이혼했으며 십대에 곡마단에 들어갔다. 1920년에 곡마단이 미국 순회공연에 나섰을 때, 노래하는 마술사 역을 맡았던 그는 공연이 끝난 뒤에 혼자 미국에 남았다. 그림을 그린 타이를 팔거나 경비원으로 일하면서 근근이 생계를 이어가던 그는 독심술 연기자로 보드빌 극단에 합류했다. 1923년에 다시 영국으로 돌아온 그는 런던을 무대로 연기 생활을 하던 중 아서 해머스타인에게 발탁되었다. 해머스타인은 자신의 남동생 오스카가 브로드웨이를 겨냥해서 기획하고 있던 〈골든 돈Golden Dawn〉이라는 뮤지컬에 리치를 고용했다. 그러나 야심이 컸던 그는 그에 만족하지 못하고 할리우드로 향했다. 그랜트는 할리우드에 도착하자마자 파라마운트 영화사에서 스크린 테스트를 받고 있던 한 여자에게 대사를 불러 주는 일을 맡았는데, 그 여자는 떨어졌지만 그는 영화사와 5년 전속 계약을 체결했다(그는 이 때부터 '그랜트'라는

이름을 썼다). 그가 처음 출연한 작품은 〈디스 이즈 더 나이트This is the Night〉(1932)이라는 제목의 뮤지컬이었다. 그 후 그는 조연을 몇 번 맡았고, 그에 대한 회사의 관심은 점점 높아갔다.

그는 〈금발의 비너스〉에서 디트리히와 짝을 이루고 〈다이아몬드 릴She Done Him Wrong〉와 〈나도 인간이다I'm No Angel〉에서 매 웨스트와 열연했고, 조지 큐커 감독의 〈실비아 스칼렛Sylvia Scarlett〉(1936)에서 활달하고 젊은 캐서린 헵번과 공연하기 위해 RKO에 임대되었다. 이 작품이 박스오피스를 강타하기 전에 자유 계약 배우가 된 그랜트는 곧 RKO 및 컬럼비아와 독특한 비독점 계약을 체결함으로써 각본에 대한 동의권을 얻어내는 데 성공했다.

또한 그에게는 영화계의 유능한 감독들과 함께 일할 수 있는 행운이 따랐다. 그는 영국 대사의 조언에 따라 영국이 히틀러의 야간 폭격에 신음하는 동안 할리우드에 남아 있었다. 영화감독 조지 스티븐스는 러디어드 키플링의 유명한 시를 기초로 제작한 모험극 〈건가 딘Gunga Din〉(1939)에서 혈기왕성하지만 친절한 영국 병사 역에 그를 선택했다. 같은 해 하워드 호크스는 〈천사만이 날개가 있다Only Angels Have Wings〉라는 작품에서 절친한 친구의 죽음을 계기로 마음 따뜻한 인간으로 변하는 냉혈한 역을 통해 그를 스타의 반열에 올려놓았다. 호크스의 〈아이 양육Bringing up Baby〉(1938), 〈그의 연인 프라이데이His Girl Friday〉(1940), 〈전쟁 신부I Was A Male War Bride〉(1949), 그리고 캐서린 헵번과 함께 출연했던 큐커의 〈어떤 휴가Holiday〉와 〈필라델피아 스토리Philadelphia Story〉(1940)를 통해 그는 당시 대중에게 인기가 높았던 '스크루볼 코미디'를 한 차원 높여 놓았다. 한편 그랜트는 〈의혹Suspicion〉(1941)에서 야비한 남자로 나와 연기를 잘하는 배우로 인정받게 되었다. 그랜트의 아내 역을 맡은 조안 폰테인은 남편이 자신을 살해하려고 한다는 의심을 한다. 이 영화는 제작상의 제약 탓에 결말이 바뀌기는 했으나 앨프리드 히치콕 감독의 연출력이 영화를 살려 놓았다. 그랜트가 전천후 영화배우로 거듭난 것은 이 영화의 성공이 결정적이었다.

1941년에 영화감독 프랭크 캐프라는 가족 간의 유쾌한 사랑을 풍자한 〈비소와 낡은 레이스Arsenic and Old Lace〉의 촬영에 들어갔는데, 이 영화에서 그랜트는 멍청한 두 숙모를 살해하는 일로 고민하는 신앙심이 깊은 조카로 나온다. 그리고 1년 뒤 캘리포니아 주 레이크 애로우헤드에서 이 인기 절정의 할리우드 스타는 세계적인 갑부 여성과 은밀히 결혼했다. 그리고 3년 뒤 이 결합이 파경을 맞이하면서 그랜트의 인기는 그만큼 더 높아졌고(그는 여배우 버지니아 쉐릴과의 결혼도 결국 이혼으로 막을 내린 경험이 있었다), 그의 이혼 상대 바바라 허턴 역시 그에 걸맞게 부유했다. 그는 결별할 경우를 대비하여 금전적인 문제에 대해 미리 혼전 계약을 체결해 둔 상태였다.

1946년에 그랜트는 〈오명Notorious〉에서 다시 히치콕과 손잡았다. 액션과 미스터리가 어우러진 이 대작에서 그는 남아프리카공화국에서 나치를 체포하는 임무를 위해 함께 일하게 된 여성을 사랑하게 되는 미국 첩보원 역을 맡았다. 영화에서 두 사람이 잠시 후에 나올 음식에 대해 건성으로 이야기를 주고받으며 서로의 입술과 얼굴에 키스를 퍼붓는 장면은 20세기 최고의 러브신으로 평가받고 있다. 1955년에 그랜트는 그레이스 켈리와 함께 또 다시 히치콕의 작품에 출연했다. 〈도둑 잡기To Catch a Thief〉라는 이 로맨틱 코미디에서 여전히 날렵함을 잃지 않은 그랜트는 은퇴한 밤도둑 역을 맡았다. 그리고 2년 후 스페인에서 〈자랑과 정열The Pride and The Passion〉을 촬영하던 그랜트는 공동 주연을 맡은 이탈리아 여배우 소피아 로렌과 열정적인 사랑에 빠졌다. 〈하우스보트Houseboat〉(1958)의 촬영을 마친 그랜트는 히치콕과의 마지막 작품이 된 탐정 스릴러 〈북북서로 진로를 돌려라North By Northwest〉에 출연했다. 이 영화에서 그랜트가 농약 살포용 비행기의 위협을 받으며 광활한 초원 위를 도망치는 장면은 그가 출연한 작품들 중에서(그리고 영화 역사상) 유명한 장면이 되었다.

1966년에 그의 네 번째 부인이자 배우였던 다이안 캐넌은 당시 62세이던 그에게 처음이자 유일한 자녀를 선사했다. 2년 후 이혼 수속을 밟는 과정에서 캐넌은 그랜트가 가정 폭력을 저질렀으며 LSD를 복용했다고 폭로했다. 실제로 그는 〈에브리 걸 슈드 비 메리드Every Girl Should Be Married〉(1948)에 함께 출연했던 세 번째 부인 벳시 드레이크와 장난삼아 LSD를 복용한 적이 있었다. 그러나 그러한 폭로에도 불구하고 그의 대중적 이미지는 손상되지 않았으며, 그는 연예계를 은퇴한 뒤에 한 화장품 회사의 중역으로 활동했다. 그가 은퇴 후 모금 행사에 참석할 일이 생겼다. 미처 입장권을 챙겨 오지 못한 그가 출입구에 있던 안내원에게 이런 상황을 설명하면서 신분을 밝히자 안내원은 그의 말을 믿으려고 하지 않았다. 안내원은 "전혀 캐리 그랜트 같아 보이지 않는데요"라고 말했다. 그러자 그는 빙그레 웃으면서 "그러면 누가 그렇게 보이죠?"하고 특유의 유머를 발휘했다.

Martha Graham

마사 그레이엄

1894~1991

현대 무용에서 가장 강렬한 극적 표현을 보여 준 마사 그레이엄에게는 아름다움이 아니라 움직임이야말로 진실의 표현이었다. 펜실베이니아 주 앨러게니에서 어린 시절을 보낸 그녀에게, 사랑하는 아버지는 움직임은 결코 거짓말을 하지 않는다고 가르쳤다. 그리고 거의 60년간 영향력 있는 공연을 펼치는 동안 그녀는 아버지의 단순한 말을 표현하는 데 모든 에너지와 재능을 집중했다. 더 솔직하고, 감정이 더 풍부한 안무 구성을 위해 정형화된 고전 발레를 거부한 혁신적인 접근 방식이 꽃을 피울 수 있었던 것은—혹은 '폭발했다'는 표현이 더 어울릴지 모른다—바로 그녀의 독창적인 태도 덕분이었다.

"나는 다른 사람과 다른 방식으로 춤을 춘다." 마지못해 무대를 떠나고 22년이 지난 1991년에 발간된 자서전 『블러드 메모리*Blood Memory*』에서 그녀는 조심스럽게 자신의 생각을 들려주었다. 그녀는 마치 신들린 사람처럼 춤을 추었는데, 실제로 그녀는 자신이 무용을 선택한 것이 아니라 선택되었다고 항상 주장했다. 그녀는 정신의 탐구자로서 인간 영혼의 비밀과 염원을 표현하는 전혀 새로운 운동 용어를 만들어 냈는데, 동작 그 자체가 아니라 심리적 상태를 설명하기 위해 동작을 이용했다. 그레이엄은 학생들에게 명치 부분을 긴장했다가 이완시켜서 나선을 그리며 공중으로 도약하는 방법과 극도로 절제된 동작으로 원초적인 본능을 표현하는 방법을 가르쳤다. 또 아주 선정적인 동작을 무용에 도입했으며 대담하고 극적인 효과—멋지게 뒤로 넘어지기, 진자운동처럼 발을 왔다갔다 흔들기, 몸통을 위로 크게 내뻗기—를 노리는 방법을 통해 시간을 초월한 보편적인 진실을 표현했다. 비평가들은 그녀의 대담한 무대 의상과 극도로 추상적인 표현 방법들을 비웃었지만, 전 세계의 관중은 그녀에 대한 외경심에 사로잡혔다. 특히 〈비탄Lamentations〉과 같은 감탄을 자아내는 1인극을 목격한 이들은 그녀의 마력에 완전히 빠졌다. 그녀는 〈비탄〉에서 커다란 장막 안에 갇힌 채 격렬한 동작으로 스스로

만든 내면의 고통에서 벗어나려는 고통스러운 몸부림을 표현했다.

마사 그레이엄은 진지한 야망을 가진 직업 무용수로는 너무도 늦은 나이에 무용계에 입문했다. 약간 통통하던 열일곱 살 소녀 시절, 그녀는 아버지의 손에 이끌려 우아하고 이국적인 루스 세인트 데니스Ruth St. Denis의 공연을 보러가게 되었다(마사의 아버지는 의사였는데, 아버지가 어린 시절 그녀에게 미친 영향은 그녀의 파란만장한 긴 인생과 무관하지 않았다). 전직 보드빌 연기자였던 데니스는 탈서구적인 춤을 바탕으로 새로운 동작을 창조해 냈다. 그레이엄은 자유롭고, 동양의 혼이 어렴풋이 느껴지는 그녀의 공연에 매료되었다. 훗날 그레이엄은 데니스와는 전혀 다른 방향으로 무용을 발전시켜 나갔다. 스물두 살이던 1916년부터 세인트 데니스를 사사한 그녀는 1920년에 아즈텍풍의 무용수로 보드빌에 데뷔했다. 그러나 독창성의 차이로 1924년에 데니쇼운 무용학교를 떠나야 했던 그녀는 그리니치 빌리지 폴리스에 입단했다. 돌이켜 보면 의외의 선택이었다. 그녀는 1927년까지 애인이자 음악적 스승 루이스 호스트의 도움을 받아 뉴욕에서 자신의 극단을 조직했다. 그리고 곧 자신의 무용단을 위한 작곡을 의뢰하여 주목할 만한 작품들을 창조했는데, 특히 아론 코플랜드Aaron Copland가 작곡한 〈애팔래치아 산맥의 봄Appalachian Spring〉이라는 작품이 뛰어났다.

비록 그레이엄은 항상 아주 개인적인 작품에 초점을 맞추고 있었고 그녀의 수업은 강의 시간이 길고 훈련이 혹독한 것으로 악명 높았지만, 그녀에게 매혹당한 헌신적인 무용수들을 그녀의 편으로 끌어들이는 데에는 전혀 문제가 없었다. 얼마 안 있어 여성으로 조직된 그녀의 무용단은 비평가들의 관심의 대상이 되었다. 1930년까지 그녀는 레오니드 마신Leonide Massine의 서정적인 안무가 돋보이는 〈봄의 제전The Rite of Spring〉에서 '간택된 처녀' 역을 맡아 눈부신 솔로 연기를 선보였다. 이제 그레이엄은 정열적이며 독립적인 스타일리스트가 되었으며 찬란한 예술성을 성취한 무용계의 거물이 되었다.

그녀는 힘의 원천이라고 생각했던 불같은 성격에 괴로워하고, 고전 문학과 신화의 비극적 여주인공에 매료되고, 또 남성과 여성 사이의 힘 대결에 관심이 많았기 때문에 메데아Medea, 이오카스테Jocasta, 클리템네스트라Clytemnestra와 같은 비극적 인물을 둘러싼 유명한 작품들을 많이 무대에 올렸다(세 명 모두 그리스 신화에 나오는 여성들이며, 그리스 비극에 주요인물로 등장한다)*. 잔혹한 여성을 연기했다는 이유로 남자를 싫어하는 사람이라는 평판을 받기도 했지만, 그녀는 "나는 평범한 여성과 다를 것이 하나도 없다. 모든 여성은 메데아이며 이오카스테다"라며 자신이 맡은 역할을 변호했다. 1936년, 그레이엄은 부유한 미국 무용 열성팬인 링컨 커스틴을 통해 무용수였던 에릭 호킨스Erick Hawkins를 소개 받았고, 그는 그녀의 무용단의 회원이 되었다. 비평가들은 그레이엄이 일과 사랑에서 호킨스와 가까워지면서 그녀의 작품이 더욱 선정적이며 열광적으로 변했다고 평가했다. 1940년대는 그레이엄에게는 영감의 시대였다. 이 시기에 그녀는 가장 뛰어나고 가장 복잡한 작품들을 발표했다는 점에 많은 비평가들이 의견을 같이한다. 1950년, 그녀는 호킨스와 결별했다. 대표작으로 알려진 〈클리템네스트라〉가 1950년대 말에 발표되었지만 1960년대에 접어들면서 그녀는 긴 쇠락을 길을 걷게 되었다. 그녀는 자신의 육체가 늙어가고 있다는 사실을 두려워 했고—그녀는 얼굴 주름 제거 수술을 여러 번 받았다— 여기에 행동의 제약을 불러오는 고통스러운 관절염까지 그녀를 괴롭혔다. 그녀의 전기작가이자 안무가였던 아그네스 드밀은, 그레이엄이 처음에는 아일랜드 위스키를 매일 일정량 마시던 것이 결국 심각한 알코올 중독으로 발전했다고 밝혔다. 그리고 1960년대 말이 되자 그녀는 춤을 출 수 없게 되었다.

그러나 1973년, 드밀의 표현을 빌리면 "마사는 죽음에서 다시 일어섰다." 힘이 넘치는 예전의 모습을 되찾은 그레이엄은 술을 끊고 병상에서 일어나 다시 일을 하겠다고 결심했다. 그녀는 자신의 결심을 실행했다. 비록 전성기 때의 천재적 재능을 발견할 수는 없었지만, 그래도 1990대 중반까지 안무를 짰다. 죽음의 문턱에서 다시 회생한 그녀는 자신이 무대에서 표현한 영웅들의 모습에 가까웠다. 이러한 용감한 부활은 어떤 장애도 그녀의 정신을 구속할 수 없다는 것을 다시 한 번 입증해 주었다.

Billy Graham
빌리 그레이엄

1918~

1940년대 후반 '톱밥' 위에서 첫 번째 설교를 한 이래로 빌리 그레이엄은 기독교 복음주의의 독보적인 배후 인물로 군림할 운명을 타고 난 것처럼 보였다. 어느 누구도 그보다 더 활기가 넘치거나 건강해 보이지 않았고, 그만큼 수려한 용모에 카리스마를 지닌 사람도 없었다. 유명한 기독교 교육자였던 밥 존스Bob Jones는 일찍부터 그에 대해 이렇게 말했다. "하느님은 당신의 목소리를 사용하실 겁니다. 하느님은 당신의 목소리를 힘차게 쓰실 겁니다." 그레이엄은 그의 이야기에 귀를 기울였다. 순회 전도 목사로서 그의 시작은 초라했지만 성전에 참여하고자 하는 청중이 체육관을 가득 메웠다. 70대 후반이 되자 그는 1억 명에 달하는 남성과 여성이 예수 그리스도를 자신의 구세주로 받아들이게 만듦으로써 기독교 역사에서 그 누구보다 많은 사람들을 개종시키는 데 성공했다(그의 측근들의 기록에 의하면 2,874,082명이 그의 간절한 권유에 응답했다고 하며, 이것을 반박할 통계 자료는 아직 없다). 20세기가 저물어 갈 즈음, 혈기 넘치던 젊은 목사 시절 즐겨 입던 파스텔톤 레저복과 백구두를 이미 오래 전에 포기한 팔십 나이의 그레이엄은 목사라기보다는 한때 대학 미식축구 선수로 활동한 나이 지긋한 정치인에 더 가까워보였다. 사회 저명인사라는 지위가 그 어느 때보다 그에게 어울려 보였으며(그는 수십 년 동안 전국조찬기도모임의 연단에 섰으며 대통령들과 골프를 쳤다), 도덕적으로 청렴한 인품은 여전히 그 빛을 잃지 않았다. 아칸소 주 리틀록에서 열린 집회 도중에 힐러리 로댐 클린턴으로부터 점심 초대를 받은 그는 "나는 미인과는 단 둘이 식사를 하지 않습니다"라고 하면서 정중히 초대를 거절했다.

제1세대 개신교 부흥목사 중 마지막 주자인 그레이엄은 자신의 뿌리를 조나단 에드워즈Jonathan Edwards까지 거슬러 올라가 찾았다. 엄격한 칼뱅주의 신학자였던 에드워즈의 화려한 웅변술은 1740년대 초반 미국 신앙부흥운동의 초석을 닦았다. 그레이엄의 대부흥회는 감동적이고도 잔치를 벌이는 듯 장대했다. 그는 D. L.

무디Dwight Lyman Moody, 빌리 선데이Billy Sunday, 그리고 에이미 셈플 맥퍼슨Aimee Semple McPherson과 같이 극적 효과를 노린 전도사들의 천막 집회 전통에서 힌트를 얻었다. 그레이엄은 1949년에 시도했던 화려한 '천막 성전Canvas Cathedral' 운동에서 수백 명의 사람들이 '그리스도를 위한 결단'을 내린 것을 계기로 언론계의 거물 윌리엄 랜돌프 허스트의 눈에 띄게 되었고, 성서를 인용하는 이 젊은 침례교 목사는 허스트의 도움을 받아 복음주의를 전파하는 새로운 스타로 거듭나게 되었다.

그레이엄은 1934년에 한 부흥회에서 전도된 뒤 16세의 나이로 그리스도를 위해 헌신할 것을 맹세했다. 그는 노스캐롤라이나 주 샬럿 근처에서 칼뱅파 장로교 신자 부부의 아들로 태어났다. 호리호리한 몸매에 학구적인 것과는 거리가 먼 청소년기를 보낸 그는 비록 어려서부터 어머니가 읽어 주는 기도서를 듣고 자랐지만 그때까지는 종교에 별로 관심이 없었다. 그레이엄은 자신의 영웅 베이브 루스Babe Ruth를 좇아 훌륭한 야구 선수가 되려던 꿈을 접고 한때 생활용품 판매원으로 일했다. 그러던 중 열여덟 살 때 목사가 되기로 결심한 후 1928년 12월 4일 플로리다 호수에서 세례를 받았으며, 그 다음 해에 목사 안수를 받았다. 그는 근본주의 계통의 휘턴대학에서 학업을 끝냈는데, 그곳에서 선교 외과의사의 딸이자 독실한 기독교 신자였던 장래의 아내 루스 맥큐 골을 만났다. 그는 자신의 방, 풀밭, 또는 야유회에서 정열적인 설교를 했고, 곧 전국청년신자집회의 최고 인기 목사가 되었다.

구원을 외치는 흥행사가 된 그레이엄은 사람을 끄는 힘과 풍부한 매력을 지녔을 뿐만 아니라 조직을 운영하는 출중한 능력이 있었다. 빌리 그레이엄 복음전도협회는 전 세계를 무대로 매년 여러 번 유명한 기도 집회를 열었다. 또 협회는 출판업과 선전 사업 등 다양한 활동을 벌였는데, 영화 프로덕션 회사, 주간 라디오 프로그램, 전 세계 신자들을 위한 위성 텔레비전 방송이 그것들이었다. 1990년에 열린 홍콩 집회에서는 그의 놀라운 역량이 드러났다. 이 집회는 전 세계로 생방송되었고 1억 명 이상이 지켜보았다.

그레이엄은 수려한 외모를 지닌 활기 넘치는 청년이었다. 전설적인 할리우드 감독 세실 B. 드밀Cecil B. DeMille이 카메라 테스트를 하려고 했을 정도였다. 이 시골 청년은 1950년대를 지나면서 전성기를 맞이했다. 그레이엄은 엄청난 규모의 성가대와 새 신자들을 위해 대기 중인 개인 상담원들의 지원을 받아 제2차 세계대전 탓에 정신이 피폐해지고 냉전이 몰고 온 불확실성을 두려워하는 청중에게 하느님을 영접할 것을 진심으로 촉구했다. 그의 주장은 간단했다. 인간은 본래 죄를 지은 존재이므로 하느님과 헤어졌으나 그리스도가 인류의 죄를 대신하여 죽었으므로 사람들이 죄를 뉘우치고 그리스도를 구세주로 받아들이고 교회에서 그를 위해 기도하면 용서를 받을 수 있다는 것이었다.

그레이엄은 20세기에 가장 사랑받은 종교 지도자이고 기부 행사를 통해 모은 기금으로 자선사업을 하고 협회를 운영한 공정한 사람이지만, 그를 비판하는 세력은 존재했다. 많은 신학자들이 그가 복음서의 의미를 희석했고 신에 대한 인간의 관계를 너무 감성적으로 이해했다며 비난했다. 또 왕성하게 활동하던 전성기 때는 권력의 핵심에 가까이 다가가려는 그의 욕구에 대한 비판의 목소리가 높았다. 그레이엄은 보수적인 신념이 갈수록 깊어졌지만, 종교와 정치를 하나로 통합하는 것에 항상 강한 반감을 표출했다. 그러나 그레이엄을 비방하는 사람들은 그가 리처드 닉슨을 지지한 사실을 보여 주는 미묘한 증거들을 찾아냈다. 대통령의 비공식 목사이기도 한 그레이엄은 닉슨의 탄핵으로 인해 단순히 실망 이상의 충격을 받았다. 그레이엄은 "그는 나와는 상관없는 사람이었다"라고 공표했지만 오랜 친구와의 만남은 계속되었다.

90대의 그레이엄은 어떤 면에서 과거와는 다른 점이 많았다. 이데올로기적 성향으로 보면 그는 과거의 극단적인 보수 성향에서 한 걸음 물러나 있으며(한때 그는 천국을 노동 지도자들이 없는 곳으로 비유했다), 더 보편적이고 사회적으로 진보적인 자세를 택했다. 파킨슨병으로 인해 행동에 다소 제약을 받고 있는 '미국의 종교 지도자'—조지 부시가 그를 이렇게 불렀다—는 자신의 병을 기꺼이 받아들였다. 수많은 복음 전도사들이 그레이엄의 제자가 되고자 나섰지만 그의 인생을 가득 채운 성스러운 사명감과 권위를 드러내 보인 사람은 아무도 없었다. 그는 왜 신이 경이로운 목표 의식이란 은총을 그에게 내려 주었는지 결코 알지 못했다. 그는 한번은 이렇게 말했다. "언젠가 내가 천국에 가는 날 하느님께 물어보겠다."

D. W. Griffith

D. W. 그리피스

1875~1948

독창적인 영화감독 D. W. 그리피스는 참견이나 망설임, 그리고 평범함을 허용하지 않는 철저하게 독립적이며 열정적인 독재자였다. 실제로 어떤 것의 전형이 되기를 즐겼던 그는 영화 촬영 현장에서 멋 부리듯 중절모를 머리 위에 삐딱하게 걸친 채 휴식시간마다 셰익스피어의 소네트를 과장된 몸짓으로 낭송하거나 혼자서 연습했다. 그러나 그리피스는 진지한 예술가였으며, 영화가 관람료 5센트짜리 극장의 일시적인 유행에서 20세기의 지배적인 예술 형태로 빠르게 발전해 가는 과정에서 책임감과 결단력을 가지고 주도적 역할을 수행했다. 확고한 신념과 원대한 꿈을 품고 있던 이 무성영화 작가는 수많은 작품을 발표했으며(1908년부터 1913년 사이만 해도 그는 500여 개의 릴러reeler를 발표했다), 비록 세월이 흐르면서 다소 수정되기는 했지만 기본적인 의미는 변하지 않고 남아 있는 영화 관련 기술 용어들을 만들어냈다.

카메라가 그리피스의 손에만 들어가면 활력 그 자체가 되었다. 속도를 내며 달리는 기차 위에서 앞쪽을 향해 돌진하고 장면들 사이마다 시각에 변화를 주었으며 광대한 배경을 여유롭게 훑고 지나거나 비밀을 들추어내듯 새로운 클로즈업을 활용하는 등 그는 다양한 기법을 마음대로 구사할 줄 알았다. 그리피스는 촬영이 끝나면 영사실에 처박힌 채 노출되지 않는 장면을 반복해서 돌려보면서 삭제와 오버랩, 그리고 관객들이 별개의 행위들이 동시에 일어나는 듯한 인상을 받도록 장면을 섞는 교차 편집 등 여러 방법들을 시험하는 데 몰두했다. 이러한 혁신적인 방법들은 전통적으로 시간에 따라 화면을 배열하는 직선 구조를 해체했으며, 심리적 리얼리티를 표현하기 위한 길을 터 주었다. 또한 그는 리듬과 템포를 조작함으로써 '영화 시대'의 획기적인 발전을 이끌어 낸 주인공이 되었다.

모든 후배 영화감독들이 경의를 표하는 이 천재 감독은 처음엔 '영화관'을 우습게 생각했다. 그리피스가 레퍼토리 극단stock company(극장을 소유하고 전속 배우와 일

정한 공연 목록을 갖고 있는 극단을 말함)*의 단역 배우로 출발했던 연극계에서는 영화를 우습게 보는 시각이 팽배했다. 그런데 남부의 피를 이어받은 그는 그 정도가 더 심했다. 빅토리아 시대의 정서를 지닌 경직된 도덕관의 소유자였던 그는 쇠락일로에 있던 켄터키 주의 한 농장에서 태어났다. 그는 남북전쟁의 영웅이었던 아버지가 목숨을 바쳐 지키고자 했던 기품 있는 문화에 집착했다. 그러나 경멸이 빵을 가져다 주는 것은 아니었으며, 배우와 극작가로 성공하지 못했던 그는 자신의 스토리 아이디어를 들고 처음으로 '영화다운' 영화인 〈대열차 강도The Great Train Robbery〉(1903)을 만든 에드윈 S. 포터Edwin Stratton Porter를 찾아갔다. 포터는 그리피스가 구상한 스토리를 퇴짜 놓으면서 당시 자신이 준비 중이던 스릴 만점의 영화 〈독수리 둥지에서 구조되다Rescued From an Eagle's Nest〉(1907)에 참여할 것을 제안했다. 그리피스는 감독의 제안을 받아들이는 한편 자신의 계획을 계속 추진했다. 그리하여 1908년에 드디어 맨해튼 아메리칸 뮤토스코프 앤 바이오그래피 컴퍼니Manhattan's American Mutoscope and Biograph Company에 배우 겸 작가로 채용됨으로써 그의 노력은 결실을 맺었다.

그리고 그는 곧 〈돌리의 모험The Adventure of Dollie〉(1908)이라는 릴 한 개짜리 영화를 감독하는 일을 맡았다. 그리피스의 다른 영화와 마찬가지로 이 영화는 각본 없이 아주 단순한 발상을 토대로 완성되었다. 그가 바이오그래프 영화사에서 극본을 쓰거나 감독한 수백 개의 작품들은—그는 일주일에 서너 편의 단편 영화를 만들었다—멜로드라마 풍의 선악 대결을 좋아하는 그의 취향을 보여 준다. 〈도둑에 대한 예의The Honor of Thieves〉(1909), 〈불충한 자의 비애The Sorrows of the Unfaithful〉(1910), 그리고 〈테너멘츠의 백합 The Lily of the Tenements〉(1911)이 여기에 해당된다. 이렇게 일괄 작업으로 대량 생산된 돈벌이용 영화들은 용감한 영웅과 잔인한 악당, 그리고 마지막 순간에 구출되기를 조급하게 기다리는 여자 주인공이 등장하는 흥미 있는 일인 교훈극으로, 재능을 발견해서 그 안에서 최선의 연기를 이끌어내는 그의 능력을 보여 주었다. 그와 뜻을 같이한 연기자들로는 젊은 자매인 릴리안 기쉬Lillian Gish과 도로시 기쉬Dorothy Gish, 메리 픽포드Mary Pickford, 그리고 라이오넬 베리모어Lionel Barrymore가 있었다. 그들은 모두 그리피스의 고압적인 다스림과 열악한 촬영 환경을 견뎌내야 했지만 믿을 수 없을 정도로 그에게 충실했다. 예를 들어 〈동쪽으로 가는 길Way Down East〉(1902)를 촬영하는 동안 릴리안 기쉬는 물 위를 떠다니는 얼음 조각 위에서 한 시간 동안 누워 있다가 거의 얼어 죽을 뻔하기도 했다.

1914년, 자신이 만든 작품으로 바이오그래프 영화사가 엄청난 수익을 올렸다는 사실을 알게 된 그리피스는 앞으로 찍을 영화에 대한 전권과 수익 배분을 영화사에 요구했다. 전례 없는 요구에 당황한 영화사 간부진은 그를 즉시 해고했다. 그러나 그는 마치 기다렸다는 듯이, 피비린내 나는 미국 남북전쟁을 소재로 한 토머스 딕슨Thomas Dixon의 소설 『동향인*The Clansman*』을 영화로 각색하기 위한 재정 확보에 돌입했다. 〈국가의 탄생The Birth of a Nation〉이라는 제목으로 1915년에 발표된 이 영화는 영화사상 최초의 블록버스터였다. 이 작품은 총 11만 달러의 제작비를 들인 릴 12개짜리 대작으로 흥행이나 기술적인 면에서 대성공을 거두었고, 당시로는 특이하게 영화 음악을 사용했다.

그러나 영화는 미학적으로는 성공을 거두었지만, 정치적으로는 그를 궁지에 몰아넣었다. 흑인에 대한 부정적인 묘사가 인종차별주의라는 비난을 유발한 것이다. 그런 비난에 그리피스는 적잖이 당황했다. 순진하게도 그는 농장 노예를 이단자나 엉클 톰(H. B. 스토우의 『톰 아저씨의 오두막』의 주인공으로, 백인에게 굴종적인 흑인을 의미함)*으로 과장되게 묘사한 것을 전혀 굴욕적인 표현이라고 생각하지 않았다. 검열관을 만족시키기 위해 그는 1916년에 만든 기념비적인 서사시 〈편협Intolerance〉을 통해 편협한 행위가 몰고 올 인과응보에 대해 이야기했다. 엄청난 제작비가 투자된 이 작품은 그리피스의 비전에는 부응했지만 엄청난 이익을 남긴 〈국가의 탄생〉과는 달리 상업적으로는 성공하지 못했다. 그 결과 백만장자 영화감독은 몰락했다.

1919년, 그리피스는 찰리 채플린, 더글러스 페어뱅크스, 그리고 메리 픽포드와 함께 유나이티드아티스츠United Artists를 세웠다. 그러나 유성영화의 출현으로 그리피스는 시대에 뒤진 영화감독으로 전락했다. 찰리 채플린이 할리우드를 만든 장본인이라고 극찬한 이 남자는 영화사들이 좌지우지하는 복잡한 영화계에서 자신의 설 자리를 찾지 못했다. 그리고 그는 8년 동안 술에 의존하는 쓸쓸한 시간을 보냈는데, 그 세월이 얼마나 비통했을지 미루어 짐작이 가능하다. 천재 영화감독의 이러한 비극적인 결말을 통해 영화계는 마지막 작품이나 그리피스의 경우처럼 마지막 대작으로 그 사람을 평가한다는 영화 산업계의 가장 상투적인 문구를 탄생시켰다.

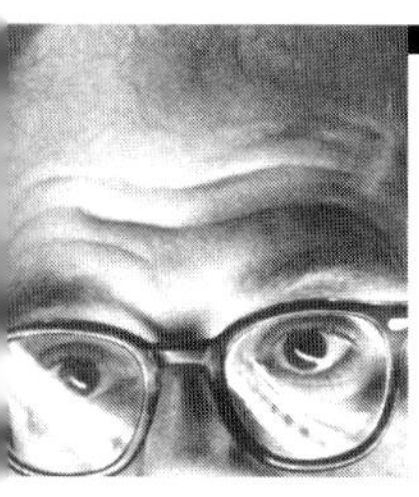

Allen Ginsberg

앨런 긴즈버그

1926~1997

앨런 긴즈버그는 20세기 미국 시인들 중 가장 악명 높은 작가였다. 이 저주 받은 시인은 '주류파'의 비난의 대상이었다. 주류파 시인들은 처음에는 그를 추방했지만 나중에는 기꺼이 그에 대한 파문을 철회했다. 문학계의 이단자였던 그는 엄숙한 교육의 장으로부터 시를 훔쳐 내어 재즈 클럽과 길거리에서, 그리고 수많은 연인의 품 속에서 시를 즐겼다. 평화와 사랑, 그리고 인간 경험에 대한 탐구를 외치던 1960년대 반문화를 지배한 것은 바로 빽빽한 검은색 수염 사이로 걸러진 그의 단조로운 목소리였다.

긴즈버그는 뉴저지 주 뉴어크에서 고등학교 영어 선생이자 고지식한 시인 루이스 긴즈버그와, 공산당원에 나체주의자로 편집증과 정신분열증 증세를 보이는 어머니 나오미 긴즈버그 사이에서 태어났다. 어린 시절 그는 학교도 가지 못하고 집에서 어머니를 돌보아야 했다. 어머니가, 남편과 베니토 무솔리니가 음모를 꾸미고 있다고 소리를 지르며 집안을 돌아다니는 불안 증세를 보였기 때문이다. 그러는 중에도 이 불행한 소년은 책 읽기에 집중하려고 애를 썼다. 1943년에 장학생으로 컬럼비아대학교에 입학한 긴즈버그는 원래는 법률가가 되고자 했지만, 대학에서 마크 밴 도런Mark Van Doren과 라이오넬 트릴링Lionel Trilling의 수업을 듣고 문학으로 진로를 바꾸었다. 대학에서 전통시 창작에 몰두하던 그는 자발적인 문체를 구사하는 작가 잭 케루악Jack Kerouac의 영향을 받게 되었다. 한때 컬럼비아대학교 미식축구 선수로 활약하던 케루악은 '의식의 흐름' 기법으로 쓴 『길 위에서*On the Road*』라는 소설로 미국 순문학계에 지각변동을 일으켰다. 케루악은 이 애송이 작가에게 윌리엄 버로우William Burroughs와 닐 캐서디Neal Cassady 같은 히피를 소개했다. 이 네 사람에게 마약과 섹스, 그리고 작문 기술에 관한 실험은 필수 조건이 되었다. 이들은 1950년대 문학사조인 비트족Beats을 결정짓는 매트릭스가 되었다(비트족이란 명칭은 케루악이 붙인 것으로, '쳐서 넘어뜨리다beaten down'와 '무상의 행복

beatitude'이라는 두 가지 개념을 하나로 통합한 말이다).

1945년, 긴즈버그는 그가 속한 무리의 일원이었던 루시엔 카Lucien Carr가 저지른 살인 사건에 무고하게 휘말리게 되었다. 설상가상으로 학교 기숙사 침대 위에서 케루악과 함께 있는 것이 발각되는 사건이 겹치면서 긴즈버그는 곤란한 상황에 처하게 되었다. 그는 정학 처분을 받고 1년간 접시닦이와 선원과 기자로 지내다가 다시 학교로 돌아갔고, 1949년 마침내 석사 학위를 취득했다. 같은 해, 그는 윌리엄 블레이크William Blake의 시를 읽다가 말로 표현할 수 없는 신비한 체험을 했고, 이것이 모험의 세계로 들어서는 발단이 되었다.

어둡고 비관적이며 냉소적인 생활 방식에 대해 여전히 환상을 가지고 있던 그는, 본업은 좀도둑이고 부업은 음유시인이었던 허버트 훈케Herbert Huncke와 함께 살았다. 그러나 훔친 장물을 아파트에 숨겨 놓는 훈케의 버릇 때문에 긴즈버그는 또 다시 주 정부의 요주의 인물이 되었다. 그는 자신을 구제하기 위해 불완전한 심리 상태를 고백하고 컬럼비아장로교회 심리센터에서 여덟 달 동안 교정 생활을 자청했다. 그곳에서 그는 '미치광이 성자'였던 칼 솔로몬Carl Solomon과 운명적으로 만났다. 칼 솔로몬은 긴즈버그에게 초현실주의 작품을 소개해 주었고, 시가 지닌 정치적 · 예언적 능력을 알려주어 긴즈버그에게 깊은 감동을 주었다.

긴즈버그는 심리센터에서 나와 아버지의 집이 있는 뉴저지 주 패터슨으로 돌아갔다. 그리고 완전히 새로운 방식으로 시를 쓰던 윌리엄 카를로스 윌리엄스William Carlos Williams에게서 일상생활과 시어가 지닌 활력에 대해 배웠다. 현명하게도, 긴즈버그는 윌리엄스, 케루악, 그리고 캐서디에게서 받은 영향을 하나로 통합하여 새로운 구어체 문체를 개발했다. 그가 '속도의 가치가 있는speedworthy'이라고 이름 지은 이 문체는 사색을 필요로 하지 않는 전면적인 작문 스타일과 암페타민(각성제, 식욕 감퇴제로 쓰는 약물)*을 복용한 일과도 관련이 있었다. 그는 캐서디에 대한 열렬한 사랑 때문에 1953년 대륙 횡단을 감행했고 마침내 샌프란시스코에 정착했다. 그리고 시장 조사원으로 안정된 직장을 잡고 놉 힐 아파트에서 여자친구와 살림을 차림으로써 갑작스러운 방향 전환을 시도했다. 그러나 이런 생활은 1년도 못 갔다. 정신치료사의 허락 아래 자신의 성적 성향을 따르기로 마음먹은 그는 직장과 아파트와 여자를 내던진 채 피터 오로브스키Peter Orlovsky와 함께 보헤미안 생활을 시작했다. 피터 오로브스키는 이 세계의 많은 부분을 최대한 깨끗하게 지키는 것을 자신의 계율로 생각하는 것 같았다.

1955년 8월, 타자기 앞에 앉은 긴즈버그는 괴로운 듯 길게 한숨을 내쉬며 〈울부짖음Howl〉을 썼다. 이 작품은 '몰록Moloch'(레위기에 나오는 셈족의 신)*에 대한 '멜빌식 성서' 공격이었다. '몰록'은 미국의 지배력을 모두 소비해 버리는 악의 천재를 형상화하고 있다. 이 책은 1956년에 샌프란시스코에 있는 로렌스 펄링게티 소유의 시티라이츠북스에서 출판되었다. 펄링게티는 외설적인 책을 출판하고 판매했다는 이유로 법정에 서야 했고 긴즈버그는 전국적인 유명인사라는 싫지 않은 영예를 누렸다. 이렇게 해서 시 낭송회의 단골손님이 된 긴즈버그는 자신의 작품뿐만 아니라 케루악과 버로우의 작품을 선전할 수 있었다. '친절함'은 이 유대인 불교신자의 표어가 되었다. 그는 티모시 리어리Timothy Leary의 권유로 창작욕을 자극하기 위해 LSD(환각제의 일종)*를 복용하기 시작했다. 1961년, 그는 5년 전 정신병원에서 생을 마감한 어머니에게 가슴 아픈 이별을 고하는 〈캐디시Kaddish〉라는 작품을 완성했다. 이 작품도 모르핀과 암페타민을 복용하면서 쓴 것이었다. 그의 추종자들은 그가 작품을 통해 쌓아 올린 금자탑의 가장 높은 자리에 〈울부짖음〉과 〈캐디시〉를 나란히 올려놓았지만, 비평가들은 기술적 미성숙, 도덕상의 비행, 그리고 지적인 공허함을 비판했다.

긴즈버그는 자신에게 쏠리는 관심을 피하기 위해 1년간 인도로 여행을 떠났다. 여행에서 돌아온 그는 심각한 약물 중독에서 벗어나 명상과 요가에 심취해 있었다. 그러나 그는 의회 증언에서 LSD가 보편적인 사랑에 이를 수 있는 한 가지 방법이라고 주장했다. '히피족flower power'라는 말을 처음 만든 그는 1967년 1월 골든게이트파크에게 열린 최초의 히피 '비-인Be-In'(히피족의 모임)*을 성사시킨 숨은 공로자였다. 그리고 다음 해 경찰과 반전 시위자들이 그의 주위에서 시위를 벌이는 동안 그는 시카고의 링컨파크에서 '옴Om'을 반복해서 외치면서 요란하게 무단 거주를 시작했다. 또 미 국방부 건물 펜타곤을 '공중 부양시키려는' 이피Yippie(1960년대 반전주의 젊은이 모임)* 활동에도 가담했다.

1960년대를 살던 사람들의 지도자로서 긴즈버그는 개인의 자유에 대한 철학을 널리 보급했다. 비록 극단주의로 흐르기는 했지만 그의 철학은 오랫동안 많은 영향을 끼쳤다. 반문화의 계관 시인으로서 그는 밥 딜런과 비틀즈와 같은 위대한 음유시인들에게 영감을 불어넣었다. 그는 1997년 사망했다. 마지막까지 거리낌 없는 태도를 유지했고 논쟁의 대상이 되었던 그는 추종자들뿐만 아니라 적들의 기억에서도 영원히 지워지지 않을 것이다.

Joe Namath
조 나마스

1943~

1965년에 앨라배마대학교를 졸업한 인기 쿼터백 조 윌리 나마스는 긴 머리카락에 멋진 옷차림을 자랑하는 미국 최초의 로큰롤 풋볼 선수였다. 한때 운동선수였고 황홀할 정도로 매력 넘치는 엔터테이너였던 그는 대중 매체에 정통한 슈퍼스타들이 주도한 새로운 흐름에서 선두주자가 되었다. 그는 스코어보드에 연연하는 운동선수에서 몸값 높은 광고 모델로 변신했다. 그는 아메리칸풋볼리그AFL에서 한창 주가를 올리고 있던 뉴욕 제츠와 계약함으로써 프로 풋볼계에서 최고 연봉을 받는 루키가 되었다.

나마스는 펜실베이니아 주의 작은 공업 도시 비버 폴즈에서 다섯 남매 중 막내로 태어났다. 다섯 살 때 그의 세 형들이 풋볼 팀을 만들면서 그를 쿼터백으로 끼워 주었다. 막내 나마스의 패스 실력은 날이 갈수록 늘어 40야드나 떨어진 곳에 있는 그루터기를 맞출 수 있을 정도였다. 어린 시절 그는 허클베리 핀 같은 장난꾸러기였고 여러 가지 운동을 즐겼다. 고등학교를 졸업할 당시 키가 187센티미터였던 그는 곧바로 50개 이상의 대학 풋볼 프로그램에서 초청을 받았고, 여섯 팀 정도의 메이저리그 구단들도 그에게 계약을 제안했다. 그는 어머니의 뜻을 따라 메릴랜드대학교를 선택했지만 미국의 대학진학적성검사SAT 점수가 너무 낮아서 입학을 거절당했다. 그는 앨라배마대학교의 감독 폴 '베어' 브라이언트Paul 'Bear' Bryant의 지도 덕분에 인생의 시련기에서 벗어날 수 있었다.

앨라배마대학교에 진학한 그는 1963년에 팀이 전국 우승을 차지하는 데 견인차 역할을 했고 팀은 29대 4라는 인상적인 기록을 남겼다. 그러나 3학년 때 음주 사고로 정학 처분을 받은 데다가 고질적인 무릎 부상이 재발되면서 그의 화려한 기록에 오점으로 남았다. 정학 사건을 계기로 그는 더욱 노력하여 팀의 좋은 리더가 되겠다고 결심했지만, 무릎 부상은 결국 나중에 선수 생활을 마감하는 원인이 되었다.

나마스는 대부분의 프로 팀에서 탐내는 선수였다. 뉴욕 제츠와 세인트루이스 카디널스가 그를 영입하려고 애쓰고 있을 때 과거 MCA 레코드의 사장이자 당시 뉴욕 제츠의 구단주였던 소니 워블린이 나타났다. 워블린은 운동선수로서의 자질만큼이나 푸른 눈동자에서 뿜어져 나오는 호소력을 지닌 나마스를 원했다(나마스는 자서전 제목을 『나는 미래를 기다리지 않는다*I Can't Wait for Tomorrow 'Cause I Get Better Looking Every Day*』로 정했다). 나마스는 연봉 42만 7,000달러와 링컨 컨티넨탈 컨버터블 자동차를 받는 조건으로 제츠와 계약을 체결했다.

루키는 프로 생활에 적응하는 과정에서 나름대로 어려움을 겪게 마련이지만, 나마스는 패스 부문에서 3위를 기록하며 1965년 시즌을 마감했다. 당시 그는 신문이나 텔레비전에서는 단연 인기 선두였다. 빙긋 웃는 표정에 코가 약간 굽은 그의 얼굴이 수많은 잡지의 표지를 장식했고 고급 레스토랑과 클럽에서는 멋진 여자들이 그의 주위를 떠나지 않았다. 그래서 동료 한 명이 이러한 그에게 장난삼아 '브로드웨이 조'라는 별명을 지어 주었다. 이 별명은 그대로 굳어졌고, 구단주 워블린이 의도했듯이 나마스의 뛰어난 플레이와 유행의 첨단을 걷는 라이프스타일, 그리고 섹스어필에 힘입어 팬들이 무리 지어 경기장으로 몰려들었다. 비록 나마스는 리무진과 아가씨들을 좋아하기는 했지만 대학 시절 정학을 당한 일로 얻은 교훈을 한 번도 잊은 적이 없었고, 과음으로 경기에 영향을 미치는 일을 용납하지 않았다.

다음 해 이 쿼터백이 군대 소집 신체검사에서 떨어지자 팬들과 구단주, 그리고 스타 자신도 안도의 한숨을 내쉬었다. 그는 그 소식에 얼굴을 찌푸리는 재치를 잊지 않았다. "내가 어떻게 할 수 있겠어요? 만약 기쁘다고 한다면 반역자가 될 것이고, 그렇지 않다고 한다면 바보가 될 텐데요."

그러나 육군의 손실은 풋볼의 역사에 이익이 되었다. 1966~1967년 시즌에 AFL이 기존의 프로 리그인 내셔널풋볼리그NFL를 위협하게 되자 두 단체는 매년 통합리그 우승 결정전을 치르기로 합의하고 1969년에 이 대회를 '슈퍼볼Super Bowl'이라고 이름 지었다. 제3회 슈퍼볼이 열리기 전까지 나마스는 자신이 속한 제츠가 라이벌 리그의 가장 위협적인 팀 볼티모어 콜츠를 이길 수 있다고 장담했다(당시 풋볼의 늙은 파수꾼이었던 워블린은 여전히 나마스를 재치 있는 언변에 바람기 심한 히피로 인식하고 있었다). 그는 이러한 주장을 공공연하게 떠벌이고 다녔고, 그가 자주 들르는 바에서 상대편 선수들을 만날 때마다 대놓고 말하곤 했다. 이러한 행동은 상대 팀을 부쩍 자극했다. 자신감이 넘쳐흐른 나마스는 제츠의 선두에 서서 상대편을 강하게 밀어붙임으로써 결국 볼티모어를 상대로 16대 7이라는 대승을 거두었다. 이것은 스포츠 역사상 엄청난 이변 가운데 하나였으며 가장 재미있는 슈퍼볼 게임으로 기억되고 있다. 경기가 끝나고 그가 운동장을 떠날 때 검지를 흔들며 "우리가 넘버원"이라는 제스처를 취하는 장면을 찍은 사진은 스포츠 아이코노그래피 iconography에서 불후의 이미지로 남았다.

그는 무릎 동증이 심해져 움직임이 상당히 둔해졌고 다시는 예전의 멋진 모습을 보여 줄 수 없게 되었다. 1977년에 제츠는 나마스를 포기했고, 그는 로스앤젤레스 램스와 계약했다. 그것이 그의 마지막 시즌이 되었다. 그러나 그는 현명하게도 미리부터 스포츠 이외의 분야에 눈을 돌려 레스토랑과 클럽에 투자했고(축구 커미셔너 페트 로젤레의 노여움을 샀던 배철러 III를 포함해서), 상품 광고에도 출연했다(이 베테랑 모델에게 여성용 팬티스타킹을 입혀 나마스의 원성을 산 광고는 엄청나게 성공했다). 은퇴 후에도 나마스는 여전히 분주했다. 그는 스포츠 해설가와 연기자로 활약했고, 1984년에는 결혼하여 가정을 꾸렸다. 그는 술을 끊었고 무릎 수술을 했으며 두 딸을 키우고 돌보는 일에 전념했다. 그러나 가정적인 남편으로 변한 후에도 슈퍼 조는 여전히 전설적인 인물이었다. 그의 모습이 보이지 않으면 팬들은 사이버스페이스에서 그를 찾아냈으며, 그의 사인이 담긴 기념품을 구입했고, 조 나마스 공식 홈페이지를 찾아가 인터넷을 통해 그와 대화를 나누었다. 자신들의 영웅이 풋볼의 전성기를 연 뒤 수십 년이 지난 지금도 팬들은 나마스와의 만남을 원했다.

Gamal Abdel Nasser

가말 압델 나세르

1918~1970

아랍 공동체의 옹호자이자 사회혁명가이며 제2차 세계대전 이후 반식민주의 주창자였던 이집트 대통령 가말 압델 나세르는 아랍 세계의 절대적인 지지를 받은 인물이었다. 그에 반해 냉전시대의 미국과 서구 세계는 그를 절대적으로 불신하며 소련과 위험한 모종의 관계를 유지하고 있는 것으로 의심했다. 그러나 학생 시절에 이집트 점령군이었던 영국에 대한 반대 시위에 가담함으로써 정치 활동을 시작한 나세르는 애국자였으며 조국을 제외한 그 어떤 나라와도 제휴하지 않았다. 그는 펠라힌fellahin이라고 불리던 다수 소작농들의 지위를 향상시키고, 이집트의 지도 하에 모든 아랍 국가들이 참여하는 연합을 결성했으며, 이집트 국민에게 조국에 대한 진정한 주인 의식을 고취하는 일에 헌신했다. 이러한 목표를 이루기 위해 그는 아주 가혹한 수단과 사회주의적 부의 재분배를 선택했으며, '엘 라이스El Rais(두목)'라는 별명에 걸맞게 카리스마 넘치는 모습을 선보였다. 그는 아랍 역사에 등장하는 다른 지도자들과는 달리 대중을 선동할 수 있는 힘이 있었는데, 특히 샤압shaab라고 하는 '잊혀진 사람들'(중간 계층 또는 노동자 계급을 지칭)*에게 관심이 많았다.

나세르는 이집트의 알렉산드리아에서 우체국 직원인 아버지와 건축업자의 딸로 사해 동포주의적 가치관을 지닌 어머니 밑에서 태어났다. 영국의 속국이었던 이집트는 사실상 당시 전 세계의 상당 부분을 지배하던 대영제국의 일부에 지나지 않았다. 사회 고위층의 일상 언어는 아랍어가 아니라 영어와 불어였고 부패한 왕조가 나라를 통치했다. 중급 공무원 이하의 직급에 속하는 이들의 자녀는 결코 군대 장교가 될 수 없었다. 하찮은 '와그wog'—이집트에 거주하는 유럽 지배자들이 아랍인을 지칭하던 용어—였던 가말 압델 나세르의 미래는 참으로 암울했다.

그는 나일강 삼각주 지역의 가난한 카타바 마을에서 처음 글을 배우기 시작했다. 다행히 영국 감옥에서 막 풀려 난 큰아버지가 조카에게 카이로에서 함께 살자

고 제안하여 그는 카타바보다 훨씬 좋은 교육 환경에서 공부할 수 있었다. 외롭고 거침이 없었던—특히 어린 시절 어머니를 여의고 아버지마저 재혼을 하게 된 이후에는 더욱 그랬다—어린 가말은 미국 영화를 보러 다니다가 정치 조직에 발을 들여 놓았다. 아랍인이 교육을 받을 수 있는 기회가 열리게 되자 몇 달 동안 법률을 공부하던 나세르는 1937년에 카이로에 있는 왕립 육군사관학교에 입학했다. 그는 학교를 졸업하고 소총 여단에 배속되어 북부 이집트에서 복무했다. 그곳에서 그는 몇몇 장교들을 만났는데, 그 중에는 나중에 위대한 지도자가 된 중위 안와르 엘 사다트Anwar el-Sadat도 포함되어 있었다. 그들은 곧 정부를 전복시키려는 가말의 계획에 동참했다. 1941년, 가말은 군사학교 교관으로 발령이 났고 그 후 육군 참모대학교로 자리를 옮겼다. 그는 그곳에서 유사시를 대비해 적의 공격에서 수도를 지키는 방법을 정리했다.

부패하고 나태하며 무능한 고위 장교가 너무 많았던 이집트 육군은 봉건적인 사회상을 반영하고 있었다. 문화적 대립은 뿌리가 깊었고 주지사들은 펠라힌이 흘린 땀으로 살면서 거드름을 피우고 있었다. 유능하고 애국심에 불타던 나세르는 육군과 나라를 모두 바꾸겠노라 결심했다. 그는 몇 년 동안 끈기 있게 반란을 계획하고 연구하면서 체험을 통해 많은 정보를 입수했다. 1948년 아랍-이스라엘 전쟁에서 부상당한 후에는 이스라엘 장교에게 어떻게 영국의 지배에서 벗어날 수 있었는지 직접 물어보기까지 했다. 가말은 "아마 우리가 당신들에게 배울 것이 있을 겁니다" 하고 말했다. 그 후 이 열렬한 이슬람 신자는 이스라엘 적군을 이해하기 위해 구약을 읽기도 했다. 1952년, 수년에 걸쳐 은밀하게 계획—한 역사가는 이 계획을 '비밀 엄수의 걸작'이라고 불렀다—을 준비한 나세르와 그의 자유 장교 단원은 국왕 파루크 1세(이집트의 마지막 왕)*를 왕좌에서 끌어내려 감옥에 가두었다.

나세르는 처음에는 명목상 우두머리인 모하메드 나기브 육군 소장을 통해 국정을 운영했다. 그러다가 1954년에 시민 의회를 대변하는 나기브에게 화가 난 그가 직접 정권을 장악하고 수상 자리에 올랐다. 활력 넘치는 낙관주의자였던 그는 일반 대중에게 폭발적인 지지를 얻었다. 그러나 그는 민주주의와는 거리가 멀었다. 1956년에 대통령이 된 그는 정당 정치를 폐지하고 의회를 해산했다.

토지 개혁을 중요하게 생각했던 그는 토지 소유를 규제했으며 광대한 농토를 소작농들에게 재분배했다. 그는 아스완 하이 댐을 건설하여 가난한 농촌에 전기를 공급하려는 원대한 계획을 세웠지만 이집트가 소련에서 무기를 구입한 것에 분개한 영국과 미국이 이 프로젝트에 대한 지원을 중단하면서 난관에 부닥쳤다. 1956년, 나세르는 대담하게도 이 일에 대한 복수를 단행했다. 수에즈 운하를 봉쇄하고 영국에게서 상당량의 통행료를 징수한 것이다. 그의 조치에 분개한 영국은 프랑스와 이스라엘을 자극하여 이집트를 침략했다. 이집트 군대는 비록 군사력에서는 심각한 열세였지만 유엔이 이 침략을 비난하고 나섬으로써(이 때 미국과 소련은 극히 드물게 의견이 일치했나) 나세르는 수에즈 위기를 개인의 성공으로 바꾸었다.

수에즈 위기의 결과로 아랍권에서 나세르의 인기는 하늘을 찌를 듯 치솟았고 제3세계에 대한 그의 영향력도 덩달아 커졌다. 그러나 위상이 높아진 만큼 그가 공산주의자와 이슬람 원리주의자 그리고 이집트 안에 거주하는 대부분의 정파적 토론에 대해 탄압하는 강도도 심해졌다. 1958년에 이집트와 시리아가 연합한 아랍공화국의 탄생으로 상징화된 범아랍연합을 이루려던 그의 꿈은 1961년에 시리아가 연합에서 탈퇴함으로써 실패로 돌아갔다. 경제는 하강 곡선을 그리기 시작했고, 음모를 잘 꾸미는 나세르는 결국 예멘 전쟁(1962~1967년)에서 처참하게 패배했다. 게다가 1967년에 발발한 6일 전쟁에서도 이스라엘에게 굴욕적인 패배를 당하게 되었다. 웨스트뱅크와 가자 지구 그리고 골란 고원까지 이스라엘이 장악하게 되자 이집트의 일인자는 패배자로 전락했다. 그는 대통령직을 사임했지만 민중들의 외침은(그 가운데 일부는 조작된 것이었다) 그를 다시 대통령의 자리로 돌아오게 만들었다.

나세르는 이번에는 음모를 꾸미던 사람에서 평화주의자로 변신했다. 그는 예멘 전쟁이 종식될 수 있도록 도왔으며 팔레스타인 문제에 대한 '평화의 땅' 해결책을 받아들였다. 또 그에 대한 도전 세력으로 성장하고 있던 팔레스타인해방기구와 요르단 사이의 무력 충돌을 중재하는 역할을 수행했다. 1970년 9월 28일, 나세르는 쿠웨이트의 사바 왕을 비행장까지 배웅하고 돌아오는 길에 심장마비로 쓰러졌다. 끝까지 열정적인 아랍 민족주의자였던 그는 마오쩌둥, 네루, 카스트로 그리고 호치민과 함께 반식민주의 혁명을 이끈 영웅으로 기억될 것이다.

Rudolph Nureyev
루돌프 누레예프

1938~1993

루돌프 누레예프의 몸짓에는 마치 힘 있고 예민한 동물이 움직이듯 기품이 있었다. 때로는 표범처럼 무대 위를 살금살금 걸어 다니다가, 또 어떤 때는 허공을 가르며 도저히 불가능해 보이는 높이까지 날아올랐다. 그는 훌륭한 운동선수처럼 우아하게 도약하여 정말로 삼켜버릴 듯 파트너의 몸 위로 날아오를 수 있었다. 그는 냉소적이고 종종 거드름을 피우는 듯했지만 자신을 흠모하는 관객을 결코 실망시키지 않았다. 아니, 그에게 정신병적 집착을 보이는 팬들에게 빌붙어 사는 암표상들을 실망시키지 않았다. 그는 춤에 생명을 불어넣었고 눈부신 재능과 균형 잡힌 아름다운 몸매는 고전 발레의 딱딱한 분위기에 놀랄 만큼 극적이고 선정적인 흥분을 선사했다.

1961년, 유명한 젊은 무용수가 소련에서 망명하여 세상을 깜짝 놀라게 했다. 그리고 바로 그 해, 이 무용수가 파리에서 데뷔 공연을 하자 청중은 그에게 완전히 도취되었다. 관객은 감동으로 전율하여 자리에서 일어나지도, 탄성을 지르지도 못했다. 그들은 그저 자리에 앉아 비명만 질러댔다.

그는 유전적으로나 기질적으로 완벽한 타타르족이었다. 그가 즐겨 말했듯이 타타르족은 다른 사람들보다 피가 더 뜨겁게 더 빨리 흐르는 농민층이었다. 서정적 역할을 전문으로 하는 이 무용수는 자신이 태어났을 때의 상황을 인생에서 가장 낭만적인 사건이라고 생각했다. 누레예프는 몽골 근처 바이칼호수 가장자리를 따라 달리던 기차 안에서 태어났다. 그는 1963년에 쓴 자서전에서, 자신이 세상에 태어난 것은 세계를 무대로 살아야 할 운명을 상징하는 것이며 나아가 국적 없이 떠돌아야 할 이방인의 삶을 암시한다고 썼다.

그러나 누레예프의 어린 시절은 낭만과는 거리가 멀었다. 그의 말을 빌리면, 전쟁 당시 그의 고향 우파는 마치 '굶주린 늑대'와 같았고 항상 주위를 맴돌고 있는 아사餓死의 검은 그림자를 간신히 피할 정도로 물자가 부족했다. 그러나 '춥고 어

둡고 배고픈 세계'에서 어린 루돌프는 구세주를 만났다. 여덟 살 때 그의 어머니는 처음으로 그를 발레 공연에 데리고 갔는데, 멋진 무대를 본 어린아이는 너무 행복한 나머지 한 마디도 할 수가 없었다. 그리고 그는 곧 자신이 해야 할 일을 깨달았다. 결국 불굴의 의지력과 끈질긴 연습에 힘입어 무일푼이던 열일곱 살 소년은 유명한 레닌그라드발레학교에 입학할 수 있었다. 힘든 훈련을 시작하기에는 다소 늦은 나이였지만 뛰어난 재능과 성공에 대한 자기 암시, 그리고 전설적인 작가 알렉산더 푸시킨Alexander Pushkin의 도움으로 누레예프는 하루가 다르게 발전했다. 그리고 3년 만에 키로프 극단의 단원이 되었다. 볼쇼이의 입단 제안에는 취향이 맞지 않는다는 이유로 거절했다.

한편 젊은 시절 누레예프는 공산주의 청년단 가입을 거부하고 통행금지를 지키지 않았으며 자신이 속한 발레단의 정책을 비난하고 외국인들과 교류하는 등 반항적인 모습을 보였다. 1961년 6월 17일, 파리 르부르제공항에서 런던행 비행기를 기다리는 동안 그는 가장 대담한 모반을 실천에 옮겼다. 비행기에 오르기 직전에 목적지가 런던이 아니라 모스크바라는 설명을 들은 그는 최악의 상황을 걱정하기 시작했다. 불복종 때문에 자주 비판을 받았던 그는 일단 소련으로 돌아가면 이제 막 들어선 발레 무용수의 길을 접어야 할지 모른다는 생각이 들었다. 그래서 그는 발레를 시작한 뒤로 '가장 길고 가장 아슬아슬한 도약'을 시도했다. 그는 공항 난간 위를 말 그대로 훌쩍 뛰어넘어 두 명의 프랑스 감시원에게 달려들었다. 그는 "나는 이곳에 있고 싶어요!"라고 외쳤다. 누레예프는 자신의 결정에 대해 5분 동안 심사숙고한 뒤 조용히 문을 나와 안전한 장소로 향했다. 전 세계는 즉각 그를 환영했다.

한동안 그는 마르퀴드쿠에바스 국제발레단과 함께 순회공연을 다녔다. 그러나 누레예프가 서구 사회를 진정으로 제압한 것은 바로 런던 로열발레단의 프리마돈나 마고트 폰테인Dame Margot Fonteyn과 짝을 이루면서부터였다. 잘 어울리지 않는 이 두 사람이 짝이 되었을 때, 길들지 않은 젊은 무용수는 스물네 살이었고 그의 파트너는 은퇴할 때가 한참 지난 마흔두 살이었다. 폰테인이 지닌 매력과 훈련을 통해 얻은 우아함과 여성스러움은 누레예프의 거침없는 표현력과 힘, 그리고 자아도취에 가까운 당당함과 잘 어울렸다. 발레계는 전혀 경험하지 못한 흥분에 사로잡혔다. 그리고 아직껏 그런 일은 없었다.

누레예프의 '작은 사자의 도약'은 곧 그가 연습한 고전 레퍼토리―〈해적Le

Corsair〉, 〈백조의 호수Swan Lake〉, 〈잠자는 숲속의 공주Sleeping Beauty〉 같은 작품들—를 넘어 게오르게 밸런친George Balanchine, 마사 그레이엄Martha Graham 같은 현대 무용의 거장들이 안무를 짠 실험적인 작품들을 넘보게 되었다. 1975년에 마사 그레이엄은 누레예프와 폰테인에게 〈루시퍼Lucifer〉를 만들어 주기도 했다. 누레예프는 모두 합쳐 거의 100여 개의 역할을 소화했다. 한편 그는 로열발레단과 파리 오페라발레단에서 활동했을 때 가장 많은 명성을 얻었다. 특히 파리 오페라발레단에서는 1983년에서 1989년까지 감독으로 일했다. 새로운 역할을 만들어 내고 다른 역할들을 재상연하는 것 외에 그는 '누레예프와 친구들'이라는 브로드웨이 쇼를 몇 번 무대에 올렸는데, 여기에서 현대물과 고전물을 총망라하는 폭넓은 레퍼토리를 선보였다.

한편 누레예프는 무대 밖에서 반항적이며 성적으로 문란한 생활을 했다. 그는 자신의 트레이드마크인 검은 가죽 옷을 입고 디스코클럽과 나이트클럽에서 파티를 즐겼고 진지한 예술가의 것과 비슷한 이미지를 만들어 냈다. 누레예프는 탁월한 기량과 강한 의지로 발레에서 남성의 역할을 재발견한 무용수였다. 또한 육감적인 팝 아이돌이자 나이와 성별을 초월한 숭배자들을 몰고 다니는 부유하고 욕심 많은 스타였다.

밤의 향락은 매력적이었지만 결코 무용을 이길 수는 없었다. 이 지칠 줄 모르는 무용가는 나이가 들어 쇠약해지는 피할 수 없는 섭리에 맞섰고 전성기가 한참 지난 후에도 공연을 하겠다고 주장했다. 에이즈에 걸린 뒤에도—그는 공식적으로 이 사실을 인정하지 않았고 임종이 임박한 상황에서도 마찬가지였다—그는 무용을 그만둘 수 없었고 비평가들이 뭐라고 하든 상관하지 않았다. 그에게 무용은 신성한 것이었다. 무용에 대한 그의 욕구와 열망은 '굶주린 늑대'였던 어린 시절처럼 강렬했다.

Richard M. Nixon
리처드 M. 닉슨

1913~1994

리처드 M. 닉슨의 정치 경력에 대해 처음부터 많은 의혹이 제기되었다. 그러다가 그가 고위공직자 자리에 오르자 의혹은 더욱 거세졌고 마침내 수많은 정책을 통해 얻어 낸 국가적 이익까지도 그 빛을 잃게 되었다. 그의 정책 중 일부는 좌익 세력에게 그토록 많은 비난을 받아 온 사람이 세운 것 치고는 놀라울 정도로 자유방임적 성격이 강했다.

닉슨은 캘리포니아 주 요르바 린다에서 레몬 농사를 짓던 아버지 프랜시스 A. 닉슨과 독실한 퀘이커 교도였던 어머니 한나 밀하우스 닉슨의 다섯 아들 가운데 둘째로 태어났다. 닉슨 부부는 경제적으로 풍족하지 못했는데, 사회성이 부족하고 내성적인 아들은 그러한 사실을 못마땅히 여겼다. 닉슨은 대통령으로 당선된 지 한참이 지나고서도 부잣집 아이들에게 모욕을 받은 일을 잊지 못했다. 이러한 냉대에 대한 분노는 강한 야망으로 변했다. 휘티어대학교에서 자부심이 강한 프랭클린 클럽 가입을 거부당하자 전문적인 논객이었던 닉슨은 오소고니언즈Orthogonians('정직한 사람들')라는 모임을 결성했는데, 그의 말을 빌리면 그것은 "고생 끝에 학교를 나온" 운동선수들과 남학생들로 구성된 그룹이었다. 1934년에 그는 졸업과 동시에 듀크대학교 법학과에 장학생으로 선발되었고, 1937년에 학위를 취득했다. 닉슨은 월스트리트에서 직장을 구하다 실패하고 캘리포니아로 돌아갔다.

라 하브라라는 작은 도시에서 법률 관련 일을 시작한 닉슨은 계약 검사로 법정 기술을 익혔으며, 지역 사회의 영화 동호회에서 학교 선생이자 아마추어 배우 셀마 패트리샤 캐서린('팻') 라이언을 만나 그녀의 환심을 사기 시작했다. 나중에 그는 1940년에 셀마와 결혼한 것을 "내가 내린 결정 중에 가장 현명한 결정이었다"고 회상했다. 1942년에 일본이 진주만 공격을 개시한 지 8개월 후에 닉슨은 해군 장교로 복무하게 되었다. 제2차 세계대전 동안 남태평양에 주둔하게 된 닉슨은 그곳에서 포커 실력을 발휘해서 1만 달러를 땄는데, 그 돈으로 1946년에 첫 번째 국

회의원 입후보비를 낼 수 있었다. 그는 자신의 경쟁 상대이자 뉴딜 정책의 지지자인 제리 부어히스Jerry Voorhis를 골수 공산주의자라고 비난하여 선거에서 이겼다. 상대방의 공산주의 성향을 집요하게 추궁하는 닉슨의 공격 방법은 워싱턴에 입성한 후에도 계속되었으며, 그러한 경력 덕분에 비미활동위원회의 위원에 임명되었다. 전前 국무부 관리 알저 히스Alger Hiss를 끈질기게 추궁하는 닉슨의 모습은 공화당 지도부의 관심을 끌었다.

국회의원 재선까지 무사히 치른 닉슨은 상원의원 선거에서 자유민주당의 헬렌 게이허건 더글러스Helen Gahagan Douglas와 맞붙게 되었다. 미국 정치 역사에서 가장 추악한 선거 운동 중 하나로 기억되는 이 선거 유세전에서, 닉슨은 더글러스가 공산당에 동조했음을 폭로하는 비열한 책략을 사용했다(닉슨은 더글러스를 '핑크 레이디'라고 놀렸다). 닉슨은 이 선거에서 승리함으로써, 전쟁 영웅에서 정치인으로 변신한 드와이트 D. 아이젠하워Dwight D. Eisenhower에 의해 1952년 대통령 선거에서 러닝메이트로 내정되었다.

그러나 그의 친구들이 계획한 특별 선거 자금에서 그가 일정 금액을 유용했다는 사실이 밝혀지면서 백악관을 향한 행보에 잠시 비상이 걸렸다. 위기에 직면한 그는 텔레비전에 직접 출연해 그 유명한 '체커스Checkers' 연설을 했다. 닉슨은 '체커스'라는 이름의 강아지를 제외한 나머지 선물은 모두 거부했다고 밝혔다. 유권자들은 다시 그를 지지했고, 아이젠하워와 닉슨 조는 11월에 승리의 주인공이 되었다.

실권이 거의 없는 부통령 자리에 오른 닉슨은 항상 대중의 시선을 받을 수 있도록 현명하게 행동했다. 특히 소련 서기장 니키타 흐루쇼프Nikita Khrushchev와 설전을 벌인 부엌 논쟁Kitchen Debate(1959년 모스크바에서 벌어진 이 논쟁은 미국의 문화를 보여 주려고 만든 부엌 세트장에서 진행되었다)을 통해 관심을 끌었다. 1960년, 닉슨은 공화당 대통령 후보로 선출되었다. 당시 그의 경쟁자는 부유하고 카리스마가 넘치는 매사추세츠 주 출신 의원 존 F. 케네디였다. 케네디는 닉슨이 가지지 못한 모든 것을 갖추고 있었다. 몇 번에 걸친 텔레비전 토론에서 두 사람의 차이가 극명하게 드러났다. 텔레비전 방송에 적합한 케네디는 멋지고 확신에 차 있었지만, 땀을 흘리며 어딘지 불편해 보이는 닉슨은 다소 냉소적으로 보였다. 케네디에게 근소한 차이로 패한 닉슨은 캘리포니아로 돌아갔다. 그리고 2년 후 주지사 선거에서 또 다시 고배를 마셨다.

1968년, 닉슨은 다시 백악관 입성 준비를 시작했다. 이번에는 부통령인 허버트 험프리Hubert Humphrey가 그의 경쟁자로 나섰는데, 당시 허버트는 베트남 전쟁에 대한 민주당의 입장을 보호하는 중요한 임무를 맡고 있었다. 전쟁을 끝낼 '비밀 계획'을 가지고 있다고 주장한 닉슨은 50만 표 차이로 험프리를 따돌렸다. 비록 전쟁은 지지부진하게 계속되었지만, 닉슨은 외교 분야에서 놀라운 능력을 과시했다. 대담하게 중국과 문호를 개방했으며, 까다로운 중동에서 이집트와의 관계를 돈독히 했고, 소련에 대해서도 능숙하게 대처했다. 국내적으로는 '암과의 전쟁'을 시작했고, 새로운 방범법防犯法을 제정했으며, 미국 인디언의 생활 환경을 개선하기 위한 개혁을 실시했다. 그러나 '법과 질서'를 강조하는 보수적인 운동을 전개하여 좌파 행동주의자 집단과 개인적인 정적들에게 압박을 가했다.

분노와 두려움을 느낀 반대자들은 워터게이트 사건을 일으켜 닉슨을 법적으로나 도덕적으로 궁지에 몰아넣었다. 전국 선거에서 닉슨이 조지 맥거번에게 참패를 안겨 주기 몇 달 전인 1972년 6월, 워싱턴의 사주를 받은 괴한들이 워터게이트 Watergate라는 워싱턴의 아파트촌에 위치한 민주당 본부에 무단 침입했다. 괴한들은 체포되었고 그 후 닉슨과 그의 보좌관들이 사건을 은폐하려고 한 사실이 드러나면서 남북전쟁 이후 미국 헌정사에 가장 심각한 위기가 닥쳤다. 1973년에 설립된 하원사법위원회는 다음 해에 투표를 통해 이미 연방 대배심이 기소되지 않은 공모자로 지명한 닉슨의 탄핵을 결정했다. 닉슨은 공개적으로 "나는 사기꾼이 아니다"라고 천명했지만 대통령 집무실 대화를 비밀리에 도청한 테이프는 그의 주장이 거짓임을 증명했다. 1974년 8월 9일, 선택의 여지가 없었던 리처드 M. 닉슨은 미국 역사상 대통령직 사임을 발표한 유일한 대통령이 되었다.

말년에 그는 원로 정치인으로 행동하려고 노력했다. 1980년대에는 잠시나마 과거의 인기를 회복하는 듯했지만, 그의 오만함에 관한 기억을 완전히 지우지는 못했다. 복수심이 강했고 일구이언을 일삼았으며 시기심 때문에 괴로워했던 리처드 닉슨은 민주주의의 어두운 면을 보여 준 시민으로 남게 되었다.

Diana, Princess of Wales

다이애나 왕세자비

1961~1997

영국의 왕세자비 다이애나가 서른여섯 살의 나이에 자동차 사고로 갑자기 사망하자 싸움과 반목을 일삼던 전 세계는 하나가 되어 그녀의 죽음을 애도했다. 전 세계의 수많은 사람들이 그녀의 장례식을 지켜보고 조문객 명부에 이름을 남기고 그녀를 기리기 위해 꽃으로 장식된 제단을 세운 것은 그녀가 단지 영국의 왕세자비였다는 명성 때문만은 아니었다. 또한 찰스 왕세자와 마차를 타고 동화 속 공주처럼 결혼식을 올렸을 때만 해도 행복과 기대로 가득 찼던 왕세자비가 젊은 나이에 비극적인 최후를 맞았다는 사실 때문만도 아니었다. 또한 죽음이 그녀의 미래를 앗아가서 개인적인 행복을 누릴 가능성과 아이들의 성장을 지켜보고 싶은 기대감마저 거부당했기 때문만도 아니었다. 사람들은 다이애나에 대해 잘 알고 있었기 때문에 그녀의 죽음을 애도했다. 무엇보다도 사람들은 세계에서 카메라 세례를 가장 많이 받았던 이 여성이 성숙한 모습으로 변해가는 과정을 죽 지켜 본 것이다.

사람들은 그녀가 아주 특별한 상황 속에서 풍족하게 살았음에도 불구하고 자신의 결혼 문제와 자존심을 되찾으려고 노력한 것을 잘 알고 있었다. 그리고 이 활달한 젊은 여성이 행복과 멀어져야 했던 과정은 사람들의 심금을 울렸다. 대중은 다이애나를 의미 있는 삶을 추구하고자 애쓴 여성으로 이해했기 때문에, 그녀가 세계의 주목을 받으면서부터 사생활을 불가능할 정도로 언론의 무자비한 추적을 받았고 왕족들이 출연하는 화려하고 값싼 드라마에서 자신이 맡은 배역을 박차고 나왔다는 사실은 거의 문제가 되지 못했다. 그녀를 사랑하는 사람들은 잃어버린 자신을 되찾으려는 그녀의 노력, 어쩌면 실패할 것으로 예정되어 있었을지 모를 결혼 생활을 구하려는 처절한 몸부림, 그리고 온 세상이 관심의 촉각을 세우고 있는 가운데 자신의 자녀를 평범하게 키우려는 포부 등을 통해 그녀를 더욱 가깝게 느낄 수 있었다. 그녀는 화려해 보이는 생활 뒤에서 따뜻한 마음씨를 가진 여성이었고, 어려운 처지에 있는 사람들을 사랑으로 도와주고자 했던 의지는 거짓이 아니

었다. 영국의 왕세자비 다이애나는 자신이 이룬 것이 아니라 이루려고 한 것 때문에 세기의 아이콘이 되었다.

다이애나의 삶과 그녀에 대한 대중의 매혹은 20세기에 일어난 제도와 관습 그리고 기술상의 변화를 보여 주는 표상이자 결과 그 자체였다. 1901년 빅토리아 여왕의 죽음과 함께 20세기가 시작되었는데, 당시 여왕이란 외부에 노출되지 않는 존귀한 존재로만 그려졌다. 아들 에드워드 7세가 여왕의 뒤를 이어 왕위에 올랐을 때, 추태에 가까운 에드워드 7세의 연애 사건들은 한 번도 공개되지 않았다. 그러나 1936년에 에드워드 8세가 미국인 이혼녀와 결혼하기 위해 왕위를 포기하자 전 세계 사람들은 라디오에 귀를 기울였다. 이 사건을 계기로 비밀에 싸여 있던 왕실의 생활이 대중에게 알려지게 되었다. 새로운 대중 매체인 텔레비전이 등장하자 왕실은 이것을 대중과 연결될 수 있는 강력한 수단으로 인식했다. 그리하여 왕실은 1952년 엘리자베스 2세의 대관식과 1981년 찰스 왕세자의 결혼식 때 텔레비전을 적극 활용했고 10억 명에 달하는 세계인이 왕세자의 결혼식을 지켜보았다. 그러나 왕실은 대중 앞에 자신을 노출함으로써 대중 매체에 대한 통제권을 상실하는 실수를 범했다. 그리고 왕세자의 결혼식 후로는 사회적 관례가 계속 깨지면서 왕족의 개인 생활 가운데 뉴스로서의 가치를 판단하는 기준이 완전히 변해버렸다. 이제 왕족에게 사생활이란 거의 남지 않게 되었다.

처음에 다이애나는 왕실의 대중적 이미지에 활기를 불어넣을 수 있는 완벽한 기회로 보였다. 신랑보다 열세 살이나 어린 신부는 예뻤고 사랑스러웠다. 왕실에 어울리는 가문인 스펜서 백작과 프랜시스 로체의 여덟 딸 중 하나로 출생한 그녀에게는 찰스 2세의 피가 흐르고 있었다. 그녀는 일곱 살 되던 해에 부모의 이혼으로 아버지 밑에서 자라며 웨스트 히스 스쿨과 교양 학교를 졸업했다. 솔직하고 점잔 빼지 않는 성격이었던 그녀는 보모, 가정교사, 유치원 선생으로 일했다. 왕실 사람들의 눈에는 신선한 용모에 개방적인 성격과 순결함까지 갖춘 그녀가 내성적이며 다소 비사교적이라는 평가를 받고 있던 나이 든 신랑에게 어울리는 완벽한 짝이었다. 다이애나는 완고하다고 널리 알려진 영국 왕실에게는 반가운 존재였다.

약혼이 발표된 후부터 다이애나는 집중적인 조명을 받았다. 1981년 7월에 있었던 결혼식은 전 세계 여성들이 한번쯤 꿈꾸던 것이었고 아주 사소한 부분까지 완벽했다. 첫 임신 발표 왕위 계승자인 아들 윌리엄과 뒤이은 해리의 탄생은 이상적인 삶을 더욱 완벽하게 만들기 위한 마지막 손질처럼 보였다. 세월이 흐르면서 세계는 수많은 사진을 통해 수줍음 많던 어린 소녀가 늘씬하고 우아한 여성으로 성장하는 것을 지켜보았는데, 특히 아이들에 대한 그녀의 사랑은 각별했다. 그러나 그 뒤로 계속 공개된 사진들은 다이애나와 찰스 사이가 서서히 멀어지고 있다는 것을 입증했고 마침내 결혼 생활의 악화와 그 원인이 만천하에 드러났다.

1985년까지 다이애나는 심한 중압감에 시달렸다. 그녀는 폭음과 구토, 잠을 자지 않기 위해 처방전 없이 구입할 수 있는 약물 복용, 그리고 자해도 마다하지 않았다. 멋진 의상과 보석, 호화 주택도 그녀에게 깊은 상처를 준 배신과 불행을 대신하기에는 턱없이 부족했다. 1996년에 그들의 공식적인 결혼 생활은 막을 내렸고, 미친 듯이 눈물을 쏟아내며 법정을 나서는 다이애나의 모습이 사진을 통해 알려졌다. 전 세계는 배신당한 여성이 느끼는 고통과 사랑받고 싶은 욕구에 대해 충분히 공감했다.

공식적으로 이혼을 발표하기 훨씬 전부터 대중은 그녀가 왕실에 의해 휘둘리고 상처를 받았다는 사실을 알고 그녀의 편이 되었다. 다이애나와 윈저가 사이에 불화가 심해지자 왕실은 한때 텔레비전 방송에 적합하다는 이유로 자신들 사이로 끌어들인 여성 때문에 명예가 실추된 채 제대로 항변조차 하지 못했다. 그녀가 호칭마저 박탈당하자 그녀의 추종자들이 직접 나서서 '국민의 공주the People's Princess'라는 칭호를 부여했다. 그들은 다이애나가 명성을 이용하여 자신이 지지하던 사업에 사람들의 관심을 끌어 모으는 모습을 자랑스럽게 지켜보았으며, 그녀가 에이즈로 죽어가는 환자를 껴안거나 지뢰밭 한가운데 서 있는 모습을 대할 때는 깊은 감명을 받았다.

사랑과 선행 그리고 사랑의 가치에 대한 다이애나의 고집은 영국 왕실을 파멸시킨 원인인 동시에 왕실의 재건이라는 결과를 초래했다. 마찬가지로 그녀의 갑작스러운 죽음은 다이애나가 국민들의 상상 속에 영원히 젊고 아름답고 활기찬 모습으로 살아 있음을 의미했다.

Dalai Lama
달라이 라마

1935~

자비의 부처 첸레지Chenrezi(천수관음보살을 말함)*가 환생한 14대 달라이 라마는 제춘 잠펠 가왕 롭상 예쉬 텐진 갸초Jetsun Jamphel Ngawang Lobsang Yeshe Tenzin Gyatso라는 법명을 가지고 있다. 그는 티베트 대승 불교도들에게 "성자, 온화한 성인, 달변의 성인, 자비의 성인, 불교를 지키는 학식의 성인"으로 추앙받는다. 달라이 라마란 칭호는 '지혜의 바다'라는 뜻이다. 또한 그는 예로부터 신정주의를 이어온 티베트 사회의 성스러운 통치자이기도 하다. 그는 스물네 살 이후로 한 번도 조국의 땅을 밟지 못한 채 자신이 다스리는 국가의 종주로서 망명 생활을 하고 있는데, 정적인 중국 공산주의자들에게는 모욕을 당하는 반면 나머지 세계인들에게는 숭배의 대상으로 인정받고 있다.

1937년, 수도승들과 현자들은 '세계의 지붕'이라고 불리는 티베트의 신비한 성전이자 수도인 라사에 모여 13대 달라이 라마의 후계자를 물색하기 시작했다. 그들 중에는 꿈속에서 지붕이 옥과 금으로 된 사원과 농부의 집을 본 사람이 있었다. 그들은 그것으로 부처의 환시幻視가 이루어졌다고 생각하고 그 순간 갑자기 하늘을 뒤덮은 이상한 모양의 구름과 무지개의 뜻을 해석하기 시작했고 고승들은 전국에 밀사를 파견했다. 그들은 탁처라는 마을에서 온몸에 첸레지의 환생을 입증하는 증표를 여덟 개나 지니고 있는 한 소년을 발견했고, 그 소년은 환생한 지도자임을 입증하기 위한 시험을 통과했다. 라사로 옮겨진 이 네 살짜리 달라이 라마는 티베트의 바티칸이라고 할 수 있는 1,000칸짜리 포탈라 궁전에서 살았다. 그는 그곳에서 위대한 제5대 달라이 라마가 기거한 춥고 쥐가 들끓는 침실을 사용했다. 그는 종교와 학문을 공부했고 세월이 흘러 불교 연구로 박사 학위를 취득했다. 그가 공부한 분야는 논리학, 티베트 미술, 산스크리트어, 중세 철학, 불교 철학, 시, 음악, 드라마, 점성술, 그리고 미래에 정치 지도자로서 활동하는 데 가장 중요한 항목인 변증론이 모두 포함되어 있었다. 그는 첸샵tsenshap이라고 부르는 논리학과 수사학

분야의 대가들과의 토론에도 능숙해졌다. 호기심이 많은 어린 달라이 라마는 닷지 자동차부터 1927년산 영국제 오스틴 자동차에 이르기까지 구형 자동차를 너무 좋아해서 스승들을 자주 실망시켰다. 한번은 고친 자동차를 끌고 나가자마자 기둥을 들이받는 사고를 일으키기도 했다. 그는 공부를 하거나 재판을 열 때, 또는 자동차를 부술 때를 제외하고는 포탈라의 정원에서 가축들과 어울려 놀았다.

1949년에 마오쩌둥이 이끄는 중국공산당이 장제스의 가망 없는 국민당을 제압한 뒤 작은 신정 국가로부터 서구 사회로 눈을 돌리는 순간 어린 청년의 밀폐된 세계도 산산조각이 났다. 다음 해 중국은 '제국주의의 타도'를 핑계 삼아 티베트를 침공했다. 조언자들과 대중의 강권에 따라 달라이 라마는 인도로 몸을 피했다가 중국공산당에게서 정치와 종교의 완전한 자유를 보장받은 뒤 다시 고국으로 돌아왔다. 이후 9년 동안 그는 티베트의 자치권을 유지하기 위해 마오쩌둥과 협상을 벌였으며 계속되는 중국의 침략을 저지하기 위해 고군분투했다. 그는 마오쩌둥의 절친한 친구가 되었지만 중국 군대가 티베트 정치에 관여하는 것만은 결코 용납하지 않았다. 그러나 불자로서 비폭력과 진실이라는 원칙을 고수하는 그의 노력은 단기적으로 볼 때 중국 인민해방군의 노골적인 선전과는 조화를 이룰 수 없었다. 또한 달라이 라마의 평화주의는 티베트 동부에서 활동하던 캄파Khampa(유목민 게릴라)*와 미국 CIA의 지원을 받아 게릴라 폭동에 참가하는 티베트인들이 수가 점점 늘어나는 현상을 막기에는 역부족이었다. 폭동은 당연히 중국 점령군의 악랄한 보복을 부채질했다. 1959년에 중국은 경호원을 대동하지 않는 조건으로 달라이 라마를 연극 공연에 초대했다. 과거 티베트 지도자들도 똑같은 행사에 초대받았다가 결국 돌아오지 못했다는 것을 알고 있던 수천 명의 티베트인들이 그의 여름 휴양지를 에워싼 채 외출을 저지했다. 마침내 중국군이 궁전 주위를 포위하자 달라이 라마는 어둠이 깔린 3월 17일 밤에 군인으로 변장하고 몰래 그곳을 빠져나갔다. 중국군의 공격이 시작되면서 티베트 폭도가 진압되고 수천 명이 살해당하는 등 정국이 극도의 혼미에 빠졌던 3월 20일, 그는 영원히 티베트를 떠났고 수십만 명의 가난한 티베트 난민들이 그의 뒤를 따랐다. 그는 결국 인도로 발길을 돌렸고, 우호적이던 인도 정부는 중국의 압력을 거부한 채 그가 망명정부를 세울 수 있도록 도왔다. 달라이 라마는 정치에 관여하지 말라는 중국 당국의 엄중한 경고를 무시할 정도로 대담했는데, 아마도 그의 친구 명단에 인도 수상 네루의 이름을 올려놓은 것이 문제가 된 것 같았다. 달라이 라마는 티베트의 종교 단체와 국민을 제거하려는 중국의 잔인한 만행이 계속되는 가운데 티베트의 주권을 인정받기 위해 침착하게 세계를 돌며 자신의 주장을 알렸다.

달라이 라마를 방문하는 사람들, 특히 서구 민주주의 국가에서 온 사람들은 그가 아저씨처럼 따뜻하며 매우 탐구적이고 과학에 상당히 관심이 많다는 것을 알게 되었다. 언젠가 그는 우스갯소리로 만약 부처의 말씀이 과학과 일치하지 않는다면 거부해야 마땅하지만 자신은 신탁 같은 것이 아주 비과학적이라는 믿음을 견지하고 있다고 말하기도 했다. 그는 자신의 숭배자들에게 자행되는 잔악한 탄압에도 불구하고 평화주의를 포기하지 않았다. 그는 1965년에는 유엔을, 1979년에는 미국을 방문했는데 두 번 모두 자신을 핍박하는 이들을 비난하기를 거부했다. 오히려 그는 적들을 자신의 스승이라고 불렀으며, 심지어 그들이 과거 티베트인에게 좋은 일을 했다는 발언까지 했다. 1989년 노르웨이의 노벨위원회는 중국 정부를 무시한 채 달라이 라마에게 평화상을 수여했다. 노벨 평화상을 수상하는 자리에서 그는 "저는 소박한 불교승일 뿐 그 이상도 그 이하도 아닙니다"라고 소감을 밝혔다. 중국은 달라이 라마가 선택한 판첸 라마Panchen Lama(티베트의 전생활불轉生活佛로서 달라이 라마 다음가는 위치에 있는 사람의 통칭)*가 티베트 안에 거주하는 것을 거부함으로써 불쾌감을 표시하고 그 자리에 자국에 협조적인 티베트인들 중 한 사람을 뽑아 앉혔다. 그러자 달라이 라마는 특유의 차분한 태도로 이의를 제기했고 다시 한 번 중국 수뇌부를 뛰어넘어 전 세계인의 의견을 구했다. 20세기가 저물고 부처의 가르침이 빠르게 서구 사회에 전파되고 있는 이 시점에서 세계는 한 승려의 사심 없고 헌신적인 노력이 한 제국의 야망을 잠재울 수 있을지 지켜보고 있다.

Salvador Dali

살바도르 달리

1904~1989

스페인의 화가 살바도르 달리는 처음에는 초현실주의의 대가로 환영받다가 나중에는 천박한 장식의 흥행주로 비난을 받았다. 그는 가장 위대한 창조물은 자기 자신이라고 생각하는 현대의 자아도취적 미술가의 전형이었다. 달리는 점잖음에 대한 계획적인 공격과 유명세를 얻으려고 줄기차게 노력하는 가운데 앤디 워홀Andy Warhol과 제프 쿤스Jeff Koons 같은 현대 미술계의 명사들에게 영적인 아버지가 되었다. 그러나 전성기의 그는 혁신적인 초현실주의 운동의 유명한 선구자였으며, 미국의 초현실주의를 대표하는 가장 이름난 인물이었다. 1950~1960년대 미국 가정의 침실 벽에는 기분 나쁠 정도로 고요한 분위기에 녹아내리듯 흐늘거리는 시계들을 그린 달리의 걸작 〈기억의 집념The Persistence of Memory〉(1931) 복사판이 한두 점 걸려 있지 않은 집이 없을 정도였다. 달리의 전 작품에 등장하는 유연하게 늘어진 시계와 환각적인 이미지들이 세계적인 심리적 · 예술적 용어로 자리 잡는 동안 그것을 그린 화가는 센세이셔널리즘에 빠져들면서 결국 자신의 작품만큼 기괴한 인물로 변해버렸다.

살바도르 펠리페 하신토 달리 도메네크Salvador Felipe Jacinto Dalí y Domènech는 스페인 카탈루냐 북부의 피게라스에서 그림을 사랑하는 집안에서 태어났다. 유복한 가정 환경에도 불구하고 달리의 부모는 살바도르와 이름이 같은 그의 형 살바도르의 갑작스러운 죽음으로 인한 충격에서 벗어나지 못하고 결국 달리에게 형의 이름을 붙여 주었다. 화가는 자신의 기행이 모두 죽은 형의 그림자에서 벗어나려는 어린 시절의 욕망에서 비롯되었다고 밝힌 적이 있다. 이는 다른 사람들에게 충격을 안겨 주려는 달리의 욕구를 상징적으로 표현하는 것으로, 그는 여동생의 머리를 발로 차거나 친구를 다리 밑으로 떠미는 것과 같은 폭력적인 행동들을 통해 '광적인 기쁨'을 느꼈다고 고백했다. 그러나 평생 그를 따라다녔던 예민한 성격과 과장된 행동과는 달리 어린 시절의 그는 겉으로 보기에 평범한 아이였다.

그는 열네 살에 처음 전시회를 열었고, 열일곱 살에 마드리드의 산 페르난도 왕립 아카데미에 등록했다. 초기에 그는 전통적인 양식으로 솜씨 있게 그림을 그렸는데, 시간이 지나면서 다다이스트dadaist와 초현실주의자의 선구자로서 큰 영향력을 지녔던 조르지오 데 키리코Giorgio de Chirico와 카를로 카라Carlo Carrà 같은 이탈리아 화가들의 '형이상학적' 스타일의 능숙한 그림을 선보였다. 기괴한 다다이즘의 세계를 발견함으로써 그의 복장과 행동이 지나치게 파격적으로 흐르자 학교와 마찰을 빚게 되었고, 결국 학교는 교내에서 사소한 시비가 일어난 것을 빌미로 그에게 정학 처분을 내렸다. 다시 학교로 돌아온 이 도도한 멋쟁이는 자기보다 한 수 아래로 보이는 교수들이 자신의 작품을 평가하는 것을 거부했고, 마침내 1926년에 학교에서 퇴학당했다. 1927년에 그는 〈피는 꿀보다 달콤하다Blood Is Sweeter Than Honey〉를 발표했는데, 이 작품은 나중에 발표되는 섬뜩하고 환각적인 작품을 예고하는 서곡이었다.

1928년에 달리는 택시를 이용해 마드리드에서 파리까지 호사스러운 여행을 떠났다. 그리고 파리에서 초현실주의의 '거장'으로 알려진 프랑스 시인 앙드레 브르통André Breton에게서 아직 태동 단계에 있던 초현실주의를 접하게 되었다. 초현실주의와의 만남에서 영감을 받은 이 카탈루냐인은 무의식의 세계를 몽롱하게 꿈을 꾸는 듯 초현실적인 정경으로 표현했다. 핵심을 파악하는 뛰어난 식별력을 지닌 그는 이것을 "비판적 편집광의 스타일"이라고 불렀다. 이것은 한 이미지를 바라보면서 그 안에 들어 있는 또 다른 이미지를 발견하는 방식을 말하는 것으로, 이러한 표현 양식은 초현실주의 운동의 아퀴나스Thomas Aquinas라고 불렸던 지그문트 프로이트의 영향이 컸다. 그 후에 계속되는 달리의 과장된 언행들은 〈우울한 게임The Lugubrious Game〉(1929)에서도 확인되는데, 충격 속에서 기쁨을 발견하는 브르통조차도 그의 작품에 표현된 자위적인 이미지를 못마땅하게 생각했다.

같은 해, 다작의 작가가 된 달리는 스페인 출신 영화 감독 루이 브뉘엘Luis Buñuel과 함께 〈안달루시아의 개Un Chien Andalou〉를 완성했다. 면도날로 여성의 눈동자를 난도질하는 소름끼치는 이미지를 담은 이 17분짜리 무성영화는 지금도 여전히 마치 악몽을 꾸는 듯한 섬뜩함을 전해준다. 1931년에 〈기억의 집념〉을 발표하면서 상업적 성공에 대한 갈망과 파시스트에 동조하는 정치적 성향을 보인 달리에 대해 다른 초현실주의자들이—그들은 공산주의에 사로잡혀 있었다—혐오감을 느끼면서 양자의 관계는 점점 악화일로를 걷게 되었다. 브르통은 달리의 이름 철자를 바꾸어 "달러광Avida Dollars"이라고 부르면서 불쾌함을 표출했다.

제2차 세계대전 동안 달리는 브르통과 헤어진 후 미국으로 향했다. 그곳에서 그와 러시아 출신의 아내 갈라—그녀는 다른 초현실주의자들과도 염문을 뿌렸다—는 초현실주의에 내포되어 있는 이국적인 정서를 철저하게 이용했다. 패션 디자이너 엘자 스키아파렐리Elsa Schiaparelli와 함께 만든 '구두 모자shoe hats'나 '랍스터 드레스lobster dress' 같은 패션 디자인 프로젝트와 상업적 이익을 위한 여러 사업들, 그리고 수많은 사진 발표회와 대중 앞에서 보인 별난 행동들이 더해지면서 달리는 자신이 곧 가장 중요한 작품이 되었다. 달리는 영화감독 앨프리드 히치콕과 손잡고 1945년에 제작된 회심의 연작인 〈스펠바운드Spellbound〉에도 참가했다. 그러나 명성이 커질수록 그의 예술은 고통을 겪었다.

종전 후 갑자기 가톨릭으로 귀의한 달리는 거의 사진 같은 리얼리즘을 느끼게 하는 〈포트 리가트의 성모The Madonna of Port-Lligat〉(1950)와 같이 능란하지만 경박한 이미지를 지닌 일련의 작품을 발표했다. 한편 그는 이 작품들에 대해 주제넘게도 신 르네상스를 알리는 깃발이라고 주장하면서 교황에게 헌정했다. 그 후로도 그는 〈레다 아토미카Leda Atomica〉(1949)와 〈마지막 만찬The Last Supper〉(1955) 같은 묘하게 강렬한 힘을 느끼게 하는 작품들을 꾸준히 발표했다. 그러나 이러한 작품들은 새로운 예술적 실체를 보여 주는 창이 되기보다는 대가적인 기교를 약삭빠르게 표현한 것에 불과했다. 그 결과 달리는 다른 사람들의 부러움을 살 만큼 많은 이익을 남김과 동시에 기괴함의 온상으로 빠르게 변했다. 1964년이 되자 그의 상업적 타락은 극에 달했다. 그는 수백, 아니 수천 장에 달하는 백지에 사인을 했는데—나중에는 '한정판'이라는 글자가 새긴 도장이 찍혔다—그의 사인이 적힌 종이는 호놀룰루에서 헤이그까지 순진한 수집가들을 상대로 판매되어 총 6억 2,500만 달러 이상의 수익을 올렸다.

그의 작품이 싸구려 물건과 모조품으로 전락하자 달리의 모습은 더욱 기괴하게 변해 갔다. 어깨까지 내려오는 검은 머리와 왁스를 바른 감탄 부호 모양의 콧수염은, 그의 그림에 빛을 더해 주는 달팽이나 성욕을 일으키는 피아노, 그리고 힘센 얼룩말만큼이나 그만의 트레이드마크로 자리 잡았다. 그의 뮤즈이자 48년 동안 그를 보호한 갈라가 1982년에 세상을 떠나자 달리는 절망에 빠졌고 오랜 습관이 된 무분별한 싸구려 행상주의에서 헤어나지 못했다. 정열은 이미 사라진 지 오래였고, 1989년엔 그 자신마저도 자기 예술의 가장 빛나던 이미지들이 나타났던 허공 속으로 사라졌다.

Margaret Thatcher
마거릿 대처

1925~

마거릿 대처는 세계적인 산업 대국의 여성 지도자였다. 대처보다 의지가 약하거나 야망이 부족한 남자들은 그녀를 여전사 아틸라Attila the Hen라고 불렀다. 소련 서기장 미하일 고르바초프는 그녀를 '철의 여인'이라고 불렀고, 프랑스 대통령 프랑수아 미테랑은 그녀가 '매릴린 먼로의 입술과 칼리굴라Caligula(로마의 폭군)*의 눈'을 가졌다고 한탄했다. 드레스 생산자와 정치에 관심이 많은 그랜담의 식료품 가게 주인의 중산층 집안에서 태어난 마거릿 대처는 11년 동안 격변기의 영국을 이끌었다. 20세기 역대 영국 수상 가운데 가장 오래 재임한 그녀는 복지 정부와 상류층의 무능력이라는 두 괴물을 향해 가차 없는 일격을 가했다. 그녀는 이 두 가지 문제 때문에 영국이 이류 국가로 추락했다고 믿었다. 혁명론자는 아니었지만 급진주의자였던 그녀는 본래 미국이 고안한 개인 기업과 책임에 대한 개념을 정치에 도입하여 호전적인 영국을 다스렸다. 그 과정에서 자신의 정책을 방해하는 모든 남자들과 싸우고 또 싸워서 승리를 쟁취했다.

대처는 아웃사이더였다. 「선데이타임스*Sunday Times*」는 그녀를 '유권자들과 절대 친해질 수 없는 포퓰리스트 정치인'이라고 평가했다. 운명적으로 클럽 회원이나 동창회의 일원이 될 수 없었던 마거릿 힐다 로버츠Margaret Hilda Roberts는 장학생으로 옥스퍼드 소머빌대학에 입학하여 화학을 공부했으며 정치에 대한 관심을 가지게 되었다. 1947년 학교를 졸업한 후 화학 연구자로 일을 시작한 그녀는 24세가 되던 1949년에 켄트의 다트포드 지역 보수당으로부터 당 공천 의원으로 의회 출마를 위한 선거전에 나가 달라는 권유를 받았다. 첫 선거에 실패한 그녀는 다음 선거에도 출마했지만 역시 고배를 마셔야 했다. 정치 생활 초반에 겪은 이런 시련 때문에 그녀는 더 강해졌다. 1950년, 그녀는 다시 법률 공부를 시작했다. 3년 후 법정에 설 때까지 그녀는 이미 인생에서 극히 중요한 결정 하나를 내린 상태였다. 사업가 데니스 대처와 결혼한 것이다. 남편의 든든한 외조와 경제적 지원 덕에 그

녀는 자유롭게 자신의 야망을 추구할 수 있게 되었다. 그녀는 세법 전문 법정 변호사로 몇 년간 활약했고, 1958년에는 중상류층이 모여 사는 런던 북부 핀츨리에서 보수당원으로 선거에 출마했다.

1961년, 대처는 연금 · 국가보험 관련 부서 정무차관으로 임명되었다. 1964년에 하원의 야당 정면 좌석(여당 및 제1야당 간부의 좌석)* 대변인이었던 그녀는 노동당을 향해 늘 화려한 웅변술을 동원한 공격의 고삐를 늦추지 않았다. 3년 후 히스Edward Heath 수상은 그녀를 예비내각(영국에서 야당이 정권을 잡았을 때에 대비한 내각)*의 동력자원부 장관에 임명했다가 그 후 교육부 장관에 재임명했다. 어디에 임명되든지 그녀는 치밀한 영국 정치뿐만 아니라 행정에 관해 많은 것을 배울 수 있었는데, 대처는 논쟁을 불러일으키는 어떤 완고함과 능력을 선보였다. 1970년에 교육 · 과학부 장관으로 임명되어 교육의 본질에 영향을 미치지 않는 범위 내에서 예산 삭감을 실천하고자 했던 그녀는 초등학교 고학년 학생들에 대한 무료 우유 급식을 중단했다. 그녀는 이 일을 계기로 '우유 날치기 대처Thatcher the Milk Snatcher'라는 별명을 얻었다.

1974년에 토리 당수 에드워드 히스가 수상에서 사임하자, 대처는 1975년에 그를 대신해 당 지도자로 선출되었다. 그녀는 당수가 되자마자 먼저 전체적인 이미지를 완전히 바꾸었는데, 머리 모양과 옷차림, 심지어 말투까지도 새롭게 했다. 비록 아직 권력을 장악하지는 못했지만 앞으로 국가를 통치하는 데 필요하다고 생각하는 모습이 되고자 했다. 1979년에 노동당 출신 수상이었던 제임스 캘러헌James Callaghan을 실각시킬 때도 마찬가지로 무자비한 능력을 보여 주었다. 그녀는 교묘한 술수를 써서 선거 유세를 재촉하는 비신임 투표를 실시하게 만들었는데, 이 기간 동안 노동당의 사회민주주의 표어에 식상한 영국인에게 검약, 개인적인 노력, 자립이라는 대처주의Thatcherism의 특징을 귀가 따갑도록 선전했다. 그러나 그녀가 신랄하게 비판한 대상은 바로 노동조합이었다. 그녀는 나라의 악폐가 전부는 아니더라도 대부분 노동조합에서 생겨났다고 믿었다.

그 후 영국 현대사에서 최악의 계급 갈등이 뒤따랐다. 대처의 재임 기간 중에 실업률이 3배로 치솟았으며 가난한 흑인 거주 지역에서 인종 폭동이 일어났다. 재임 초기에 그녀는 폭동 통제 방법에 대한 대대적인 변화를 추구했으며, 실업자와 잠재 실업자를 대상으로 한 자립에 관한 강의는 그녀를 따라올 사람이 없었다. 그러나 포클랜드 섬을 사이에 두고 발발한 영국과 아르헨티나와의 전쟁에서 승리하자,

그녀의 정책 때문에 나온 불평불만은 환호성으로 바뀌었다. 1983년, 그녀는 재선에 성공했다. 그러나 그녀는 노동자와 지식인층의 냉대를 감수하면서 노동조합과 장기 실업에 꿋꿋이 맞서 싸웠고, 빈사 상태에 빠진 영국 산업을 민영화하기 위한 공격적인 프로그램을 실천에 옮겼다.

그녀는 세계무대에서 영국의 사업 파트너로 소련의 지도자 고르바초프를 선택했고 이 영리한 판단 덕분에 미국인 동지 로널드 레이건 대통령을 한결 쉽게 그녀 편으로 끌어들일 수 있었다. 또 이해력이 빠른 동구권을 상대로 자유 기업의 메시지를 널리 알렸다. 비록 그녀는 더 긍정적인 글로벌 이미지를 개발하고 있었지만 (그녀는 나토의 열렬한 지지자였다), 궁극적으로 그녀의 발목을 잡은 것은 국내 문제였다. 1988년 그녀는 재산세를 대신해서 지방 서비스에 대한 일괄 과세를 요구했다. 이 악명 높은 인두세는 폭동을 촉발했고 1990년에 선거 패배를 걱정하는 토리 반대파는 쿠데타를 일으켰다. 여러 장관들을 해임한 대처는 결국 스스로 수상 자리에서 물러났다.

대처의 정치적 선택은 파멸을 불러왔다. 자신이 내세운 전형적인 안전제일주의 덕분에 그녀는 빈민층에 쉽게 등을 돌릴 수 있었고, 그 결과 국민 발의권을 압박하는 시대에 뒤떨어진 계층 시스템은 그대로 유지되었다. 그녀는 일개 귀족에 불과한 레이디 대처로 추서됨으로써 평소 자신이 혐오하던 작위를 받은 사람들 중 한 사람이 되었으며, 붉은색 가죽이 깔린 안락한 상원에서 귀족들을 상대로 열변을 토하게 되었다. 자신의 소속 당에게 배신당하고, 자신이 수립한 정책의 마법에서 깨어난 유권자들의 비난의 대상이 되었으며, 여왕에게조차 환영을 받지 못하게 된 대처는 결국 마지못해 세계무대를 떠나야 했다. 정치가로서 그녀는 약삭빠르고 때로는 뻔뻔한 모습을 보였지만, 영국인 앞에 화려한 미래가 기다리고 있을 거라는 그녀의 믿음은 결코 흔들린 적이 없었다.

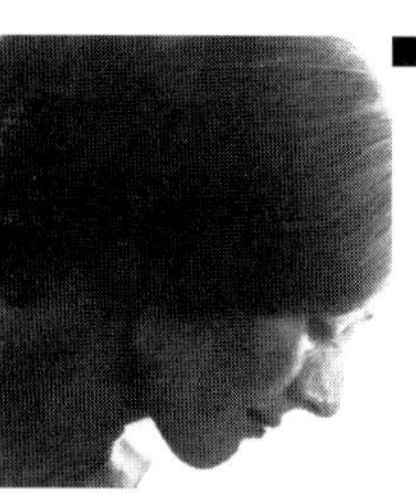

Isadora Duncan
이사도라 던컨

1878~1927

속이 훤히 비치는 얇은 천으로 직접 옷을 만들어 입고 맨발로 무대에 올랐던 이사도라 던컨은 미국 현대 무용의 창시자였다. 그녀는 틀에 박힌 전통적인 발레 양식에서 벗어나 인간의 영혼에서 바로 솟아 나온 움직임을 바탕으로 전혀 새로운 무용 이론을 발전시켰다. 순수한 기교와 '예쁜 동작'을 거부한 던컨은 자신의 무용을 삶의 표현 방식으로 보았다. 그리고 이 자연스러운 예술 형식 안에서 다른 모든 예술 분야(음악, 문학, 그림, 그리고 드라마)를 통합하여 하나의 고귀하고 진실한 비전을 만들어 냈다. 그녀에게 자유란 창의적 활동에서 뿐만 아니라 일상생활에서도 최고의 명제였다. 그녀는 짧고 열정적인 삶을 사는 동안 정열적이며 독립적인 자신의 성격과 자주 마찰을 빚은 빅토리아 시대의 모든 인습을 비웃었다(제1차 세계대전 중 파리에서 〈마르세예즈Marseillaise〉(프랑스 국가를 말함)* 에 맞추어 춤을 추면서 승리의 기쁨을 만끽하고 있었을 때의 일이었다. 독일군의 총구가 베르됭을 향해 불을 뿜자 그녀는 머리부터 발끝까지 온통 붉은 색 옷을 차려입고 나타나 후렴구에서 기꺼이 한쪽 가슴을 드러냄으로써 프랑스의 상징인 마리안느Marianne(프랑스에서 자유, 평등, 박애의 혁명정신과 프랑스공화국을 상징하는 여성상)* 가 되었다). 성적 욕구를 억압하던 시대에 자유연애를 주장한 이 매력적인 무용수는 매끈한 감색 머리와 유연하면서도 육감적인 몸매, 그리고 자유주의 사상가의 솔직함을 이용해 수많은 유럽의 지성인과 귀족을 자신의 숭배자로 만들었다.

던컨의 조국은 이 쾌활한 성격의 무용수를 처음에는 별로 환영하지 않았다. 그러나 런던의 관객들은 브람스, 바그너, 그리고 글룩Gluck에 대한 그녀의 해석에 열광했다. 베를린에서는 '신 같은 이사도라'라는 찬사를 들었고, 한 대학생 열성팬은 그녀가 탄 마차를 끌고 거리를 누볐다. 임페리얼발레학교가 절정기를 맞았던 시절, 무용계의 독보적인 존재였던 안나 파블로바Anna Pavlova가 감독 겸 프로듀서인 콘스탄틴 스타니슬라프스키와 발레 뤼스의 흥행주 세르게이 디아길레프를 대

동하고 상트페테르부르크에서 이사도라가 공연 중이던 1904~1905년 리사이틀을 보기 위해 직접 극장을 찾아왔다. 그리고 그들 역시 그녀의 숭배자가 되었다. 러시아 태생의 무용수로 현대 발레의 창시자이자 안무가 미하엘 포킨Michel Fokine은 던컨을 자신의 '모든 창작 활동의 원천'이며 '미국이 낳은 무용계의 가장 큰 축복'이라고 평했다.

보라색 눈동자를 한 디바는 캘리포니아 주 오클랜드에 어린 시절을 보낼 때부터 관습에 얽매이지 않는 자유사상가의 면모를 보였다. 네 아이 중 막내였던 그녀는 안젤라라는 세례명으로 불렸는데, 걸음마를 시작할 때부터 자연스럽고 독창적인 춤을 선보였다. 그녀의 어머니는—암표상이었다가 나중에 사기꾼이 된 남편에게 버림을 받았다—십여 년간 아이들에게 문학과 아름다운 음악에 대한 사랑을 불어넣어 줌으로써 가난에서 벗어날 수 있도록 노력했다. 자신감이 넘쳤던 안젤라는 아마추어 수준에 지나지 않았던 가족의 문화적 영감의 중심 역할을 했다. 그녀는 이웃 아이들에게 무용을 가르쳐 주었고, 시간이 지나자 언니들과 함께 사교 댄스를 가르쳤다. 이사도라는—이 시기부터 무대 이름을 사용했다—뉴욕의 프로듀서 어거스틴 데일리의 극단에 들어갔다. 그는 고집불통 여배우를 설득해서 발레에 관심을 갖게 하려 했지만 소용이 없었다. 1899년에 호텔 화재로 집안의 전 재산이 소실되자, 던컨은 작은 운반선에 몸을 실은 채 따뜻한 환대를 기대하면서 대서양을 건넜다.

필사적인 탈출은 보람이 있었다. 유명한 여배우 패트릭 캠벨 부인의 후원에 힘입어 쾌활하고 감수성이 풍부한 무용수는 곧 런던 안주인들의 약속자 명단에 오르게 되었다. 또 화가 찰스 할레Charles Halle의 소개로 최고의 사교 모임과 지성인 모임에 나가기도 했다. 그리고 몇 달이 안 되어 던컨은 지식인임을 자처하는 도시인들의 최후의 보루였던 뉴갤러리프레젠테이션에서 아주 우아하고 육감적인 마술을 마음껏 발휘했다. 고대 호메로스의 시뿐만 아니라 멘델스존의 〈웰컴 투 스프링Welcome to Spring〉을 춤으로 보여 준 그녀는 말 그대로 충격 그 자체였다. 그녀는 베토벤 교향곡 7번을 공연함으로써 교향곡 전체를 해석한 최초의 무용가가 되었다. 물론 시카고 당구대 위에서 춤을 추는 것을 시작으로 충격적인 경력을 지니게 된 이 젊은 던컨이 과연 정말로 춤을 추는 것인가에 대해 의문을 제기하는 비평가들도 있었다. 아주 짧은 튜닉tunics(그리스인이 입었던 가운 같은 윗옷)*을 걸친 채 그리스 항아리 자세를 취하는 것이 과연 진정한 예술적 훈련일까, 아니면 약간 생각이 모자라는 예술가의 흥미를 끌기 위한 실험일까? 비록 밸런친 지지자들은 이사도라가 춤을 잘 춘다고 생각하지 않았지만, 그녀는 자신이 당연히 춤을 잘 춘다고 믿었다. 그리고 자신의 독특함에 대한 이 전폭적이며 진심어린 확신 덕분에 그녀는 청중을 흥분시키고 감동을 주는 존재가 될 수 있었다.

독일에서 그녀는 배우 겸 무대 디자이너 고든 크레이그(유명한 영화 배우 엘렌 테리의 아들이기도 했다)를 만나 열렬한 사랑을 나누었다. 그녀는 평생 두 명의 자녀를 두었는데, 1906년에 태어난 첫 번째 아이의 아버지가 바로 고든 크레이그였다. 낭비벽이 심해서 상당한 부채를 지고 있던 고든은 이사도라에게 경제적으로 상당한 부담이 되었다. 그러나 그녀는 그에 대한 애착을 극복했고, 그리고 마침내 재봉틀 회사의 상속자이자 백만장자 패리스 싱어와 사랑을 나누게 되었다. 당시 이미 결혼해서 네 명의 자녀를 두었던 그는 그녀에게 두 번째 아이를 선사했다. 두 사람이 험난한 사랑에 빠져 있는 동안, 그녀는 살인적인 공연 스케줄을 좀 줄이고 베를린의 그룬발트 지역에 있는 그녀의 프리댄스스쿨에 전념했다. 그때 그녀의 두 아이와 가정교사가 탄 차가 센강에 빠져 모두 익사하는 불행한 사건이 발생했다. 슬픔을 이기지 못한 던컨은 미친 듯이 몇 달 동안 이곳저곳을 여행하며 다녔고, 결국 많은 팬들이 그녀의 탈선행위에 실망했다.

추락의 소용돌이 속에서 그녀는 연하의 러시아 이미지스트 시인이었던 세르게이 알렉산드로비치 예세닌(그는 질투심이 강하고 아내를 학대하는 남자였다)과 결혼했다. 그리고 러시아 스쿨 기금을 마련하기 위해 계획했던 1922년의 미국 순회공연 도중 볼셰비키 앞잡이로 오해를 받아 기소를 당하기도 했다. 얼마 안 있어 충격을 받은 예세닌이 자살을 시도했는데, 자살을 하기 바로 직전에 아내에게 피로 쓴 유언장을 남겼다. 이사도라 역시 비참한 최후를 맞았다. 어쩌면 극적이라는 표현이 더 어울릴 수 있었다. 은퇴하여 코트다쥐르Côte d'Azur(칸느, 니스, 모나코로 이어지는 남프랑스 해안지대. 휴양지로 유명함)*에서 우울한 나날을 보내던 그녀는 1927년의 어느 화창한 가을 날 자동차를 타고 드라이브를 나섰다. 그녀는 "안녕, 친구들, 나는 영광을 찾아 떠나"라는 인사말을 남기고 유쾌하게 차를 몰았다. 그런데 목에 감고 있던 스카프가 자동차의 바퀴살에 감겼고, 이사도라는 목이 부러져 즉사했다.

Bette Davis

베티 데이비스

1908~1989

"영화 역사상 베티 데이비스처럼 밍크 코트를 멋지게 떨어뜨리는 사람은 아무도 없었다"라고 의상 디자이너 에디스 헤드는 말했다. 〈이브의 모든 것All About Eve〉(1950)에서 그녀가 보여 준 세련되고 격식을 차리지 않은 몸짓은, 어느 모로 보나 방안에 있는 모든 사람에게 '격렬한 밤'을 맞을 것에 대비해 좌석 벨트를 조일 것을 경고하던 그 유명한 대사만큼 인상적이었다. 연극배우로서 뛰어난 기량을 지니고 있던 그녀는 남의 눈에 잘 띄지 않는 동작으로 자신이 뜻하는 바를 전달하는 방법을 자주 사용했는데, 〈엘리자베스와 에섹스의 사생활The Private Lives of Elizabeth and Essex〉(1939)에 오만한 여왕으로 출연해서 보석으로 치장한 손목을 초조한 듯 급하게 위아래로 흔들던 모습이나, 〈작은 여우들The Little Foxes〉(1941)에서 레지나 기든스 역으로 나와 보여 준 오만불손한 태도 등에 잘 나타나 있다. 또 그녀만큼 우아하게 담배를 필 수 있는 여배우가 있었을까? 그녀는 때로는 굶주린 듯 재빨리 몇 모금 빨아들였다가, 때로는 황홀한 시선 아래로 맥없이 연기를 내뿜었다. 그녀는 관능적인 매력을 보여 주기 위해 담배를 이용하기도 했다. 〈가라, 항해자여Now, Voyager〉에 잊을 수 없는 장면이 나온다. 폴 헨레이드가 담배 두 개비에 불을 붙여 유혹하듯 하나를 이비스에게 건네자, 그녀는 이글거리는 시선을 그에게 고정한 채 어쩔 수 없다는 듯 그것을 받아 입에 문다.

베티 데이비스처럼 외모가 튀지 않고 목소리가 밋밋한 여자 배우는 없었다. 매사추세츠 주 로웰 출신인 데이비스는 아름다움과는 거리가 먼, 마치 완전히 탈색된 듯한 금발을 하고 있었다. 한 영화사 간부는 영화가 끝나면 그녀와 함께 잠자리에 들고 싶어 할 남자가 아무도 없을 거라면서 그녀를 비웃었다. 짙은 눈썹, 흠 하나 없는 얼굴, 그리고 약간 처진 입을 가진 데이비스는 한밤의 열정에 불을 붙일 섹스 여신으로서의 자질을 갖추고 있지 못했다. 그러나 뉴잉글랜드의 가을을 연상시키는 그녀의 또렷한 말투와 극중 효과를 위해 10억분의 1초까지 맞추는 정확성

은 그녀만의 매력이었다. 그녀는 미묘한 감정 효과를 위해 목소리 톤과 음역을 완전히 바꾸었고, 그렇게 해서 탄생된 목소리 덕분에 가수로도 성공하게 되었다. 그녀는 마치 최루탄을 쏘아대는 것처럼 말을 쏟아 부을 수도 있었으며, 고상한 척 천천히 말을 이어갈 수도 있었다. 강한 성격에 예민하고 끝까지 야망을 포기하지 않았던 그녀는 배우로서 성공 가도를 달리던 활동 후반기에 들어서는 자신의 성격에 더욱 잘 어울리는 작품들을 선택했다. 어느 여배우보다 도전의식이 강했던 그녀는 귀부인, 싸구려 카바레 매춘부, 품위 있는 여성 지배자, 인고의 세월을 보낸 아내 등 어느 배역이라도 누구도 흉내 내지 못할 만큼 완벽하게 소화했다.

그녀는 연기 생활 초기에는 형편없는 각본 때문에 고전하다가, 1934년 마침내 서머싯 몸Somerset Maugham의 소설 〈인간의 굴레에서Of Human Bondage〉를 영화로 만든 작품에서 천박한 런던 토박이 웨이트리스 역을 맡으면서 배우로서 이름을 날리기 시작했다. 이 작품 이후 그녀는 기억에 남을 만한 작품들에 출연하게 되었고, 인습에 얽매이지 않는 자유로운 여성의 모습을 연기함으로써 자신의 천재적인 자질을 유감없이 발휘했다. 그러나 그녀가 그린 자유로운 여성은 훨씬 섬세해진 반면, '잔소리 심한 여자'의 고전적인 이미지에서 볼 때 반항적인 면은 훨씬 줄어 있었다. 어딘지 모르게 멸시하는 듯한 의미가 담겨 있던 '여성 영화Women's films'는 그녀의 특기가 되었고, 그녀는 지성과 재치, 그리고 굽힐 줄 모르는 정신을 통해 이 장르를 기품 있게 만들었다.

베티 데이비스의 본명은 루스 엘리자베스 데이비스Ruth Elizabeth Davis로, 1908년 4월 5일 법률을 공부하던 아버지와 사진이 취미였던 어머니 밑에서 태어났다. 그녀는 한 번도 아버지의 기대를 만족시켜주지 못했는데, 일곱 살 되던 해에 부모가 이혼을 하면서 씩씩한 성격의 어머니는 취미를 직업으로 삼아 두 자녀를 양육했다. 데이비스는 "어머니의 사전에 불가능이란 없었다"고 말했는데, 그녀 역시 학비를 벌기 위해 음식점에서 일하며 정규 교육을 끝까지 마쳤다. 배우가 꿈이었던 그녀는 10대가 되자 아마추어 프로덕션에서 연기를 하면서 꿈을 키워갔다. 그녀는 드라마 스쿨을 마치고 섬머스톡summer stock(레퍼토리 극단이 여름 휴양지 등에서 연극이나 뮤지컬을 공연하는 것)* 극단에서 충분한 경험을 쌓은 뒤 1929년에 코미디극 〈깨진 접시들Broken Dishes〉로 브로드웨이 무대에 올랐다. 그녀는 1930년에 뉴욕의 아스토리아에 있는 파라마운트 스튜디오의 스크린 테스트에 참가했지만 고배를 마셔야 했다. 할리우드에서 머물던 1931년에 의기소침해 있던 이 미래의 스타는 조지 알리스에 의해 워너브라더스가 제작하는 〈신을 조롱한 사나이The Man Who Played God〉에서 그의 상대역으로 전격 발탁되었다. 그녀의 연기에 감동한 워너브라더스는 데이비스와 장기 계약을 체결하지만 그녀의 재능을 최대한 발휘할 수 있도록 지원해 주지는 못했다.

1년에 여섯 편에 달하는 영화에 출연하면서 힙겹게 4년을 보낸 데이비스는 결국 폭발했다. 그녀는 〈싱싱에서의 2만 년20,000 Years in Sing Sing〉과 같은 실패작에 대해 영화사가 형편없는 보수를 제시하자 몹시 화가 나 있었고, 또 다시 시시한 배역이 들어오자 출연을 거부하고 영국으로 향했다. 그러자 스튜디오는 계약 위반이라며 1936년에 그녀를 고소했다. 재판에서는 워너브라더스가 이겼지만, 사람들은 그녀의 행동을 강압적인 계약 시스템에 대한 상징적인 도전으로 받아들였다. 결국 진정한 승자는 데이비스였다. 그 후 동료들 사이에서 그녀의 위상이 높아졌을 뿐만 아니라 배역과 대우와 휴가 면에서 그녀는 훨씬 좋은 조건으로 일할 수 있게 되었다. 그녀는 〈데인저러스Dangerous〉(1935)에서 알코올 중독자 연기로 아카데미상을 수상했다. 그녀는 이 영화에서 최대한 추하게 보이려고 노력했고 관객은 그런 모습에 깜짝 놀라고 말았다. 3년 후 그녀는 〈제저벨Jezebel〉로 두 번째 아카데미상를 품에 안았다. 당시 할리우드 역사가들은 그녀 남편의 가운데 이름을 따서 그녀를 '오스카'라고 불렀다. 두 번째 남편이 의문의 죽음을 당하자 하워드 휴즈와 윌리엄 와일러를 비난하는 목소리가 일어났다.

배우로서 재능이 있었지만 세 번이나 이혼을 한 데이비스는 결혼과 배우 생활을 아주 잘 꾸려나가는 것처럼 행세할 수는 없었다. 그러나 그녀는 말년에도 용기를 잃지 않고 왕성한 활동을 벌였다. 그녀는 〈베이비 제인에게 무슨 일이 생겼나?Whatever Happened to Baby Jane?〉(1961)에서 혼이 담긴 연기를 선보임으로써 주목을 받았는가 하면, 대수술과 발작 때문에 육체적으로 힘든 시기를 보내야 했다. 그러나 그녀를 가장 괴롭힌 것은 바로 딸 B. D. 하이만이 어머니를 신랄하게 비판하는 책을 출판한 일이었다. 성질 급하고 거만했지만 결코 포기할 줄 몰랐으며, 70회 생일을 자축하려고 현관문에 화환을 걸어 둘 정도로 풍부한 유머로 사람들을 즐겁게 해준 이 여배우는 죽기 몇 주 전까지 촬영 현장에 있었다. 불굴의 데이비스는 "소녀는 나이 들 틈이 없어요"라고 농담하기를 즐겼다. 81세의 나이로 생을 마감한 할리우드 사상 가장 강인한 여장부의 삶은 분명 그녀가 가장 좋아했던 표어와 다르지 않았다.

Tokyo Rose

도쿄 로즈

1916~

실제로 그녀는 존재하지 않았다. 제2차 세계대전 당시 태평양을 무대로 수백 개의 라디오 방송을 통해 미군 병사를 조롱하고 부추겼던 간사스럽고 교활한 목소리의 주인공은 한 사람이 아니라 열네 명이나 되었다. 그러한 상황을 오히려 즐겼던 미군 병사들이 눈에 보이지 않는 사이렌에게 붙인 '도쿄 로즈'라는 이름은 전쟁이 계속되는 동안 일본 라디오에서는 한 번도 언급이 되지 않았다. 그러나 '그녀'가 한 말을 입에 올리기만 해도 미국인들 사이에서는 반역으로 간주되었다. 전쟁이 끝난 후에도 분을 이기지 못한 미국은 일본과 미국인 사이에서 태어난 한 혼혈 독신 여성이 불충한 방송을 했으며 그 결과 조국을 배신했다고 의혹을 제기했다. 그 여자는 아이바 이쿠코 토구리 다퀴노Iva Ikuko Toguri d'Aquino였다. 니세이(일본 이민 2세대)*였던 그녀는 전쟁 당시 일본에서 오도 가도 못하는 신세가 되었고, 강제로 라디오 도쿄Radio Tokyo에서 일한 전력 때문에 역사에 '도쿄 로즈'로 남게 되었다.

굵고 낮은 목소리의 다퀴노는 전형적인 미국인이었다. 독립기념일에 로스앤젤레스에서 근면하고 애국심 강한 상점 주인의 딸로 출생한 이바 토구리는 지미 스튜어트(미국의 영화배우)*를 좋아하는 평범한 미국인 학생이었다. UCLA에서 동물학을 공부한 그녀는 대학 시절 풋볼 팀을 응원했다. 그녀는 일본어는 물론이고 외국어는 전혀 못했으며, 1940년에 투표권이 생기자 공화당에 등록했다. 이처럼 평화로웠던 그녀의 중산층 생활은 미국과 일본이 전쟁을 벌이면서 산산조각이 났다.

전쟁이 일어날 것이라고 믿지 않았던 토구리의 아버지는 딸이 마땅히 일본으로 가서 아픈 친척들을 돌봐줘야 한다고 생각했다. 결국 그녀는 마지못해 1941년 7월 1일에 로스앤젤레스를 떠나 요코하마로 향했다. 그러나 일본어는 알아들을 수 없었고 풍습은 낯설었으며 음식은 도저히 먹을 수가 없었다. 이 미국 여성은 처참하고 외로운 이방인이 된 기분으로 집에 돌아갈 날만을 학수고대했다. 그리고 마침

내 진주만 공습이 터졌다. 여권 문제와 복잡한 형식상의 문제 탓에 그녀는 미국으로 가는 마지막 배에 오르지 못했다. 일본과 교전 중인 미국 국적 소유자였던 토구리는 비밀경찰의 감시를 받아야 했다. 비밀경찰은 그녀에게 미국 시민권을 포기할 것을 종용했지만 그녀는 전쟁이 끝날 때까지 계속 시민권 포기를 거부했다. 심지어 그녀는 자신을 적성 외국인으로 억류해 줄 것을 요구했지만 일본인들은 비웃듯 그녀의 요구를 들어주지 않았다. 정부의 동의 없이는 식량도 배급받을 수 없게 된 다퀴노는 엄청난 심리적 압박에 시달려야 했다. 무엇보다 일자리를 찾는 것이 절실했던 그녀는 임시직 영어 타이피스트를 찾는다는 라디오 도쿄의 구인 광고를 보고 응시원서를 냈다. 여기서 이야기는 각기 다른 흥미로운 가설로 나뉘게 된다.

첫 번째 시나리오는 토구리가 정체를 알 수 없는 미국인 포로의 소개로 라디오 도쿄에 일자리를 얻었다는 것이다(그 미국인도 분명 반역자로 추정된다). 두 번째 시나리오는 한 오스트레일리아 포로가 그녀가 하게 될 방송이 미군의 '순수한 기분 전환'을 위한 것이라고 했는데 순진한 토구리가 그 말을 그대로 믿었다는 것이다. 세 번째 시나리오는 일본인이 그녀가 방송을 하지 않으면 처벌하겠다고 위협을 해서 방송을 하도록 강요했다는 것이다. 동기야 어떻든 그녀는 1943년에 방송을 시작했다.

나중에 토구리가 항변한 대로 미국은 전쟁이 진행되는 동안 전파를 탄 수천 건의 일본 방송 중에 그녀가 불충한 말을 했다는 감시 기록을 단 하나도 제시하지 못했다. 또 미군의 사기를 꺾으려는 원대한 목적을 가지고 적군의 방송국에서 방송을 했다고 하더라도, 법정에서 나온 증언은 그녀가 직접 원고를 작성하지 않았다는 사실을 입증했고 증인들은 그녀가 틈 날 때마다 연합군 포로에게 약품과 먹을 것을 몰래 구해 주었다고 증언했다.

그러나 1945년 미국의 점령 후 그녀의 행동에 더욱 의심이 가는 점이 많았다. 해리 T. 브런디지Harry T. Brundidge 기자가 전쟁 전 도쿄에서 활동하던 신문 연락책을 이용해 그녀와의 만남을 주선했을 때, 다퀴노—당시 그녀는 전쟁 중에 포르투갈 출신 펠리페 다퀴노와 결혼해서 새로운 성姓을 사용하고 있었다—는 전혀 사실이 아님을 잘 알면서도 자신이 '유일한 도쿄 로즈'라고 단언했다. 그녀는 거액의 사례비를 받고 브런디지에게만 자신의 이야기를 들려주었고, 그와 한 동료는 그녀의 '고백'을 기념하기 위해 당시의 인터뷰 내용을 노트에 17쪽으로 정리했다. 「코스모폴리탄*Cosmopolitan*」이 '반역자'를 미화하는 것을 거절함으로써 그들의 거래는 실패로 끝났고 기사는 실리지 못했다. 당시 정보원들은 그녀를 체포했지만 결국 증거 부족으로 석방했다.

1948년의 뜨거운 대선 열기가 정국을 휩쓸기 전까지 그녀의 존재는 불확실했다. 반역자들에게 너무 관대하다는 공화당의 조롱에 자극을 받은 해리 S. 트루먼Harry S. Truman 대통령은 법무장관에게 다퀴노를 기소하라고 요구했다. 샌프란시스코에서 열린 재판은 미국 법조계의 최고 수준을 보여 주지는 못했다. 자신들이 맡은 사건이 일종의 진의眞義 설명이라는 사실을 잘 알고 있던 검사들은 명령이 있을 때에만 재판을 진행했다. 또한 당시 기소 증인을 일본에서 샌프란시스코로 데려오려면 고액의 재판 비용이 들었기 때문에 미국 정부는 다퀴노의 무죄를 증명할 증인들에게는 일반적인 편의 제공을 거부했다. 그녀에게 유죄를 선고할 만한 유일한 기소 조항은 미국행 배를 왜 놓쳤는가 하는 점이었지만, 방송을 한 장본인이 그녀임을 확인할 증인이나 기록이 뒷받침되지 않았다. 증거 부족에 직면한 배심원들은 판사에게 사실상 허락을 받은 다음에야 비로소 그녀의 유죄 판결을 언도했다.

다퀴노는 10년형에 1만 달러의 벌금형을 선고받았다. 1956년에 그녀가 조기 출감하자 미국은 그녀를 추방하려고 했다. 그러나 이미 반역자로 실형을 산 사람을 다시 불순한 재류 외국인으로 분류할 수 없다는 주장이 제기되자 추방 계획을 포기해야만 했다. 그녀는 시카고에 있는 아버지의 가게에서 점원으로 조용한 삶을 살았다. 1976년, 제럴드 포드Gerald Ford 대통령은 중대한 오심을 뒤늦게 인정하듯 '도쿄 로즈'에 대해 완전 사면조치를 취했다.

Simone de Beauvoir
시몬느 드 보부아르

1908~1986

프랑스의 철학자이자 작가인 시몬느 드 보부아르는 나치의 파리 점령 기간 동안 지적으로 성숙해졌다. 이 시기는 문화 토론이 이루어지는 곳마다 '이념' 대립이 끊이지 않던 격동의 시대였다. 일곱 살 때부터 글을 쓰기 시작한 열정적인 작가였던 그녀는 1940년대 초에 이르러 자신의 정치적 무지에 대해 반성하기 시작했고, 자신의 학문적 취향이 사회주의와 실존주의에 더 끌린다는 사실을 알게 되었다. 그녀는 가끔 카페 플로르Café Flore(아폴리네르, 카뮈, 보부아르, 사르트르 등 많은 예술가들과 사상가들이 사랑한 카페)*에 앉아 한 손엔 펜을 다른 한 손엔 담배를 들고 철학적 비전을 구체화했다. 그녀 곁에는 영원한 동반자 장-폴 사르트르가 항상 함께했다. 사르트르는 1980년에 사망할 때까지 그녀에게 애인, 친구, 역할 모델, 스승, 경쟁 상대, 공모자, 그리고 '꿈의 동반자' 등 여러 가지 면에서 의미 있는 존재였다. 세인들에게 널리 알려져 있던 그들의 관계는 20세기의 가장 황홀한 인간관계 가운데 하나로(그들은 거의 50년 동안 밀접한 관계를 유지했다), 그들은 놀라울 정도의 헌신과 속임수로 뒤엉켜 있었기 때문에 두 사람을 떼어 놓고 말하기 힘들 정도였다.

두 사람은 소르본느의 고등사범학교에 다니던 1929년에 처음 만났다. 둘 다 20대 초반이었던 그들은 철학박사 학위를 준비중이었으며, 교수가 되려는 계획을 가지고 있었다. 두 사람은 첫눈에 서로에게 끌렸고 사르트르가 바로 프러포즈를 했는데, 정확하게 말해서 결혼이 아니라 일종의 계약 관계를 제의했다. 사르트르의 말을 빌리면, "우리는 본질적으로 서로 사랑하고 있다. 그러나 우리 두 사람은 살아가면서 경험하게 되는 우발적인 사랑의 감정을 거부하지 않는 것 역시 좋은 생각이라는 데 의견을 같이한다." 이렇게 해서 두 사람은 개방적인 계약 관계를 꾸준히 유지해 갔다. 사르트르는 다른 여자들과 사랑을 나누었고(그는 항상 사랑보다는 크루아상을 더 좋아한다고 말했지만 살아생전에 많은 여자들과 사귀었다) 드 보부아르 역시 애인이 있었다. 그녀의 애인은 주로 사르트르의 절친한 친구들이거나 아니면 그의

정부들이었다. 드 보부아르는 이 외에도 미국 소설가 넬슨 올그렌Nelson Algren과—그녀는 1947년에 두 사람이 처음 만났을때 그가 준 반지를 죽는 날까지 빼놓지 않았다—미국에서 〈쇼아Shoah〉의 감독으로 잘 알려져 있던 클로드 란츠만Claude Lanzmann과 오랫동안 연인 관계를 유지했다. 그러나 사르트르와 드 보부아르는 이러한 일탈 자체보다는 그 일탈에 대해 서로 자세하게 이야기해 주는 것을 더 즐겼던 것 같다. 이러한 행동은 몽파르나스의 상류층 가정에서 자라난 드 보부아르에게는 어울리지 않는 것이었다. 실제로 그녀의 어머니는 딸에게 엄격한 가톨릭 규율을 가르치고 싶었지만, 그 계획은 거의 처음부터 어긋나기 시작했다. 고집 센 어린 딸은 열네 살 되던 해에 무신론자임을 선언했다.

드 보부아르가 다섯 권으로 된 자서전을 통해 밝혔듯이, 그로부터 3년 후 그녀는 작가가 되기로 결심했다. 신앙의 상실에서 온 허무감이 그런 결심을 하게 된 주요 원인이었다. 자신의 삶을 반영하는 작품을 집필함으로써 그녀는 자신을 재창조하고 자신의 존재를 정당화하고자 했다. 그리하여 그녀는 신이 없는 상태로 자신의 삶에 의미를 부여하고 자신의 존재를 책임지고자 했다. 드 보부아르는 아주 어린 나이에 필생의 작품에 전념했을 뿐만 아니라 인생에서 커다란 의미를 지니게 되는 실존주의자의 행동 규범에 따라 살았다. 실제로 세월이 흐르면서 그녀의 일상적인 현실을 담은 다수의 작품이 발표되자, 이 도전적인 작가의 생각과 경험이 그녀의 문학 작품과 서로 뒤엉켜 있다는 것이 증명되었다.

마르세유와 루앙에서 학생들을 가르치던 드 보부아르는 창작 활동에 몰두할 것을 촉구하는 사르트르의 조언에 용기를 얻어 파리로 돌아왔다. 그리고 그곳에서 소설과 희곡 외에 실존주의를 명쾌하게 설명해 놓은 순수 철학서 『모호함의 윤리학』(1947)을 발표했다. 그러나 그녀가 1949년에 발표한 『제2의 성』은 그녀에게 명예를 안겨 줌과 동시에 좌익과 우익 간의 뜨거운 논쟁을 불러일으켰다. 서구 문화에서 여성의 종속적인 지위를 유쾌하고 학문적이며 열정적으로 해부한 『제2의 성』은 여성이 불리한 입장에 놓이게 된 이유를 생물학이 아니라 문화의 탓으로 돌렸다. "여자는 태어나는 것이 아니라 길러지는 것이다"라고 천명한 혁명적인 주장은 발표 즉시 선언문이 되었고, 전 세계적으로 페미니스트 운동을 촉발시키는 계기가 되었다. 드 보부아르는 다소 늦은 나이에 페미니스트 대열에 동참했지만, 그러한 변화를 계기로 사회 변화의 동력으로서 페미니즘과 사회주의의 결합 가능성을 보았다. 70대에 접어들면서 위협적인 사회활동가로 변신한 그녀는 343 선언문에 서명했는데, 이것은 당시 프랑스에서 불법으로 되어 있는 여성의 낙태권을 허용해 줄 것을 주장하는 343명의 여성이 서명한 문서였다. 또 그녀는 여성을 상대로 한 범죄에 항의하는 심판 위원회를 조직했다.

말년에 접어들면서 드 보부아르는 사회 운동에 박차를 가했다. 활동 범위를 넓힌 그녀는 사르트르와 함께 세계의 지도자들을 찾아가 알제리인에 대한 프랑스의 학대와 미국의 베트남 참전에 항의했으며, 프랑스 여성인권연맹의 회장으로 활동했다. 평생 전통적인 가치와 싸워 온 그녀는 60세가 되던 해에는 사르트르와 함께 당시 금지되어 있던 마오쩌둥주의자 신문을 파리 시내에서 판매한 일로 현장에서 체포되었다. 1963년에 어머니와 화해한 그녀는 다음 해에 발표한 『편안한 죽음』에서 감동적인 그 일에 대해 자세히 설명했다. 늙어간다는 사실을 용감하게 직시하고 있던 드 보부아르는 1970년에 또 다른 사회 고발 서적인 『노년』을 발표했는데, 이번에는 노인의 대한 처우 문제를 통렬히 비판했다. 1980년에 사르트르가 유언도 없이 사망하자, 그가 1965년에 양녀로 삼았던 알제리 출신의 젊은 여자가 재산권을 행사했다. 드 보부아르는 양녀의 허락 없이는 사르트르에게서 받은 편지 한 장도 발간할 수 없었다. 결국 그녀는 불법으로 편지를 발간했다. 그러한 행동에도 불구하고 드 보부아르는 6년 후 사망할 때까지 사트르트와의 추억을 끝까지 지켰고, 그녀의 고매한 지성은 조금도 손상되지 않은 채 전해 오고 있다.

Charles De Gaulle
샤를 드골

1890~1970

고집 센 젊은 프랑스 장교 샤를 드골은 1940년에 독일에 항복하는 치욕을 거부하고 그로부터 4년 후 독일군을 프랑스 영토 밖으로 몰아내는 데 일조했지만, 노르망디 상륙 작전 개시일에는 연합군에 의해 참전을 저지당했다. 그는 결국 8일 후에야 비로소 피로 얼룩진 해변에 발을 들여놓을 수 있었다. 1994년 8월 24일 그가 의기양양하게 파리 시청에 들어섰을 때, 전 프랑스 국민은 자신들의 상처받은 마음을 기꺼이 그에게 맡겼다. 거만하고 무자비하며 용감했던 이 군인 출신 정치가는 사망하기 전까지 26년간 조국의 정치적 열망을 좌지우지함으로써 땅에 떨어진 프랑스의 이미지를 재건하고 왕국에나 어울리는 위엄으로 국가를 지배했다.

종교와 국가에 충실했던 부모는 어려서부터 드골에게 위엄을 강조했다. 릴에서 태어난 그는 예수회 수사들에게서 교육을 받았다. 대학교수로 프랑스-프러시아 전쟁을 전공한 그의 아버지는 그에게 로마 가톨릭 신자로 태어나 군인이 되는 것은 자랑스러운 일이라고 가르쳤다. 또 그는 국가와 운명을 같이해야 한다는 가르침을 받고 자랐다. 드골은 육군사관학교를 졸업하고 제1차 세계대전에 참전해 베르댕 전투에서 혁혁한 공을 세웠는데, 세 번이나 부상을 당했던 그는 1916년 3월 두오몽에서 포로가 되었다. 그 후 3년 동안 전쟁포로로 지내면서 첫 책이자 독일의 군부세력과 민간정부 사이의 상관관계를 자세히 다룬 『적의 내분*La discorde chez l'ennemi*』(1924)을 발표했다. 풍부한 시적 표현력과 유창한 연설 실력을 자랑했던 그는 주로 즉흥 연설을 즐겼다. 드골은 군사 전략을 명쾌하게 설명한 저서를 여러 권 발표했지만 대부분 동기들에게 무시를 당했고 프랑스 좌익 지도자들에게 반박 대상이 되었다. 1941년에 『미래의 군대*The Army of the Future*』라는 책으로 영역 출판되기도 했던 『미래의 군대*Vers l'armée de métier*』(1934)에서 전략적 기동성을 강조했던 그는 또 다시 전쟁이 터지면 기계화된 전문 군대가 승리할 것이라고 주장했는데, 그의 예측은 정확했다.

또 다시 세계 전쟁이 터지자 드골은 당연히 탱크 여단의 사령관에 임명되었다. 1940년에 그는 폴 레노Paul Reynaud 수상에 의해 내각에 등용되면서 육군 정무차관에 임명되었다. 그리고 얼마 후 히틀러가 프랑스 북부를 점령하자, 그는 자신의 스승이자 베르됭 전투의 영웅으로 유명해진 육군 원수 앙리 필리프 페탱Henri-Philippe Petain이 국가 지휘권을 장악하는 것을 흥미롭게 지켜보았다. 페탱이 독일군과 협상을 통해 비시Vichy에 적의 협력자들로 구성된 정부를 세우려 한다는 정보를 입수한 이 젊은 준장은 격렬하게 반대하며 곧바로 영국으로 날아갔다. 그리고 며칠 후 스스로 프랑스 레지스탕스 대장 자리에 오르고 윈스턴 처칠 수상의 허락을 받아 프랑스 동포들에게 고향으로 돌아가 항복을 저지할 것을 호소하는 방송을 내보냈다. "프랑스의 저항의 불꽃은 꺼져서도 안 되고 꺼지지도 않을 것이다"라고 천명했던 이 군인은 자신을 따르는 군대도 없었지만 "프랑스는 혼자가 아니다. 절대 혼자가 아니다! 프랑스는 혼자가 아니다!"라고 외쳤다. 1940년 8월 2일, 첫 라디오 방송을 한 지 2주 만에 프랑스 군법회의는 피고가 불참한 상태에서 그에 대한 재판을 강행했고, 반역죄 명목으로 사형을 선고했다.

영국은 물론 자신의 조국에서도 실제적으로 존재하지 않았던—그리고 그를 지지하는 부대가 실제로 존재했던 것도 아니었다—드골은 이미 그의 편에 서 있던 몇몇 지지자들을 규합했고, 1942년부터는 서아프리카에 있는 프랑스 식민지와 지하 레지스탕스 세력과 유대를 강화했다. 그해 11월 미국과 영국이 북아프리카에 상륙하자 그에게 기회가 왔다. 그는 우선 알제리로 거처를 옮기고 앙리 지로 장군과 함께 프랑스 전국해방위원회를 조직했는데, 이 단체는 1944년에 프랑스 공화국 임시정부로 발전했다. 골치 아픈 한 프랑스 장교의 국수주의적 태도를 무시하고 싶었던 처칠은 그를 필요악으로 이해했다. 그에 반해 미국 대통령 프랭클린 D. 루스벨트는 드골이 구세주로 행세하는 것을 용인해 줄 마음이 없었다. 그러나 위원회의 회장으로 선출된 드골은 처칠과 루스벨트와의 긴박한 협상을 통해 전쟁 후 프랑스가 연합군과 동일한 자격을 얻을 것을 보장받았다.

드골은 1946년에 은퇴했다가 1958년 다시 정계에 복귀했고, 1958년에 프랑스 제5공화국 대통령으로 선출되었다. 그는 국민투표에 의한 대통령 선출과 의회 권한 축소를 골자로 한 공화국 헌법의 고안자로서 지난 83년 동안 123개의 정부를 거치면서도 이루지 못한 정치적 안정을 마침내 이루어냈다. 또 식민지 독립이라는 외교 정책을 편 결과 알제리가 독립에 성공했지만, 이런 외교 정책은 논쟁의 여지가 많아서 국내적으로 내란의 위험에 처했으며 그 자신도 두 번이나 암살 위협에 시달려야 했다. 세계적 인물로서 그는 모든 국가—당연히 프랑스를 포함해서—의 자치권을 지지했고 세계 지배를 꿈꾸는 초강대국들의 야욕을 무력화하는 데 성공했다. 1966년에 나토를 탈퇴한 일에서 보여 준 것처럼 그의 외교적 행위들은 미국을 경계한 것으로 해석할 수 있으며, 마찬가지로 동유럽 위성국가들의 '해체'를 촉구한 것은 소련을 경계하기 위함이었다.

1968년 5월에 일어난 파업과 폭동은 드골에게 큰 타격을 입혔고 자신이 제창한 국민투표에서 패배하자 그는 파리를 떠나 콜롱베이 레 두 에글리즈에 있는 작고 소박한 집으로 향했다. 그리고 그곳에서 친구들과도 거의 교류를 끊은 채 사랑하는 아내 이본느와 함께 시간을 보내며 조용한 삶을 즐겼다. 1970년에 그가 사망하자 조르주 퐁피두 대통령은 "프랑스는 이제 미망인이 되었다"라고 그의 죽음을 애도했다. "드골을 박물관으로!"라고 외치던 시위자들의 험악한 구호를 기억하고 있는 사람들은 거의 없었다. 프랑스 국민은 자신보다는 대의를 위해 희생했고, 25년이 넘도록 자존심을 버리고 조국 프랑스의 안위만을 꿈꾸며 살았던 한 남자를 회상했다.

Isak Dinesen

이자크 디네센

1885~1962

이자크 디네센은 대단한 용기와 보기 드문 자존심, 그리고 굽힐 줄 모르는 결단력의 소유자였다. 그녀가 케냐의 응공 언덕 아래 커피 농장에서 보낸 몇 년의 생활을 그린 감동적인 영화 〈아웃 오브 아프리카Out of Africa〉를 통해서 우리는 그녀의 이런 자질을 충분히 확인할 수 있다. 또 그녀는 작가로서 탁월한 재능을 갖추고 있었는데, 무엇보다 어렸을 때부터 영어를 쓰지 않았음에도 불구하고 작품들을 모두 영어로 썼다는 사실을 감안할 때 그녀가 이룬 결실은 더욱 값지게 느껴진다. 감수성이 예민한 작가이자 괴기소설의 창시자였으며, 자세한 부분도 놓치지 않고 파악하는 눈을 타고난 관찰자였던 디네센의 삶은 자신의 작품만큼이나 극적이고 다사다난했다. 인습에 얽매이지 않고 화려한 문체를 구사했던 그녀가 미스터리와 음모와 로맨스를 좋아했다는 사실은 그녀가 쓴 책에서 뿐만 아니라 그녀의 삶에서도 나타난다.

그녀는 관심의 초점이 되었을 때 가장 큰 행복을 느꼈는데, 바로 그 순간을 언어와 이미지로 재창조하는 작업을 계속했다. 그녀의 인생은 아버지의 자살, 결실을 맺지 못한 사랑, 결혼의 실패와 커피 농장의 몰락, 그리고 최후에 가서는 남편에게서 옮은 매독에 이르기까지 비극의 연속이었지만, 세상은 그녀의 작품에 신성한 의미를 부여했다. 그녀는 "진정으로 하느님을 사랑하기 위해서는 농담을 잘할 줄 알아야 한다"라고 썼다. 그녀는 대부분의 작품에서—일부는 익명으로 발표했기 때문에 모든 작품에서라고는 할 수 없다—자신을 '이자크 디네센'이라고 소개했는데, 이는 아버지를 기리려는 의미도 있었지만 '웃는 사람'이라는 의미를 지닌 '이자크'이라는 이름이 상상력의 자유를 주기 때문이라고 설명했다.

아버지는 그녀가 열 살 되던 해에 매독에 걸린 것을 비관하여 자살했고 이 일은 평생 그녀를 따라다녔다. 아버지의 사랑을 독차지했던 그녀는 아버지의 모험심을 그대로 물려받았다. 품위 있는 프랑스 군인이었던 그녀의 아버지는 위스콘신 주와

네브래스카 주의 황무지에서 치피와족과 포니족(둘 다 아메리카 원주민을 말함)*과 함께 살다가 서른다섯 살 때 가족을 꾸리기 위해 정착했다. 1907년에 덴마크 문학잡지에 발표한 초기 고딕소설에서 그녀는 '오스케올라Osceola'라는 가명을 사용했는데, 그것은 아버지의 영향을 받아 세미놀족Seminole(플로리다 주에 살던 아메리카 원주민)* 지도자의 이름을 따른 것이었다.

룽스테드룬이라는 한적한 가족 농장에서 부유한 집안의 딸로 태어난 그녀는 아버지가 돌아가신 뒤에 농장을 물려받았다. 카렌 디네센Karen Dinesen은 파리에서 미술을 공부했으며 코펜하겐에 있는 왕립미술학교와 영국의 옥스퍼드대학교를 나왔다. 그녀가 데생과 회화에 뛰어난 재능이 있었다는 것은 지금까지 전해오는 작품을 통해 충분히 알 수 있다. 다시 한적한 고향 농장으로 돌아온 그녀는 결혼할 때까지 그곳을 떠나지 않았다. 그녀의 동생 토머스는 수년 후 그녀를 기념하는 책에서 "……누나는 날개를 달고 멀리 날아가기를 간절히 바랐다"라고 적었다. 성년이 된 그녀는 힘겨운 시간을 보냈다. 스웨덴인 사촌을 진심으로 사랑했지만 사랑을 얻지 못하자 1914년에 그의 쌍둥이 형 브로르 폰 블릭센-피네케 남작과 결혼했다. 당시 스물여덟 살이었던 카렌 블릭센은 결혼을 함으로써 그토록 갈구했던 '날개'를 얻을 수 있었다. 두 사람은 케냐에 커피 농장을 샀으며, 본국에서 추방된 귀족들을 대상으로 사파리를 넓히고 고급 야유회를 열기 위해 나이로비로 향했다. 그곳에서 그녀는 사랑하는 이들과 주고받은 수많은 편지에서—그녀 사후에 『아프리카에서 온 편지*Letters from Africa*』라는 제목으로 출판되었다—물안개가 깔린 응공 언덕 아래에서 맞이하는 눈부시도록 아름다운 아침과 저녁에 대해 묘사했다. 그녀는 1921년에 결혼 생활(그녀는 결혼 첫 해에 매독에 걸렸다)을 끝내고 혼자 농장에 머물었으며, 맹수 사냥꾼 데니스 핀치-해튼과 열렬한 사랑에 빠졌다. 핀치-해튼은 디네센과 사랑을 나눔과 동시에 그녀를 지적으로 많이 자극했다. 그는 그녀에게 라틴어를 가르쳤고 함께 성경과 그리스 시를 읽었다. 어린 시절 이후로 시와 동화만 써오던 그녀는 집 앞 긴 베란다에 서서 이야기를 들려주었는데, 그녀의 이야기는 때로는 핀치-해튼을 흥분하게 만들어 그녀 곁에 더 오래 머물다 가게 했으며 때로는 하인들에게 행복한 시간을 선사했다. 당시 하인들은 그녀가 "비가 내리듯 말한다"라고 생각했다. 밤이 되면 그녀는 동화나 연애소설을 썼는데, "글을 쓸 때면 나는 집을 떠나 다른 나라나 다른 시대로 날아갈 수 있었다"라고 고백했다.

병세 악화 외에도 1931년에 연이어 터진 비극적인 사건으로 인해 디네센의 인생은 완전히 변하게 되었다. 그녀와 좋은 친구 관계를 유지해 온 전 남편이 죽고 뒤이어 핀치-해튼마저 세상을 떠났으며 커피 시장이 침체기에 접어들자 그녀가 아끼던 농장은 결국 경매로 넘어갔다. 그때까지도 여전히 블릭센 남작 부인으로 불리던 그녀는 어쩔 수 없이 덴마크로 돌아가야 했으며, 사랑하는 아프리카에서 얻은 수확이라고는 하나도 없이 그녀의 기억과 농장 흙이 담긴 작은 상자로만 남게 되었다. 아이러니컬하게도 바로 이러한 경제적 파산이 수입을 얻을 수 있는 유일한 희망으로 글쓰기에 다시 전념하게 만드는 계기가 되었다.

그녀가 침체일로에 있던 커피 농장을 잊기 위기 아프리카 황야에서 쓰기 시작했던 『일곱 편의 고딕 이야기*Seven Gothic Tales*』가 1934년에 발표되었는데, 비평가들에게서 좋은 평가를 얻었고 상업적으로도 성공을 거두었다. 그녀가 종종 자신을 비유했던 아랍의 전설적인 이야기꾼 세헤라자데(『천일야화』의 여주인공)*와 마찬가지로, 디네센의 이야기는 풍부한 판타지와 다양한 사건들로 가득 찬 복잡한 태피스트리(씨실과 날실로 엇갈려 짠 직물)*였다. 그 후 또 다시 디네센의 놀라운 에너지와 의지가 결실을 맺었다. 『일곱 편의 고딕 이야기』에 뒤이어 1937년에 『아웃 오브 아프리카』와 『겨울 이야기*Winter's Tale*』(1942)가 발표되었는데, 특히 『겨울 이야기』는 덴마크가 나치에게 점령당한 어려운 상황 속에서 발표되었다. 그 뒤 건강이 계속 악화되었지만 그녀는 집필을 중단하지 않았다. 그녀는 『천사 복수자*The Angelic Avengers*』(1946), 『마지막 이야기*Last Tales*』(1957), 그리고 『초원 위의 그림자*Shadows on the Grass*』(1960)를 발표했다. 그녀는 작품 활동을 인정받아 덴마크 비평가상을 수상했고 미국 학예원의 추천을 받았다.

적극적인 성격의 덴마크인이었던 그녀는 오랜 투병 생활 탓에 영양실조로 사망했다. '마음의 고향' 아프리카의 매력을 함께 나누기를 원했던 그녀는 소름끼치는 이야기들로 가장 잘 알려졌지만 20세기의 가장 목가적인 작품들도 발표했다. 그녀는 생을 마치는 마지막 날까지도 뛰어난 작가였다.

Walt Disney
월트 디즈니

1901~1966

전설의 미키 마우스는 1928년에 뉴욕에서 로스앤젤레스로 가던 기차 안에서 탄생되었다. 미키 마우스를 창조한 장본인은 자신이 만든 만화 작품인 〈오스왈드 더 래빗Oswald the Rabbit〉에 대한 판권을 상실한 후 사업을 다시 일으킬 방법을 모색하던 스물일곱 살의 한 청년이었다. 그는 자신의 작업대 근처에 놓여 있던 쓰레기통 안에서 살던 들쥐를 기억해 냈다. 그리하여 월트 디즈니는 기차가 로스앤젤레스역으로 들어서는 순간 세계에서 가장 인기 있고 가장 사랑을 많이 받은 캐릭터 가운데 하나를 탄생시켰다.

미키는 곧 대공황으로 지친 미국인에게 활기를 주는 상징이 되었다. 미키 마우스의 찍찍거리는 소리는 디즈니가 직접 만들어 낸 것이었다. 영화 〈미친 비행기 Plane Crazy〉(1928)에서 처음 선보인 장난꾸러기 캐릭터는 곧 전 세계에서 다양한 이름으로 사랑을 받게 되었는데, 독일에서는 미하엘 마우스Michael Maus로, 남아메리카에서는 미구엘 라토토시토Miguel Ratonocito로, 그리고 일본에서 미키 쿠치 Miki Kuchi로 불렸다. 그리고 얼마 안 있어 미키 마우스 가족이 탄생했다. 미니 마우스, 도날드 덕, 구피, 그리고 플루토가 한 가족이 되었다. 결국 디즈니브라더스 스튜디오가 왕성을 활동을 벌이는 동안 하늘을 나는 서커스 코끼리, 똑똑한 두더지, 수줍음이 많은 파랑새, 그리고 노래하는 가고일Gargoyle(사람 또는 동물 형상을 한 괴물 조각)*을 포함한 변덕스러운 동물 일당이 탄생했다.

그러나 최초의 미키는 우리가 흔히 볼 수 있는 것처럼 술에 취한 듯한 얼굴을 하고 있지 않았다. 붉은 바지에 노란색 신발을 신고 꼬리를 까불거리며 흔들어대는 그것은 뮤지컬 단막극 〈증기선 윌리호Steamboat Wille〉(1928)에 처음 등장했을 때에는 점잖다기보다는 버릇없는 캐릭터에 가까웠다. 그러나 디즈니의 손질을 거치면서 미키는 서서히 훨씬 상냥한 성격에 설치류의 특성이 줄어든 캐릭터로 발전했다.

일리노이 주 시카고에서 다섯 남매 중 막내로 태어난 월터 엘리아스 디즈니Walter Elias Disney는 열 살이라는 어린 나이에 벌써 놀라운 상상력을 보였다. 미주리 주의 농장으로 이사한 후 그는 동물에 매료되었는데, 고향 이발소 아저씨에게 동물 스케치를 주고 공짜로 머리를 깎곤 했다. 그는 캔자스시티 아트인스티튜트를 2년 동안 다닌 후 적십자 구급차 운전병으로 제1차 세계대전에 참전했다. 10년 후 다시 캔자스시티로 돌아온 디즈니는 평생 동업자인 아이웍스Ub Iwerks와 단편 만화를 만들기 시작했다. 얼마 안 있어 할리우드로 진출해야 할 필요성을 느낀 그는 1923년에 형 로이와 함께 동업으로 〈앨리스Alice〉 시리즈의 감독과 각본을 맡았다. 〈앨리스〉는 코미디 단편물로 실제 연기와 애니메이션이 혼합된 형태였다.

디즈니는 〈고양이 프리츠Fritz the Cat〉를 만든 팻 설리번Pat Sullivan과 〈크레이지 캣Krazy Kat〉을 만든 빌 놀란Bill Nolan 같은 애니메이션의 천재들과 우열을 다투면서 찰리 채플린, 로럴과 하디Laurel and Hardy(무성영화 말기에서 유성영화 초기에 걸쳐 활약한 미국 희극영화의 명콤비 스탄 로럴과 올리버 하디를 말함)*, 그리고 버스터 키튼Buster Keaton(미국의 영화배우이자 감독)*과 같은 영화의 거장들을 참고로 해서 코믹한 소재를 만들어 내는 기술을 다듬었다. 한편 실험자였던 그는 자신이 만들어 낸 캐릭터가 생각하고 말하고 느끼기를 원했다. 그는 "캐릭터들이 사람처럼 행동하기를 원한다"라고 말했다. 그리고 치열한 경쟁과 파산의 고통을 겪으면서 10년이라는 인고를 세월을 보낸 끝에, 그 집요한 노력은 오늘날 영화 비평가들이 말하듯 애니메이션의 황금시대를 열었다. 전 세계 어린이들이 신데렐라의 해피엔딩에 웃고, 밤비의 엄마가 죽었을 때 눈물을 흘렸으며, 화면에 악당이 나타나면 극장 좌석 위에서 몸을 웅크렸다.

디즈니는 정밀한 묘사를 위해서 아무리 사소한 것도 그냥 지나치는 법이 없었다. 대단한 집중력을 가진 각본 편집자였던 그는 몇 시간이고 심사숙고하는 과정을 거친 다음에야 비로소 대사나 특수 효과에 대해 결정을 내렸다. 정말 중요한 아이디어는 머릿속에서 몇 년이나 여과 과정을 거쳤고, 일단 완성되면 완벽하게 관리했다. 그는 밤늦게까지 스튜디오에 남아 일에 매달리는 날이 허다했는데, 그럴 때면 아내 릴리를 달래서 사무실 소파 위에서 자게 했다.

디즈니의 전기 작가들은 디즈니가 미키를 창조한 뒤 내린 결정 중 가장 중요하다고 생각하는 것이 있다. 여기서 디즈니의 비범함이 드러난다. 1927년에 유성영화 시대가 열리자 그는 유성영화의 엄청난 가능성을 인식하고 〈증기선 윌리호〉에

소리를 덧입히기 시작했다. 그는 장면 전환과 음악 박자를 맞추기 위해 메트로놈을 이용했다. 그는 미키의 동작과 〈볏짚 속의 칠면조Turkey in the Straw〉 노래의 멜로디를 똑같이 맞추었다. 영화는 상업적으로 대히트를 기록했고 기술적인 도약도 이루어 냈다. 화가가 그린 캐릭터를 의인화하는 디즈니의 능력은 1937년에 최초의 장편만화인 〈백설공주와 일곱 난쟁이Snow White and the Seven Dwarfs〉를 통해 전혀 새로운 영역에 도달했다. 3년의 제작 기간과 160만 달러에 달하는 제작비를 투자하여 만든 〈디즈니스 폴리Disney's folly〉는 800만 달러의 판매고를 기록했으며 인물 애니메이션의 획기적인 사건으로 찬사를 받았다. 그리고 곧 이어 〈피노키오Pinocchio〉(1939)와 〈판타지아Fantasia〉(1940)가 발표되어 두 작품 모두 대단한 성공을 이루었다.

미국의 가정에 텔레비전이 보급되자 '월트 아저씨'는 29년 동안 TV 프로그램 '디즈니의 놀라운 세상The Wonderful World of Disney'의 사회자로 일하면서 일약 스타가 되었다. 평생 담배를 아주 좋아했던 그는 1966년에 폐암으로 사망했다. 그러나 마법에 걸린 그의 왕국은 소매 사업 확대, 국내외 대규모 테마 파크 개장, 커뮤니티 설립, 그리고 자사 소유의 케이블 텔레비전 채널 등을 통해 재정적으로 더욱 승승가도를 달리고 있다. 1980년대와 1990년대에는 〈인어 공주The Little Mermaid〉(1989), 〈미녀와 야수Beauty and the Beast〉(1991), 〈알라딘Aladdin〉(1992), 〈라이언 킹The Lion King〉(1994), 〈포카혼타스Pocahontas〉(1995), 그리고 〈헤라클레스Hercules〉(1997)와 같은 장편 애니메이션이 디즈니 히트 작품 목록에 추가되었으며, 디즈니 스튜디오는 여전히 가족 애니메이션 시장에서 선두를 달리고 있다.

Marlene Dietrich
마를레네 디트리히

1901~1992

흠잡을 데 없이 완벽하게 재단된 턱시도에 남자들이 쓰는 중절모를 쓰고 점잔을 빼며 걷거나 아니면 하늘거리는 가운을 걸친 채 어둠이 깔린 방안을 사뿐히 걸어가는 마를레네 디트리히는 영화의 황금시대에 남녀 모두에게 유혹의 화신이었다. 그녀는 매혹적이며 신비로운 요부로서 1930, 1940년대 영화에 감정을 표출하는 뚜렷한 세련미를 더해주었다. 이런 그녀의 모습에 대해 조지 패튼George Patton 장군과 에드워드 8세부터 에디트 피아프와 거트루드 스타인에 이르기까지 그녀의 팬들과 추종자들은 저항할 수 없을 정도로 위협적이라고 느꼈다.

신약 성서에 나오는 회개한 창녀의 이름을 딴 마리아 막달레나 디트리히 폰 로쉬Maria Magdalena Dietrich Von Losch는 열여덟 살에 손에 부상을 입어 바이올린 연주자의 길을 포기했다. 그 대신 또 다른 꿈이기도 했던 배우의 길을 가기 위해 스물한 살의 나이로 베를린의 연극학교에 지원했다. 매사에 열심이었던 이 젊은 연기자는 수많은 단역을 통해 자신의 연기를 개발했으며 생활을 꾸리기 위해 장갑 공장에서 일했다. 바이마르 부르주아 집안의 착실한 딸이었던 그녀는 이 시기에 도시의 거칠고 퇴폐적인 분위기에 젖어들기 시작하여 제2차 세계대전을 목전에 두고 있던 베를린의 카바레에서 선정적인 쇼에 완전히 매료되었다. 활기가 넘치던 그녀는 바람둥이이자 배역 담당 책임자였던 루돌프 지버를 만나 결혼했는데, 두 사람 사이에서 그녀의 유일한 혈육인 마리아가 태어났다. 1928년까지 그들은 명목상의 부부에 지나지 않았지만 이혼을 하지는 않은 채 절친한 친구 사이를 유지했다. 사실 디트리히도 이런 관계를 거부하지 않았다. 치근거리는 남자들에게 자신을 결혼한 여자라고 밝히면 모든 것이 해결되었기 때문이었다.

1929년에 오스트리아 출신 감독 요제프 폰 슈테른베르크가 〈두 개의 넥타이Two Neckties〉라는 뮤지컬에서 그녀의 연기를 보고 함께 일할 것을 제의했다. 당시 하인리히 만Heinrich Mann의 소설 『소도시』를 영화로 각색한 〈푸른 천사The Blue Angel〉

MISS DIETRICH

를 제작 중이던 그는 한 교수를 유혹하여 파멸의 길로 이끄는 롤라 롤라라는 관능적인 쇼걸 이미지에 완벽하게 들어맞는 여배우를 찾았다고 생각했다. 슈테른베르크는 디트리히에게 배역을 제대로 소화하려면 9킬로그램을 감량하라고 요구했고 화장과 헤어스타일, 목소리, 의상 면에서 이미지 변신을 주문했다. 이렇게 해서 그녀는 스크린의 여신으로 부상했다. 무대 조명을 이용한 감독의 연출력에 힘입어 조각같이 단정한 옆얼굴과 부드러운 곡선의 소유자로 다시 태어난 그녀는 남자를 유혹하는 위험한 여성으로서 뜨거운 열정을 품어냈을 뿐만 아니라 남자에게 쓰라린 배신을 안겨주는 역할을 완벽하게 소화했다. 〈푸른 천사〉는 대성공을 거두었고 디트리히는 그날 밤 스타가 될 수 있다는 확신을 안고 미국으로 향했다.

그러나 파라마운트사가 1930년대 후반에 가서야 〈푸른 천사〉를 상영하는 바람에 디트리히는 〈모로코Morocco〉를 통해 미국 관객들에게 첫인사를 하게 되었다. 음란한 끼를 마음껏 발산했던 이 영화는 배우로서 그녀의 색깔을 분명히 하는 계기가 되었다. 흰색 타이에 실크해트와 연미복을 차려 입은 가수로 출연한 그녀는 공동 주연을 맡은 게리 쿠퍼가 지켜보는 가운데 한 여인의 머리에 꽂혀 있던 꽃을 빼낸 뒤 그녀의 입술에 키스한다. 그리고는 그 장면의 양성애적인 갈등을 강조하기 위해 쿠퍼에게 불쑥 꽃을 던진다. 이 거만한 몸짓으로 그녀는 단숨에 할리우드를 사로잡았으며 마침내 라 디트리히La Dietrich가 탄생되었다. 디트리히의 무관심에도 불구하고 그녀에 대한 슈테른베르크의 성적 환상은 몇 개의 기억할 만한 작품의 탄생을 가능하게 했다. 〈불명예Dishonored〉(1931), 〈상하이 익스프레스Shanghai Express〉(1932), 〈금발의 비너스Blonde Venus〉(1932), 〈진홍의 여왕The Scarlet Empress〉(1934) 등이 이때 발표되었다. 그리고 슈테른베르크는 결국 자기 마음을 몰라주는 여제자에 대한 감독의 반감을 표현한 것이라고 알려졌던 〈여자는 악마다The Devil Is a Woman〉(1935)를 마지막으로 그녀와 직업적 · 인간적 관계를 모두 청산했다.

6년 동안 슈테른베르크와의 스승과 제자 관계에 익숙해 있던 디트리히는 그가 없는 자신은 아무것도 아니라고 단언했다. 그러나 세파에 단련이 되어 있고 재치가 넘쳤던 그녀는 스승과의 이별을 재빨리 극복했다. 딸 마리아와 재회한 그녀는 〈사진Destry Rides Again〉(1939)에서 프렌치라는 파격적인 역할을 소화해 냄으로써 다소 차갑던 자신의 이미지에서 벗어날 수 있었다. 이 영화에서 그녀가 제임스 스튜어트James Stewart의 상대역으로 나와 위스키에 취한 듯한 목소리로 〈씨 왓 더 보이즈 인 더 백 룸 윌 해브See What the Boys in the Back Room Will have〉를 노래하는 장면은 잊을 수 없는 명장면이었다. 한편 그녀는 슈테른베르크와 활동할 당시 단골로 맡았던 유혹하는 여자 역할에서 벗어날 수는 있었지만, 그래도 순정 소녀나 행복한 주부를 맡지는 않았다. 그녀는 1940년대 초반에 들어서며 인기가 시들해지자 연합군의 위문 공연에 참여함으로써 한때 조국으로 돌아와 자신의 정부가 되어줄 것을 간청했던 히틀러를 실망시켰다. 그녀는 연합군 최전방 부대를 방문하여 특유의 허스키한 목소리로 자신의 유명한 주제곡들인 〈폴링 인 러브 어게인Falling in Love Again〉과 〈릴리 마를레네Lili Marlene〉를 열창했다. 자신의 새로운 애국적인 역할에 심취해 있었던 그녀는 "내가 지금까지 했던 일 가운데 가장 의미 있는 일"이라고 스스로를 평가했다. 당시 그녀의 영웅적인 노력을 기리기 위해 그녀에게 자유의 메달Medal of Freedom과 레지옹 도뇌르 훈장이 수여되었다.

유명 감독 가운데 그녀와 함께 작업을 했던 감독은 헤아릴 수 없을 정도로 많았는데, 앨프리드 히치콕, 빌리 와일더, 에른스트 루비치Ernst Lubitsch, 프리츠 랑, 그리고 스탠리 크레이머Stanley Kramer도 여기에 속했다. 그러나 두 번째로 활동을 중단한 후에도 디트리히에게는 다시 재기를 꿈꿀 수 있는 분야가 여전히 존재했다. 그녀는 1960년대 말과 1970년대 초에 나이트클럽계에서 최고의 대우를 받는 가수로 돌아왔다. 과거에 어니스트 헤밍웨이는 "그녀는 목소리 하나만으로도 당신의 마음을 흔들 수 있다"라고 말했다. 말 그대로 멋진 옷을 입은 채 바느질을 한 것 같은 몸매를 지닌 이 '세계의 여왕'은 활발한 활동을 벌였으나 몇 차례 무대 위에서 추락하는 사고가 일어나고—아마도 고통스러운 무대 의상 때문이었던 것 같았다—거기에 남편의 사망까지 겹치면서 한동안 조용한 은둔 생활을 즐겼다. 그러던 중 1978년에 영국 가수 데이비드 보위David Bowie와 〈사랑하는 플레이보이Just a Gigolo〉에 함께 출연하면서 세계를 깜짝 놀라게 만들었고, 그것을 계기로 다시 활동을 재개했다. 결국 그녀는 고통을 잊고자 약물 중독과 알코올 중독에 빠지게 되었지만, 그럼에도 불구하고 디트리히는 60년 이상 그녀를 꿈을 꾸는 듯 빛나는 신화적 인물로 만들었던 미스터리를 끝까지 간직했다.

James Dean
제임스 딘

1931~1955

제임스 딘이 아직도 우리 기억 속에 남아 있는 것은 아마도 그에 대한 추억이 그만큼 적기 때문일 것이다. 그의 전설은 겨우 세 편의 영화에만 남아 있는데, 세 편 모두 18개월이라는 짧은 기간 안에 제작되었다. 1954년 그는 존 스타인벡의 소설을 엘리아 카잔이 영화로 만든 〈에덴의 동쪽East of Eden〉에서 마치 카인처럼 혼란에 빠진 아들 칼 역할을 맡았다. 그 다음 해 그는 10대들의 범죄를 소재로 한 니콜라스 레이 감독의 〈이유 없는 반항Rebel Without a Cause〉에서 주연을 맡으면서 더욱 강렬한 성적 매력을 발산했다. 그리고 몇 달 후, 텍사스 생활을 그린 조지 스티븐 감독의 대서사시 〈자이언트Giant〉에서 록 허드슨과 엘리자베스 테일러와 함께 열연했다. 구부정한 어깨에 반항적인 농장 일꾼 제트 링크 역을 맡은 딘은 주인의 아내(테일러)와 사랑에 빠지는 풋내기에서부터 그녀의 딸을 유혹하는 반백의 50대에 이르기까지 다양한 연기를 소화해냈다. 그러나 생전에 딘은 25세를 넘기지 못하고 생을 마감해야 했다.

방황하는 미국 젊은이의 우상은—어떤 이들에게 그는 동성애자의 고뇌의 상징이었다—인디애나 주에서 농장 소년으로 자랐다. 그의 부모 윈튼 딘과 밀드레드 딘은 낭만파 시인의 이름을 따서 그를 제임스 바이런이라고 불렀는데, 낭만파 시인의 고뇌하는 영혼이 평생 그의 삶과 같이 했다. 그가 두 살 되던 해에 가족은 페어마운트의 후지어 농장 마을로 이주했고, 그로부터 2년 후 치과 의료기계 기술자였던 아버지는 캘리포니아 주 산타모니카에 있는 병원으로 전근을 가게 되었다. 제임스 딘이 겨우 아홉 살 때 어머니가 암으로 사망했을 때 그는 최초로 세상을 향해 고통을 표현했다. 그리고 아버지가 어머니의 시신과 함께 그를 인디애나로 돌려보내자 그의 고통은 더욱 커졌다. 다시 페어마운트로 돌아온 그는 친절한 퀘이커 교도인 숙모와 함께 살게 되었는데, 감수성 풍부한 이 사춘기 소년은 아버지를 그리워했다는 사실만 빼놓고는 소박하고 행복한 생활을 했다. 그러나 신은 그에게

가장 필요로 한 스승을 보내 주었는데, 바로 딘의 고등학교 연극 선생이었던 아델린 놀Adeline Nall이었다. 딘은 간간히 4-H('head, hands, heart, health'를 모토로 하는 농촌 청년 교육 기관)* 클럽 회의에 참석하고 페어마운트 퀘이커 교도를 위해 농구 경기에 참여했다. 그리고 놀의 지도를 받아 학교 연극에 출연했고 토론 대회에서 우승을 차지했으며, 암송 대회에서는 주 정부가 수여하는 상을 받았다. 1950년에 대학에 다니기 위해 캘리포니아로 돌아온 그는, 솔직히 오래 전부터 인디애나를 떠나고 싶었지만 다른 사람들에게 상처를 주기 싫어 참았노라고 털어놓았다.

딘은 UCLA 프로덕션이 제작하는 〈맥베스〉에 캐스팅되었지만 실제로 대학교에서는 그다지 많은 활동을 하지 못했다. 그러다가 전혀 생각하지 못한 텔레비전에서 러브콜을 받게 되었고, 본격적으로 연기 수업을 받았다. 그는 '파더 페이튼의 TV 극장Father Peyton's TV Theatre', 'U.S. 스틸 아워U.S. Steel Hour', 그리고 '트레저리 멘 인 액션Treasury Men in Action' 같은 작은 스크린 작품에서 크고 작은 역할을 맡으면서 직업 배우로 살았다. 딘은 뉴욕에 있는 유명한 액터스 스튜디오에서 수업을 받으면서 깊은 사색에 잠긴 듯한 표정을 개발했는데, 이것은 나중에 그의 트레이드마크가 되었다. 그는 그곳에서 배우지 못한 것은 다른 사람들을 관찰하고 그들을 극복함으로써 터득해 갔다. 다른 사람을 따라하는 것이 몸에 배어 있던 그는 친구들의 행동을 똑같이 따라 해서 종종 그들을 불안하게 만들었다. 1954년에 한 브로드웨이 프로덕션에서 기획한 앙드레 지드André Gide의 〈배덕자The Immoralist〉에 출연하고 있던 그는 한 할리우드 제작사와 계약을 체결했다.

〈이유 없는 반항〉에서 짐 스타크로 출연해 눈부신 연기를 펼친 것을 보면, 짧은 경력에도 불구하고 그가 세기의 숭배 대상이 된 이유를 이해하게 된다. 그의 설득력 있는 연기는 그 하나만으로도 B급 멜로드라마로 전락해버릴 뻔한 작품을 지탱하는 데 손색이 없다. 불량한 듯 청바지를 입고 투덜대는 이 반항아는 인상을 쓰고, 상대방을 겁주고, 고함을 친다. 다른 배우들조차 놀라운 눈으로 지켜보는 듯하다. 그럴 때 그의 모습은 경망스럽다기보다 사랑스럽고, 암살자보다 더 차가워 보이기도 한다. 상처 받기 쉬운 성격을 허세로 감춘 채 딘은 진실을 갈구하는 음울한 청년의 고통을 완벽하게 표현했다.

스크린 밖에서 그는 모험을 즐겼다. 속도에 대한 딘의 환상은 제작자에게는 절망이었다. 영화의 흥행은 그가 더 빠르고 좋은 차를 살 수 있다는 것을 의미했다. 그는 운동선수처럼 진지한 자세로 자동차 경주에 연달아 출전했고 아마추어는 물론 프로 선수들까지 물리쳤다. 그는 연기보다 자동차 경주가 더 좋으며, 연기 생활에 피해가 가더라도 결코 자동차 경주를 포기하지 않겠다고 공언했다. 그리고 그의 말대로 되었다. 1955년 9월 30일, 딘은 〈자이언트〉 촬영을 마친 지 3일 만에(그리고 불과 2주 전에 전국고속도로위원회의 의뢰로 안전 운전 광고에 출연한 터였다) 신형 포르쉐 스파이더 550—그의 주문에 따라 'Little Bastard'라는 글자가 씌어 있던 사나운 자동차—을 타고 자동차 경주가 열리는 살리나스로 향했다. 그리고 오후 3시 30분, 베이커스필드 근처에서 제한 속도 약 64킬로미터를 위반하고 약 96킬로미터로 달리다가 딱지를 뗐다. 그리고 2시간 15분 후, 파소 로블즈 근처 466번 도로와 41번 도로가 만나는 교차로에서—여러 가지로 추정하건데 그는 시속 120~160킬로미터 사이로 차를 몬 것 같다—대학생이 몰던 포드 자동차와 정면으로 충돌했다. 대학생은 목숨을 구했지만, 딘은 즉사했다. 당시의 참상을 담은 사진들을 보면 종잇장처럼 구겨져 있는 자동차 주위에 굳은 얼굴의 대리인들이 둘러서 있는 모습을 볼 수 있다.

〈이유 없는 반항〉은 사고가 난 지 4주 후에 개봉되었고, 그로부터 몇 달 후 〈자이언트〉가 개봉되었다. 워너브라더스의 사장 잭 워너는 누가 죽은 사람이 나오는 영화를 보러 오겠냐면서 흥행을 냉소적으로 예상했다. 그러나 결과는 반대였다. 관객의 발길이 끊이질 않았다. 영화 개봉과 동시에 딘은 전 세계 십대들의 우상으로 떠올랐다. 그는 엘비스 프레슬리나 밥 딜런과 같이 나중에 사춘기 반항아들의 폭발적인 인기를 누리게 되는 여러 스타들의 선구자가 되었다. 배우들 사이에서 그는 경쟁심을 불러일으키는 동시에 또한 경쟁심을 버리게 만드는 신화적 존재의 한 원형이 되었다. 식을 줄 모르는 그의 놀라운 매력을 설명하기 위해 수많은 기사와 책이 발표되었다.

Bob Dylan
밥 딜런

1941~

가장 미국적인 천재 뮤지션 밥 딜런은 사람들이 자신이 사기꾼이라는 사실을 알아차릴까봐 늘 전전긍긍했는데, 아마도 이것 때문에 끊임없이 자신을 재창조했는지도 모른다. 미네소타 주 덜루스에서 로버트 짐머만Robert Zimmerman이라는 이름으로 태어난 그는 라디오를 듣고 기타와 피아노를 배우며 성장했다. 고등학교에 입학한 그는 리틀 리처드의 음악을 알고 나서부터 여러 록 밴드에서 활동했다. 부끄럼 많은 로버트는 11학년 학예회에서 피아노 옆에 서서 절규하듯 노래를 불러 관객들을 깜짝 놀라게 했다. 그의 영어 교사의 말에 따르면, 그 다음 날 등교한 그는 평소처럼 조용했지만 '능글맞은 웃음'을 짓고 있었다고 한다. 미네소타대학교에 입학한 그는 당시 유행하던 비트족 열풍에 빠져들었고 자신의 우상 우디 거스리Woody Guthrie의 블루스와 포크가 결합된 음악에 심취했다. 그는 이름을 딜런으로 바꾸고 포크곡을 작곡하기 시작했다. 그리하여 그는 음악적인 면에서 미국의 한 세대에게 심오하고 광범위한 영향력을 행사하는 인물로 자리 잡았다.

1961년에 학교를 그만둔 딜런은 당시 투병 중이던 우디 거스리의 병상을 지키기 위해 미네소타를 떠났고 얼마 후 맨해튼에 자리를 잡았다. 그는 블루스/포크 커버곡과 새로 작곡한 곡을 연주하여 순식간에 그리니치빌리지의 극성팬들에게 인기를 독차지했다. 아직 젊은 나이에 그는 이미 포크와 블루스의 대가다운 면모를 보여 주며 데뷔 앨범 〈밥 딜런〉(1962)에서 음악적 소양을 유감없이 발휘했다. 그러나 그가 알려지게 된 것은 두 번째 앨범 〈더 프리휠링 밥 딜런The Freewheelin' Bob Dylan〉(1963)을 통해서였다. 이 앨범은 〈블로잉 인 더 윈드Blowin' in the Wind〉와 〈어 하드 레인즈 고나 폴A Hard Rain's A Gonna Fall〉 같은 송가頌歌를 통해 밥 딜런이 저항 시대에 끼친 짧지만 엄청난 영향의 시작을 의미했다. 이는 고전적인 곡 〈더 타임스 데이 아 어 체인징The Times They Are-A Changin'〉(1964)에서 절정을 이루었다. 딜런은 반정부주의, 시민 권리를 주장하는 운동, 마약 그리고 문화적 불만으로 점

철된 갈등의 시대를 산 동시대의 젊은이들을 위해 일종의 정치적 표어를 곡으로 썼다. 그 후 이삼 년 동안 그는 포크 음악에 변화를 몰고 왔다.

그러나 그는 얼마 지나지 않아 정치적 음악을 넘어섰으며, 상징주의 시인들의 시구에서 새로운 영감을 얻었다. 또한 그는 로렌스 펄링게티와 앨런 긴즈버그 같은 비트족 시인들이 쓴 재즈적으로 변용된 시들과 공연 중간에 신들린 즉흥 연주를 보여 준 기타리스트 척 베리에게 큰 영향을 받았다. 그는 1965년에—이 해에 그는 뉴포트 포크 페스티벌에서 '전자 악기로 돌아섰다'—〈브링잉 잇 올 백 홈Bringing It All Back Home〉이라는 획기적인 앨범을 발표했다. 그에게 실망한 포크 순수주의자들의 분노에도 불구하고 〈서브터레이니언 홈시크 블루스Subterranean Homesick Blues〉 같은 노래는 전작들처럼 시대의 상징이 되었다. 그 후 2년 동안 그는 두 개의 앨범 〈하이웨이 61 리비지티드Highway 61 Revisited〉(1965)와 〈블론드 온 블론드Blonde on Blonde〉(1966)를 더 발표했다. 두 앨범 모두 새로운 형식과 내용을 추구하는 그의 의도를 확인시켜 주었으며, 최고의 팝 뮤직들이 수록되어 있었다. 〈미스터 탬버린 맨Mr. Tambourine Man〉, 〈라이크 어 롤링 스톤Like A Rolling Stone〉, 〈레이니 데이 위민 #12 & 35Rainy Day Women #12 & 35〉, 그리고 〈저스트 라이크 어 우먼Just Like a Woman〉 같은 곡들은 딜런이 얼마나 다양한 음악을 추구하고 있는지 입증했다. 또한 이 시기야말로 전성기임을 보여 주는 증거가 되었다. 1965년과 1966에 두 번에 걸친 세계 순회공연으로 수많은 사람들이 그의 팬이 되었다. 영화 제작자 D. A. 펜베이커는 무대 위와 무대 밖에서 딜런의 모습을 촬영하여 〈돈트 룩 백Don't Look Back〉(1965)이라는 다큐멘터리를 제작했다. 고전적인 오프닝 장면에서 딜런은 〈서브터레이니언 홈시크 블루스〉의 가사가 적힌 여러 장의 큐 카드를 카메라에 담았고, 앨런 긴즈버그는 무대 위에서 아무 말 없이 어슬렁거리며 돌아다녔다. 이 다큐멘터리는 시네마베리테cinema verité(영화의 사실성을 더 강조하는 경향)*의 특징을 알림과 동시에 뮤직 비디오의 시대를 예고했다.

1966년, 딜런은 치명적인 오토바이 사고를 당했고 눈부신 전성기도 막을 내렸다. 그는 사고 후 1965년에 결혼한 아내 사라 로운즈와 뉴욕의 우드스탁에 있는 집에서 2년 동안 조용히 지냈다. 그는 가끔 로비 로버트슨과 자신의 밴드와 함께 빅 핑크Big Pink라고 이름 붙인 그들의 지하실에서 즉흥 연주를 하곤 했다. 이 때 그들이 함께 연주한 음악들이 〈더 베이스먼트 테입스The Basement Tapes〉(1975)라는 이름으로 발표되었다. 스스로 초래한 은둔 생활을 통해 새로운 딜런이 탄생되었고, 그가 추구한 새로운 컨트리 록 사운드는 〈존 웨슬린 하딩John Wesley Harding〉(1968)이라는 음반으로 발매되었다. 과거의 딜런이 브르통Breton의 이미지를 사용했다면, 새로 태어난 딜런은 구약성서를 바탕으로 〈올 어롱 더 워치타워All Along the Watchtower〉 같은 노래를 쓰거나 리드 벨리Leadbelly의 노래를 기초로 〈아일 비 유어 베이비 투나이트I'll Be Your Baby Tonight〉를 작곡했다.

1970년대와 1980년대에 딜런은 연주를 지속하면서 점진적인 변화를 거듭했는데, 과거보다 훨씬 절제된 연주를 선보였지만 변화 자체는 훨씬 급진적이었다. 이따금씩 라이브 공연에 참석하던 그는 몇 년 후인 1974년에 더 밴드와 함께 세계 순회공연에 나섰고—그리고 공연 실황 음반 〈비포 더 플러드Before the Flood〉를 발표했다—상업적으로나 음악적으로 대성공을 거두었다. 그는 자신의 대표곡들을 편곡하고 다시 써서 카멜레온 같은 자신의 페르소나를 유감없이 쏟아 부었고, 이런 시도는 그의 연주 활동 내내 계속되었다. 순회공연을 마치고 결혼마저 파경에 이른 시기에 딜런은 〈블러드 온 더 트랙스Blood on the Tracks〉(1975)라는 또 하나의 대작을 발표했다. 이 앨범에서는 놀랍고도 상당히 개인적인 성향을 지닌 작품들 외에 〈탱글드 업 인 블루Tangled Up in Blue〉와 〈셸터 프롬 더 스톰 Shelter from the Storm〉 같은 곡들이 수록되어 있었다.

1970년대 말에 딜런은 기독교적 성향이 아주 강한 일련의 세 음반 중 첫 음반인 〈슬로우 트레인 커밍Slow Train Coming〉(1979)을 발표했다. 1980년대 초반에 딜런은 유대교에 새로운 관심을 보이기 시작한 뒤 실망스러운 앨범들을 발표했으며—그러나 〈인피델스 Infidels〉(1983)와 프로듀서 다니엘 라노이스와 손잡고 처음으로 발표한 〈오, 머시Oh, Mercy〉(1989)는 예외였다—엉뚱한 행동을 보이는 경우가 점점 늘었다. 그러나 이른바 '네버 엔딩 투어'라고 부르는 전국 순회공연을 위해 계속 옮겨 다녀야 했던 딜런에게는 이것이 그렇게 큰 문제가 되지 않았을 것이다. 그는 순회공연에서 톰 페티 앤 더 하트브레이커즈나 그레이트풀 데드 등과 공동 공연을 펼치기도 했다.

딜런이 또 하나의 대작을 발표한 것은 1997년이었다(이 해에 그는 볼로냐에서 교황 요한 바오로 2세를 위해 연주하기도 했다). 라노이스와 다시 한 번 팀을 이룬 그는 〈타임 아웃 오브 마인드Time Out of Mind〉를 녹음했다. 블루스가 가미된 이 음반은 죽음을 피할 수 없는 자신의 운명을 그린 것으로 그래미상 올해의 앨범으로 선정되었다. 그 앨범은 네 명의 아이를 키우고, 이혼하고, 힘든 병을 이겨냈지만 결코 예언자 시인으로서의 역할을 포기할 의사가 없는 56세의 늙은 음악가에게 꼭 맞는 것이었다. 언젠가 딜런은 이렇게 말했다. "내 짐은 너무 무겁다. 그리고 내 꿈은 이제 통제가 안 된다."

Wilbur & Orville Wright
라이트 형제

1867~1912(윌버 라이트), 1871~1948(오빌 라이트)

윌버 라이트와 오빌 라이트 형제의 천재성은 자기 수련과 엄격함, 그리고 대담성 같은 미국적인 특성과 각별한 관련이 있었다. 15세기 말 레오나르도 다빈치부터 19세기 초 영국의 조지 케일리 경Sir George Cayley에 이르기까지 수백 년 동안 수많은 몽상가들에게 좌절을 안겨 준 난제가 두 사람에 의해 풀리는 순간, 그들은 마침내 인류에게 비행을 선사했다.

윌버 라이트는 1867년에 인디애나 주 밀빌 근처에서 태어났다. 동생 오빌은 그보다 4년 뒤 오하이오 주 데이튼에서 태어났다. 두 형제는 모라비아파the United Brethren 교회의 완고한 목사였던 아버지 밀턴 라이트에게서 자신감과 목적의식을 물려받았다. 1878년에 밀턴 라이트가 초기 항공술의 개척자 알폰스 페노Alphonse Penaud가 만든 장난감 헬리콥터를 두 형제에게 선물하면서 마침내 형제는 자신들의 자신감과 목적의식을 발휘할 대상을 발견했다. 고무 동력 장치에 매료된 라이트 형제는 하늘을 나는 기계를 꿈꾸기 시작했고, 이 공동의 목표가 두 사람에게 일생의 숙원이 되었다.

아버지의 말처럼 두 형제는 '늘 쌍둥이처럼 붙어 다녔지만' 성격은 완전히 달랐다. 잘 생인 외모에 콧수염을 길렀던 멋쟁이 오빌은 모래투성이 마을 키티호크에 살면서도 항상 빳빳한 칼라를 고집하고 캐롤라이나의 여름 햇볕에 그을린 얼굴에 레몬주스로 세수를 하곤 했다. 한편 동생보다 외모에 신경을 덜 썼던 윌버는 중요한 연설장에 나가면서도 동생의 옷을 빌려 입을 정도로 소탈한 청년이었다. 젊은 시절 다소 우울한 성격이었던 윌버는 나이가 들면서 오히려 배타적인 자아도취가 느껴질 만큼 냉담한 자신감을 가지게 되었다. 까무잡잡한 피부에 호리호리한 몸, 날카로운 인상을 풍기던 그에게서는 매와 같은 강렬함이 있었다. 오빌은 변덕이 심하고 너무 소심해서 평생 대중 앞에서 연설을 하지 못했다. 뿐만 아니라 사석에서는 구제 불능일 정도로 지독하게 남을 못살게 굴었으며, 농담을 잘하는 활달한

낙천주의자였다. 질투심에서 비롯된 그의 고집 때문에 두 형제는 수도 없이 서로 의심하고 절망했다.

라이트 형제는 자신들의 연구를 성공시키기 위해 인내심을 가지고 혹독하게 과학 공부에 몰두했다. 그들은 프랑스 출신의 옥타브 샤누트Octave Chanute 같은 항공학 연구의 권위자들과 끊임없이 편지를 주고받았다. 옥타브 샤누트는 형제에게 유럽과 미국에서 서로 연구에 매진할 수 있도록 용기를 주었다. 또 형제는 자신들이 만든 매우 정교한 모델의 움직임을 관찰하기 위해 풍동風洞을 건설했다. 형제는 공기역학의 지속성을 연구하려고 상자 모양의 연부터 시작해서 글라이더까지 단계적으로 연구를 발전시켰다. 그러나 날개에 양력揚力이 부족하다는 사실을 알았다. 그들은 한때 데이튼에서 자그마한 자전거 가게를 운영한 적이 있었는데, 그때 자전거 타는 사람을 관찰하다가 움직이는 물체는 완벽하게 일직선으로 나아가는 것이 아니라 미세하게 공기의 저항을 받는다는 사실을 알게 되었다. 이러한 발견을 통해 두 사람은 하늘을 나는 비행기의 수많은 축들이 어떻게 움직이게 될까를 예의 주시하기 시작했다. 그리고 날개의 표면을 휘게 만들자는 아이디어가 떠올랐고, 실험 결과 그들의 예상은 적중했다. 또 자전거를 탈 때 항력抗力을 일으키기 위해 인간의 신체가 바람에 어떤 반응을 보이는지 정확하게 이해할 수 있었다. 마침내 형제는 자신들이 만든 키티호크Kitty Hawk라는 기계 장치 위에 납작하게 드러누워 있어야 한다는 결론에 도달했다.

다른 위대한 연구자들과 마찬가지로 형제는 참고가 될 만한 서적은 닥치는 대로 읽어 치웠고, 자전거 사업에서 얻은 이익을 연구에 투자하여 1900년에는 글라이더를 만들었다. 그 해 10월, 형제는 비행에 적당한 바람과 지형을 갖춘 노스캐롤라이나 주 키티호크에서 글라이더 시험 비행을 실시했다. 실험은 비교적 성공적이었으며 형제는 꿈에 부풀어 데이튼으로 돌아왔다. 그러나 더 크게 만든 두 번째 비행체는 행복한 실패작으로 끝났고, 이 사건을 통해 라이트 형제는 새로운 사실을 깨달았다. "우리는 모든 비행체의 기초 공식이 잘못되었다는 것을 알았다. 우리는 처음부터 하나씩 의심하기 시작했고, 결국 궁금증을 밝혀 낼 수 있게 되었다."

라이트 형제는 기존의 가정들을 모두 무시함으로써 비행사가 비행기를 조종할 수 없게 만들었던 삼중 토크 조절장치의 문제를 해결했다. 성공은 또 다른 성공을 불러왔다. 형제는 날개처럼 공기역학적인 기능을 하는 프로펠러를 개발해 냄으로써 혁신적인 항공기에 동력을 공급하는 그들만의 내연 기관을 만들었다. 1903년 어느 화창하고 무더운 여름 날, 그들은 복엽 비행기를 완성하고 집어삼킬 듯한 키티호크의 모래바람을 정복하기 위한 비행 준비를 시작했다. 그리고 1903년 12월 14일, 두 사람은 누가 첫 번째 비행에 나설 것인가를 결정하기 위해 동전을 던졌다. 윌버가 첫 비행자로 정해졌다. 비행기에 올라 하늘로 날아오른 그는 공중에 정지해 있다가 갑자기 땅바닥을 향해 곤두박질쳤다. 그는 실패를 자신의 잘못으로 돌렸고, 형제는 아버지에게 "성공 확신. 비밀 유지 바람"이라는 전보를 보냈다. 그로부터 3일 후인 12월 17일, 낙천적인 성격의 오빌은 자가 동력기에 탑승한 채 12초 동안 비행에 성공함으로써 수년에 걸친 자신의 신념이 헛되지 않았다는 것을 확인했다. 그가 몰던 비행기는 목표 지점에서 겨우 120피트(약 36.5미터) 정도만 벗어나는 것에 그쳤다. 그날 실시된 네 번째 비행에서 윌버는 852피트(약 260미터)를 나는 데 성공했는데, 고도 15피트(약 4.5미터)를 유지하면서 59초 동안 비행에 성공하는 기염을 토했다. 말할 수 없는 성취감과 자신감에 들뜬 형제는 이번에는 아버지에게 "성공. 화요일 아침 네 번 비행 실시. 언론에 알림. 크리스마스는 집에서"라는 전혀 새로운 내용의 전보를 발송했다.

라이트 형제는 평생 독신으로 지냈다. 윌버는 1912년에 데이튼에서 장티푸스로 사망했다. 오빌은 형보다 40년을 더 살았는데, 계속 발명에 매달렸지만 1918년 후로는 비행에 거의 참가하지 않았다. 그러나 그는 자신의 발명품이 현대 세계에 가져다준 엄청난 이익과 상상할 수 없는 파괴를 모두 목격했다. 그는 이것을 편리와 위험을 동시에 지니고 있는 불에 비유했다. 미국인들은 라이트 형제라고 하면 시골뜨기 백인 천재 형제의 모습을 주로 떠올렸으며, 우연히 행운을 거머쥔 자전거 수리공 정도로 밖에 생각하지 않았다. 그러나 사실은 전혀 그렇지 않았다. 라이트 형제는 기본적이고 변하지 않는 자연의 법칙을 이해했으며, 더 나아가 미래를 볼 줄 아는 눈을 가진 진지하고 명민한 사상가들이었다.

Frank Lloyd Wright
프랭크 로이드 라이트

1867~1959

납작한 모자에 펄럭이는 케이프 망토를 걸친 괴상한 복장의 프랭크 로이드 라이트는 미국 건축에 대한 위대한 포부를 지닌 작은 거인이었다. 그의 작품은 토지에 대해 혁신적인 동시에 의외로 낭만적인 개념을 보여 주었다. 그가 디자인한 빌딩들은 그가 응시하는 자연 세계로부터 힌트를 얻어 탄생된 것들로, 명확하면서도 힘찬 선을 특징으로 하고 있다. 그는 세기가 바뀌기 훨씬 전에 위스콘신 주 리치랜드 센터의 한 농장에서 어린 시절을 보냈다. 그의 아버지 윌리엄 C. 라이트는 순회 목사이자 음악가였고, 그의 어머니 애너 로이드-존스는 웨일즈에서 출생하여 미국으로 건너온 이주민이었다. 애너는 아들에게 교육용 블록을 주면서 세계적으로 유명한 건축가의 탄생을 예고하듯 아이가 블록을 가지고 그 나이의 어린이다운 구조물을 만들어 내는 것을 지켜보았다.

그는 너무도 건축 공부를 하고 싶었지만 자신이 입학한 위스콘신대학교에서는 그것이 불가능했다. 결국 그는 대학에 입학한 지 2년 만인 1887년에 학교를 그만두었다. 그러나 대학에서 그가 배운 공학 기술은 그가 건축가로 성공하는 데 큰 밑거름이 되었다. 그는 어린 학생 시절에 건축 중이던 건물이 무너지면서 인부 몇 사람이 비참한 죽음을 당하는 끔찍한 장면을 목격하고 자신은 절대로 그러한 재앙을 일으키지 않겠노라고 굳은 결심을 하게 되었는데, 그의 이런 결심은 1923년에 도쿄에서 여실히 증명되었다. 당시 일본에는 세계 역사에 남을 정도로 참혹한 간토 대지진이 발생하여 혼란에 빠졌지만 그의 작품들 가운데 손에 꼽을 정도로 규모가 큰 공사였던 임페리얼 호텔만은 지진을 잘 견뎌냈다. 라이트는 건물의 말뚝을 불안정한 진흙 안에 박는 대신 진흙 위에 올려놓는 혁신적인 공법을 사용했는데, 이러한 신공법의 성공이 확인되기까지는 20여 년의 세월이 필요했다. 그 후 라이트는 위스콘신 주 라신에 지을 S.C. 존슨왁스컴퍼니 건물 디자인을 맡았다. 당시에는 건물을 받치는 얇은 기둥 하나가 법정 무게보다 최대 여섯 배에 달하는 하중을

견딜 수 있을 정도로 그의 건축 기술이 발달되어 있었다. 그가 디자인한 작품들 중 가장 영감이 넘치는 작업장이었던 이곳에서 라이트의 상상력은 진가를 발휘했다.

1887년에 야심에 찬 이 스무 살의 청년은 고향을 떠나 시카고에 있는 제임스 라이먼 실스비James Lyman Silsbee 설계사무소에 입사했다. 그 후 그는 어머니와 여동생들을 부양해야 할 책임이 생기자 더 많은 월급을 받을 수 있는 신망 있던 애들러 앤 설리번Adler and Sullivan으로 자리를 옮겼고, 마침내 위대한 모더니스트였던 루이스 H. 설리번Louis H. Sullivan의 오른팔이 되었다. "모양보다 기능이 앞선다"는 신조를 가지고 있던 설리번은 성미 급한 라이트가 "스승님"이라고 부른 유일한 인물이었다. 그러나 라이트는 이 시카고인의 신조를 가다듬어서 "모양과 기능은 하나다"라는 새로운 신조를 만들어냈다. 주택 관련 건축 일을 맡게 된 신참 건축가 라이트는 달빛을 받으며 일을 해야 할 정도로 의뢰인의 수가 늘어났다. 비대칭 레이아웃, 넓은 실내 공간, 그리고 큰 곡선을 이루는 지붕의 모습을 한 '장화 목 모양의 주택'들은 땅과 주택 사이의 관계를 일깨워 주기 위한 것으로, 그를 '초원 주택'을 최초로 소개한 건축가로 만들어 준 상당히 훌륭한 건축물이었다. 1909년에 시카고에 건설된 로비 하우스The Robie House는 지붕이 평평하면서 아주 넓었고 난로가 중앙에 오도록 설계되었는데, 이 건물은 그의 초기 디자인에서 대단히 훌륭한 표본 중 하나다. 프리스트레스prestress 처리를 한 콘크리트와 여러 건축 자재들을 전혀 새로운 방법으로 활용함으로써 탄생된 라이트의 다음 프로젝트는 미국을 의미하는 신조어인 '우소니안Usonian' 주택이었다. 조립식 모듈 건축물이었던 이 주택은 그에게 조국의 민주주의적 이상을 구현하기 위한 한 방법이었다. 그가 조지 D. 스터지스George D. Sturges를 위해 만든 이 우소니안 주택은 가파른 경사면 위로 대담한 예술 작품들과 직사각형 모양의 구조물들이 조화를 이룬 아주 맵시 있는 건축물이었다.

1911년에 라이트는 위스콘신 주 스프링그린에 그의 유명한 여름 별장인 탈리에신Taliesin의 첫 버전을 완성했다. 애인인 마마 보스윅 체니—기혼남이었던 라이트와 마찬가지로 그녀 역시 기혼녀였다—가 사용할 주택으로 설계된 이 건물은 두 번이나 화재로 무너져 내렸지만 그럴 때마다 그는 재건축을 시도했다. 이 과정에서 그는 한 가족을 버리게 되었고, 또 다른 가족(체니의 가족)은 정신이상에 걸린 하인에게 모두 살해되는 아픔을 겪었다. 결국 그는 세 번째 가정을 꾸렸다. 그러나 이러한 불행한 사건들과 건축 의뢰 건수가 현저하게 줄어든 당시 상황에도 불구하고 그의 창작력은 조금도 시들 줄 몰랐다. 그는 자신이 입는 옷에서 테이블 위에 놓이는 냅킨에 이르기까지 자신이 사용하는 모든 것을 디자인했다. 스스로 레이디 킬러lady killer라는 환상에 사로잡혀 있었고 사교성이 뛰어나고 말이 많았던 라이트는 자신의 선구자적 역할의 중요성을 넘칠 만큼 이해하고 있었다. 또한 그는 권위자의 발치에서 머물 수 있게 해주는 대신 자신의 말을 조련하고 세탁물을 빨아주며 탈리에신 합창단에서 노래를 부르는 조수들에 둘러싸여서 생활했다. 그는 "내 조수들은 내가 이 세상에서 가장 훌륭한 건축가라고 합니다"라고 자랑하곤 했다. "나 말고 누가 더 있겠어요? 내가 이해하고 있는 것이 진정한 건축이라면 다른 건축가는 존재한 적이 없는 것이죠."

1930년대가 시작되면서 라이트는 바우하우스Bauhaus의 창설자로 당시 미국으로 망명해 온 발터 그로피우스Walter Gropius와 루트비히 미스 반 데어 로에Ludwig Mies van der Rohe가 주도한 유리 상자형 건축의 맹공격으로부터 자신의 비전을 지켜내야 했다. 국제주의 양식의 '기괴함'이 뉴욕의 스카이라인을 어지럽히기 시작하자, 그는 유럽인들이 맨해튼을 "유리 정문이 달린 거대한 감옥"으로 변화시키고 있다며 불편한 심기를 드러냈다. 그러나 라이트는 외로운 비판자였다. 1932년에 현대미술관이 기획한 국제주의 건축전이 거행되었을 당시 그는 이미 무기력한 보수파로 간주되었다. 그렇다고 건축가로서 그의 수명이 다한 것은 아니었다. 1936년에 그는 에드가 J. 카우프만Edgar J. Kaufmann의 집인 폴링워터Falling Water를 지었는데, 펜실베이니아의 한 폭포가 내려다보이는 곳에 세워진 이 콘크리트 구조물은 주변 환경과 놀랍도록 멋진 조화를 이루었다. 그리고 존슨 왁스 빌딩에 이어 1943년에는 뉴욕의 솔로몬 R. 구겐하임 미술관을 설계했다. 세인의 관심을 가장 많이 끈 이 미술관 건물은 바닥을 과감하게 생략하고 돔 모양의 지붕을 향해 하나의 긴 나선형 경사로를 설치함으로써 공간의 지속이라는 라이트의 개념을 구현했다.

아마도 그가 가진 가장 큰 재능이라면 인간과 자연의 상호작용에 대한 이해와 집에 대한 혁신적인 개념이었을 것이다. 프랭크 로이드 라이트에게 집이란 "조용하고 관대하며 분별이 있고, 그것이 위치한 곳을 벗어나지 않는 그런 곳"이었다. 그러면서도 그는 주변 환경과 조화를 이루는 가운데 수평선을 파괴하지 않고 주변 환경의 유기적 일부가 될 수 있는 가정을 꿈꿨다. 91세로 생을 마칠 때까지 그는 이러한 성역에 어울리는 모습들을 다듬는 일에 자신의 일생을 바쳤다.

Ann Landers & Abigail Van Buren
앤 랜더스와 애비게일 밴 뷰런

1918~2002(앤 랜더스), 1918~(애비게일 밴 뷰런)

앤 랜더스와 애비게일 밴 뷰런으로 세상에 알려진 쌍둥이 자매는 1955년부터 신문 기사를 통해 독자들에게 현실적인 충고와 상식적인 조언을 나누어 주기 시작했다. 자매는 서로 경쟁하듯 기사를 올렸다. 그들은 버림받고 실연당한 사람들, 이혼한 사람들, 근심이 있는 사람들, 그리고 삶의 방향을 잡지 못해 당황하는 사람들의 질문에 해답을 제시했다. 교회와 가족, 그리고 사회가 교훈적인 조언을 제시하는 힘이 급속도로 저하되고 전문가와 정치인의 진실성이 의심을 받고 있던 나라에서, 앤과 애비는 편지를 보낸 독자들에게 따뜻한 마음과 번뜩이는 재치로 냉철한 분별력을 제공해 주었다. 그들은 주로 가정 문제나 인간관계 문제를 다루었지만, 미국인이 가장 터부시하는 주제나 뜨거운 논쟁을 불러일으키는 문제도 마다하지 않았다.

에스더 폴린 프리드먼Esther Pauline Friedman—친구들은 그녀를 '에피Eppie'라고 불렀다—과 폴린 에스더 프리드먼Pauline Esther Friedman은 1918년 7월 19일에 태어났다. 자매는 남에게 조언하기 좋아하는 성품을 부모에게서 물려받았다. 아이오와 주 수시티의 극장주로서 블라디보스토크에서 자행된 유대인 학살을 피해 아내와 함께 미국으로 이민을 온 아버지는 친구나 처음 보는 사람이나 가릴 것 없이 자신의 지혜를 나누어 주기를 좋아했다. 쌍둥이는 자라면서 테니스, 데이트, 스쿨 밴드 등 무엇이든 함께했으며, 1936년에 고등학교를 졸업한 후에는 고향에 있는 모닝사이드대학에 나란히 입학했다. 1939년, 스물한 살이 된 쌍둥이는 합동결혼식을 올렸다. 에스더는 야심 많은 사업가로 후에 자동차 임대회사로 성공하게 되는 줄스 레더러와, 폴린은 마찬가지로 그녀를 경제적으로 풍족하게 한 몰튼 필립스와 결혼했다.

17년 동안 자매는 여러 곳을 옮겨 다니며 어머니와 아내로 살았는데, 각자 정치나 자선단체에 참여하면서 영향력 있는 친구들을 사귀었다. 1955년, 앤(당시까지는

'에스더'로 불렸다)이 「시카고 선타임스*Chicago Sun-Times*」에 원서를 낸 것도 이런 저명인사 친구들의 도움을 받은 덕택이었다. 당시 이 신문에 글을 실어 사람들에게 조언을 해주던 간호사 루스 크롤리Ruth Crowly가 사망하자 그녀의 자리를 대신하기 위해 앤이 지원한 것이다. 그녀는 '앤 랜더스'라는 필명도 만들었다. 에스더는 신문사가 제시한 샘플 편지에 대해 톡 쏘는 듯한 경쾌한 답변을 제시한 덕분에 수많은 경쟁자들을 물리치고 원하던 자리를 차지할 수 있었다. 그녀는 비숍 신Bishop Sheen(미국 가톨릭교회의 유명한 설교자)*과 대법원 판사 윌리엄 O. 더글러스William O. Douglas 같은 전문가들의 이름을 거론하는 새로운 방법을 이용했다.

편지가 폭주하자 그녀는 재빨리 폴린에게 도움을 청해서 하루에도 수천 장씩 쏟아지는 편지에 답장을 하기 시작했다. 1년 사이에 에스더의 칼럼에 배달된 편지의 수가 네 배나 늘어났다. 에스더가 새로운 '앤 랜더스'라는 이름으로 열광적인 인기를 누린 것과는 대조적으로, 멀리 캘리포니아 주 힐스보로에서 익명으로 답장을 썼던 폴린은 아무것도 얻는 것이 없었다. 어느 날 그녀는 운전사가 딸린 차에 뛰어올라 샌프란시스코로 달려갔고, 「샌프란시스코 크로니클*San Francisco Chronicle*」에서 상담 코너 담당자로 채용되었다. 자신감에 들뜬 폴린은 성경에 나오는 여성 선지자인 애비게일과 미국 대통령 밴 뷰런의 이름을 따서 새로운 필명을 만들었으며, 고통을 호소하는 사람들의 편지에 재치 있는 답변을 하기 시작했다. 한번은 한 젊은 여자가 스물한 살 생일에 칵테일을 너무 많이 마셨다고 고민을 상담하면서 애비게일에게 자신이 잘못했냐고 물어보았다. 애비게일의 대답은 "아마 그럴 걸요"였다.

폴린의 이야기를 전해 들은 에스더는 그녀와 일절 대화를 하지 않았으며, 그 후 20년 동안 자매는 서로 연락을 하지 않았다(그 일은 결국 원만히 해결되었다.) 그러나 두 사람 모두 부정행위에서부터 추수감사절에 친척들에게 크레플러크kreplach(치즈나 다진 육류 등을 만두처럼 만들어 수프에 끓인 요리)*를 대접해도 괜찮으냐는 질문에 이르기까지 도움에 굶주린 독자들에게 답장을 해주는 일을 멈출 수가 없었다. 두 사람 모두 점점 늘어나는 편지에 답장을 하기 위해 공정한 판단력을 갖춘 스태프들의 도움을 받았으며, 서로 경쟁적으로 책을 출판하기 시작했다. 앤은 『당신을 위한 조언들*Since You Asked Me*』(1964), 『앤 랜더스 백과사전*The Ann Landers Encyclopedia*』(1978), 『앤 랜더스가 전해 주는 10대의 성 이야기*Ann Landers Talks to Teenagers About Sex*』(1981), 『일어나 커피향을 맡아봐*Wake Up and Smell the Coffee*』

(1996) 등의 책을 냈고, 애비게일은 『애비에게*Dear Abby*』(1958), 『애비가 들려주는 결혼 이야기*Dear Abby on Marriage*』(1962), 『디어 애비 걸작선*The Best of Dear Abby*』(1989)을 발표했다.

에스더는 이혼에 대해 보수적인 입장으로 일관했지만, 결국 1975년에 남편 레더러와 이혼에 합의했다. 어떻게 그런 일이 일어났는지 모르겠다는 설명 외에 그녀는 그 문제에 대해 언급을 피했다. 그 후 결혼은 영원하다는 그녀의 생각이 바뀐 것은 전혀 놀랄 일이 아니었다. 그러나 독자들은 그녀의 이혼이나 그 문제에 대해 그녀의 태도가 180도 바뀐 것에 조금도 동요하지 않는 것 같았으며, 그녀도 예전과 다름없이 자신의 생각을 자신 있게 펼쳐 보였다.

앤 랜더스가 자신에게 처음 배달된 묵직한 편지 자루를 연 지 벌써 40년이 흘렀다. 그 후 쌍둥이 칼럼니스트는 비록 서로 따로 같은 길을 가고 있지만 하향 곡선을 그리는 서구 문명에 대해 엄격한 조언을 해 왔으며, 향략성 마약과 에이즈, 자위, 섹스 없는 결혼, 결혼 없는 섹스를 비롯해 크고 작은 여러 문제에 대해 판단을 내리고 정보를 제공했다. 쌍둥이 자매는 두 사람 합쳐서 약 1,200개의 일간지에 약 9,000만 명의 독자를 확보하고 있다고 주장한다. 그들은 각각 일주일에 7,000통에서 1만 통에 달하는 편지를 받는다. 월터 윈첼Walter Winchell, 헤다 호퍼Hedda Hopper, 그리고 로엘라 파슨즈Louella Parsons가 수 년 전 새로운 세대의 가십 기자들을 위한 길을 닦았듯이, 앤과 애비도 저널리즘적 영역을 다져 놓았고 전 세계에 또 다른 '디어 애비'의 탄생을 가능하게 했다. 두 사람의 충고는 규칙적으로 매일 아침 신문과 함께 현관 앞에 배달된다. 그들의 문장은 가장 일상적이지만 현명함이 담겨 있는 산문이다. 독자들은 그들의 충고가 때로는 너무 신랄하고 때로는 너무 너그럽다고 느끼기도 한다. 그러나 앤과 애비는 언제나 다른 사람들의 고통을 함께 나누려는 마음으로, 사람들이 기대어 울 수 있도록 한 쪽 어깨가 아니라 양쪽 어깨를 모두 내어 주고 있다(앤 랜더스는 2002년 6월 22일 사망했다)*.

Ayn Rand
아인 랜드

1905~1982

이 세계에 존재하는 모든 윤리 체계과 종교 체계 안에서 일반적으로 이타주의야말로 최고의 덕목으로 인정을 받아 왔다. 그러나 베스트셀러 작가이자 스스로 철학자임을 자처하는 아인 랜드가 1940년대 초에 자신의 소신을 펼치면서 이러한 상황도 달라졌다. 그녀가 이름을 붙인 객관주의 철학은 "이성적 이기주의의 도덕성"을 강조했는데, 이성적 이기주의의 도덕성이란 이타주의가 발을 붙일 수 없는 객관적 현실 안에서 인식이 가능한 행동 양식을 의미한다. 러시아 망명자의 신분에서 미국의 애국자로 변해 있던 그녀는 자신의 억제가 불가능한 에고이즘에서 힘을 얻어 제멋대로인 개인주의와 그것의 사촌격인 자유분방한 자본주의의 선전 요원이 되기로 마음을 먹었다(그녀는 자신을 아리스토텔레스 다음가는 철학자로 생각했다). 이러한 목적을 이루기 위해 랜드가 발표했던 두 편의 소설 『수원*The Fountainhead*』(1943)과 『경멸당한 아틀라스*Atlas Shrugged*』(1957)는 대단한 성공을 거두었다. 두 편 모두 로맨스와 음모로 포장한 아주 냉혹한 철학을 담고 있었는데, 1961년에 「뉴스위크」는 그녀가 주장한 가치들에 대해 "독약을 잘 쓰는 것이 관대한 예술 가운데 하나처럼 보이게 만들었다"고 평가했다.

철학자 랜드는 소수의 아주 열렬한 추종자들의 환심을 얻었다. 그녀의 신봉자들은 인간의 도덕적 과제란 자신의 행복을 추구하는 것이며, 목적했던 바를 이루되 오직 이성의 가르침만을 따라야 한다고 주장했다. 다소 유머감각이 떨어졌던 랜드는 자신의 철학적 주장과 더불어 그녀가 가장 좋아하는 것과 혐오하는 것에 대해 자세히 설명했다. 먼저 그녀가 긍정적으로 생각하는 것에는 자유방임주의 정부와 자유 무역, 무신론, 고독, 기대 이상의 성과를 올리는 자, 그녀의 서명이 새겨진 동전 모양의 금 브로치, 담배, 그리고 그녀가 낭만적 리얼리즘 소설이라고 표현한 것이 있었는데, 물론 그녀 자신도 여기에 속했다. 한편 그녀가 부정적으로 생각하는 것들은 그 수가 훨씬 많아서 여기에는 모든 형태의 이타주의—특히 종교를 포함

M

하여—와 전체주의, 보수주의자들과 자유주의자들, 평범함, 가난한 사람들(그녀는 이 "패거리들"이 미국적 방식에 은밀히 손상을 가하고 있다고 보았다), 여성 해방(그녀에게는 "기괴한 현상"), 집산주의자들(특히 공산주의자들), 그리고 그녀의 의견에 반대하는 사람들이 있었다.

그녀가 사망한 지 여러 해가 지난 후에도 그녀의 작품들은 계속하여 놀랄 만한 판매고를 기록했다. 지금까지 그녀가 전 세계적으로 올린 1천 5백만 달러에 달하는 판매고는 그녀의 작품이 지닌 거부할 수 없는 본질에 대한 찬사이다. 「뉴욕타임스북리뷰」가 『수원』에 관한 서평에서 그녀를 "명민하고 창의력이 풍부한 인물"이라고 극찬을 했지만, 그녀의 작품에 대한 비평적인 평가는 제대로 이루어지지 못했다. 『경멸당한 아틀라스』의 우수성에 대해 말하는 옹호자들도 거의 존재하지 않았다. 한편, 이성주의자로서의 랜드는 처음부터 자신의 이론에 흥분된 감정을 주입하는 것이 목표였다. 유대인 약사의 똑똑한 딸로 태어나 여섯 살 때부터 읽고 쓰는 법을 배웠던 앨리스 로젠바움(아인 랜드의 본명)*은 아홉 살 때 작가가 되기로 결심했다. 열세 살 때 그녀는 일기장에 "오늘 나는 무신론자가 되기로 마음을 먹었다"고 기록했다. 신이 존재하지 않는 세계에서 그녀의 예술은 숭배할 수 있는 다른 대상을 제공해줄 수 있었다. 그것은 바로 용기와 원칙을 고수하며 불가해한 특성을 지니고 있는 이상적인 사람들이었다. 그녀는 특히 표도르 도스토옙스키와 빅토르 위고의 작품을 좋아했으며, 프리드리히 니체의 『차라투스트라는 이렇게 말했다』의 초인 역시 그녀가 좋아하던 인물이었다.

랜드는 1924년에 페트로그라드대학교를 최우등으로 졸업했으며, 아버지의 파산을 불러온 볼셰비키 혁명을 무사히 견뎌냈다. 어린 앨리스는 시카고에 있는 먼 친척을 방문하러 미국에 왔다가 그대로 그곳에 정착했다. 1926년에 꿈을 좇아 할리우드로 간 그녀는 영화 극본을 쓰는 일을 하면서 완벽한 영어를 구사할 수 있게 되었다. 그녀는 고국에서 가져온 레밍턴-랜드 타자기의 이름을 따서 자신의 성을 랜드로 바꾸었다. 말 그대로 스튜디오 문 앞에서 만났던 세실 B. 데밀Cecil B. DeMille과 함께 일하기 이전과 이후에도 랜드는 글쓰기 교육비를 지불하기 위해 임시 직장을 다녔다. 1929년에 찰스 프랜시스(프랭크) 오코너라는 배우와의 결혼으로 형편이 조금 나아지기는 했지만, 당시 고군분투하는 그녀의 모습은 그녀가 앞으로 혼자 힘으로 모든 일을 해결할 사람임을 은근히 암시해주었다. 나중에 그녀는 자신이 배운 것은 모두 "내 혼자의 힘으로 나만의 방식을 통해 배운 것이다"라고 단언했다. 1932년에 그녀의 각본이 판매되면서 그녀의 노력은 결실을 보았다. 그리고 3년 후 브로드웨이 프로덕션이 그녀의 첫 번째 작품을 〈1월 16일 밤Night of January 16th〉이라는 제목의 영화로 만들게 되면서 그녀의 보람도 그만큼 커졌다.

무자비한 공산당의 폭정 아래서 세 사람이 피폐해져가는 과정을 그린 소설 『우리, 살아있는 자*We the Living*』가 출판된 지 7년 후, 랜드의 대표작인 『수원』이 발표되었다. 프랭크 로이드 라이트의 삶을 바탕으로 하고 있다는 이야기를 자주 듣는 이 작품은 천재 건축가 하워드 로크가 점점 전체주의화되어 가는 사회 속에서 자신의 개성을 표현하려는 탐색 과정을 다룬 이야기이다. 이 세계가 "자기희생에 관한 탐닉" 속에서 멸망하고 있다고 비판하는 소설의 주인공은 관료들이 자신의 원래 디자인을 변경시키자 자기가 만들었던 주택을 폭파시켜 버림으로써 자신의 주장을 사람들에게 알린다.

랜드는 『수원』의 영화 각본을 완성한 뒤 『경멸당한 아틀라스』를 썼다. 천 장이 넘는 방대한 분량에다 객관주의 철학의 가르침을 담은 이 대화체의 작품은 지적 능력에 대한 인정을 조금도 두려워하지 않는 독불장군식의 사상가로서 이미 널리 알려져 있던 그녀에 대한 평판을 확인해 주는 계기가 되었다. 억압적인 관료주의의 복잡한 네트워크에 의해 지배당하는 미래의 미국을 배경으로 한 『경멸당한 아틀라스』는 무임승차자들에게 유리하게 되어 있는 집단의 질서를 타파하려는 인물인 존 갈트의 노력을 다루고 있다.

랜드는 『경멸당한 아틀라스』 이후로 다시는 소설을 쓰지 않은 대신 인기 있는 연설가가 되었다. 그녀가 1950년부터 친분을 쌓기 시작한 그녀의 충실한 지지자 나다니엘 브랜든Nathaniel Branden(캐나다의 심리치료사)*은 그녀의 철학을 전파할 단체를 세웠다. 그가 몇 년에 걸친 휴식기 이후 연인으로 발전한 두 사람의 관계를 공개하는 것을 거부하자, 당시 62세의 랜드는 노발대발 화를 내면서 이 서른여덟 살의 제자와 완전히 인연을 끊었다. 1960년대부터 1970년대까지 그녀의 인기는 여전히 이어졌는데, 공격적이며 자수성가한 남자에 대한 그녀의 관념은 아마도 당시의 자기도취적인 병적 집착과 같은 맥락이었을 것이다. 랜드는 객관주의야말로 효과적이며 그 자체로 완전한 시스템이라는 확신 속에서 1982년에 눈을 감았다. 바른 말을 하는 민중 선동가였던 그녀가 사회적 · 정치적 사상에 대한 격렬한 논쟁을 불러일으킨 것은 사실이지만, 결국 객관주의는 그녀가 소망했던 것처럼 사회철학으로 확대되지 못했다.

Bertrand Russell
버트런드 러셀

1872~1970

그는 사상가로는 볼테르Voltaire에 비유되지만, 한 남자로는 '외설적이며 음란한 이상성욕자'라는 비난을 받았다. 버트런드 아서 윌리엄이자 마지못해 러셀 백작 3세와 앰벌리 자작이 되어야 했던 그에게 인생은 머리와 몸, 논리와 성욕 사이의 격렬한 진동이었다. 극도로 엄격한 할머니 슬하에서 보낸 어린 시절은 97년간 지속된 러셀의 삶의 색깔을 결정했다. 일찍 부모를 여의고 개인 교사들에게 교육을 받았던 이 고독한 귀족은 부모님의 따뜻한 사랑도, 또래 친구들의 우정도 경험해보지 못했다. 프랜시스 러셀 부인의 청렴한 생활로부터 도피를 꿈꾸던 그는 운명의 학문을 만나게 되었는데, 그것은 바로 수학이었다. 형에게 유클리드 기하학을 배운 그는—어린 '버티'는 어려운 제5의 명제를 쉽게 해결할 수 있다는 것을 알았다—곧 숫자와 사랑에 빠졌다.

1890년에 캠브리지 트리니티대학에 들어가자마자 러셀은 첫사랑에 대한 고통스러운 강박관념과 함께 또 다른 사랑인 미국인 퀘이커 신도 앨리스 페어샬 스미스라는 여성을 갈구하게 되었다. 달콤한 말로 자신에 대한 경계심을 풀게 한 그는 1894년에 가족의 반대에도 불구하고 결혼을 감행하지만 결혼과 함께 그의 사랑은 금방 식어버렸다. 일생 동안 모두 네 번의 결혼을 했던 러셀에게 그녀는 첫 번째 부인이었으며, 그의 결혼관과 성적 해방에 대한 관점은 그 후 많은 물의를 불러일으켰다.

그러나 1908년에 영국 왕립협회 회원으로 선출되었을 당시 그는 수학과 철학에 대해 엄청나게 빠른 속도로 이해의 폭을 넓혀가고 있었다. 그보다 5년 앞서 그는 이미 첫 번째 역작 『수학의 원리*Principles of Mathematics*』(1903)를 출판했다. 이 책에서 그는 처음으로 수학의 이론 부분에 자신의 과학적 기질을 적용하려고 시도했다. 그는 1910년부터 1913년까지 앨프레드 노스 화이트헤드Alfred North Whitehead와 함께 세 권짜리 저서 『수학 원리*Principia Mathematica*』를 완성했다. 그는 바로

COMMITTEE

이 책을 통해 근대 철학에 지대한 영향을 미쳤으며 지금도 그 영향력은 계속되고 있다. 합리주의적 사고의 걸작으로 평가되는 이 책에서 그가 수학과 관련이 있는 분석 틀을 도입할 수 있었던 것은 바로 화이트헤드와의 공동 작업이었기 때문에 가능했다. 그의 저서에는 상징적 논리로 이루어진 상형 문자가 너무도 많이 수록되어 있었기 때문에 인쇄업자들은 한 장 한 장 일일이 수작업을 해야 했다. 이러한 노력에 힘입어 러셀은 분석 철학의 개척에 기여했다.

그러나 제1차 세계대전은 러셀을 상아탑 이론가에서 현실 세계에 주목하는 사회개혁가로 바꾸어 놓았다. 그는 캠브리지대학교에서 교수로 재직하는 동안 루트비히 비트겐슈타인Ludwig Wittgenstein을 만나면서 이러한 변화에 가속도가 붙었다. 오스트리아 출신의 위대한 수학 철학자인 루트비히는 스승인 러셀에게 자신의 예민한 가운데 번뜩이는 재치를 마음껏 자랑했고, 그로 인해 러셀은 자존심에 심한 상처를 받게 되었다. 그러나 러셀은 제자 루트비히가 철학 분야에서는 자신보다 훨씬 뛰어나다는 사실을 인정해야 했지만 사회 변화에 대한 의지는 조금도 줄어들지 않았다.

그러나 다른 측면에서 보면 러셀이 순수 이성에서 사회에 대한 반성과 행동주의로 눈을 낮추게 된 것은 불행했던 어린 시절의 영향이 컸다. 제2차 세계대전 중에 잠시 평화주의자의 모습을 보였던 것을 제외하면—당시 그는 반 나치 활동을 지지했고 미국이 소련과 싸울 것을 촉구했다—그는 자신이 주장한 것을 행동에 옮겼고 그 결과를 받아들였다. 1911년에 그는 친구의 아내였던 오토라인 모렐을 일방적으로 좋아했는데, 그의 지나친 관심으로 인해 숨이 막힐 것만 같았다는 그녀의 주장에도 불구하고 두 사람의 은밀한 관계는 수 년 동안 지속되었다.

한편 오토라인 부인—그리고 그의 다른 여인들도— 은 러셀의 명석한 두뇌를 칭찬한 반면에, 영국 정부는 평화주의 활동에 대한 그의 확고한 의지에 대해 별로 관심을 보이지 않았다. 그는 영국에 대한 반대 선전 운동으로 국토방위법에 의해 기소되어 1918년에 6개월간 옥고를 치러야 했으며, 1961년에는 시민 불복종을 부추겼다는 이유에서 또 다시 감옥에 갇히는 신세가 되었다. 전쟁과 교육, 성, 결혼 그리고 사회 전반에 대한 그의 저서들은 많은 논란을 불러일으켜 1949년에 그에게 메리트훈장을 내렸던 조지 6세마저도 모든 사람이 그를 따라서는 안 된다고 공식적으로 언급을 할 정도였다. 종교에 관한 그의 저서 『내가 믿는 것*What I Believe*』(1925)과 『나는 왜 기독교인이 아닌가*Why I Am Not a Christian*』(1927), 그리고 성적 표현의 자유에 관한 그의 시각을 보여 주는 『결혼과 도덕*Marriage and Morals*』(1929) 같은 저서는 큰 물의를 일으켜서 1940년에는 그가 뉴욕대학교에 임용되는 것을 막기 위한 소송까지 제기되었다. 판사는 그의 임용에 대해 "부녀 유괴와 강간을 부추기게 될 추잡한 강좌"라고 판결했다.

그러나 시카고대학교, UCLA, 그리고 펜실베이니아 반스 재단에 계속 임용될 당시에는 더 이상 물의를 일으키는 행동을 보이지 않았다. 그의 유명한 저서 『서양 철학사*History of Western Philosophy*』(1945)를 포함하여 그 기간 동안 발표된 인체의 역학 관계에 대한 분석으로 그는 1950년에 노벨 문학상을 수상했으며, 그 외에 수많은 상의 수상자로 선정되었다. 그는 조용하게 지나가는 것에 만족할 줄 모르는 끈질긴 행동주의자로서 핵무장에도 반대했다. 또한 베트남에서 미국의 전쟁 활동을 심리하기 위해 1967년에 특별전범재판소를 조직하는 등 그가 보인 급진적 정치 운동의 정열은 새로운 세대에까지 전달되었다. 매일 일곱 잔의 스카치위스키를 즐겼던 그였지만 97세까지 장수할 수 있었다. 40여 권이 넘는 저서와 뛰어난 재치로 세상을 풍요롭게 해주었던 버트런드 러셀은 이성이 이 세계의 모든 문제를 풀 수 있다는 사실을 우리가 믿게 하는 데 일조했다.

Vladimir Lenin
블라디미르 레닌
1870~1924

1917년 4월 16일, 러시아 공산주의의 개척자는 기대감에 가득 찬 채 조국의 오랜 적국이었던 독일이 제공한 철도편으로 망명지를 떠나 페트로그라드로 돌아왔다. 그러나 그를 반긴 것은 전쟁과 기아에 유린된 조국의 현실이었다. 경제 파탄에다 거의 무정부 상태였던 러시아는 "인민은 평화를 원하고, 인민은 빵을 원하며, 인민은 땅을 원한다. ……우리는 사회개혁을 위해 싸워야 한다!"고 외치는 블라디미르 레닌의 열정적인 연설에 열광했다.

그 후 7년 동안 레닌은 조국의 동포들에게 혁명을 선사했는데, 이 혁명은 20세기에 결정적인 영향을 미친 중대한 사건들 중 하나였다. 그는 러시아에 혼돈을 가져왔고 빵을 배급받기 위한 줄을 더 길게 만들었으며 폭력이라는 유산을 남겼다. 러시아 역사에 등장했던 과거의 압제자들을 떠올리게 하는 이 폭력은, 그러나 그 규모면에서는 과거와 비교도 안 될 만큼 광범위했다. 전략의 달인이었던 그는 자신의 목적을 이루기 위해 실용주의와 이상주의를 결합시켰다. 그의 목적이란 바로 사회를 억압하고 의견의 차이를 인정하지 않는 새로운 개념의 유토피아적 이상주의였다. 지성과 총을 하나로 결합시키고자 했던 레닌의 일당 독재는 유례를 찾아볼 수 없는 것으로, 전 세계의 정치 질서를 영원히 바꾸려고 했다. 레닌이 사망할 때까지 소련 특유의 전체주의—대량 학살, 비밀경찰, 지식인 탄압, 전체적인 폭력, 그리고 강제수용소—는 조금도 흔들림이 없었다.

귀족 후예의 아들로 태어난 레닌이었지만 그의 철학은 급진주의적 성향을 보였다. 1870년 4월 22일에 심비르스크의 작은 마을에서 태어난 블라디미르 일리치 울리아노프Vladimir Ilyich Ulyanov는 청년 시절부터 인민들의 삶을 개선하고자 하는 가족의 노력에 동참했다. 아마도 부모님이 교사였기 때문에 그 역시 지적 생활에 몰두할 수 있었을 것이다. 그는 피아노를 치고 체스에서 두각을 보였으며 승리뿐만 아니라 실패도 담담하게 받아들일 줄 알았다. 가족 사이에서 '볼로디야Volodya'라

는 애칭으로 불렸던 그는 뛰어난 학생이었지만 냉정한 데다 다른 사람을 깔보는 면도 있었다. 지금의 상트페테르부르크대학교—그는 대학 응시 원서에 스스로 '귀족 V. I. 울리아노프'라고 적었다—에서 법률을 공부하고 있는 동안, 그의 형 알렉산드르가 차르 알렉산드르 3세의 암살 음모에 가담한 죄로 교수형에 처해졌다. 마지막 시험을 통과한 그는 이미 마르크스주의 이론가로 변해 있었다. 세계적인 행동주의자이자 급진적인 노동자계급해방투쟁동맹의 일원이었던 그는 1895년에 체포되어 시베리아로 유배생활을 떠났다. 그곳에서 그는 첫 번째 이론서 『러시아 자본주의의 발달』을 완성했다. 이 책에는 조국 노동자들의 의식을 개혁하기 위해서는 어떤 도화선이 필요하다는 그의 확고한 신념이 반영되어 있었다. 유배 생활에서 풀려난 그는 그 후 17년 동안 주로 서부 유럽에서 머물면서 동료 마르크스주의자 게오르기 플레하노프Georgy Valentinovich Plekhanov와 함께 「이스크라*Iskra*」 같은 사회주의 기관지의 편집을 맡았다. 1902년에 그는 소책자 『무엇을 할 것인가?』에서 비밀 직업 반란군 병사들이 프롤레타리아의 봉기를 통해 러시아 사회를 전복시키는 임무에 헌신할 것을 역설했다. 그리고 그 자신도 3년 후 그러한 폭동에 가담했다. 그러나 폭동이 실패로 끝나고 또 다시 도망자 신세가 된 그는 러시아 사회민주노동당의 볼셰비키 파를 회유하여 수적으로 우세했던 멘셰비키 파에 대항하게 만들었다. 당시 멘셰비키는 그의 전위적 엘리트 세력이 지닌 독재적 성향에 대해 우려하고 있었다.

레닌은 글을 쓸 때를 제외하고는 독서에 많은 시간을 할애했다. 경제학과 사회정치철학부터 시작하여 자연과학에 이르기까지 다양한 분야의 책들에 관심이 많은 독서광이었던 그는 도서관을 자주 찾았다. 또한 그는 스케이팅과 스키, 그리고 사냥도 즐겼다. 정치적 목표를 달성하는 일이 절실했던 그에겐 동정심이 통하지 않았다. 노래를 사랑하는 학자였던 그는 "가차 없이 교수형에 처하라. 그리하여 인민들은 쿨라크kulak(러시아 혁명 이전의 인색하고 악랄한 부자 장사꾼)*와 부농 그리고 고리대금업자라고 알려진 사람들을 수없이 보게 될 것이다. ……사방 수백 킬로미터에 이르기까지 인민들은 눈으로 직접 보고, 불안해 할 것이며, 스스로 깨닫고, 소리치게 될 것이다……"라고 적었다.

레닌은 조국의 제1차 세계대전 반대 시위에 열성적으로 참가했으며, 모든 사회주의자들이 참전 반대에 나설 것을 기대했다. 그리고 드디어 때가 무르익었다는 생각이 들자 그는 1917년 4월에 기차로 스위스를 떠나 독일이 제공한 특수 차량을 타고 조국으로 돌아왔다. 당시 독일은 이 노련한 선동가가 러시아의 군사력을 약화시키는 데 일조할 수만 있다면 모든 지원을 아끼지 않을 각오가 되어 있었다.

그러나 7월 봉기가 실패로 돌아가자 레닌은 다시 핀란드로 몸을 피했다. 그곳에서 잠시 시간을 보낸 다음 다시 조국으로 돌아온 그는 볼셰비키들을 규합하여 군사혁명위원회를 조직했고, 당시 차르 니콜라이 2세Nikolai Ⅱ가 황제 자리에서 물러나자 비교석 피를 덜 흘린 쿠데타를 통해 마침내 알렉산더 케렌스키Alexander Kerensky 임시 정권을 전복시키는 데 성공했다. 그 날은 1917년 11월 7일이었는데, 구력(율리우스력에 의한 일자 결정법)*으로는 10월 25일이었기 때문에 1917년의 '10월 혁명'으로 불리게 되었다.

전쟁을 끝내기 위해 1918년에 독일과 치욕적인 브레스트-리토프스크 조약에 서명한 레닌은 이제 시민 갈등이라는 새로운 문제에 직면했다. 한편 외국의 침략과 연합군의 지원을 받은 반反 볼셰비키 세력인 '백군白軍'으로 인해 국내 상황은 더욱 악화되었다. 반대세력을 제압할 때까지 러시아는 불평불만의 늪에 빠져 있었다. 1919년 당시 레닌조차도 크렘린 근처에서 강도를 당할 정도로 사회는 극도의 불안에 떨어야 했다. 반란을 두려워하고 외국과의 무역을 간절히 원했던 그는 1921년에 소작농의 자유로운 농토 이용을 보장하는 신경제정책NEP을 단행했다. 그 해 러시아에 기근이 급속도로 번지자 그는 미국의 원조를 받아들였는데, 그러면서도 끝까지 사회주의가 아직 살아 있다고 주장했다.

이렇듯 강한 지도자이자 모든 혁명가가 자신들의 신념을 평가하는 모델로 삼고 있는 마르크스주의의 대변인에 대해 역사는 과연 어떤 평가를 내릴 것인가? 인민을 대변한다고 주장했지만 암살과 숙청에 의지했던 지도자는 과연 어떤 평가를 받을 것인가? 그의 본성에 대해 말하자면, 그는 자신의 주장에 충실했던 사람들에게는 정성을 다했다. 그 가운데는 특히 그가 죽을 때까지 아내의 역할을 다해 주었던 나데즈다 콘스탄티노바 크루프스카야와 파리 출신 행동주의자로 가끔 레닌 부부와 함께 생활을 했던 엘리자베스 아르망이 있었다. 그러나 그는 마음을 약하게 만든다는 이유에서 베토벤의 음악을 듣는 것과 같은 감상적인 행동을 단념했다. 그의 동포 러시아인들은 지금은 당연히 수십 년을 이어 내려온 레닌에 대한 우상 숭배에서 자유롭다. 차르 반대주의자였던 그의 동상이 철거되었으며, 20세기가 저물어 가면서 전 세계의 형세에 영향력을 행사했으며 위대한 이념을 위해 수백만의 희생을 강요했던 혁명 제국은 그 설립자와 함께 역사의 무대에서 퇴장했다.

Ronald Reagan

로널드 레이건

1911~2004

정부와 그가 한 몸이 아님을 보여 주는 일부 서툰 시책 때문에 그는 '테플론 대통령The Teflon President'(테플론 효과에서 유추된 표현으로 실언, 실책 따위를 유머 등으로 돌려서 심한 타격을 받지 않음을 비유함)*이라는 별명을 얻기는 했지만 많은 사람들이 그를 '최고의 전달자'라고 불렀다. 그는 바로 한때 영화배우였고 대통령 집무실 주인들 가운데 가장 어울릴 것 같지 않으면서도 가장 인기가 많았던 로널드 윌슨 레이건 Ronald Wilson Reagan 대통령이었다. 그는 거대 정부를 해체하기 위해 워싱턴에 입성했지만, 오히려 전세가 역전되어 정부가—때로는 그가 가장 신뢰하는 고문 위원들이—그를 대통령직에서 물러나게 할 정도까지 상황이 악화되었다.

레이건은 일리노이 주 탐피코에서 다정하고 낙천적인 어머니와 냉소적이고 술주정뱅이인 아버지 사이에서 태어났다. 어린 시절 그는 고단하고 가난한 생활을 긍정적으로 해석하는 어머니의 영향을 받아 거짓으로 꾸며내는 재능을 쌓아갔다. 대학 시절 그는 유레카대학교의 유명한 미식축구 선수였는데, 학생회장으로 선출되었을 뿐만 아니라 드라마에 대한 열정으로 연기상을 수상하기도 했다. 고지식해 보일 만큼 인상이 선한 그는 할리우드 스크린 테스트에 응했고, 1937년에 워너브라더스와 계약을 체결한 후 몇 편의 액션물과 가벼운 코미디물에 출연했다. 제2차 세계대전이 터지자, 그는 영화와 훈련용 비디오에 육군 장교로 출연했다. 그러나 그는 지독한 근시였기 때문에 전투에 직접 참가한 적은 한 번도 없었다. 1947년부터 1950년까지 레이건은 영화배우조합SAG의 회장으로 활동했는데, 영화 산업에서 공산주의 활동을 했다는 혐의로 FBI에게 비밀 조사를 받기도 했다. 이 때 새로 탄생한 텔레비전이라는 대중 매체는 그에게는 더 없이 완벽한 조건이 되었다. 그러나 SAG 회장으로 재임할 당시 그의 마음을 사로잡기 시작한 정치에 대한 환상이 좀처럼 사라지지 않았고, 그는 캘리포니아 주지사 출마를 심각하게 고려했다. 그 전부터 레이건의 카리스마는 돋보였다. 그러나 반대자들은 그가 주장한 몇 가

지 간단한 아이디어들이 지닌 위력을 잘 이해하지 못했다. 개인의 자유, 개인의 책임, 그리고 정부는 시민에게 도움이 되어야 한다는 그의 주장은 무슨 일이든 항상 도덕적으로 고찰하려는 경향으로 자리 잡았다. 1962년, 한때 자신이 지지했던 민주당과 결별을 선언한 그는 공화당 당원이 되었고, 1964년에 배리 골드워터 대통령 후보를 위한 기조 연설을 통해 공화당의 보수진영 지도자로 부상했다. 2년 후 그는 캘리포니아 주지사 선거에서 잔꾀를 부리는 민주당 후보자 팻 브라운의 코를 납작하게 만들었다. 주지사 재임 시절에는 과감한 지출 감소를 통해 국민의 세금을 줄이고 예산 흑자를 이루어냄으로써 재선에 성공했다.

레이건은 1968년에 리처드 닉슨Richard Nixon과의 대전에 이어 1976년에도 공화당 대표를 놓고 당시 대통령이던 제럴드 포드Gerald Ford와 격전을 벌였지만 결국 패하고 말았다. 1980년에는 재선에 도전한 지미 카터Jimmy Carter와의 결전에서 이 쾌활한 성격의 후보는 과감하게 달려들어 승리의 주인공이 되었다. 그는 재정 긴축을 주장하는 상대편의 경직된 기독교적 이미지와 자신의 밝은 이미지를 대립시키는 현명한 방법을 이용했다. 반짝이는 짙은 밤색 머리카락을 뒤로 벗어 넘긴 구식 헤어스타일을 고집한 67세의 레이건은 가장 나이 많은 백악관 주인이 되었다. 그리고 8년 동안 율리시즈 S. 그랜트Ulysses S. Grant 이후 구설수에 오르지 않는 가장 조용한 정부가 탄생했다. 재임 기간 동안 레이건은 큰 전쟁에 휘말리지 않으면서 미국 역사에 길이 남을 놀라운 경제 회복을 이룩했다. 우익 법조인들과 홍보 전문가들, 그리고 해병대 제대 군인들로 이루어진 여단의 선두에 서서 벨트웨이Beltway(워싱턴을 둘러싸고 있는 순환고속도로를 가리키며 워싱턴 정가를 뜻함)*로 진격한 레이건은 연방 고용을 동결하고, 법률을 대폭 개정했으며, 문제가 되었던 '공급중시' 경제 이론Suppiy Side Economics(경제의 안정 회복과 인플레이션 억제를 위해 감세 등의 정책을 통해 재화와 서비스의 공급을 늘려야 한다는 이론)*에 부응하여 세금을 감면했으며, 통제가 되지 않는 자본주의의 규제들을 자유롭게 풀어 주었다. 그 가운데 일부는 국가의 저축과 대부 시스템의 상당 부분을 잠식한 자칼(개과의 육식 동물)*이 되었고, 연방 차원의 대규모 기업 규제와 같은 정책이 반드시 필요하게 되었다. 그는 연방 경비를 줄이기는커녕 군비 증강으로 인해 국가의 적자 구조를 더욱 악화시켰다. 그러나 군비 증강은 단순히 냉소적인 뜻을 지닌 책략만은 아니었다. 1981년에 저격범이 쏜 총알에 맞아 사경을 헤매다가 겨우 목숨을 건진 레이건은 소련이야말로 '악의 제국'임을 굳게 믿게 되었으며, 핵 재앙에서 조국을 구하는 것이 자신의 소임이라고 생각하기 시작했다. 한편 1985년에 열린 정상 회담에서 소련 서기장 고르바초프는 '스타워즈' 프로젝트에 돈을 쏟아 붓는 레이건을 설득하려고 했지만 전혀 결실을 거두지 못했다. 당시 파산 상태에 처한 러시아에게 미국의 반핵 방어 시스템에 맞선다는 것은 불가능한 일이었다. 레이건의 결심은 소련권 전체의 경제적 · 정치적 붕괴를 앞당겼다.

1985년부터 국가 안보를 믿고 맡겼던 보좌관들은 '이란 콘트라Iran-contra'라는 외교 정책으로 레이건을 궁지로 몰아넣었다. 이란 콘트라는 대리인들에게 억류되어 있는 인질을 풀어 주는 대가로 이란에 무기를 판매하는 것으로, 그렇게 얻은 수익을 니카라과 산디니스타 정부와 반군 사이의 테러 전쟁 자금을 지원해 주는 데 사용한다는 비밀 계획이었다. '대통령은 무엇을 알고 있었으며, 언제 이 사실을 알았는가?' 하는 것이 2억 5,000만 미국인들이 가장 궁금해 하는 부분이었다. 몇 년에 걸쳐 조사가 진행되었고 그의 수많은 부하들이 불명예와 감옥 생활을 견뎌내야 했지만, 레이건 자신은 조금도 상처를 입지 않은 채 처음부터 끝까지 잘못으로 점철된 대재앙을 무사히 피할 수 있었다.

1989년, 그는 거의 80세에 가까운 나이로 관직에서 물러났다. 명랑하고 쾌활했던 그가 8년 동안 대통령직을 수행하는 사이 미국은 다시 본래의 모습을 되찾았다. 그러나 더 작은 정부를 만들겠다는 원대한 비전을 실현하는 데는 실패했다. 알츠하이머병에 걸려 강철 같은 의지를 지닌 퍼스트레이디 낸시의 간호를 받고 있는 레이건은 쇠약하지만 사랑을 받은 할아버지 이미지를 얻게 되었다. 좋든 싫든 간에 그가 미국 역사에 자신의 자취을 남겼다는 것만은 사실이었다(로널드 레이건은 2004년 6월 5일 알츠하이머병으로 사망했다)*.

Sophia Loren

소피아 로렌

1934~

나폴리의 빈민가 아이였던 소피아 로렌은 고통의 바다에서 벗어나 영화계의 위대한 섹스 심벌로 우뚝 섰다. 사람들은 그녀에게서 매력적이면서 철저하게 유럽적인 여성을 발견할 수 있었다. 그녀는 따뜻하고 세속적인 성품을 지녔으며, 어머니의 정까지 느낄 수 있었다. 이탈리아 친구들의 말에 따르면 그녀는 콜로세움을 가득 채울 만큼 왕성한 정열을 발산했다. 그러나 아마도 가장 위대한 성취는 이런 매력을 끝까지 유지하고 있다는 점일 것이다.

소피아 로렌은 로마의 한 자선단체 병동에서 소피아 스치콜로네Sophia Scicolone로 태어났다. 가난에 찌들어 살던 어머니 로밀다 빌라니는 애인이 결혼을 거절하는 바람에 혼자서 딸을 낳아야 했다. 아이의 아버지는 나중에 소피아와 그의 여동생 마리아가 자신의 성을 쓰는 것을 허락했다. 이탈리아 사회에서 사생아로 낙인이 찍힌 소피아는 네 살 때 어머니와 함께 나폴리의 황폐한 시골 포추올리로 이사를 갔다. 로밀다는 생활비를 벌기 위해 허름한 카페에서 피아노를 쳤지만 일거리가 그렇게 많지 않았고, 비쩍 마른 소피아는 반 친구들로부터 스투치카덴테Stuzzicadente, 즉 '이쑤시개'라는 놀림을 받고 자랐다.

이탈리아에서 가장 폭격을 많이 받은 도시 나폴리가 전쟁의 포화에 휩쓸리자 소피아의 가족은 극빈층으로 전락했다. 모녀는 굶주린 배를 움켜쥔 채 비 오듯 쏟아지는 폭탄 세례를 헤치고 기차 터널 안으로 몸을 피해야 했다. 사방이 시체와 폐허로 가득 찼다. 또 비록 아버지 리카르도 스치콜로네가 건달이긴 했지만, 그런 아버지마저 없다는 이유로 그녀는 다른 아이들의 놀림감이 되어야 했다.

어린아이티를 벗으면서 부랑아 같던 소피아의 모습은 놀라운 곡선미를 지닌 여성으로 변했다. 큰 키에 풍만한 몸매, 그리고 이국적인 멋을 풍기는 얼굴은 가난이라는 악몽에서 벗어날 수 있는 유일한 수단이 되었다. 크고 촉촉한 두 눈, 베개처럼 폭신폭신한 입술과 풍만한 몸을 지닌 그녀는 어머니가 창문 커튼으로 만들어

준 분홍빛 드레스를 입고 미인선발대회에 나가 2등을 차지했다. 학교 교육을 중단한 열다섯 살의 소녀는 한때 배우를 꿈꾼 어머니와 함께 영화배우가 되기 위해 로마로 갔다. 두 사람은 1951년에 서사극 〈쿠오 바디스Quo Vadis〉에 단역을 따냈지만 출연료 30달러는 그리 오래 가지 못했다. 그녀를 세계적인 스타로 만들어 준 바로 그 매력 때문에 모델에서 밀려난 소피아는 「푸메티*fumetti*」에서의 연기에 관심을 보였다. 사진잡지 「푸메티」는 텔레비전 연속극 같은 구성과 말풍선을 써서 연재만화 스타일의 이야기를 실었다. 그녀는 거의 매번 집시 요부로 나왔고, 그녀의 포즈는 이탈리아 경찰의 검열에 걸릴 만한 것이었다. 본격적인 쇼 비즈니스계로 진출할 기회를 호시탐탐 노리던 소피아는 1950년에 미스 이탈리아 선발대회에서 입상했고, 그해 말 미스 로마 경연대회에서는 2등에 뽑혔다. 그러나 공식적인 수상보다 더 큰 성과를 얻을 수 있었는데, 바로 영화 프로듀서인 카를로 폰티Carlo Ponti가 심사위원 중 한 명으로 그 자리에 참석해 있었던 것이다. 폰티는 소피아를 보는 순간 그 독특한 아름다움에 매료되었다. 그리고 형편없는 스크린 테스트 결과에도 불구하고 그녀를 배우로 발탁했다. 그러나 그런 그도 그녀의 지나치게 큰 코와 엉덩이를 좀 어떻게 할 수 없을까 하고 제안했다. 그러나 자존심 강한 십대 소녀였던 소피아는 그의 충고를 무시했다. 그녀는 나중에 미국 기자에게 "내가 가진 모든 것은 다 스파게티 덕분이죠" 하고 농담을 했다.

로렌은 연기 연습을 하기 위해 조르지오 비안치 감독의 〈맞아요, 그 사람이에요It's Him, Yes! Yes!〉(1951)에서 꽉 끼는 옷을 입은 후궁 역할의 단역을 수락했다. 그녀는 1952년에야 비로소 소피아 로렌으로 알려지기 시작했다. 소피아 로렌이란 이름은 당시 한 프로듀서가 「푸메티」 생활을 청산하는 의미로 그녀에게 지어 준 것이었다. 이런 저런 몇 편의 영화에 출연한 그녀에게 마침내 폰티가 계약을 제안했다. 그리고 그녀는 그의 정부가 되었다. 그러나 폰티는 이미 아내와 두 아이가 있는 유부남이었고 그 사실이 그들의 로맨스를 복잡하게 만들었다. 그가 이혼이 불러올 파장에 대해 고민하고 있는 동안 로렌은 영화를 준비했고, 같은 요부 역할로 라이벌이 되어 있던 지나 롤로브리지다와 '가슴 전쟁'에 몰두했다. 한편 치밀하게 언론을 조작한 로렌은 비토리오 데 시카 감독의 영화 〈나폴리의 황금Gold of Naples〉(1954)에 출연한 것에 힘입어 마침내 할리우드에 상륙했다. 관객들은 〈해녀Boy on a Dolphin〉(1957)에서 물에 젖어 착 달라붙은 얇은 드레스를 입고 바다에서 걸어 나오는 매혹적인 그녀의 모습에서 놀라운 자질을 발견했다. 〈자랑과 정열The

Pride and the Passion〉(1957)에서는 캐리 그랜트와 팀을 이루어 새로운 센세이션을 불러일으켰고 캐리는 그녀에게 푹 빠져 청혼까지 했다. 한편 캐리가 열의를 보이자 폰티는 위기감을 느꼈다. 마침내 그는 멕시코의 이혼 법정에 섰고, 전부인과 이혼하고 로렌과 결혼했다. 바티칸은 폰티의 이런 계략을 공개적으로 비난하고 멕시코에서 이혼한 것을 인정하지 않았다. 결국 바티칸은 폰티를 이중 결혼자로, 새 아내는 내연의 처로 선언함으로써 그들을 곤경에 빠뜨렸다. 시청자들은 이 작고 통통한 프로듀서와 당당한 요부 커플의 사정을 듣고 즐거워했지만 신부는 그 상황을 알기 쉽게 분석했다. "나는 아버지가 필요했다. 나는 남편이 필요했다. 나는 카를로에게 입양되었고 나는 아버지와 결혼했다."

그러나 그 어느 것도 배우로서 탄탄대로를 달리고 있던 소피아에게 영향을 미치지 못했다. 부끄러워하면서도 여전히 그녀에게 홀딱 반해 있던 그랜트와 함께 출연한 〈하우스보트Houseboat〉(1958)는 흥행에 성공했다. 또 그녀는 유럽 활동도 게을리 하지 않아 마르첼로 마스트로야니와 함께 15편의 애정 영화에 출연했는데, 그 중 〈이탈리아식 결혼Marriage Italian Style〉(1964)이 가장 유명했다. 그녀는 데 시카가 1961년에 만든 이탈리아 영화 〈라 시오시아라La Ciociara〉를 통해 전성기를 맞게 되었다. 이 영화는 미국에서 〈두 여인The Women〉으로 소개되었고, 전쟁 중에 강간을 당하는 희생자를 연기한 로렌은 아카데미상을 수상했다.

그녀는 몇 번의 유산 뒤에 마침내 에도아르도와 카를로 주니어라는 두 아들을 낳았으며, 한동안 자신의 이름을 딴 향수 '소피아'와 안경을 선전하는 광고에만 출연했다. 그 후에 찍은 여러 영화들, 예를 들어 〈카산드라 크로싱The Cassandra Crossing〉(1977) 같은 영화는 이전 작품들보다 완성도가 떨어졌지만 그녀의 매력만큼은 조금도 변하지 않았다. 1982년, 그녀는 세금 포탈죄로 이탈리아 정부로부터 19일의 실형을 선고받아 다시 한 번 언론의 관심을 받았다. 그녀는 형기를 마치고 출소하자마자 바로 연기에 몰두했고 텔레비전 영화에 전보다 더 많이 출연했다. 1994년 그녀는 오랜 친구 마스트로야니와 함께 마지막 코미디 영화 〈패션쇼Pret a Porter〉에서 공동 주연을 맡았고, 다음 해에는 〈그럼피어 올드 멘Grumpier Old Men〉에도 출연했다. 이 두 작품에서 로렌은 40년 전 처음 영화를 찍었을 때와 다름없는 섹시함을 보여 주었다. 1990년에 그녀는 자신의 비밀을 살짝 공개했다. "나는 아직도 나의 안과 밖을 모두 사랑해요. 그냥 하는 말이 아니라 알몸으로 있을 때 정말 기분이 좋아요."

Jackie Robinson
재키 로빈슨

1919~1972

메이저리그에 진출한 최초의 아프리카계 미국 흑인이었던 재키 로빈슨은 훌륭한 운동선수인 동시에 자기 인종의 귀감이 되어야만 했다. 그가 적의에 가득한 편협한 행위와 투수가 던진 빈볼 같은 온갖 역경을 헤치고 승리를 이룩했다는 사실 자체만으로도 엄청난 재능과 용기를 보여 준 것이었다. 브루클린 다저스 소속이었던 로빈슨은 동료의 힘을 전혀 빌리지 않고 혼자 성공을 일구어냈다. 그의 말과 행동은 모두 감시의 대상이 되었으며 그가 저지른 모든 실수는 과장되기 일쑤였다. 그는 그의 뒤를 따르려는 수많은 흑인 선수들에게 본보기가 되었다. 그는 자신이 실패하면 또 다른 야구 클럽이 인종의 장벽을 뛰어넘기까지 오랜 시간을 기다려야 한다는 사실을 알고 있었다.

잭 루스벨트 로빈슨Jack Roosevelt Robinson은 조지아 주 카이로에서 태어났다. 아버지는 그가 태어난 지 6개월 만에 가족을 버렸고, 어머니는 다섯 아이들을 데리고 캘리포니아 주 파사데나로 이사하여 가정부로 일하면서 가족을 먹여 살렸다. 학생 시절 로빈슨은 뛰어난 지능을 지닌 학생이었지만 운동선수 자격을 유지하는 데 필요한 최소한의 성적을 내는 정도에 머물렀다. 존 무어 기술고등학교 재학 당시 그는 장차 그를 세계적인 선수로 만들어 주게 될 운동인 야구에서 가장 취약했고 오히려 다른 종목에서 두각을 나타냈다. 그는 풋볼과 농구 그리고 육상에서 학교의 약자 마크(우수한 선수에게 수여되는 마크로, 운동복에 붙임)*를 받았다. 그는 1936년 올림픽 은메달리스트이자 그가 우러러본 형 맥Mack의 뒤를 따라 1937년에 파사데나 주니어 칼리지에서 도움닫기 멀리뛰기 최고 기록을 세웠다. 2년 후, 그는 캘리포니아대학교에 운동 장학생으로 선발되었다. 대학에서 그는 러닝백으로 캐리carry(미식축구에서 공을 가지고 돌진하는것)*당 평균 12야드를 달리는 놀라운 기록을 세웠다. 또 농구 경기에서 득점이 낮은 것이 일반적이던 시대에 그는 게임당 평균 25득점 이상을 올림으로써 퍼시픽 코스트 컨퍼런스를 이끌었다. 그는 야구에서도

두각을 나타내어 첫 번째 대학 경기에서 홈 플레이트를 포함하여 다섯 번이나 도루에 성공했다. 그러나 당시만 해도 그는 야구를 기분 전환 이상으로 생각하지 않았다. 1940년에 그는 미국대학스포츠협회에서 멀리뛰기로 우승을 차지했다.

1942년 육군에 징집된 로빈슨은 발목 부상을 이유로 전투에서는 제외되었지만 군인들의 사기를 책임지는 장교로서 또 다른 전투인 운동 경기에서 최선을 다해 뛰었다. 로빈슨은 흑인이 장교후보생 학교에 다닐 수 없다는 통보를 받았지만 그것을 무시하고 응시했고 결국 중위가 되었다. 한번은 그가 군 버스에서 뒷좌석으로 이동하라는 운전수의 명령을 거부한 일이 있었는데, 이 사건은 복잡한 사태로 발전하여 결국 불복종 혐의에 의한 기소와 군법회의로까지 이어졌다. 로빈슨은 무죄로 석방되었지만, 이 때의 경험 탓에 군 생활에 흥미를 잃고 1944년에 제대를 신청했다.

잠시 대학 야구 코치로 활동하던 그는 니그로아메리칸리그의 캔자스시티 모낙스와 계약을 체결했다. 당시 흑인 프로선수들은 백인들만 뛰는 메이저리그에 참가할 수 없었으며, 1888년 이후 흑인 선수가 메이저리그에 참가한 적이 없었다. 브루클린 다저스의 단장 브랜치 리키Branch Rickey는 로빈슨 모르게 야구 역사를 영원히 바꾸게 될 계획을 이미 세워 놓고 있었다.

1945년 8월 어느 날, 영리한 괴짜 리키가 로빈슨을 사무실로 부르더니 이탈리아의 작가 파피니Giovanni Papini의 『예수의 생애』를 큰 소리로 읽기 시작했다. 이 요란한 제스처 뒤에 숨어 있는 의미는 명확했다. 리키는 다저스에서 경기를 하는 동안 어쩔 수 없게 겪게 될 모욕에 대해 로빈슨이 과연 '다른 쪽 빰을 댈 수 있는지' 시험하고 있었다. 리키는 흑인 선수가 그러한 인내심이 없다면 앞으로 20년 동안 어떤 메이저 팀도 흑인과 계약을 체결하려고 하지 않을 거라고 경고했다. 어느 누구에게도 한 번도 자신의 다른 쪽 빰을 대본 적이 없었던 로빈슨은 "맞서 싸우기를 두려워하는 선수를 원하십니까?" 하고 물었다. 그러자 리키는 이렇게 소리쳤다. "나는 맞서 싸우지 않을 정도로 비위가 좋은 선수를 원하는 거야!"

로빈슨은 1947년 4월 10일 계약서에 서명한 순간부터 합류를 반대하는 선수들과 팬들에게서 최악의 모욕을 견뎌야 했다. 그를 배척하는 선수들은 대부분 남부 출신이었다. 동료 선수 딕시 워커Dixie Walker는 그와 함께 경기를 하려고 하지 않아 즉석에서 다른 팀으로 트레이드되었다. 세인트루이스에서는 팀이 묵기로 한 호텔이 그가 같은 팀 선수들과 함께 투숙하는 것을 거부했다. 신시내티에서는 레즈

피처 팀에게 인종차별적인 표현이 섞인 조롱을 당했으며, 애틀랜타에서는 KKK단이 살해 위협을 가하기도 했다. 켄터키 주 출신의 다저스 팀 유격수 피 위 리즈Pee Wee Reese는 몸을 푸는 동안 "잭, 오늘은 내 옆에 그렇게 가까이 서 있지 마"라고 농담을 던질 정도로 친숙해졌다.

로빈슨은 인종차별 정서에 직접적으로 대항하는 대신 내셔널리그의 다른 선수들보다 두 배나 많은 도루 성공률을 기록하고 '올해의 신인'으로 뽑히는 것으로 대응했다. 그는 야구 선수로 뛰는 동안 통산 0.311의 타율을 기록했으며, 월드시리즈에서 홈으로의 도루를 성공시켰고, 1949년에는 MVP로 선정되었다. 야구장에서 그는 어느 누구보다 빨리 달리고, 수비하고, 공을 던지고, 번트를 하고, 안타를 치고, 그리고 생각을 했다. 로빈슨이 뛰는 동안 다저스는 내셔널리그 우승기를 여섯 번이나 차지했고, 월드 챔피언십 시리즈에서 한 번 우승했다.

로빈슨을 전국적인 선수로 만든 지 10년 만인 1956년에 다저스는 그를 트레이드시켰는데, 그 많은 팀들 중 그가 제일 싫어했던 뉴욕 자이언트가 선정되었다. 그는 즉시 은퇴를 선언했다. 그 후 그는 한 신문사에 시민권 문제에 관한 칼럼을 실었으며 '록펠러식 공화당원'으로 정치에 참여했는데, 이 일로 흑인 유권자들에게 엉클 톰이라는 비난을 사기도 했다. 늘 그랬듯이 로빈슨은 자신에 대한 비난의 목소리를 무시한 채 신념에 따라 행동했다. 아프리카계 미국 흑인으로서 아무리 바르게 행동해도 칭찬을 들을 수 없었던 그는 진정한 성공을 위해서는 그 자신이 위대한 사람이 되어야 했다. 조용하지만 강한 승부욕을 지닌 이 선수는 그를 믿어준 매니저의 도움으로 야구에 큰 손해를 입힌 인종차별로부터 야구를 자유롭게 해주었고, 야구계와 조국의 도덕 기준을 크게 향상시켰다.

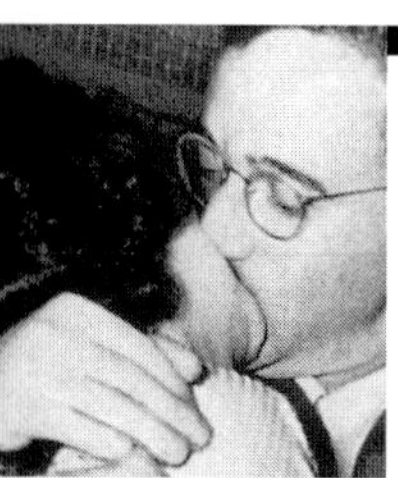

Ethel & Julius Rosenberg
로젠버그 부부

1916~1953(에셀 로젠버그), 1918~1953(줄리어스 로젠버그)

그들은 과연 냉전 시대에 미국 정부나 공산주의 스파이들에 의한 마녀사냥의 무고한 희생자였을까? 아니면 미국 중산층 계급을 고무하려는 신념을 지니고 기꺼이 죽음을 받아들인 것일까?

FBI 국장 J. 에드거 후버는 로젠버그 부부가 전쟁이 끝난 다음 원자폭탄 관련 기밀문서를 유출한 사건을 '20세기의 범죄'라고 비난했다. 그러나 그 부부가 러시아인들에게 중요한 정보를 건네주었음을 입증하려고 후버가 제시한 증거들은 근거가 빈약했고, 밀고자와 변절자의 증언에 의존한 면이 많았다. 공산주의를 제거하기 위한 미국의 무차별 공격의 볼모가 된 로젠버그 부부는 정치적 입장에 따라 의미하는 바가 달랐다. 공산주의자와 사회주의자, 좌익 세력(대부분의 좌익 세력은 부부의 사활이 걸린 법정 투쟁에 전혀 관심을 보이지 않았다), 그리고 일부 진보주의자에게 그들은 고결한 순교자였다. 한편 반동주의자와 보수주의자, 그리고 다른 진보주의자에게 그들은 반역자이자 악의 제국의 사악한 첩자들이었다. 20세기를 정리하는 시점에서 줄리어스가 소련의 첩자였음을 보여 주는 정보들이 더 많이 밝혀졌지만, 완전한 진실은 아직도 밝혀지지 않고 있다.

에스더 에셀 그린글래스Esther Ethel Greenglass는 뉴욕 로어이스트사이드에서 태어났다. 우울한 성격의 어머니는 딸에게는 거의 관심이 없었고, 오직 아들에 대해서만 맹목적인 사랑을 보였다. 고등학교 시절 연극과 시에 푹 빠진 그녀는 졸업 후 선박회사에 취직했고, 부업을 해서 부족한 노래 교습비를 마련했다. 노래에 재능이 있었던 그녀는 1935년에 유명한 합창단인 스콜라 칸토룸의 단원이 될 수 있었다. 바로 그 해, 그녀는 선원노동조합에 가입했다는 이유로 회사에서 해고되었다. 1936년에 그녀는 미군 통신대 엔지니어 줄리어스 로젠버그를 만났다. 그는 그녀와 마찬가지로 뉴욕 출신이었고, 그의 아버지는 아들이 랍비가 되기를 바랐다. 그러나 줄리어스는 열성적인 공산당원이 됨으로써 아버지의 기대와는 전혀 다른 신

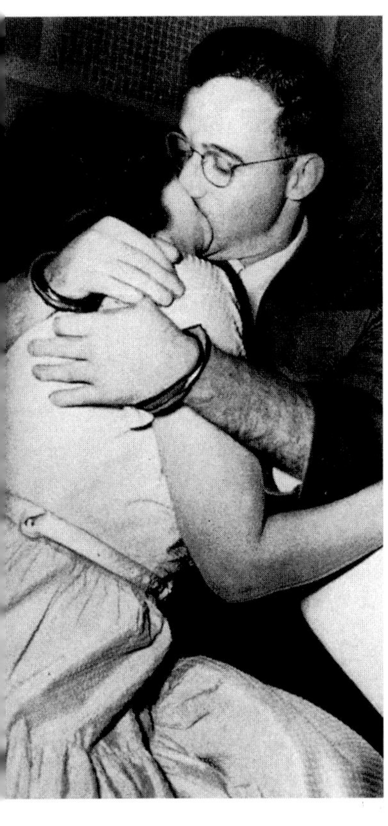

넘에 빠져들었다. 줄리어스와 에셀은 1939년에 결혼했다. 그들은 로비와 마이클이라는 두 아들을 얻었는데, 이들은 성인이 된 후 돌아가신 부모의 혐의를 푸는 일에 일생을 바쳤다.

일부 역사학자들의 말에 따르면, 줄리어스는 1943년에 직접 아마추어 스파이 조직을 구성하기 시작했고 대학 친구들을 규합하여 산업 첩보 활동에 참가했다. 이 일당은 후에 스파이 색출에 들어간 FBI의 요시찰 대상이 되었다. 같은 해, 반파시스트 열성 단원이었던 로젠버그 부부는 갑자기 공산당 탈퇴를 선언했다. 진의를 파악할 수 없는 이 일은 어쩌면 '비밀 임무'를 수행하기 위한 준비 작업이었는지도 모른다.

줄리어스에게는 안 된 일이지만, 그의 처남 데이비드 그린글래스는 우연한 기회에 일급비밀에 속하는 맨해튼 프로젝트에서 육군 기계공으로 일하게 되었다. 당시 미국 정부는 이 프로젝트에 따라 뉴멕시코 주 로스알라모스에서 원자폭탄 개발을 진행 중이었다. 줄리어스는 열성적이었던 그린글래스를 자신의 특수 단체에 가입시켰다. 특이하게도 줄리어스가 이렇게 아주 위험한 일을 진행하는 동안, 그나 에셀 모두 자신들이 좌파적 시각을 가지고 있다는 사실을 숨기려 하지 않았다. 심지어 그들이 당을 떠난 후에도 줄리어스는 정치 활동으로 인해 통신대 엔지니어 일을 그만두어야 했다.

1950년, 로스알라모스에서 연구에 참여하고 있던 영국의 핵과학자 클라우스 훅스Klaus Fuchs가 KGB 첩자로 영국 첩보국에 체포되면서 그들의 활동도 끝이 났다. 훅스는 필라델피아 출신의 화학자 해리 골드를 자신의 연락책이라고 실토했고, 골드도 연달아 데이비드 그린글래스를 끌어들였다. FBI에게 조사를 받게 된 그린글래스는 금방 태도를 바꾸어 줄리어스 로젠버그를 주모자로 지목했다. 그러나 그는 에셀이 이번 음모와 관련이 있다는 사실은 완강하게 부인했다. 7월 17일, 줄리어스가 체포되었고 러시아인들에게 원자폭탄 정보를 흘린 죄로 기소되었다. 그러나 과학 분야에서 훨씬 약아빠진 활동을 벌이던 훅스를 생각해 볼 때, 이는 이해가 안 되는 주장이었다. 한 달 후, 줄리어스를 압박하려는 후버의 계략에 따라 에셀이 체포되어 기소되었다. 후버는 에셀이 절대로 어린 아들을 버리지 않을 것이며, 줄리어스 또한 에셀이 감옥이나 그보다 못한 곳에서 여생을 보내기를 원치 않으리라는 데 희망을 걸었다. 그러나 로젠버그 부부의 태도는 조금도 변함이 없었다. 1951년, 한국전쟁과 반좌파적 매카시즘의 병적 흥분이 절정에 이른 상황에서 그들은 뉴욕의 재판대에 섰다. 줄리어스의 혐의에 대한 증거는 확실했지만, 에셀에 대한 증거는 아주 불충분했다. 그러나 재판이 열리기 불과 열흘 전에 그녀의 남동생은 자신이 줄리어스에게 준 노트를 누나가 받아 적었다는 사실을 갑자기 기억해 냈다.

배심원은 두 사람에게 모두 유죄를 선언했다. 이는 당시에 팽배하던 전국적인 편집증 증세에 영향을 받기도 했지만, 괴괴한 미소를 흘리는 그린글래스가 자신이 살자고 누나에게 올가미를 씌울 만큼 비열한 인간은 아니리라는 순진한 추측의 결과였다. 판사 어빙 카우프만은 두 사람에게 사형이라는 납득하기 없는 판결을 내렸다(그는 미국 대법원에 진출하려는 야망을 가지고 있었고, 에드거 후버의 열성팬이었다). 그러나 이러한 판결은 법무차관뿐만 아니라 후버의 기대에 어긋나는 결정이었다. 후버의 한 측근은 이렇게 말했다. "우리는 그들이 죽기를 바라지 않는다. 우리는 그들이 사실을 말해 주기를 바랄 뿐이다."

그러나 그들은 끝까지 침묵했다. 싱싱 교도소에서 2년 동안 완강히 버티던 두 사람은 1953년 6월 19일에 전기의자 위에 앉았다. FBI 방첩부 사람들이 자백을 받기 위해 사형장에 입회했지만 줄리어스는 끝내 입을 열지 않았다. 사형 소식이 전해지자 전 세계에서 반대 시위가 일어났고, 교황 비오 12세는 미국에 대한 범세계적 성토대열에 동참했다. 로젠버그 부부가 유죄냐 무죄냐를 둘러싼 논쟁은 그 후 수십 년 동안 계속되었으며, 이 사건을 재심하기 위해 수많은 위원회가 조직되었다. 한편 소련은 이러한 논쟁에 대해 어떤 해명도 하지 않았다. 당서기 니키타 흐루쇼프는 회고록에서 로젠버그 부부의 활동이 "소련이 원자폭탄 생산을 앞당기는 데 아주 중요한 역할을 했다"고 증언했다. 그러나 소련 핵무기 개발팀의 책임자 중 한 사람이었던 보리스 브로코비치는 1989년에 "우리는 로젠버그 부부에게서 아무 도움도 받지 않았다"고 단호하게 잘라 말했다.

1995년, 미국 국가안보국은 1944년 이후 미국 암호 해독자가 해독한 소련 비밀 전보의 사본 일부를 공개했다. 이 '베노나' 문건을 통해 줄리어스가 '안테나'와 '리버럴'이라는 암호명으로 불렸다는 사실이 밝혀졌다. 한편 에셀에 대해서는 한 마디도 언급이 없었다. 그러나 FBI에게는 전혀 놀랄 일이 아니었을 것이다. 싱싱 교도소에서 줄리어스를 조사한 FBI 방첩부 직원이 준비한 질문 내용에는 이런 항목이 있었기 때문이다. "당신 부인이 당신의 간첩 활동을 알고 있었나요?"

John D. Rockefeller
존 D. 록펠러

1839~1937

자본주의 역사에서 존 데이비슨 록펠러John Davison Rockefeller만큼 많은 부를 획득하고 또 그처럼 비난을 많이 받은 사람도 드물다. 스탠더드 오일의 설립자이자 트러스트의 아버지인 그는 돈을 추구하는 미국인들의 집념 면에서 볼 때 대상감이었지만 그렇다고 행복한 사람만은 아니었다. 살아 있는 동안 그는 박애주의자로 칭송을 받음과 동시에 무자비한 강도라는 욕을 먹어야 했다. 록펠러는 자신을 향한 원망을 무시한 채 교육재단과 종교 단체에 거액의 돈을 기부했는데, 이러한 결정은 기독교적 가치가 자신의 인생에 영향을 미쳤다는 확고한 믿음이 있었기에 가능했다.

그는 뉴욕 리치포드의 한 농장에서 엘리자 데이비슨과 윌리엄 록펠러의 아들로 태어났다. 그의 아버지 역시 기름과 관련된 일을 하고 있었는데, 그는 악어 기름을 팔았다. 록펠러의 아버지는 암 전문의인 윌리엄 록펠러 의사를 사칭하고 미국 전역을 돌아다니면서 엉터리 요법을 선전하고, 농부의 딸들과 잠자리를 같이 했으며, 목재와 가축의 시세 차익을 노리는 투기를 일삼았다. 윌리엄 록펠러는 기회가 있을 때마다 계획적 사기에 의한 인수와 협상에 관한 최고의 기술을 아들에게 주입시켰다. 한편 스코틀랜드 침례교 신자였던 록펠러의 어머니는 아들에게 자선과 인내라는 진지한 기독교 윤리를 전해주었는데, 한번은 아들이 미래에 저지를지도 모를 죄악을 고쳐 주기 위해 어린 존 D.에게 매질을 하기도 했다. 이러한 가르침의 공통점은 덕과 기만이 똑같이 성공이라는 보상을 받게 된다는 것이었다. 어린 존이 한 농부에게 50달러를 빌려주고 이자를 청구해 돈을 번 것은 부모로부터 받은 가르침이 주효했다.

그러한 훈련을 받고 자란 존 D. 록펠러가 무자비한 사업 계책과 높은 도덕의식이라는 두 가지 기본 원칙에 따라 1855년부터 큰돈을 벌기 시작했다는 것은 전혀 놀라운 일이 아니었다. 그는 클리블랜드의 무역업체 휴엣 & 터틀에 취직해 주급 3달

러 50센트를 받는 계산원으로 사회에 첫발을 내딛었다. 4년 뒤 봉급 인상을 요구했다가 퇴짜를 맞은 이 스무 살의 혈기 넘치는 청년은 독립을 선언하고 영국인 모리스 클라크와 동업으로 건초와 식료품 사업을 시작했다. 1861년에 남북전쟁이 발발하자 사업은 번창하기 시작했다. 군인도 노예제 폐지론자도 아니었던 록펠러에게 최고의 목표는 돈이었다. 전쟁의 갈등이 최고조에 달했을 때, 그는 자신의 전쟁터란 바로 매장량이 풍부하면서도 거친 펜실베이니아 유전이라는 사실을 알게 되었다. 기회를 포착할 줄 아는 그의 놀라운 본능과 주문을 따내는 그의 회계사의 열정을 통해 록펠러는 정유 공장의 밸브를 조정할 수만 있다면 혼란스러운 유전업계가 엄청난 이익을 창출해 낼 거라는 사실을 알아냈다.

전쟁으로 인해 철도 공급이 늘어나면서 클리블랜드는 사업 초기 단계에 있던 정유 산업의 수송과 정제의 집합소가 되었다. 록펠러는 1863년에 성공 가능성에 대한 회의적인 시각을 가지고 있던 클라크를 설득하여 같은 종교를 믿는 새뮤얼 앤드류스와 동업으로 정제 사업에 뛰어들었다. 그들은 기회를 포착하여 경쟁 업체를 사들이고 또 필요할 경우에는 '리베이트'와 '약점'을 이용하는 잔인한 방법으로—본질적으로 그것은 철도 수익을 가로채서 소규모의 정제소들을 무력화하는 것이었다—경쟁 업체를 무너뜨리며 단기간에 클리블랜드 정유 시장을 지배하게 되었다. 록펠러는 뛰어난 조직자이자 비용절감자였다. 또한 지나칠 정도로 꼼꼼한 회계 방법과 수직 통합을 도입한 장본인이었는데, 수직 통합이란 스탠더드 오일에서 그의 후계자들이 아직도 고집하고 있는 겸직 위원회 시스템을 말한다.

1875년에 그는 정유 생산업자들의 집단 불매 운동을 해결했으며 합병과 인수를 통해 필라델피아와 피츠버그까지 사업을 확장했다. 1년 후 그는 뉴욕으로 진출하여 파이프라인에서 짐마차에 이르기까지 모든 것을 스탠더드 조직 밑으로 복속시켰다. 또 그는 수하들과 트러스트라는 합법적인 방책을 만들어 내어 먼 곳에 퍼져 있던 자신의 광범위한 재산을 한 곳에 수용할 수 있었다. 1878년까지 정유업계에서 독보적인 존재로 우뚝 선 록펠러는 미국 정유 제정소의 거의 대부분을 통제하면서 수백만 명의 삶에 영향을 미치는 거대한 독점 체제를 관리했다. 그리고 이러한 독점 체제를 통해 그는 상상할 수 없는 거부로 거듭났다.

다음 해부터 정부와 경쟁 업체들, 그리고 대중의 비난이 쏟아졌다. 추문 폭로자들은 그의 사업 수완을 들추고 다니기 시작했고 경악하는 시민들에게 그 결과를 발표했다. 주 정부가 제기한 소송으로 타격을 받은 데다가 1890년에 셔만 안티트

러스트 법의 충격까지 더해진 록펠러는 뉴욕에 위치한 회사의 본부에서 싸움을 계속했다. 그의 이런 모습은 커다란 실크해트에 아침 정장을 차려 입은 자본주의자의 모습을 연상케 했다. 독점 기업이 대다수의 국민을 상대로 한 경제적 내전에서 차츰 공격을 당하는 입장인 스탠더드를 추방하는 주의 숫자가 늘어갔다. 1907년에 우락부락한 인상에 결코 얕잡아 볼 수 없었던 케네소 마운틴 랜디스 판사는 스탠더드 오일이 리베이트 법을 위반한 혐의에 대해 3천만 달러의 벌금형을 선고했다. 그리고 또 다시 4년에 걸친 소송 끝에 법원은 1899년에 트러스트를 대신했던 지주 회사의 해체를 명령했다.

여유가 생기면 평일에도 십일조를 바쳤던 별난 주일학교 교사 출신의 록펠러는 이 모든 과정을 겪으면서도 자신은 잘못이 없다는 확신을 고집했으며, 자신의 진실을 이해하지 못하는 국민 때문에 괴로워했다. 비정한 업계의 소송에서 침착하고 유능한 승리자가 된 그는, 자신은 당연히 그리고 전통에 따라 전리품들을 베풀어야 하는 정복자일 뿐이라고 믿었다. 그는 소득을 나누는 일을 계속하여 1889년에는 시카고대학교에 3천 500만 달러를 기부했으며, 100여 개 교회의 프로젝트에 대한 자금을 지원했다. 조합 교회의 일부 목사들의 경우 처음에는 그에게 빈민 구호품을 보내 줄 것을 요청했음에도 불구하고 그의 도움을 '더러운 돈'이라는 이유로 거절했지만 말이다(심지어 보드빌 연기자들까지 이 일에 빗대어 "그래요, 더러워요. 당신 것도 더럽고 내 것도 더러워요"라는 재치 있는 농담을 만들기도 했다). 또 그는 기업인들뿐만 아니라 과학자와 정치인, 박애주의자, 주지사 그리고 대통령을 꿈꾸는 사람들을 배출한 재단을 세웠다. 록펠러가 뉴욕에 있는 그의 재산을 포칸티노의 전망을 더욱 좋게 하기 위해 언덕을 옮기는 일에 쏟아 붓자, 극작가 조지 S. 카우프만George S. Kaufman은 지체 없이 "만약 신에게 돈이 있었다면 할 수 있는 일을 그가 해냈다"고 빈정거렸다.

Wilma Rudolph
윌마 루돌프

1940~1994

태어날 때부터 윌마 글로딘 루돌프Wilma Glodean Rudolph에게는 아무런 가능성도 없어 보였다. 에드 루돌프의 스물두 명의 아이들(두 번의 결혼에서 얻은 자녀를 합하여) 중 열두 번째로 태어난 그녀는 태어날 때부터 병약했고, 네 살 때 소아마비에 걸린 탓에 한쪽 다리를 심하게 절었다. 비록 다리를 절기는 했으나 걸을 수 있다는 것만으로도 그녀에게는 큰 행운이었다. 따라서 1960년에 그녀가 20세의 나이로 로마 올림픽 트랙과 필드 경기에 참가할 영광을 얻은 것은 거의 기적이었다. 그녀는 결국 올림픽 경기에서 3관왕이 된 최초의 미국 여성이자 세계에서 가장 빠른 여성이 되었다.

182미터의 키에 흠 잡을 데 없는 뛰어난 몸매를 자랑하는 날씬한 루돌프는 놀랍도록 민첩하고 빨랐다. 그녀는 출발을 알리는 총소리에 깜짝 놀라기라도 하는 것처럼 쏜살같이 달려 나갔다. 마치 미끄러지듯 서서히 속도가 붙는 그녀의 발놀림은 강력하면서도 하나도 힘들어 보이지 않았다. 그녀는 긴 두 다리로 허공을 가르며 뻗어나갔고 가느다란 두 팔은 빠른 발걸음에 맞추어 힘차게 앞뒤로 움직였다.

당시 스포츠계를 지배하던 인종차별과 신체적 장애를 극복하고 스포츠 역사에서 위대한 여성 운동선수 중 한 사람이 된 루돌프의 성공 신화는 사실 불가능 그 자체였다. 근면한 철도 노동자였던 아버지 에드 루돌프와 가정부였던 어머니 브랜치는 많은 자녀를 부양하느라 생활고에 시달렸다. 거기에 윌마의 다리 문제까지 겹치면서 그들의 일상은 영웅의 삶처럼 투쟁의 연속이었다. 브랜치 루돌프는 내슈빌에 있는 메하리 의과대학의 전문의에게서 딸이 집중 물리 치료를 받아야 한다는 말을 들었다. 그녀는 2년이 넘는 기간 동안 매주 쉬는 날에 윌마를 팔에 안고 200마일(약 321.8킬로미터)*이나 떨어진 내슈빌의 병원에 버스를 타고 찾아갔다.

루돌프 부인은 매일 치료하면 마비된 왼쪽 다리 근육을 원상태로 복원할 수 있을 거라는 의사의 말에 집에서도 딸에게 해줄 수 있게 근육 재생 기술을 가르쳐 달

UNITED STAT
OLYMPIC T
ROME-196

라고 청했다. 윌마의 건강 회복은 이제 집안 전체의 과제가 되었다. 어머니와 세 남매는 돌아가면서 하루에 네 번씩 윌마의 다리를 주물렀고, 그 노력이 헛되지 않아 마침내 여덟 살 되던 해에 윌마는 목발을 짚고 조금씩 걷기 시작했다. 그리고 얼마 안 있어 그녀는 그녀가 말했던 '절름거리지 않는 걸음걸이'를 흉내 내기 시작했는데, 목발 대신 정형 신발을 신고 오빠들이 뒷마당 장대에 매달아 둔 복숭아 바구니를 향해 농구공을 던지기 시작했다. 민첩한 행동에도 불구하고, 특수 신발이 때로는 불편하고 낯설게 느껴졌다. 그러나 윌마가 나중에 부딪치게 되는 다른 역경들과 마찬가지로, 그것은 그녀의 목표를 성취하는 데 자극제가 되었다.

다리가 점점 좋아지고 있다는 사실에 자신감을 얻었고 도전할 것을 강조하는 아버지의 영향을 받은 가냘픈 십대 소녀는 버트고등학교 농구부에 들었다. '스키트 사격 선수'—항상 바쁘게 돌아다니는 그녀에게 클린턴 그레이 코치가 붙여 준 별명—는 한 시즌에 25게임 803점이라는 놀라운 기록으로 주 여학생 농구 기록을 갱신했다. 윌마는 농구 시합이 없는 휴식기에도 체형을 유지하기 위해 트랙 팀 연습에 참가했는데, 이번에는 50미터, 75미터, 100미터, 그리고 200미터 달리기 등 출전하는 게임마다 모두 승리를 낚아챘다. 그녀의 승리 행진은 첫 번째 공식 트랙 경기에서 갑자기 중단되었는데, 앨라배마 주 터스키지대학에서 그녀는 단 한 경기에서도 1등을 차지하지 못했다. 이것은 늘 자신감이 충만해 있던 어린 선수에게는 겸손한 마음을 갖게 하는 경험이 아닐 수 없었다. 그때의 경험을 통해 그녀는 재능 하나만으로는 충분하지 않다는 것을 깨닫게 되었다.

루돌프는 힘을 키우고 훈련을 늘리기 위해 여름이면 테네시주립대학교의 타이거벨즈 팀 훈련에 참가했다. 에드 템플 코치는 선수들에게 일주일에 5일 동안 매일 20마일(약 32킬로미터)*을 뛰게 했고, 고된 훈련은 마침내 좋은 결과를 낳았다. 1956년에 필라델피아에서 열린 전국아마추어운동연합대회AAU에서 루돌프는 참가한 경기마다 모두 승리를 따냈고, 타이거벨즈는 최초로 AAU 우승컵을 차지했다. 1956년에 당시 16세 고등학생이던 그녀는 멜버른 올림픽 출전 티켓을 획득했고, 미국 최연소 선수로 참가한 계주 경기에서 동메달을 땄다. 고등학교 졸업반이 된 루돌프는 한 축구 영웅과 사랑에 빠져 그의 아이를 임신하게 되었다. 그녀의 가족은 결혼을 허락하지 않았고, 아이는 그녀의 할머니가 잠시 맡아서 키우기로 결론이 났다. 2년 후 루돌프는 1960년 올림픽 선수단에 합류했고 200미터 달리기에서 세계 신기록을 수립했다.

루돌프는 로마에 있는 스타디오 올림피코에서 생애 최고의 영예를 맛보았다. 시합 중간 중간 고양이 잠으로 피곤을 달래던 그녀는 100미터 달리기에서 최초로 금메달을 차지했는데, 다른 선수들을 3야드(약 2.7미터)*나 앞질러 비공식 세계 신기록을 수립했다. 그리고 200미터에서 두 번째 금메달을 땄다. 세 번째 금메달은 계주의 마지막 주자로 나와 숨 막히는 접전 끝에 따냈는데, 서투른 바턴 패스로 우승이 힘든 상황에서 놀라운 뒷심을 발휘해 마침내 승리를 차지할 수 있었다. 올림픽에서 놀라운 성과를 이룬 후 2년 동안 그녀는 수많은 경기에 참가하여 우승의 주역이 되었으며 몇 번 세계 신기록을 갱신하는 기염을 토했다. 그러던 그녀가 갑자기 1962년에 은퇴를 선언했다. "나는 지금까지 했던 것보다 더 잘할 수 없다. 그래서 최고의 모습으로 기억되고 싶다"라고 말하는 그녀에게서 나이에 맞지 않는 지혜를 느낄 수 있었다.

흑인선수 명예의 전당과 전국 트랙 및 필드 명예의 전당, 그리고 올림픽 명예의 전당에 루돌프의 이름이 올랐다. 그녀는 1994년에 악성 뇌종양으로 사망했다. 네 아이의 어머니였던 그녀는 잠시 코치 생활을 하다가 윌마루돌프재단을 통해 젊은이들을 위한 운동 프로그램과 교육 프로그램을 개발하는 일에 일생을 바쳤다. 그녀는 "만약 내가 후세에 무언가를 남기게 된다면 이 단체야말로 나의 유산이다"라고 말했다. 그러나 로마에서 보여 준 3관왕 신화는 그녀가 가장 기억하고 싶은 영광의 순간으로 남았다. 평생 올림픽의 대변인 역할을 했던 이 여인은 이렇게 말했다. "나는 올림픽이 의미하는 것을 사랑한다. 올림픽은 언제나 나의 일부로 남을 것이다."

George Herman 'Babe' Ruth

조지 허먼 '베이브' 루스

1895~1948

미국의 과거를 살펴보는 데 통계가 큰 부분을 차지하고 있다면, 베이브 루스야말로 단연 가장 큰 흥밋거리다. 그는 1927년 한 시즌에 60개의 홈런을 쳤고, 22년 동안 메이저리그 선수로 활약하면서 714개의 홈런을 쳤다. 뿐만 아니라 통산 타율 0.342, 장타율 0.690, 스트라이크 아웃 1,300회, 4구 출루 2,056회, 월드시리즈 진출 10회에 홈런 15개를 기록했다. 몸무게 215파운드(약 97.5킬로그램)*, 신장 6피트 2인치(약 188센티미터)*의 이 야구선수와 관련 있는 숫자는 모두 크고 인상적이다. 그러면 올챙이배에 안짱다리를 한 이 사람이 이러한 기록 때문에 당대 최고의 야구 선수가 되었을까? 꼭 그렇지만은 않다. 사실 그 이후로 인기가 그만 못했던 스타들이 그보다 많은 홈런을 기록했지만, 그들은 결코 '밤비노Bambino' 혹은 '장타의 황제Sultan of Swat'(둘 다 베이브 루스의 애칭)*만큼 한 시대의 상상력과 명성을 사로잡지는 못했다. 연애와 식욕을 탐했던 그는 진정한 노동 계급의 영웅이었으며, 엄격한 구속에서 탈피하고자 했던 미국 재즈 세대의 모범이 된 유쾌한 쾌락주의자였다.

1919년 월드시리즈에서 시카고 화이트 삭스 선수들이 돈을 받고 일부러 경기에 져 준 혐의로 기소된 후, 많은 스포츠 역사가들은 루스야말로 야구의 구세주가 될 사람이라고 생각했다. 뛰어난 장타력만큼이나 악착같이 매달리는 그의 페르소나를 보기 위해 관중석은 연일 만원을 기록했다. 밤새도록 충분히 잠을 잔 다음 날 아침을 배불리 먹는 사각턱의 루스는 한 번은 게임 전에 핫도그를 너무 많이 먹어서 몇 주 동안 게임에 나가지 못하기도 했다. 규정 준수를 엄격히 요구하는 메이저리그에서 그는 규칙 위반자로 악명이 높았다. 한번은 겨울 시범 경기 출전에 관해, 시즌이 시작된 지 6주 후에야 겨우 양키즈 팀에 합류하라는 명령을 받기도 했다. 그는 요란스럽게 광고를 하며 고아원과 병원을 방문하는 것보다 사창가나 살롱을 더 자주 들렀다. 그럼에도 불구하고, 솔직하고 순수한 그는 야구계와 팬들의 시선

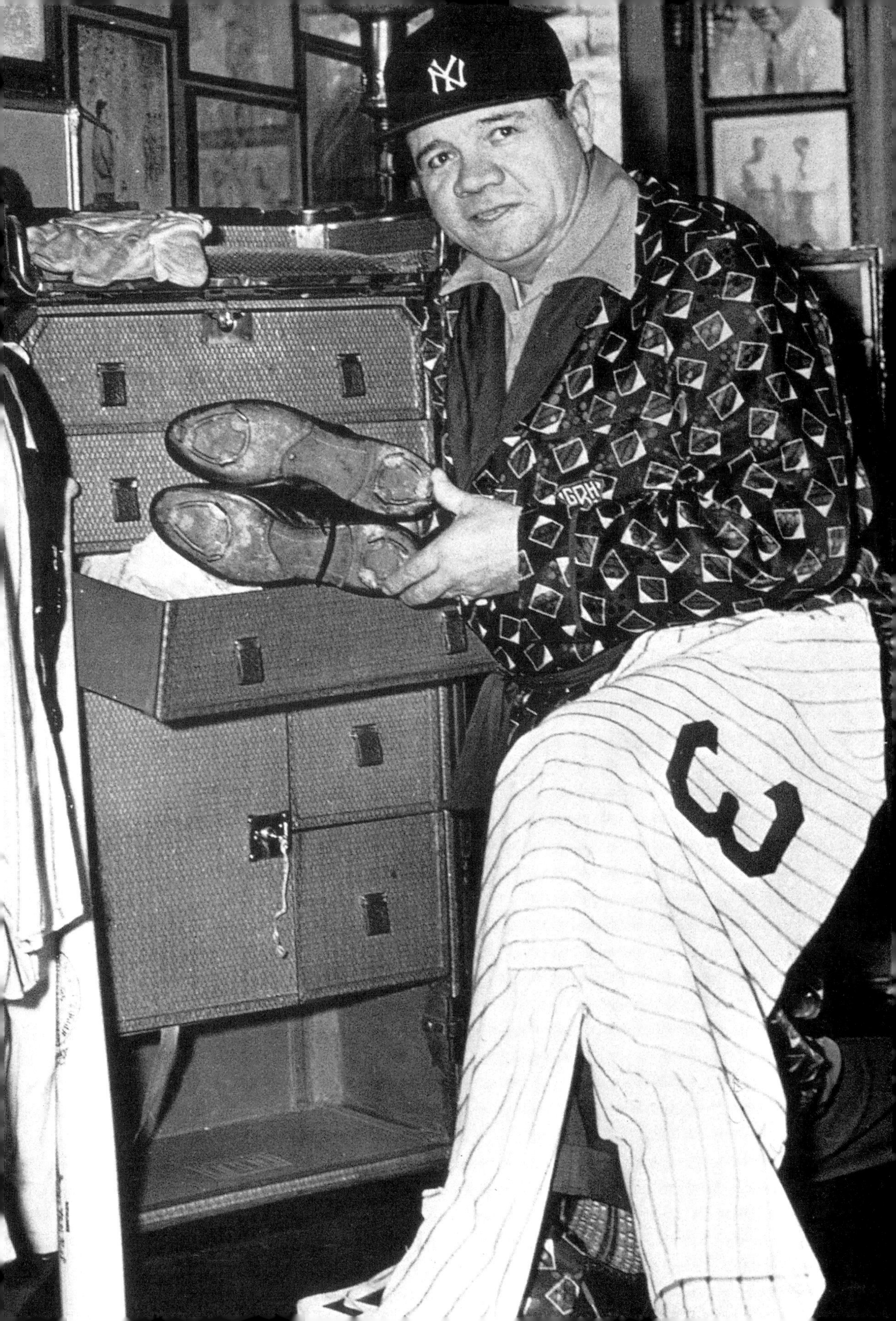

을 한 몸에 받았으며 공터에 모여 야구를 하는 수많은 아이들의 마음속에 야망을 심어 주었다.

루스는 불행한 어린 시절을 겪은 탓에 아이들과 고통 받는 사람들에 대해 남다른 애정을 가지고 있었다고 한다. 조지는 볼티모어의 가난한 술집 주인의 다섯 아들 중 하나로 태어났다. 그의 부모는 아이들을 돌봐 줄 시간이 없었기 때문에 그는 길거리에서 어린 시절을 보냈다. 다행히 그는 세인트메리보육원에 보내졌고, 마티어스 신부에게서 장차 그를 세계적인 영웅으로 만들어 줄 운동의 기초를 배웠다. 비록 아버지와 화해하기는 했지만 베이브는 평생 자신에 대한 좋지 않은 이미지를 간직해야 했다. 그는 한 보육원 친구에게 "나는 내가 너무 크고 못생겨서 사람들이 아무도 나를 만나려 하지 않는다고 생각했어" 하고 털어놓기도 했다. 그러나 1914년에 그가 보스턴 레드 삭스의 투수로 메이저리그에 첫발을 내딛은 후, 아무리 돈을 헤프게 쓰는 사람이라도 부족함을 모를 정도의 시가와 현금과 낙타털로 만든 코트가 그의 주위를 떠나지 않았다. 처음부터 호감을 주는 그의 쇼맨십은 야구장을 찾는 관객들의 수를 늘리는 데 크게 기여했으며, 강타자로서의 면모는 다소 보수적인 '인사이드' 전략을 수정하게 만들었다. 홈런으로 야구에 활기를 불어넣고, 홈런을 통해 관객들에게 전율을 맛보게 한 점에서 베이브는 다른 야구 선수에 비할 수 없을 만큼 독보적인 존재였다.

루스는 레드 삭스에서 4년간 투수로 활동하면서 화려한 기록 신화를 세우기 시작했다. 그는 2년 동안 23승을 올렸고 팀이 아메리칸리그에서 세 번이나 우승을 차지하는 데 결정적인 역할을 했다. 그는 팀이 이러한 기록을 달성했다는 사실에 가장 큰 자부심을 느꼈다. 또 1916년과 1918년 월드시리즈에서 29와 2/3이닝을 무실점으로 방어했다. 뿐만 아니라 그는 타격력도 대단해서 당시 팀 매니저 에드 배로우는 루스가 투수로 나서지 않는 날은 그를 외야수로 배치하여 모든 게임에 출장할 수 있도록 해주었다. 1920년에 또 한 번 기록이 수립되었다. 당시 현금이 필요했던 레드 삭스 구단주는 12만 5,000달러라는 전례 없는 거금을 받고 루스를 뉴욕 양키즈에 매각했다. 10년 후, 루스는 메이저리그에서 가장 많은 연봉을 받는 선수가 되었다.

루스가 양키즈에서 선수로 활동하던 15년 동안 클럽은 엄청나게 늘어난 관중들을 수용할 수 있는 새로운 스타디움을 지어야만 했다. 언론은 재빨리 양키 스타디움을 '루스가 지은 집'이라고 부르기 시작했다. 루스는 스타디움 개막전에서 3점

홈런을 쳐서 자축했고 양키즈는 개막전의 승자가 되었다. 1932년에 양키컵 시리즈가 열린 시카고 리글리 필드에서 그가 전설적인 홈런을 쳤을 때 관객들은 또 한 번 그의 플레이에 매료되었다. 당시 상황은 이러했다. 그는 방망이를 높이 들고 타석에 들어섰다가 투수가 던진 첫 번째 공을 놓쳤다. 그는 관중석을 향해 환하게 웃더니 손가락을 하나 들어 보였다. 두 번째 스트라이크를 놓친 다음에는 두 개의 손가락을 들어 보였다. 그 때 그가 센터 필드 깊숙한 지점을 손가락으로 가리키자 관중들의 야유는 우렁찬 응원 소리로 바뀌었다. 이어서 투수가 던진 공이 타석으로 날아오자 그는 방망이를 휘둘렀다. 공은 그가 좀 전에 가리킨 지점으로 정확히 날아갔고 관중석은 흥분의 도가니가 되었다. 양키즈는 게임의 승자가 되었고, 그 결과 양키컵의 주인공이 되었다.

1935년 5월 25일, 관중들은 기대 반 우려 반의 마음으로 피츠버그 포브스 필드의 십자형 회전문에 들어섰다. 그 날은 거인의 마지막 경기가 열리는 날이었다. 언제나 그랬듯이 그는 팬들에게 천둥 같은 타격 솜씨를 뽐냈고 외야석으로 세 번의 홈런포를 쳐 날렸다. 1948년, 그는 양키 스타디움 개관 25주년 기념식장이자 공식 은퇴식장에 3번이 씌어 있는 손때 묻은 유니폼을 입고 나타났다. 그리고 얼마 안 있어 8월 같은 날, 11만 5,000명의 팬들이 다시 스타디움에 모여들었다. 그러나 이번에는 촛불이 켜져 있는 운구차 옆을 엄숙히 지나가야 했다. 이제는 팬들이 그에게 작별을 고할 차례였다.

Eleanor Roosevelt

엘리너 루스벨트

1884~1962

사람들은 애너 엘리너 루스벨트에 대해 이렇게 말했다. "그녀는 괴로워하는 사람들을 위로하고 풍족한 사람들을 괴롭힌 유일한 여성이다." 그러나 다른 사람들을 위로하는 그녀의 능력은 엄청난 희생으로 얻은 것이었다. 그녀가 살아온 지극히 생산적이며 영향력이 큰 삶과 비교해 볼 때, 그녀가 어린 시절에 대해 기억하는 것은 두려움 밖에 없었다. 그녀는 내성적이고 외모도 평범하고 수줍음 많은 소녀에서, 전 세계에서 가장 칭찬 받는—또 가장 놀림을 당하는—여성이 되었다. 그녀의 어머니는 딸을 냉랭하게 대했기 때문에 그녀는 다른 사람들의 반감을 피하는 법을 배웠다. 사랑스럽지만 무심했던 어머니 안나 레베카 홀은 자신의 딸을 못난 오리새끼라고 공개적으로 말하고 다녔는데, 엘리너가 여덟 살 되던 해에 디프테리아로 사망했다. 딸을 사랑했지만 알코올 중독으로 정서가 불안했던 그녀의 아버지 엘리엇은 그녀의 작은 우주의 중심 역할을 했지만 결국 아내와 사별한 지 2년 후에 저세상 사람이 되었다. 그녀는 당시를 회상하는 글에서 "갑자기 무언가가 나를 죄어왔다"라고 썼다. 우울하고 잘 나서지 않는 고아 소녀는 마찬가지로 우울한 외할머니에게 보내졌다. 그녀는 외할머니와 함께 살면서 불안 심리와 애정 결핍이라는 또 다른 문제를 보이기 시작했다. 이처럼 감정적으로 메마른 상황에 처해 있던 그녀의 마음속에서 가난한 사람들과 억압받는 사람들에 대한 진정한 박애주의적 연민의 정이 생겨났다.

영국의 앨런스우드 여학교에서 잠시 지내는 동안 자유와 편견 없는 사고를 접하게 되면서 엘리너에게서 풍기던 최상류층의 도도함이 많이 누그러졌다. 사회에 첫발을 내딛은 그녀는 사회적 의무를 다하기 위해 뉴욕으로 돌아왔다. 1년 후 더욱 자신감 있고 더욱 사려 깊은 젊은 여성으로 성장한 그녀는 소비자연합에 가담함으로써 특권층의 의무에 대해 강조하기 시작했다. 당시 소비자연합은 의류 노동자들과 백화점 직원들의 건강과 안전보장법 제정을 최대 과제로 삼고 있었다. 엘리너

는 먼 친척 프랭클린 델라노 루스벨트와 친해진 지 얼마 안 되어 자신이 빈곤한 가정의 자녀들을 돌보고 있던 로어이스트사이드로 그를 데려갔다. 미래의 대통령은 그녀에게 자신의 마음속 생각을 털어놓았는데, 그 중에는 혜택을 받지 못하는 가난한 이들의 생활을 개선하겠다는 의지도 포함되어 있었다. 여기에는 상대방에 대한 인간적인 신뢰가 바닥에 깔려 있었다. 두 사람의 애정 전선에 문제가 생긴 뒤에도 상대방에 대한 의리는 흔들릴 줄 몰랐다.

1905년 3월 17일, 엘리너는 숙부뻘인 대통령 테디 루스벨트(미국의 제26대 대통령)*의 손을 잡고 결혼식장에 입장하는 상류사회의 결혼식을 올렸다. 결혼 후 그녀는 11년 동안 여섯 아이를 낳느라고 사회 활동이 뜸했는데, 그 중 한 아이를 먼저 보낸 슬픔에 괴로워했다. 아이를 잃은 절망감에서 점차 회복한 그녀는 프랭클린 루스벨트의 야망을 지지하는 가운데 1910년에 뉴욕 주의 말쑥한 새 상원의원의 자랑스러운 정치 보좌관으로 알바니에서 열정적인 인생을 살기 시작했다. 1913년, 인기와 좋은 배경을 모두 갖춘 두 사람은 워싱턴에 정착했다.

1918년 가을에 프랭클린은 폐렴으로 사경을 헤맸다. 엘리너는 남편의 편지와 개인 물품을 정리하다가 남편이 자신의 개인 비서이자 친구인 루시 페이지 머서와 서로 사랑하는 사이임을 알게 되었다. 그녀는 깊은 상처를 받았지만, 만약 남편이 정말로 루시를 사랑한다면 자유롭게 결혼할 수 있어야 한다고 생각했다. 그러나 프랭클린의 어머니는 아들에게 만약 아내를 버릴 경우 모자 간의 인연을 끊겠다고 위협했다. 프랭클린은 고심 끝에 어머니의 최후통첩을 받아들여 아내와 운명을 같이하기로 결심했다. 3년 후 그가 소아마비로 드러눕자, 언제나 희생적인 아내였던 엘리너는 그의 자신감을 지켜주었으며, 아들이 집에 와서 휴식을 취하기를 바라는 시어머니에게 꿋꿋이 맞섰다. 엘리너는 남편이 국제 정세에 대한 감각을 유지할 수 있게 해주었으며, 남편이 신뢰하는 고문인 루이스 하우의 지도 아래 분명하게 자신의 뜻을 전달하고 총명한 판단을 내리는 남편의 대역이 되기 위해 의식적으로 노력했다.

1933년 프랭클린 루스벨트가 백악관 경선에서 승리하자, 엘리너는 즉시 퍼스트레이디로서 스스로 자신의 역할을 개척하기 시작했다. 논쟁을 불러일으킨 여러 가지 문제에 대해 남편의 도덕적 중재자 역할을 다하는 동시에, '마이 데이*My Day*'라는 제목의 칼럼을 신문에 실었다. 또한 그녀는 여성 기자들을 위한 언론 브리핑을 실시했으며 라디오 쇼를 진행했다. 경제공황기에는 남편의 순회 대사가 되어 뉴딜 정책이 여성과 남성 모두를 대상으로 하고 있다는 사실을 알리기 위해 노력했다. 그 과정에서 그녀는 인종차별주의와 반셈족주의 안에 내포되어 있는 악영향을 발견하고, 대중 앞에 나서기 전에 먼저 자신의 마음속에서 이러한 편견을 몰아내기 위해 노력했다. 이 때까지 친지들 사이에서 ER로 불리던 그녀는 로레나 히코크Lorena Hickock와 에스더 레이프Esther Lape와 같이 왕성한 정치 활동을 벌이는 여성들과 복잡하고 강한 유대 관계를 형성하게 되었다.

제2차 세계대전이 발발하자, 엘리너는 자신이 참여한 전미유색인지위향상협회NAACP를 대상으로 군대와 방위 산업체 안에서 아프리카계 미국 흑인들에 대한 차별이 철폐될 수 있도록 로비를 벌였다. 그녀는 또 전투에서 여성의 역할을 확대했으며 시간과 장소가 허락할 때마다 군인들을 찾아가 위로했다. 그러나 1945년에 프랭클린이 사망하자, 엘리너는 기자들을 향해 특유의 불안한 목소리로 "이제 역사는 끝났다"라고 말했다. 그러나 불굴의 의지를 지닌 ER은 그 후로도 20년 가까이 활동을 계속했으며, 양심이 죽은 시대에 미국의 양심이 되었다. 사회 정의를 위해 여생을 헌신한 그녀는 유엔 대사를 역임했으며, 1948년에 제정된 국제인권규약의 입안과 안전한 통과를 위해 노력했다.

'20세기의 퍼스트레이디'로 기억되고 있지만, 모든 사람이 엘리너 루스벨트를 지지한 것은 아니었다. 특히 남부와 우익 정치인들의 반발이 컸다. 그녀를 비난하는 사람들은 그녀의 '볼셰비즘bolshevism'과 간섭에 대해 거론했다. 심지어 그녀의 외모에 대해 심한 조롱을 일삼는 사람들도 있었다. 그로부터 몇 년 뒤 그녀가 하이드파크에 있는 루스벨트의 집에서 장미 정원을 가꾸는 일에 전념하자, 시인 아치볼드 맥리시Archibald MacLeish는 엘리너가 결코 못난 오리새끼가 아니라 무조건적인 관대함과 기품을 지닌 잠자는 숲 속의 공주로 밝혀졌다는 글을 남겼다.

Franklin D. Roosevelt
프랭클린 D. 루스벨트

1882~1945

사회의 소외 계층들과 가장 진실한 관계를 맺었던 20세기 미국 대통령은 아이러니컬하게도 상류층 출신이었다. 1882년, 뉴욕 하이드파크에 600에이커의 토지를 소유하고 있는 집안에서 태어난 프랭클린 델라노 루스벨트는 제임스 루스벨트와 허드슨 강가에 도착한 메이플라워 선원의 후손이자 귀족이었던 사라 델라노 루스벨트의 외아들이었다. 지나치게 간섭하는 어머니의 과잉보호 속에서 열네 살까지 가정교사에게 교육을 받아야 했던 소년은 장차 대공황과 제2차 세계대전이라는 대변혁의 시기에 조국을 이끌 운명이었다. 미국 최고의 명문 고등학교 그로튼 스쿨에 입학하기에 앞서 그는 세계 여러 곳을 방문했으며, 그로튼에 입학한 뒤에는 비슷한 출신 배경을 가진 학생들 사이에서 자석의 핵과 같은 존재가 되었다. 그가 지닌 매력과 열정은 그 후 공화당과 요제프 스탈린과 같은 반대 연합 세력들과 벌인 중대한 결전에서 그 빛을 발했다.

그는 1904년에 하버드를 졸업했다. 대학 시절 선교사협회에서 적극적으로 활동했던 잘생기고 건장한 체격의 프랭클린은 먼 친척뻘인 애너 엘리너 루스벨트와 약혼했다. 그녀는 루스벨트의 자유주의 사상과 귀족이라는 사회적 신분을 함께 나누었으며, 그의 개혁적 성향에 상당한 영향을 미쳤다. 두 사람은 여섯 명의 아이를 두었는데, 그 중 하나는 태어나자마자 사망했다.

변호사가 되어 몇 년 간 월스트리트의 회사에서 활동하던 프랭클린은 유명한 대통령이자 숙부인 테디 루스벨트의 진보적인 활동에 관심을 갖게 되었다. 그러나 프랭클린 루스벨트는 민주당원으로 정치에 첫발을 내딛었으며, 1910년에 공화당이 강세를 보이던 하이드파크 지역의 뉴욕 주 상원의원에 당선되었다. 그는 1912년 민주당 전당대회에서 대통령 후보로 우드로 윌슨을 지지했으며, 그 결과 해군 서기관보에 임명되어 1913년부터 1920년까지 재직했다. 급등하는 인기에 힘입어 그는 1920년에 부통령 후보자에 임명되었지만, 하딩과 콜리지의 배신 때문에 처

참한 패배를 맛보아야 했다.

다음 해 8월, 루스벨트는 소아마비로 사경을 헤매게 되었다. 그 후로 10년간 그는 조지아 주 웜스프링스에서 대부분의 시간을 보내면서 다시 걸을 수 있다는 희망 속에 물리 치료를 받았다. 그러나 그는 목발 없이는 겨우 두세 걸음도 걸을 수 없었다. 이 기간 동안 그는 심각한 우울증에 시달려야 했지만 그의 곁에는 엘리너가 있었다. 끊임없이 용기를 북돋워 주는 아내의 노력에 힘입어 그는 불굴의 투쟁의식을 상당히 회복할 수 있었다(사실 그녀도 남편과 자신의 여비서가 5년간 사귀어 온 연인 사이라는 사실을 알고 감정적으로 힘든 시간을 보냈다).

1928년에 뉴욕 주지사에 당선된 루스벨트는 전국적으로 유명인사가 되었다. 그리고 주식 시장이 붕괴되고 3년이 지난 1929년, 여전히 경제적으로 암담한 시기가 계속되는 상황에서 그는 미국인을 위한 '뉴딜' 정책을 공약으로 내걸고 대통령 선거에 나가 압도적인 표차로 대통령에 당선되었다. 그는 의기양양하고 자신감에 차서 계획한 일들을 추진했는데, 이런 모습은 지지자들에게는 큰 안심이 되었지만 반대자들을 더욱 분노하게 만들었다. 루스벨트는 국가의 고통을 덜고 폐습을 억제하기 위해 새로운 연방기관을 창설했다. 그리고 이어서 각 은행이 재정적 건전성을 회복할 때까지 모든 은행 업무를 정지시켰으며 예금을 보장하기 위해 예금보험공사FDIC를 설치했다. 그런 다음 국가의 자립을 목표로 한 기관들인 연방긴급구제국FERA, 토목사업청CWA, 공공사업관리국PWA, 전국부흥국NRA을 만들 수 있는 법률을 통과시켰다. 전문가를 자처하는 한 사람은, 입법자들이 충분히 토론을 하지도 않고 마치 '대통령이 주장한 법안이 물에 떠내려가는 것을 가만히 지켜보는 듯한' 태도를 취했다고 비난했다. 한편 그를 '그가 속한 계급의 배신자'로 생각했던 반대자들은 노인과 환자에게 연금을 제공하는 사회보장법(1935)과 단체 교섭을 금지시키는 바그너법(1935)이 자본주의의 몰락과 사회주의 복지 정부의 탄생을 의미할 뿐이라고 주장했다.

그러나 루스벨트는 물러서지 않았다. 멋쟁이 아버지 이미지를 떠올리는 옷차림에 우렁차고 교양 있는 목소리를 한 그는 라디오에 나와 아저씨처럼 상냥하게 '노변한담爐邊閑談'(루스벨트 대통령이 라디오를 통해 국민에게 직접 담화한 일)*을 늘어놓으면서 고통 받는 미국인을 위로했다. 그는 전국 방방곡곡을 누비고 다니면서—신문에 성명을 발표할 때는 신중했고 뉴스 영화에 출연할 때는 머리가 희끗한 멋진 모습이었다— 용기를 북돋워 주었고, 농담을 했으며, 만나는 사람들을 독려했다. 마침내 사람들은 대통령이 그의 트레이드마크인 담배물부리를 여유 있게 비스듬히 기울인 모습을 보고 싶어 하게 되었다. 그것은 모든 일이 잘 되어가고 있다는 것을 의미했기 때문이다. 대통령이 시도한 여러 프로그램에 대해 대법원이 불리한 판단을 내리자, 루스벨트는 법정을 그의 측근들로 구성하는 방법을 택했다.

결과적으로 미국을 불경기의 수렁에서 구제한 것은 루스벨트의 정책이 아니라 제2차 세계대전이었다. 뒤늦게 반파시즘에 가담하기는 했지만, 그는 연합국들에게 미국의 원조가 임박했음을 미리 알렸다. 고립주의 정책을 고수하던 미국도 강력한 도전을 받게 되자 정책을 수정하지 않을 수 없었다. 1941년 12월 7일 일본의 진주만 공격이 개시된 날, 그는 "의회는 오명을 짊어지게 될 것이다"라고 주장했다. 그리고 일주일 만에 미국은 유럽과 아시아 두 곳의 전선에서 주축국에 대항하는 전투에 참가했다.

전쟁이 장기간 계속되자 전 세계가 엄청난 희생을 치렀다. 그리고 루스벨트의 건강에도 악영향을 미쳤다. 1944년에 실시된 선거에서 4선이라는 전례 없는 승리를 이룰 만큼 건재했지만, 반대자들은 1945년 얄타 회담 당시 스탈린에게 지나치게 유연한 태도로 일관한 이유를 그의 건강 악화에서 찾으려고 했다. 그리고 동유럽을 러시아에게 불필요하게 양도했으며 그로 인해 냉전을 야기했다고 주장했다. 얄타 회담 참가로 건강이 악화된 그는 웜스프링스로 돌아갔다. 그리고 독일이 항복하기 약 한 달 전인 1945년 4월 12일 뇌일혈로 사망했다. 그는 사회개혁을 설계한 귀족이자, 위험에 처한 세계 민주주의를 책임지고 있던 의지의 사령관이었으며, 거대 정부의 창시자였다. 간단하게 말하면, 그는 세기의 전환기를 맞이한 미국에서 중심점이 된 중요한 정치인들 중 한 사람이었다.

Rosa Luxemburg

로자 룩셈부르크

1871~1919

사회혁명은 20세기의 교리였다. 그리고 전설의 여인 로자 룩셈부르크보다 비극적인 사회혁명의 영웅은 없을 것이다. 세계 프롤레타리아의 승리자였던 그녀는 맹렬한 지성인이자 낭만주의자였다. 그리고 조금 과장해서 표현한다면 그녀는 공산주의 이론 및 우리 시대의 가장 큰 변화를 불러온 일부 사건들과 관련이 있는 폭력의 화신이기도 했다. 좌파 정치사상가로서 룩셈부르크는 마르크스에 비유되었는데, 짧은 활동 기간 동안 세계 사회주의운동이 나아갈 방향에 대해 엄청난 영향을 미쳤다. 그러나 예술과 문학과 삶을 사랑했던 그녀는 당시 혁명가들의 특징이었던 금욕주의를 실천할 마음이 조금도 없었다. 그녀는 애인이었던 레오 요기헤스Leo Jogiches-Tyszka같은 외골수의 광신자는 결코 될 수 없었다. 그에게 보낸 편지에서 그녀는 "당신의 편지를 읽고 여섯 장에 달하는 사연들이 온통 폴란드 사회주의당에 관한 내용일 뿐 당신의 일상에 대한 이야기는 하나도 없다는 사실에 정신이 아득해졌어요"라고 털어 놓았다.

러시아 독재자 차르가 지배하는 폴란드에서 유대인이자 여자로 성장했던 룩셈부르크가 인종과 종교 그리고 성에 의해 차별받지 않는 세상을 꿈꾸었던 것은 어쩌면 당연한 일이었다. 교양 있는 상인 부모 밑에서 문학과 정치를 접하며 자란 그녀는 처음엔 자신이 해방시키고자 노력하던 노동자들에 대해 약간은 냉정하면서도 무시하는 듯한 시각을 가지고 있었다. 그녀는 시를 즐겨 썼으며—어린 시절 질병으로 소아마비 장애를 가지게 되었던 그녀는 그 이상의 육체적 활동을 할 수 없는 상태였다—더 성장해서는 학문적 탐구와 반란이라는 두 가지 목표에 매진했다. 그리고 과연 얼마 안 있어 두 분야에서 그녀의 성과가 나타나기 시작했다. 그녀는 고등학교 시절 뛰어난 학업 성적 덕분에 금메달 수상자로 선정되었지만 인종 관련 활동과 학교 당국에 대한 반대 활동으로 상장을 박탈당했다. 열여덟 살에 독재적인 경찰이 자신을 체포하려 한다는 정보를 입수한 이 젊은 선동가는 스위스로

UXEMBOUR

몸을 피했고, 그곳에서 취리히대학교에 입학했다. 1897년, 그녀는 대학에서 눈부신 성적을 거두며 폴란드의 산업에 대한 마르크스주의적 연구로 박사 학위를 취득했다. 실용적인 이론의 진정한 신봉자였던 룩셈부르크는 폴란드 사회민주주의당을 창립했다. 당시 공동 발기인이자 망명자였던 젊은 선동주의자 레오 요기헤스는 부유한 가정에서 태어난 반항아였는데, 자본주의를 거부하자고 주장하는 그였지만 아버지가 건네는 생활비는 거절하지 않았다. 그 후로 오랫동안 두 사람은 위태로운 연인 관계를 유지했으며, 요기헤스는 룩셈부르크가 여러 이론서들을 발표함으로써 최고의 자리에 오르는 것을 상충된 감정을 지닌 계승자의 입장에서 초조하게 지켜보았다.

1896년까지 그녀는 세계 사회주의운동의 유력인사가 되었으며, 민족주의는 사회주의에 역행한다는 엄격한 주장을 펼침으로써 폴란드 동지들과 일정한 거리를 유지했다. 1년 후 그녀는 독일 시민권을 얻기 위해 베를린에 사는 구스타프 뤼벡Gustav Lübeck과 위장 결혼했고, 그 후 취리히를 떠나 요기헤스와 헤어지고 좀더 가능성이 보이는 독일 내 혁명 운동에 헌신했다. 7년 동안 그녀는 「디 노이에 차이트 *Die Neue Zeit*」 같은 기관지에서 분석 기사와 선전 문구를 작성하면서 이른바 지식인 계층에 편입되었다. 그러나 그런 생활을 통해 명성을 쌓을 수는 있었지만 대중의 진정한 요구와 열망을 이해할 수는 없었다.

1905년 러시아 혁명에 대한 잘못된 희망을 품고 다시 폴란드로 돌아간 그녀는 그때까지 여전히 그녀의 정치적 동지로 남아 있던 요기헤스와 함께 체포되어 투옥되었다. 가족의 도움으로 출소한 그녀는 핀란드를 거쳐 다시 독일로 향했는데, 그 과정에서 트로츠키와 레닌을 방문했으며 그녀의 가장 뛰어난 저서인 『대중의 봉기』를 완성했다. 처절한 표현만 제외한다면—그녀는 '피의 로자Red Rosa'라는 전혀 상반된 의미의 애칭으로 불렸다—룩셈부르크는 사실 폭력을 혐오하고 무서워했다. 그녀는 냉담하게 테러를 조직하는 레닌 같은 사람이 될 수는 없었다. 실제로 그녀는 레닌이 제시한 반민족주의적 공산주의가 그것이 치유하고자 했던 사회악들보다 더 나쁘다고 보았다.

1913년에 룩셈부르크는 노동자들을 상대로 그들에게 무기를 들고 동포와 맞서 싸워야 할 투쟁이 임박했다는 연설을 한 일로 제1차 세계대전이 발발한 직후인 1915년에 다시 감옥에 갇히는 신세가 되었다. 그녀가 가장 유명한 저서인 『자본의 축적』을 완성한 직후였다. 그녀는 전쟁 내내 감옥 안에서 문학을 번역하고 정치 관련 소논문과 시를 쓰면서 지냈다. 그녀의 동지 레닌이 러시아 혁명을 성공적으로 완수하자 죄수 신분이었던 룩셈부르크는 러시아의 성공을 축하하면서 독일인들도 러시아의 전례를 따를 것을 촉구했다. 그러나 룩셈부르크와 정치적 신조 면에서 순수했던 그녀의 스파르타쿠스단—반항적인 로마 노예의 이름을 딴 조직—은 영향력이나 힘을 행사할 수 없었으며, 궁극적으로 독일 안에서 사회주의를 수립하는 데 실패했다. 그러나 1919년에 좌파가 새로운 바이마르 공화국에 반대하는 소요를 일으킴으로써 스파르타쿠스단은 독일 공산당의 기초가 되었다.

같은 해 1월, 그녀는 스파르타쿠스 폭동이라고 불리게 되는 거사에 참여했다. 그러나 대중적 저항 운동으로 정부를 전복시키겠다는 것은 너무도 어리석은 생각이었다. 룩셈부르크가 지니고 있던 대중에 대한 비현실적인 신뢰는 파멸에 이르는 길임이 증명된 셈이었다. 대중은 혁명에는 관심이 없었으며 정부는 끄떡도 하지 않았다. 1919년 1월 15일, 그녀는 기병대에 체포되어 고문과 폭행을 당하다가 결국 사살되었다. 그리고 그녀의 자그마한 몸은 마치 짐짝처럼 운하에 버려졌다.

로자 룩셈부르크의 씁쓸한 죽음은 너무도 감동적인 그녀의 삶을 더욱 빛나게 해주었다. 그녀는 뛰어난 이론가로서 사회주의라는 신앙에 대한 믿음을 가지고 그녀가 진정으로 이해하지 못한 사회의 무산자들에게 보다 나은 삶을 선사해주기 위해 싸움터로 향했다. 그리고 바로 이러한 특별한 신념으로 자신의 지적 훈련을 한 번도 포기하지 않는 한편 음모에 참가했고 횃불과 폭탄을 들었다. 사후에 쓰인 조사弔詞에서 레닌은 그녀를 아주 낮게 나는 독수리로 표현했는데, 그녀는 너무 낮게 날아서 포식자의 앞발에 그만 낚아 채이고 말았다.

Leni Riefenstahl
레니 리펜슈탈

1902~2003

1934년 나치즘이 급속도로 확산되고 있던 시절, 독일의 가장 재능 있는 젊은 영화감독 가운데 한사람이 나치의 뉘른베르크 전당대회에 관한 다큐멘터리를 만들기 위해 베를린으로 소환되었다. 레니 리펜슈탈은 처음에는 그 제안을 고사했지만 히틀러가 직접 나서서 작품 제작에 대한 전권을 보장해주겠다며 그녀를 설득했다. 히틀러는 그녀에게 "예술가의 입장에서 촬영하시오"라고 말했다. 그 결과 탄생된 〈의지의 승리〉는 그동안 만들어졌던 선전물 가운데 시각적으로 가장 뛰어난 작품의 하나라는 평가를 받았다. 영화는 위대한 지도자를 신격화시켰고, 그를 신뢰할 수 있는 인물로 만들었다. 이것은 나치 선전 기관의 힘으로는 결코 이루어낼 수 없는 결과였다. 그러나 리펜슈탈이 지불해야 하는 희생은 단지 6일 동안의 작업으로 끝이 아니었다. 그녀는 자신의 재능을 히틀러를 신격화하는 데에 사용함으로써 영화감독으로서의 자격을 박탈당했으며 예술가의 도덕적 책임감에 대한 격렬한 토론을 야기하는 원인이 되었다.

베르타 헬레네 아말리에 리펜슈탈의 아버지는 사업가로서 처음엔 딸이 무용가가 되겠다는 소망을 인정하려고 하지 않고 그 대신 상업 미술을 하라고 권했다. 그러나 고집이 셌던 10대 소녀는 아버지 몰래 무용을 배웠고 마침내 위대한 연극 감독 막스 라인하르트Max Reinhardt와 함께 작업하는 영광을 누렸다. 그러나 1924년에 무릎 부상으로 어려움에 처하게 된 리펜슈탈은 우연한 기회에 아놀드 팡크Arnold Fanck 감독의 영화를 보게 되었다. 독일에만 존재하는 독특한 분야인 베르게필름bergefilm 혹은 '산악 영화mountain film'의 전문가였던 팡크는 웅장한 자연을 배경으로 목표를 향해 분투하는 영웅적인 운동선수의 모습을 영화에 담았다. 그녀는 팡크와 만남의 자리를 마련했고, 그는 여러 편의 영화에 그녀를 주연으로 등장시켰다. 이러한 영화들을 통해 스포츠 정신을 지닌 이 미인은 등산화를 신은 그레타 가르보로 인기를 끌게 되었다.

1931년, 유명 배우가 된 그녀는 영화를 만들기 위해 자신의 전 재산을 담보로 자금을 대출받았다. 당시 그녀는 〈푸른 빛〉이라는 동화를 영화로 만들 계획이었다. 이 영화에서 선보인 혁신적인 조명 기술과 클로즈업 기술 덕분에 그녀는 1932년 베니스 영화제에서 금상을 수상했다. 영화배우이자 감독으로 이름을 날리게 된 리펜슈탈은 자신이 그토록 사랑하는 조국을 신격화한 남자를 너무도 만나보고 싶었다. 이렇게 해서 그녀를 파멸로 이끈 불장난이 시작되었다.

그녀가 새로 완성한 〈의지의 승리〉를 본 비판자들은 그녀의 사악함에 치를 떨었다. 첫 장면에서 바그너의 웅장한 음악이 깔리면서 히틀러가 탄 전용기가 구름을 헤치고 하강한다. 그리고 인물을 돋보이게 하는 카메라 앵글과 혁신적인 영화 기법으로 뉘른베르크의 중세 거리를 따라 횃불 시위대의 모습이 배경 화면으로 나오는 가운데 히틀러가 강건한 아버지의 모습에서 권위 있는 우상으로 바뀐다. 연출된 것임에도 불구하고 영화는 중요한 역사적 기록일 뿐만 아니라 그 이상으로 노골적인 정치적 문서이기도 하다. 그리고 리펜슈탈에게 이 영화는 옴짝달싹할 수 없는 증거이다. 히틀러뿐만 아니라 그의 보좌관들도 개봉일까지 완성된 필름을 볼 수 없었다. 다시 말해서 이 말은 영화의 주제가 오로지 리펜슈탈의 열정에 의해 탄생되었음을 의미한다. 「필름 쿼털리*Film Quarterly*」가 지적하였듯이 〈의지의 승리〉는 영화 속에 묘사되어 있는 사건들에 열광하는 사람이 아니면 도저히 만들어낼 수 없는 그런 영화였다.

그리고 얼마 지나지 않아 리펜슈탈에게는 1936년에 개최된 베를린 올림픽에 대한 기록 영화 〈올림피아Olympia〉를 만드는 임무가 주어졌다. 이 기록 영화는 1938년 베니스 영화제에서 1등상을 수상했다. 이 영화는 그녀의 작품 가운데 가장 야심찬 작품이라고 할 수 있는 것으로 매우 정교하면서 극히 추상적인 방법을 통해 인간 형체의 우아함과 아름다움을 보여주었다는 감탄을 자아내게 한다. 일부 비평가들은 이 영화가 완벽주의에 대한 나치즘의 환상을 보여준다고 주장한다. 그러나 사실 영화 안에서 그녀가 가장 중요하게 다룬 운동선수는 바로 아프리카계 미국 흑인 제시 오언스Jesse Owens였고, 그가 4관왕에 등극했다는 사실에 너무 화가 난 히틀러는 경기 도중에 자리를 박차고 나가버렸다. 나아가 주인공에 대한 그녀의 열정은 운동선수인 동시에 무용가이기도 한 인간에 대한 동경에서 비롯되었다는 것은 어느 정도 설득력을 지니고 있다.

전쟁이 끝난 후 이 영화감독은 연합군 수용소에서 3년을 복역했다. 그리고 마침내 1952년이 되어서야 모든 혐의를 벗을 수 있었다. 그녀는 미국과 프랑스 그리고 서독에서 각각 이루어진 심문에서 "나치 체제를 지지하는 어떤 활동"에도 참여하지 않았다는 점이 확인되었던 것이다. 그렇다고 하더라도 그녀는 파시즘에 대한 자발적인 참여 때문에 영화계에서 추방당했으며, 죽을 때까지 자신의 결백을 주장했다. 그렇다. 그녀가 히틀러에게 마음을 빼앗겼던 것은 사실이지만 그의 잔악무도한 행위에 대해서는 전혀 알지 못했다. 또한 소문과 달리 한 번도 지도자에 대해 연정을 품었던 적도 없었다. 그러나 리펜슈탈이 그를 자신의 친구이자 멘토로 생각했다는 사실은 반박의 여지가 없다. 두 사람이 함께 찍은 수많은 사진들도 있지만 히틀러의 선전 장관으로 강력한 권한을 행사했던 괴벨스가 그녀를 멸시하였으며 그녀를 제거하고 싶어 했던 것도 사실이다. 아마 히틀러의 후원과 보호가 없었다면 괴벨스는 분명 계획을 실천에 옮겼을 것이다. 그녀는 비록 나치 당원도 아니었고 히틀러의 정부도 아니었지만 그럼에도 불구하고 히틀러뿐만 아니라 그가 주장하는 대의명분을 충실히 따랐다.

리펜슈탈에게 다시는 영화를 만들 기회가 허락되지 않았다. 그녀는 여섯 번 정도 거래가 무산되자 아프리카로 건너갔다. 그곳에서 수단에 거주하는 누바족과 함께 살면서 그들의 일상을 카메라에 담았다. 이러한 뜻밖의 사진들을 모아 1973년에 책으로 발간한 『누바족 *The Nuba*』이라는 사진집은 인류학적인 통찰력과 완벽한 아름다움으로 많은 찬사를 받았다. 일흔 살의 나이에 그녀는 해저 사진 탐사를 시도했는데, 다이빙 허가증을 얻기 위해 나이를 속이기도 했다.

90세가 된 리펜슈탈은 여전히 자신의 무고함을 주장했다. 최근에 그녀의 실추된 명예를 회복시켜 주자는 운동이 일고 있지만, 누가 뭐래도 당대 최고 영화감독이었던 그녀는 거의 모습을 드러내지 않고 있다(그녀는 2003년에 사망했다).* 그녀는 자신에게 주어진 권한 안에서 오로지 영화를 만드는 일에만 집중하려고 했으나 그녀가 저질렀던 범행은 그녀가 사람들의 기억 속에 남아 있음과 동시에 그들로부터 멸시를 당하는 이유이다. 독창성 때문에 늘 고민을 했으며 야망으로부터 자유로울 수 없었던 리펜슈탈은 예술과 도덕성 사이의 상관관계를 인정하지 않는 선택을 했기 때문에 한 인간으로서 스스로의 체면을 깎아내리는 행위를 했다. 그리고 평생 자신의 선택에 따른 결과를 감내해야만 했다.

Charles Lindbergh
찰스 린드버그

1902~1974

미국 중서부의 침체에 빠져 있던 여러 도시들에 "불굴의 린드버그"라고 씌어진 전단과 포스터가 내걸렸다. 수려한 용모에 쾌활한 이 청년은 흔들리는 곡예 비행기의 양 날개 위에 서서 숨을 죽인 채 현장에 모인 관객을 향해 급강하하는 위험천만한 모험에 도전할 만큼 무서움을 모르는 용기의 화신이었다. 그는 흐린 여름날의 밤하늘을 비행하며 폭죽을 터뜨리는 곡예도 거뜬히 해냈다. 또한 이중 낙하산 묘기라는 등골이 오싹할 정도의 위험한 묘기를 선보이기도 했는데, 이것은 첫 번째 낙하산을 끊어버린 다음 몇 차례 자유 낙하를 즐기다 두 번째 낙하산을 펼치는 고난도의 곡예였다.

겨우 20대에 곡예 비행을 시작했던 찰스 오거스터스 린드버그는 머리카락이 곤두서는 짜릿한 공중 곡예의 달인이었다. 그뿐만 아니라 1927년 5월 20일에 28피트 크기의 작은 싱글 엔진 비행기를 끌고 혼자 논스톱으로 대서양 횡단에 성공한 최초의 인물이었다. 그는 시계視界가 극도로 제한되고 무전기와 낙하산도 장착하지 않은 악조건 속에서 이처럼 놀라운 성과를 거두었다. 그는 더 많은 연료를 싣기 위해 자진해서 무전기와 낙하산은 포기했던 것이다. 그리고 긴 비행을 위해 잠을 쫓을 만한 것들을 준비할 수도 있었지만 집중력을 떨어뜨릴지 모른다는 우려에서 커피도 가져가지 않았다. 이 고독한 비행사는 롱아일랜드의 루스벨트 공항을 날아올라 기체가 처음 덜컹거리기 시작한 순간부터 애초 준비 단계에서 성공이 불확실했던 모험에 대한 두려움과 피곤함에 맞서 싸웠다. 그에 앞서 이미 여섯 사람이 똑같은 비행에 도전했지만 결국 창공의 이슬로 사라져야만 했다 33시간 32분의 비행을 마치고 그가 탄 스피릿 오브 세인트루이스The Spirit of St. Louis가 파리의 르부르제 공항에 도착했을 때, 세계와 2만 5천 달러의 상금은 그의 것이었다. 적어도 그 순간만큼은 모든 것이 너무나 가치 있어 보였다.

고독한 독수리의 인기는 끝이 없었다. 대중 매체가 없던 시대에 린드버그는 가

히 필적할 사람이 없을 정도로 세계적인 유명인사가 되었다. 세계 곳곳에서 사람들은 비행 개척 시대에 그가 이룬 업적에, 그리고 침착함과 겸손함을 갖춘 느긋한 그의 모습에 열광했다. 역사적인 비행을 마치자마자 린드버그에게는 프랑스의 레지옹 도뇌르 훈장을 비롯하여 수많은 훈장이 수여되었다. 그가 자랑스러운 미국 청년이라는 사실을 세상에 알리고 싶었던 미국은 금발의 청년이 도착하자마자 그를 해군 순항선에 태우는 등 화려한 귀국 환영 행사를 준비했다. 또 린드버그에게 비행수훈십자상과 미국의 최고 명예훈장Medal of Honor을 수여했다. 뿐만 아니라 뉴욕에 도착했을 때는 전설적인 행운아 린디를 환영하는 색종이 세례와 함께 온 도시가 축제 분위기였다.

자신의 성공이 단순한 행운 때문이라고는 생각하지 않았기 때문에 자신의 새로운 닉네임이 마음에 들지 않았던 린드버그는 갑자기 유명인사가 되었다는 사실에 점점 불안을 느끼기 시작했다. 어린 린드버그는 다섯 살 때 부모가 이혼을 한 이후로 변덕스럽고 다소 속물근성을 지닌 어머니와 함께 살며 학교를 자주 옮겨 다녀야만 했다. 그래서 진정한 친구를 사귈 수 없었던 그는 주로 혼자서 시간을 보냈다. 그러다 갑자기 영웅 대접을 받게 되자 당황하지 않을 수 없었는데, 그에 못지않게 언론의 주제넘은 간섭이 그를 화나게 만들었다. 그는 교통지옥에서 벗어나는 기분으로 고독을 갈구했고, 그가 나타나는 곳마다 여지없이 벌어지는 난투극에 가까운 혼잡에 경악을 금치 못했다.

1929년, 린드버그는 미국 대사 드와이트 W. 모로Dwight Whitney Morrow의 수줍음 많은 딸 앤 스펜서 모로Anne Morrow Lindbergh와의 결혼을 통해 마침내 그토록 원했던 참을성 많은 동반자를 얻을 수 있었다. 여행 경로를 정하여 세계를 함께 돌아다닌 이 매력적인 커플은 어디를 가든지 사람들의 시선을 사로잡았다. 아들 찰스 주니어가 태어나자 린드버그는 뉴저지 시골에서 전원생활을 즐겼는데, 그때까지만 해도 모든 것이 완벽해 보였다.

그러다 어느 날 아침 린드버그의 운명이 바뀌었다. 1932년 당시 24개월이던 그의 아들이 납치되었고, 현상금을 요구하던 범인은 끝내 아들을 살해했다. 그 뒤 9주 만에 아이는 집에서 몇 백 야드 떨어지지 않은 지점에서 부패한 시체로 발견되었다. 린드버그가 직접 지휘한 조사는 전혀 소득이 없이 끝났으며, 대중의 반응은 말할 것도 없고 언론은 한 개인의 처참한 비극을 서커스에 곁들이는 작은 쇼로 몰고 갔다. 심지어 장사꾼들은 아이의 것이라고 주장하는 머리카락을 돈을 받고 파는 추태까지 부렸다. 침입자들이 갖은 술책을 써서 시체 공시소에 안치되어 있던 아이의 사진을 찍었을 때, 린드버그는 깊은 혐오감에 빠져 결국 미국을 떠나 영국으로 향했다. 1935년, '세기의 재판'이라고 불린 재판에서 브루노 리처드 하우프트만Bruno Richard Hauptmann이라는 목수가 유괴 사건의 범인이라는 판결이 내려졌다. 하우프트만은 비록 끝까지 자신의 결백을 주장했지만 결국 1936년에 교수형에 처해졌다.

1930년대 동안 린드버그는 나치주의자들과 미심쩍은 연계를 가졌다. 히틀러의 대리인인 헤르만 괴링Hermann Göring의 초대를 받아 독일의 비행기 공장을 견학하게 된 린드버그는 나치의 뛰어난 공군력의 숭배자가 되었으며 히틀러가 직접 사인한 십자훈장을 받았다. 또한 불행하게도 린드버그는 나치의 선전 문구와 언론 통제에도 동조했는데, 그의 이러한 태도는 자기 가족이 겪었던 비극의 상당 부분이 언론의 잘못 때문이라는 믿음에서 비롯되었다. 그는 유대인들이 미국 언론의 지배권을 장악하여 참전 지지 활동을 벌이던 당시의 사회 분위기와 관련하여 공공연하게 반셈족주의를 주장하기 시작했다. 일본군의 진주만 공격으로 인해 린드버그가 미국 공군에 복귀하기를 원했을 때(그는 고독을 즐기고 싶은 욕심에 1941년에 마음대로 사의를 표명했다), 프랭클린 D. 루스벨트 대통령은 그의 요청을 거절했다.

1954년, 아이젠하워 대통령은 린드버그의 태평양 지역 전투 비행 경력을 인정하여 장교 지위를 다시 회복시켜 주었는데, 사실 그 직위는 비행사로서 좌절에 빠져 있던 그가 방위 협정에 대한 자문을 통해 교묘하게 따낸 것이었다. 그러나 그는 과거 곡예비행의 영웅으로 대접받을 때만큼의 명성을 회복하지는 못했다. 린드버그는 언론이 동원된 20세기의 가장 감동적인 행사 가운데 하나를 통해 자신의 용기와 열정으로 한 세대를 전율에 떨게 만들었다. 그러나 항공 분야의 살아있는 전설이 날개를 접게 된 원인은 어쩌면 그의 지나친 자신감이었을지도 모른다.

Madonna
마돈나
1959~

마돈나가 음악, 영화, 패션에 미친 영향은 항상 치밀하게 계산된 꾸러미 속에 든 것의 일부에 지나지 않았다. 그녀의 이미지는 너무나 변화무쌍하고 세심하게 다듬어진 것이어서, 가장 훌륭한 예술 작품은 항상 그녀 자신이었다. 그래서 사람들은 각자 좋아하는 마돈나가 따로 있다. 데뷔 초기의 보이 토이Boy Toy(성적 매력이 있는 미소년)*, 매럴린 먼로가 되고 싶어 하는 세속적인 소녀Material Girl, 디자이너 고티에가 만든 의상을 입고 고음으로 노래하는 테크노의 여왕, 또는 최근 뮤지컬에서 선보인 성숙한 대지의 어머니 등 그녀는 이미지로 존재한다. 그러나 이미지가 다양하다는 사실은 이 아티스트의 명성에 결코 흠을 내지 못했다. 팬들은 오히려 매번 달라지는 마돈나의 프로젝트를 기대하게 되었다. 그것이 새 앨범이든 새 영화든, 아니면 마일라 비닐로 싼 화끈한 사진집 『섹스*Sex*』(1990) 같은 책이든 팬들은 각각 새롭고 흥미로운 마돈나의 페르소나를 고대하고 있다.

디트로이트 교외에서 어린 시절을 보낸 마돈나 루이스 시콘Madonna Louise Ciccone(마돈나는 여섯 살 때 암으로 죽은 어머니의 이름을 이어받았다)은 무용수가 되고 싶어 했다. 미시간대학교에 입학한 그녀는 한 학기 만에 중퇴했고, 1978년에 무일푼 상태로 스타가 되겠다는 꿈 하나만을 안고 뉴욕으로 향했다. 당시 열아홉 살이던 그녀는 누드모델과 새로 사귄 친구들의 도움으로 겨우 생활을 유지하면서 때로는 먹을 것을 찾아 쓰레기통을 뒤질 정도로 처참한 생활을 하기도 했다. 마사 그레이엄의 동창 펄 랭과 함께 일한 것을 계기로 그녀는 마침내 랭이 이끄는 무용단의 무용수가 되었으며 그 후 앨빈 에일리 극단에 들어갔다. 그러나 춤만으로는 마돈나가 이루고자 했던 꿈을 채울 수 없었다. 음악 현장으로 자리를 옮긴 마돈나는 남자 친구 댄 길로이에게서 록 음악에 대한 기초를 배웠다. 또 퍼커션과 기타 연주법도 배워 가끔 길로이가 이끌던 밴드 브랙퍼스트 클럽에서 드럼을 연주하거나 노래를 부르기도 했다. 그러나 매니저 카미유 바르본과 만난 일은 그녀에게 일대 전환

점이 되었다. 고담 프로덕션의 파트너 중 하나였던 그녀는 얼마 안 있어 새로운 클라이언트와 계약을 체결하면서 봉급 외에 쾌적한 동네에 위치한 아파트를 얻는 데 성공했다. 새 밴드와 일하게 된 마돈나는 에이티스라는 최첨단 다운타운 클럽에서 순식간에 인기 가수로 부상했다. 한편 그녀가 제일 좋아하는 댄스테리아 클럽의 디제이 마크 카민스는 밤 업소를 찾는 손님에게 그녀의 데모 테이프를 틀어 주었고 손님들의 반응이 좋았다. 그녀는 카민스를 통해 사이어 레코드의 사장 시모어 스타인과 만나는 결정적인 기회를 잡을 수 있었다. 바르본과 결별을 선언한 마돈나는 이제 출세가도를 달리기 시작했다.

사이어 레코드에서 발표한 첫 앨범 〈마돈나〉는 처음에는 순위에서 고전을 면치 못했다. 그러나 자기를 홍보하는 데 천재적인 재능을 지니고 있던 이 신인 스타는 전화를 이용해 자신의 노래를 홍보하기 시작했다. 당시 마이클 잭슨의 매니저로 일했던 프레디 드망은 자기 노래를 홍보하고 다니는 그녀의 지칠 줄 모르는 끈기에 감동하여 그녀를 위한 홍보 전략을 짜기 시작했다. 1984년 봄 〈보더라인 Borderline〉이 싱글 차트에서 10위를 기록했고, 1985년 초반에는 두 번째 앨범 〈라이크 어 버진Like A Virgin〉이 MTV 비디오 뮤직 어워드 시상식에서 그녀가 보여 주었던 놀라운 공연과 타이틀 트랙 그리고 〈머티리얼 걸Material Girl〉 비디오에 힘입어 넘버원을 기록했다. 마돈나를 만드는 데 일조를 한 것이 MTV이든 아니든 둘은 한동안 사실상 같은 의미로 통용되었다.

한편, 팬들은 마돈나와 그녀의 음악에 대해 더욱 열광적으로 반응했다. 세계의 십대 소녀들은 그녀를 무기로서의 섹스라는 자유로운 메시지를 담은 저항할 수 없는 팝 음악을 만들어 낸 예술가로 숭배했다. 또한 계획에 없던 임신을 끝까지 밀고 나가려는 소녀에 관한 내용을 담은 〈파파 돈 프리치Papa Don't Preach〉(1991) 같은 노래에 화가 난 다른 부류의 청취자들은 그녀가 향락주의를 선전하고 수많은 팬들의 방종을 부추기는 가수라고 비난했다. 이러한 보수적인 관객들의 비판은 1989년에 앨범 〈라이크 어 프레이어Like a Prayer〉가 발표되면서 절정에 달했다. 타이틀 트랙을 담은 비디오는 논쟁의 소지가 많았는데, 그 중에서도 특히 마돈나가 성흔聖痕을 경험하는 장면은 신성모독이라는 비판을 피할 수 없었고, 그녀는 결국 가톨릭 교회로부터 파문을 당했다. 그러나 이러한 논쟁은 앨범 판매를 늘렸을 뿐만 아니라 팬 층을 더욱 두텁게 만드는 결과를 낳았다.

콘서트가 연일 매진을 기록하고 앨범이 200만 장 넘게 팔렸지만 그녀에게는 아직 영화배우가 되겠다는 목표가 남아 있었다. 마돈나가 〈수잔을 찾아서Desperately Seeking Susan〉(1985)에서 약삭빠르지만 호감이 가는 빌리지 재즈 광으로 출연했던 외도는 아주 성공적이었다. 그러나 남편 숀 펜Sean Penn과 함께 출연한 〈상하이 서프라이즈Shanghai Surprise〉(1986)와 〈마돈나의 화려한 유혹Who's That Girl〉(1987)은 비평가들과 영화 애호가들에게 철저히 외면당했다. 5년 후 〈딕 트레이시Dick Tracy〉에서 브레드레스 마호니 역을 열연함으로써 주목을 받기는 했지만, 사람들은 이 영화의 감독이자 스타 배우 워렌 비티Warren Beatty와 그녀의 스크린 밖 관계에 대해 더 많은 관심을 보였다. 그녀에 관한 다큐멘터리 〈진실 혹은 대담True or Dare〉(1991)은 가수로서 그녀의 삶과 일을 적나라하게 들추어낸 작품이었다. 페니 마셜Penny Marshall이 만든 〈그들만의 리그A League of Their Own〉(1992)는 더 큰 성공을 거두었지만 마돈나를 스타로 만들기에는 역부족이었다(그러나 이 영화를 계기로 마돈나는 함께 출연한 로지 오도넬Rosie O'Donnell과 우정을 쌓게 되었다). 그녀가 영화배우로서 인정받은 계기가 된 작품은 바로 앨런 파커Alan Parker 감독이 만든 〈에비타Evita〉(1996)였다. 이 영화에서 그녀는 전직 배우에서 정치인으로 변신한 에바 페론 역을 훌륭하게 소화하여 이듬해 골든글러브 시상식에서 코미디 뮤지컬 부문 최우수 여자 연기상을 수상했다.

그녀의 야망은 여기서 그치지 않았다. 개인 트레이너의 아이를 임신한 마돈나는 1996년에 딸 루어디즈를 낳았다. 모성애를 통해 다시 한 번 변화를 경험한 그녀는 격렬한 일상적인 격무를 접고 요가를 통해 평화를 얻고자 했으며, 새 앨범 〈레이 오브 라이트Ray of Light〉(1998)를 발표했다. 또한 최근 각광 받기 시작한 신비로운 고대 유대교의 한 분파인 카발라Kabbalah를 공부하는 데도 심취했다. 그녀는 자신이 세운 레코드 회사 매버릭을 통해 과거와 마찬가지로 정력적으로 활동하고 있으며, 항상 새로운 재능을 발휘할 영역을 찾는 일에 촉각을 곤두세우고 있다. 그녀와 막역한 한 친구는 「베니티 페어*Vanity Fair*」에 이렇게 털어놓았다. "마돈나 기업은 쉬는 날이 없다."

Gabriel García Márquez
가브리엘 가르시아 마르케스

1928~

아마 이국적인 파우나와 플로라(동물상과 식물상을 뜻함)*를 갖춘 남아메리카의 열대 우림이 있었기에 가브리엘 가르시아 마르케스가 태어날 수 있었을 것이다. 『백년의 고독』를 포함하여 선풍적인 인기를 끈 작품들 속에서 그는 독창적이며 색다른 인물을 등장시킴으로써 어느 누구의 작품보다 신비로운 풍경들을 창조했다. 20세기 마술적 리얼리즘 문학 사조의 문을 연 선두주자이자 라틴 아메리카 작가들의 전반적인 흐름을 이끄는 주도자로서 가르시아 마르케스는 남미 문화의 독특한 감성으로 전 세계의 주목을 받았다.

가르시아 마르케스는 콜롬비아 북부에 위치한 아라카타카에서 태어났다. 한적한 시골 마을이었던 그의 고향은 그의 소설에 등장하는 전설의 마콘도 왕국(그의 소설 『백년의 고독』에 등장하는 가상의 도시)*이 되었다. 전신 기술자였던 그의 아버지는 너무 가난해서 아들을 키울 수 없었고, 할아버지 집에 맡겨진 그는 유령이 나올 것 같은 커다란 집에서 자랐다. 할아버지는 손자에게 마을—그곳은 전에는 바나나로 유명한 신흥도시였다—에서 예로부터 전해 오던 거짓말 같은 이야기들과 군인 시절 겪은 모험담을 즐겨 들려주었다. 그에 질세라, 그의 할머니는 유령이 나오는 소름끼치는 이야기들과 방황하는 선조들의 영혼에 관한 이야기를 장황하게 들려주었다. 이렇게 할아버지와 할머니에게 물려받은 무모하면서도 괴기스러운 이야기들은 이 소설가가 창조한 노련한 문체에 잘 드러나 있다.

그는 1946년에 보고타대학교 법학과에 입학했다. 그러나 5년간 공부하는 동안 법학에 대한 반감이 강해지면서 결국 학위 취득을 단념했다. 재학 시절 그는 「엘 에스펙타도르*El Espectador*」 지를 통해 초기 작품들을 발표했는데, 이 때의 작품들은 신비롭다기보다는 모호한 편에 속했다. 라 비오렌시아La violencia로 알려진 시민 투쟁 때문에 대학이 문을 닫게 되자, 새롭게 정치에 관심을 가지게 된 가르시아 마르케스는 카르타제나에서 공부를 계속하면서 좌파적인 기자로 활동하기 시작했

다. 그는 정치에 대한 새로운 열망을 지닌 채 바랑키야로 가서 「엘 에랄도*El Heraldo*」라는 신문사에서 박봉을 받으며 기자로 일했다. 그는 매춘굴 위에 살면서 위대한 세계 대문호들의 작품을 섭렵했는데 조이스, 헤밍웨이, 포크너, 울프, 그리고 무엇보다 카프카에게서 많은 감명을 받았다. 특히 카프카의 『변신』은 그에게는 하나의 계시이자 영감이었다. 자신의 작품인 『집*La Casa*』(1951)에 불만을 느낀 그는 잠시 소설을 접어둔 채 영화 비평과 정치 잡지 일에 집중했다.

『집』은 대대적인 수정 작업을 거친 후 1955년에 『낙엽*La Hojarasca*』이란 제목으로 출판되었다. 이 작품은 포크너식의 고딕풍 정서를 담은 작품으로, 가르시아 마르케스가 자주 들르던 카페의 문인들에게서 호평을 받는 정도에 그쳤을 뿐 큰 성과는 없었다. 한편, 가르시아 마르케스는 「엘 에랄도」의 해외 특파원으로 파리에 파견을 나갔는데, 1955년에 콜롬비아의 에페hefe(독재 정권의 우두머리를 의미함)*를 자극하는 바람에 신문사가 문을 닫게 되자 그는 오도 가도 못하는 신세가 되었다. 아사 직전에 놓인 가르시아 마르케스는 끼니를 잇기 위해 병을 주워다 파는 처절한 생활을 하는 가운데 추운 파리의 다락방에서 두 번째 책을 준비하기 시작했다. 그러한 처참한 상황에도 불구하고 자신의 능력에 대한 자신감에 차 있던 그는 자신이 만들어 낸 주요 인물이 한 책 안에만 등장하는 것에 불만을 품고 동시에 두 권의 책을 구상하기 시작했다. 1957년에 『아무도 대령에게 편지하지 않다』가 완성되었고, 그 해에 가르시아 마르케스는 파리를 떠나 베네수엘라에 정착했다. 1961년에 앞서 완성한 소설과 쌍둥이 소설인 『불행』이 보고타에서 동시에 출판되었고, 『아무도 대령에게 편지하지 않다』는 거의 40년 동안 출판된 책들 가운데 최고의 콜롬비아 소설이라는 찬사를 받았다.

1961년부터 1965년까지 가르시아 마르케스는 평론과 각본 작업을 계속했다. 그는 자신의 대표작이 완성되기 전에 쓴 몇몇 단편 소설을 보면서 마침내 자신의 목소리가 과장이 심하며 할아버지와 할머니가 자신에게 전해 준 환상적인 전설이 작품 속에 반영되어 있다는 것을 깨달았다. 가르시아 마르케스는 마술과 유머를 배경으로 고독과 사랑이라는 주제를 탐구했다. 마치 어떤 이에게 강요라도 받은 것처럼 『백년의 고독』의 도입부는 구상 단계부터 완벽했다. 그는 멕시코시티의 방 안에 틀어박힌 채 하루에 8시간씩 8개월 동안 이 작품에 매달렸다. 작품을 끝냈을 때, 그 8개월간 매달 1,000달러씩 총 8,000달러의 빚이 그를 기다리고 있었다. 그러나 그의 손에는 엄청난 가치와 힘을 지닌 원고가 들려 있었다.

30개 이상의 언어로 번역된 『백년의 고독』은 전 세계적으로 1,500만 부가 팔렸다. 그는 1975년에 『족장의 가을』을 발표했고, 1982년에는 노벨 문학상을 수상했다. 그리고 이어서 『콜레라 시대의 사랑』(1985)과 『또 다른 악마들에 대하여』(1994)가 세상의 빛을 보게 되었다. 그 후 그는 영화 각본을 쓰는 일과 1985년에 그가 쿠바에서 정식으로 발족시켰던 뉴 라틴아메리카 시네마협회에서 강의하는 일에 관심을 보였다. 그는 심지어 열 명의 콜롬비아 저명인사들을 납치함으로써 미국에 대한 범인 인도를 거부하려던 파블로 에스코바의 계획에 대한 기사를 작성했는데, 이 기사가 『납치일기』라는 제목의 책이 되어 1997년에 출판되었다. 쿠바의 독재자 피델 카스트로와의 오랜 우정은 지금도 논쟁의 소지가 되고 있다. 그러나 가르시아 마르케스는 어떤 비난에도 불구하고 카스트로와 우호적인 관계를 계속 유지하고 있으며, 남다른 집념으로 작품 활동에도 게을리 하지 않고 있다. 그는 글을 쓰는 속도가 너무 느려서 하루에 만족스러운 글을 다섯 줄만 완성해도 그날은 성공한 날이다. 그러나 글을 쓰는 속도는 가르시아 마르케스에겐 전혀 문제가 되지 않는다. 그는 자신이 이야기하는 슬프고 아름다운 나라에는 마콘도의 나비만큼 수많은 이야기가 존재한다고 확신하고 있다.

Mao Zedong
마오쩌둥

1893~1976

중화인민공화국의 설립자 마오쩌둥은 행동가이자 이론가라는 보기 드문 이력의 소유자였다. 그는 세계 인구의 4분의 1에 해당하는 사람들의 지도자였을 뿐만 아니라 작가이기도 했다. 그의 사상은 공산주의와 게릴라 전쟁과 혁명 투쟁, 특히 제3세계의 탄생에 결정적인 영향을 미쳤다. 한편 두려움을 모르는 몽상가였던 그는 어떠한 희생이 따르더라도 중국 사회를 변형시키겠다는 굳은 결심을 위해 헌신했다. 그 결과 개혁가이자 이상주의자였던 그는 말 그대로 수백만 명에 달하는 동포들의 희생과 고통의 책임자가 되었다.

가난한 소작농에서 곡물상으로 성공한 아버지 밑에서 태어난 마오쩌둥은 비교적 넉넉한 가정 형편 속에서 성장했다. 사회적 지위가 개선되었음에도 불구하고 정규 교육을 전혀 받지 않은 마오의 아버지는 실용성을 중시하는 사람이었다. 그에 반해 마오는 독서광으로 서구의 전통에서 많은 영향을 받았고, 배반과 영웅이 등장하는 중국 역사소설에서부터 밀, 스펜서, 루소와 같은 정치철학자의 저서에 이르기까지 다양한 책을 섭렵했다. 아버지에 대한 마오의 반항심은 종종 강력한 의지로 표명되었는데, 그는 가족 농장에서의 삶과 아버지가 정해 준 여성과의 결혼을 모두 거부했다. 1911년, 마오는 쑨원孫文이 이끄는 공화국 군대에 자원하여 만주국을 상대로 한 전쟁에 참가했으며 창사에 있는 상향중학교의 학생이 되었다. 그 곳에서 윤리학을 공부하는 가운데 마르크스주의를 비롯하여 철학과 정치 이론에 대한 이해의 폭을 넓힐 수 있었다. 1917년에 마오는 24세의 나이로 자신의 첫 번째 에세이집을 출간했다.

1921년에 중국공산당을 설립하는 데 관여한 마오는 스물일곱 살까지 고향 후안에 소작농조합과 산업조합을 결성했고 1926년에는 국민당의 소작농운동을 지도했다. 그는 이러한 활동을 통해 도시 프롤레타리아에 대한 마르크스주의자로서의 믿음을 버리고, 그 대신 오랜 세월 동안 억압받아 온 농촌 노동자들과 그들을 통해

사회변화를 일으키는 일에 집중했다. 1920년대 들어 장제스蔣介石의 국민당과 합작 관계를 구축하다가 1927년에 국민당과 공산당이 분열되자, 그는 당의 중앙위원회를 추방하기 위한 '추수 봉기'를 이끌었다. 그의 두 번째 부인과 처제는 1930년에 장제스의 군대에게 처형되었다. 1928년부터 1931년까지 마오와 다른 동지들은 농촌평의회를 조직하였으며 홍군紅軍을 창설했다. 1931년 마오는 새로운 중국 소비에트 공화국의 주석으로 선출되었고 이것으로 마오와 장제스 사이에는 전운이 감돌기 시작했다.

1934년 10월, 장시성 지역에 위치한 마오의 본거지가 장제스 군대에게 포위되자 남녀노소를 불문하고 9만 명에 달하는 인원이 서쪽으로 행군을 시작했다. 이렇게 해서 '대장정大長征'으로 불리는 1만 2,000킬로미터에 행진이 시작되었다. 그들은 370일 동안 18개의 산맥과 24개의 강을 건넜고, 그 사이 공산당의 숫자는 10분의 1로 줄어들었다. 그러나 마오는 대장정이 승리이자 하나의 '선언문'이라면서 "행진은 홍군이 영웅들의 부대라는 사실을 세상에 천명했다"고 주장했다. 그리고 마오의 절대적인 지도력을 확인해 주었다. 내전은 중일전쟁이 끝난 후에도 계속되었고 1949년 마침내 공산당이 중국 본토를 장악했으며 마오는 새로운 중화인민공화국의 주석이 되었다. 중국의 근대화는 피비린내 나는 과정이었으며, 마오는 철저하게 억압 정치를 펼쳤다. 1950년대 초 개인 사업 보호가 중단되었으며 외국인들은 중국 밖으로 추방되었고, 소위 반혁명분자—젊은 시절 장제스를 지지했던 수백만 명의 사람들—에 대한 대대적인 숙청이 단행되어 3만 명이 처형되었다. 마오는 공장과 수력발전소를 건설하고 중공업을 육성하기 위한 5개년 계획—소련의 전례를 따른 것으로 반자본주의와 반제국주의를 표방했다—을 수립했고, 수천 명에 달하는 소련의 기술 자문들이 중국으로 몰려들었다. 동시에 수만 명에 달하는 중국 지식인들이 '혁명대학revolutionary colleges'에서 '재교육을 받았고', 1957년까지 정치범 수용소와 감옥에 갇히거나 변방으로 유배를 떠난 이들이 30만 명에 달했다. 마오가 이끄는 중국이 탄생함에 따라 4,000년 역사를 자랑하는 중국의 문화는 체계적으로 파괴되었는데, 이것은 20년 후에 일어나게 되는 10년에 걸친 잔인한 문화혁명의 서곡에 불과했다. 1958년 마오는 농업의 근대화와 집단화를 표방하는 대약진운동을 시작했다. 그 결과 발생한 식량 부족으로 2,000만 명이 넘는 사람들이 굶어 죽었는데, 희생자의 대부분은 아이들이었다. 또 이 기간 동안 마오는 경제 원조와 정치적 지지를 중단한 소련과 결별을 선언했다.

그가 시도했던 계획들이 대대적으로 실패하고 소련의 지원마저 끊기자 위기감을 느낀 마오의 핵심 그룹은 중국의 운명이자 독보적인 지도자로서 마오의 비전을 지지하고 나섰다. 1963년까지 수백만 명의 중국인들이 모택동 어록—'자그마한 붉은 색 책자'—을 읽고 연구했으며, 마오에 대한 존경심을 종교적 숭배로까지 발전시켰다. 그러나 마오에 대한 비판을 결정적으로 잠재우게 된 것은 바로 1966년부터 시작해서 10년 동안 지속된 '문화혁명'이라는 이름의 공포 정치였다. 문화혁명은 당시 70세를 맞이한 마오가 권좌에서 밀려나지 않고 새로운 정치력을 장악하기 위해 계획한 것이었다. 홍위병은 과거의 중국이나 서구와 조금이라도 관련 있는 생각이나 행동은 모두 '낡은 인습, 낡은 습관, 낡은 문화, 낡은 사고'로 낙인을 찍어 제거함으로써 문화혁명 교리에 대한 복종을 강요했다. 그 과정에서 70만 명 이상의 중국인들이 탄압을 받았으며, 3만 5,000명이 넘는 사람들이 그들의 손에 죽어 갔다.

1976년 9월 마오가 사망하자 일주일 동안 애도 기간이 선포되었다. 라디오와 텔레비전으로 생중계된 그의 장례식에는 마오의 아내인 장칭을 포함하여 네 명의 문화혁명 지도자들이 참석했다. 그들은 그로부터 한 달도 채 못 되어 체포되었고 '사인방'이라는 이름으로 재판을 받았다. 마오의 광신자들에 대해 숙청이 시작된 것이었다.

혁명가인 동시에 몽상가였던 한 남자는 봉건사회를 탈피해 근대화된 조국을 이루고자 노력했다. 그러나 결국 우리가 그를 기억하는 것은 정치 사상 분야에 남긴 업적 때문만이 아니라 단 하나의 목적을 위해 보여 준 잔혹함 때문이기도 했다.

Mata Hari

마타 하리

1876~1917

역사상 가장 유명한 여자 스파이 마타 하리의 이야기는 제1차 세계대전이 발발하기 전 무대와 고급 비밀 살롱에서 춤을 추었다는 이 젊은 무희의 의상이 얼마나 얇게 비치었나 하는 이야기만큼이나 과장되어 있다. 파리와 비엔나, 로마 그리고 베를린에 이르기까지 그녀는 여신 시바Shiva의 성지가 있는 인도에서 배웠다고 주장하는 '제법 그럴 듯한' 신성한 오리엔탈 댄스 레퍼토리를 자랑하고 다녔다. 이러한 공연들은 당연히 천천히 베일이 벗겨지다가 마침내 거의 완전히 나체가 되어 끝을 맺었는데, 그녀의 공연에 기분이 좋아진 관객들은 이 모습을 보고 전율했다. 그러나 검은 머리를 한 이 매혹적인 여성이 자신은 사원에서 춤을 추던 브라만 여성의 딸이며 자신의 어머니는 자신을 낳다가 숨을 거두었다고 주장한 것은 모두 거짓말이었다. 사실 그녀는 평범한 네덜란드 중산층 가정의 딸이었으며 명예와 부, 그리고 권력 있는 남자에 대한 욕심이 남달리 강했다. 시대의 가장 악명 높은 탕녀 중 한 사람이었던 그녀는 스스로 지어낸 새빨간 거짓말 때문에 음모와 환멸의 덫에 걸려 마침내 죽임을 당한 그 순간까지 쾌락에 탐닉했다.

네덜란드 북쪽 운하가 관통하는 리우바르덴 마을에서 마르가레타 게르트루이다 젤르Margatetha Geertruide Zelle라는 이름으로 태어난 미래의 스파이는 10대가 된 지 얼마 안 된 아주 어린 나이부터 염문에 휩싸이게 되었다. 자신이 다니던 수도원 학교 교장이던 사제를 유혹한 죄로 퇴학을 당한 그녀는 부자 숙모가 사는 헤이그로 보내졌다. 그곳에서 라이덴에 있는 교육 대학에 등록을 했지만, 자유를 갈망하던 그녀에게 학교는 무의미한 곳이었다. 결국 그녀는 작은 시골을 벗어나기 위한 방법으로 결혼을 선택했고, 장난삼아 결혼 광고에 답장을 보냈다. 그렇게 해서 1895년에 그녀는 네덜란드 식민군 소속이던 스코틀랜드 출신 장교 캠벨 맥클라우드와 결혼했다. 그러나 2년 후 남편의 근무지인 자바 섬으로 향하는 배에 올라탄 그 순간부터 이미 재앙은 시작되었다. 여행을 하는 내내 그녀의 남편은 바람을 피웠고

육체적으로 그녀를 학대했다. 그뿐만 아니라 한 하인이 그녀의 두 아이를 독살하려고 시도했고 아들이 죽었다. 1902년, 네덜란드로 돌아오자마자 맥클라우드는 남은 한 아이 잔느마저 납치해 갔고, 낙심한 젊은 엄마는 나중에 죽기 전에야 비로소 딱 한 번 딸을 만날 수 있었다.

말레이시아어로 '새벽의 눈'을 의미하는 마타 하리는 심한 압박감에 시달리다 이제는 이혼녀가 된 마르가레타가 만들어 낸 가공의 페르소나였다. 프랑스로 건너온 그녀는 한 화가의 모델이 되려다가 실패하고 '힌두 댄서'라는 새로운 일을 시작했다. 10년간 그녀는 활기찬 유럽 상류사회를 휘젓고 다니면서 간사한 꾀와 매력으로 명망 있고 풍족한 남자들을 유혹했는데, 독일의 왕위 계승자도 그녀의 유혹의 마수를 벗어나지 못했다. 그러나 제1차 세계대전이 터지자 이 나이 든 미인은 지독한 가난의 구렁텅이에 빠지게 되었다. 술에 의존하는 시간이 늘어나고 허리 사이즈가 불어남에 따라 그녀는 자신이 비밀 스파이로 용감하게 활동했다고 떠벌리고 다니기 시작했다.

과연 그녀의 과장된 이야기는 사실이었을까, 아니면 망가지고 상처 받은 여성이 지어낸 한낱 허풍에 불과했을까? 사실 그녀는 접촉과 접근성 면에서 상당히 유리한 위치에 있었다. 중립국 시민이었던 그녀는 원하는 곳은 어디든지 방문할 수 있었고, 실제로 대륙의 각 수도들을 수상할 정도로 자주 들락거리면서 모든 국가의 고위직 장교들과 놀아났다. 어쨌든 프랑스는 그녀의 허무맹랑한 이야기를 사실로 믿었다. 아니 더 적절하게 표현한다면, 전세가 기울고 국민의 사기가 땅에 떨어진 프랑스로서는 희생양이 필요했다. 그리고 마타 하리가 모든 면에서 완벽한 조건을 갖추고 있었다. 1917년 7월, 그들은 마타 하리를 스파이로 기소했다. 그녀가 연합군 관련 군사기밀을 누설해 5,000명에 달하는 병사들이 죽음을 당했다고 주장했다. 그녀는 무죄를 주장했지만 결국 사형이 언도되었다.

정말 마타 하리가 독일 첩보원 H21이었을까? 증거는 확실하지 않지만, 사실과 허구를 분리해서 생각하는 것은 거의 불가능하다. 그녀는 1908년에 로라히에 있는 독일 첩보학교에서 유명한 엘스베트 쉬라그뮬러 박사Dr. Elsbeth Schragmuller에게서 감시 기술을 배웠다는 소문이 돌았다. 그녀도 심문 과정에서 독일이 자신에게 프랑스에 관한 정보를 전해주는 대가로 2만 달러를 제안했다고 자백했다. 그러나 그녀는 비밀 거래에 가담할 생각은 추호도 없었다고 주장했다. 일부 정보원들은 그녀가 실제로 독일에 정보를 제공했지만, 그것은 신문에서 볼 수 있는 단순한 가십이나 기사에 불과했다고 증언하고 있다. 다른 정보원들은 마타 하리가 프랑스를 위해 일한 이중 첩자였으며, 프랑스도 그녀를 배신했다고 주장했다. 그녀는 프랑스 첩보부의 수장 조르주 라도Georges Ladoux 대령이 직접 자신을 포섭했다고 자백했다. 그렇다면 그녀는 독일이 제시한 돈을 받았는데 미처 프랑스에 그 사실을 알리지 못한 것일까? 1980년대에 마타 하리 재판 관련 기밀문서를 열람한 적이 있는 기자 러셀 워렌 하우Russell Warren Howe는 두 나라 모두 그녀를 제거하려 했다고 결론을 내렸다. 독일은 프랑스가 이미 해독한 암호로 그녀에게 메시지를 보냄으로써 그녀에게 누명을 씌웠다. 또 그녀의 비밀 재판에서 프랑스는 그녀의 혐의를 벗겨 줄 결정적인 증인 두 명을 배제한 채 재판을 진행했다.

마타 하리가 충성을 바친 국가가 어디든지, 그녀는 이길 수 있을 만큼 똑똑하지도 않았으며 이기는 법도 모르는 위험한 게임을 하려고 한 것만은 확실하다. 그러나 그녀는 죽는 법을 알고 있었다. 1917년 10월 15일, 마타 하리는 격식에 맞게 장갑과 모자까지 우아하게 차려 입고 죽음을 향해 당당하게 걸어갔다. 눈가리개를 거부한 그녀는 방아쇠를 당기기 바로 직전 사형 집행관에게 멋진 키스를 보냈다.

Henri Matisse

앙리 마티스

1869~1954

19세기와 20세기를 잇는 앙리 마티스의 긴 인생은 미술에서 독특한 위치를 상징하고 있다. 마티스는 친구이자 때로는 경쟁자였던 파블로 피카소와 함께 편안한 사실주의 미학과 마음을 마음을 동요시키는 혁신적인 추상화 사이를 이어주는 가교 역할을 했다. 사실 미술계의 이 두 거장은 현대 미술에서 없어서는 안 될 인물들이기 때문에 사람들은 농담 삼아 그들을 '마 티스와 파 카소Ma Tisse and Pa Casso'('엄마 티스와 아빠 카소'라는 뜻)*라고 부르기도 한다.

그러나 마티스는 방종한 생활로 유명한 스페인 화가 피카소와 달리 조심스럽게 절제하는 삶을 살았고 본래적인 의미에서 부르주아였다. 한때 법률 사무관으로 일했던 경험이 있던 그는 그 일을 그만둔 후에도 법률 사무관 복장을 즐겨 입은 강직한 청년이었다. 오직 작품 자체 그리고 여성의 형태가 작품의 중심이 된다는 점을 통해서만 그의 자유사상가적 일면을 확인할 수 있었다. 여성은 그의 작품 도처에 나타난다. 햇살이 부서지는 벽 위에서 춤을 추기도 하고, 해변에 벌거벗은 채 누워 햇살을 즐기기도 한다. 또 1920년대와 1930년대에 그가 그린 가장 유명한 그림들 속에서는 여성들이 벌거벗은 상태나 혹은 반라 상태로 화려한 후궁 안을 빈둥거리며 걸어 다닌다. 비록 그는 모델 바로 앞에 앉아 작업을 했지만 모델의 몸에 대한 그의 열정은 창작 과정에 몰두하는 것 이상은 아니었던 것 같다.

마티스가 아주 중요하게 생각했던 것은 바로 과정이었다. 그는 본질적인 요소를 중시했기 때문에(그는 전통적인 미술 교육을 받았다) 형태와 면에 대한 실험을 할 수 있었다. 그가 보여 준 선을 사용하는 방법이나 감정과 색채의 균일화에는 고심한 흔적이 전혀 보이지 않았다. 그러나 사실 그 안에는 그가 평생 동안 실현하고자 애썼던 엄격함이 숨겨져 있었다. 색채와 원근법을 마구 뒤섞어 놓았던 '야수'들의 모임인 야수파Fauvism의 아버지였던 그는 〈모자 쓴 여인The Woman with the Hat〉이란 작품을 발표함으로써 전위파들을 깜짝 놀라게 했다. 1905년 파리의 살롱 도톤

Salon d'Automne에서 전시된 이 작품은 꽤 평범한 모자를 쓴 아내의 모습을 아주 변화무쌍하게 표현했다. 바다에 아이 엉덩이 같은 핑크빛을 칠하고 녹색 나뭇잎들을 반짝이는 청옥색으로 표현한 그의 작품은 자기 앞에 놓인 자연에 대한 예술가의 느낌을 표현했다.

마티스는 자신의 재능을 늦게 발견한 경우에 속했다. 프랑스 북부의 르카토 캉브레지라는 삭막한 환경에서 태어난 그는 곡물상인 아버지의 권유에 따라 법률 관련 분야에서 일하고자 했다. 그런데 스물한 살 때 예기치 않게 급성 맹장염에 걸리는 바람에 몇 개월 동안 침대 신세를 져야 했다. 아들의 지루함을 달래기 위해 어머니가 그에게 물감과 그림 그리는 법을 설명한 책을 선물해 주었는데, 이 일이 잠들어 있던 그의 영혼과 창작력을 일깨우는 계기가 되었다. 그날 이후 마티스의 인생에서 모든 결정은 예술 활동을 하고자 하는 그의 욕구와 직결되었다. 1892년에 그는 프랑스의 위대한 상징주의 화가 귀스타브 모로Gustave Moreau에게 미술을 배우기 시작했다. 모로는 제자에게 거장들의 작품에서 많은 것을 배우되 자신만의 대작을 완성할 것을 권했다. 또 모로는 우울한 색조에 대한 마티스의 집착을 치유해 주었다. 〈후식La Desserte〉(1908)은 이러한 색채상의 극적인 변화를 잘 보여 주는 작품으로, 작품의 상당 부분을 고동치는 듯한 순도 높은 색채가 차지하고 있다. 1898년, 마티스는 툴루즈 출신 아멜리에 파레르와 결혼했다. 두 사람은 마티스가 결혼 전에 다른 여성 사이에서 낳은 마르그리트를 양녀로 삼았고 두 아들을 더 두었다. 평생 허약했던 아멜리에는 결혼 후에는 자기 일에만 몰두하는 남편을 헌신적으로 내조했다.

1905년 살롱전 후로 마티스는 파리에 있는 거트루드 스타인과 그의 형제들, 그리고 러시아 후원자 세르게이 슈슈킨Sergei Shchukin 같은 귀족 미술품 수집가들의 관심을 한 몸에 받기 시작했다. 슈슈킨은 1909년 마티스에게 〈음악과 춤Music and La Danse〉을 주문하기도 했다. 마티스는 북아프리카를 두 번 여행하면서 복잡한 이슬람 예술의 모티브와 성적 경향이 강한 에로티시즘에 매료되었다. 〈피아노 레슨The Piano Lesson〉(1916)과 〈기도하는 모로코인Moroccans at Prayer〉(1916) 두 작품 모두 그가 모로코에서 머무는 동안에 탄생되었다〔그의 유명한 작품 〈스튜디오Studio〉(1915-16)와 〈생미셸 강둑Quai Saint-Michel〉(1915-16)은 입체파cubism에 대한 그의 관심을 보여 주고 있다〕. 1917년경 그는 니스에 거의 영구적으로 정착했다. 겉창이 달린 발코니 창문 너머에는 코트다쥐르의 청록색 바다가 반짝이고 있고, 방에서는 마티스가 장식이 많이 된 면 위에다 옷을 입은 여자 노예 그림을 그리는 데 열중하고 있다. 야수파나 입체파 작품들과는 상당한 거리를 보이는 그의 이와 같은 호화로운 하렘 판타지는 주로 1920년대에 집중적으로 완성되었다. 이는 그의 명성을 쌓는 계기가 되었고 한편으로 미술계로부터는 '진부한 장식주의'라는 비난을 받았다. 그러나 향락주의적 유혹은 마티스의 신조와는 절대적으로 어긋나는 것으로, 그는 '표현의 대상자를 괴롭히거나 억압하는 것'을 피하는 순수하고 균형 잡힌 예술을 표방했다.

제2차 세계대전 동안 비시 프랑스(1940년 6월 나치스 독일과 정전협정을 맺은 뒤 오베르뉴의 온천도시 비시에 주재한 프랑스의 친독일 임시정부)*의 상처로부터 비교적 자유로울 수 있었던 마티스는 노련미가 넘치는 〈붉은 실내Large Interior in Red〉(1948)를 끝으로 회화 작품 활동을 접었다. 갈수록 건강이 악화된 그는 혼자서 시간을 보낼 수 있는 '개인 정원'에 더 열중하게 되었다. 미술을 계속한다는 점에서는 다행스럽게도 그는 붓 대신 가위를 들 수 있었다. 침대나 휠체어에 앉아 있는 시간이 늘어나고 손 떨림이 심해서 붓을 놀릴 수 없게 된 것이다. 그는 이 초라한 기구를 이용해 선명한 색조의 구아슈gouache(수용성의 아라비아고무를 섞은 불투명한 수채물감)*를 칠한 커다란 종이를 단순히 '잘라서 색을 만들어 냈다.' 그렇게 해서 탄생한 반추상화 작품은 1947년에 출판된 그의 삶과 예술에 대한 회고록인 『재즈*Jazz*』의 삽화로 사용되었다. 그의 종이오리기 작품은 나중에는 벽화 크기만큼 규모가 커지기도 했다. 마티스는 종이 오리기 작품을 통해 그림의 정신에 색채의 표현력과 조각의 육감적인 윤곽미를 하나로 결합하는 도구를 완성했다고 믿었다.

아마도 이러한 기술로 탄생된 가장 극적인 작품을 꼽으라면 프랑스 남부 칸 근처에 위치한 방스의 작은 성당인 로사리오 성당에서 찾을 수 있을 것이다. 그는 이 작품을 죽기 꼭 7년 전에 완성했다. 밝은 색채에 유동적인 형체가 살아있는 교회의 커다란 스테인드글라스 창문은 작가의 모든 작품에 생명력을 불어넣어 주었던 것과 같은 열정적인 자유로움과 극적인 단순화를 보여 주고 있다. 그리고 이 작품을 통해 그는 끊임없이 현대 회화에 생명력을 불어넣는 화가로 남을 수 있었다.

The Marx Brothers
막스 브라더스

1886~1961(치코), 1888~1964(하포), 1890~1977(그루초), 1893~1977(구모), 1901~1979(제포)

진부한 표현이나 고상한 척하는 상류사회, 그리고 합리주의의 횡포에 대한 공격에서 막스 브라더스는 독보적인 존재였다. 처음에는 4인조로 시작해서 나중에 3인조로 자리 잡은 이 코미디 특공부대는 초현실주의적 이미지와 보드빌에서 볼 수 있는 익살스러운 동작들, 그리고 슬랩스틱 희극을 하나로 섞어 놓아 코미디를 육체적뿐만 아니라 지적인 공연으로 발전시켰다. 그들의 코미디가 모방할 수 없듯이 그들의 트레이드마크(그루초의 가짜 수염과 애벌레 모양을 한 두 눈썹, 그리고 어디를 가든지 들고 다니는 시가, 하포의 쭈글쭈글 구겨진 모자와 꼬불꼬불한 가발, 그리고 치코의 얼빠진 듯 보이는 티롤 지방의 모자)는 세대를 뛰어넘어 모든 사람들의 눈을 금방 사로잡았다.

막스 브라더스는 뉴욕의 어퍼이스트사이드에 있는 요크빌이라는 열악한 동네에서 자랐다. 동네 사람들은 이민자들이었고 민족이 다른 그들은 생활 공간을 확보하기 위해 서로 다투며 복작거렸다. 알자스 지방 출신으로 프랑스어를 쓰는 재단사 아버지 샘 '프렌치' 막스와 재미있는 성격에 독일어를 쓰는 어머니 미나 '미니' 쇤베르크 사이에서 태어난 형제는 쇼 비즈니스를 통해 큰돈을 벌려는 어머니의 야망에 자극을 받았다. 또 당시 보드빌 서커스를 통해 유명인사가 된 그들의 아저씨 알 쉰도 좋은 자극제가 되었다. 다섯 명의 형제는—나이 순으로 치코(레오나드), 하초(아돌프), 그루초(줄리어스 헨리), 구모(밀튼), 제포(허버트)—각각 다른 방식으로 '미니'의 계획에 강제로 동참하게 되었다. 예를 들어 치코는 한 선생님에게서 피아노 레슨을 받았는데, 그 선생님은 왼손 연주법에 대해서는 잘 알지 못했다. 가정 형편이 좋지 않은 관계로 어린 피아니스트는 이처럼 완전하지 못한 연주법을 하포에게 그대로 전수해 주었다. 한편 하포는 당시 하프를 독학으로 배우고 있었다. 기타를 칠 줄 알았던 그루초와 구모는 한 소녀와 '세 마리 나이팅게일'이라는 노래팀을 만들었는데, 나중에 하포가 여기에 합세하면서 나이팅게일은 4인조가 되었

HIGH STEPPERS

다. 그루초와 치코, 구모, 하포, 그리고 어머니 '미니'와 숙모는 '여섯 명의 뮤지컬 마스코트'를 결성했다. 한편 어머니 '미니'는 가족을 하나로 묶는 역할을 담당했고—형제는 무대에서처럼 실생활에서도 제멋대로였기 때문에 결코 쉬운 일이 아니었다—막스 형제는 어머니를 존경했다(어머니를 존경하는 마음에서 형제는 나중에 자신들의 딸 이름에 전부 'M'을 집어넣었다).

이처럼 다양한 음악 활동을 통해 형제들은 수년 동안 지속되어 온 보드빌 서커스의 쇠퇴기를 이겨 내기 위해 안간힘을 썼다. 어머니에 의해 끔찍한 하룻밤의 흥행쇼에 출연해야 했던 그들은 마침내 알 아저씨의 도움을 얻어 체계적인 정식 코믹물을 만들어 내는 데 성공했다. 그리고 해가 거듭되면서 그들은 코믹물을 통해 독특한 캐릭터를 개발했다. 가령 그루초는 말을 빨리 하는 불법 행상인으로, 하포는 병적 도벽과 찌푸린 얼굴을 한 외설적인 무언 배우 '구키'(뉴욕의 시가 상표 롤로의 이름을 따서)로, 치코는 이탈리아 사기 도박꾼(뉴욕 거리에서 억양을 배웠다)으로 유명해졌다. 또 코미디극에서 구모를 대신하게 된 제포는 처음 다섯 편의 영화에서 착한 청년으로 출연해서 나머지 인물들을 더욱 돋보이게 했다. 그들의 새 이름은 당시 인기를 끌던 책을 모방해서 한 동료 코미디언이 붙여준 것으로, 우울하고 화를 잘 내는 줄리우스는 그루초가 되었고, 여자 꽁무니를 쫓아다니는 레오나드는 칙코(나중에 치코가 되었다)가, 그리고 하피스트 아돌프는 하포가 되었다. 구모는 신발 바닥이 부드러운 고무 구두를, 제포는 보드빌 공연에 등장하는 '지포'라는 이름의 원숭이 이름을 따서 지었다(나중에 더 듣기 좋게 제포로 변했다).

말장난과 익살 연기, 요술, 무례한 행위, 그리고 은연중에 야비한 뜻이 담긴 아첨하는 듯한 어구 등 풍부한 코미디 레퍼토리를 갖추고 있던 형제는 1924년에 〈그녀라고 말할 거야I'll Say She Is〉라는 무대극으로 브로드웨이를 뜨겁게 달구었으며, 그 뒤를 이어 〈코코넛The Cocoanuts〉과 〈동물 모양의 크래커Animal Crackers〉(1928)를 발표했다. 〈동물 모양의 크래커〉 공연을 하는 동안 그들은 첫 영화인 〈코코넛〉을 촬영했다. 이 영화는 그들의 황금시대를 세계에 알린 신호탄이 되었는데, 〈크래커〉를 영화화한 작품(1930년의 〈동물 크래커〉)에 뒤 이어 〈속임수Monkey Business〉(1931), 〈말깃털Horsefeathers〉(1932), 〈식은 죽 먹기Duck Soup〉(1933), 〈오페라에서의 하룻밤A Night at the Opera〉(1935), 〈경마회에서의 하루Day at the Races〉(1937), 〈룸서비스Room Service〉(1938) 그리고 〈서커스At the Circus〉(1939)를 속속 발표했다.

〈식은 죽 먹기〉가 예상 외로 흥행에 실패하는 바람에 파라마운트 스튜디오는 그들과의 계약을 중단했으며 제포가 에이전트로 나서게 되었다. 그러나 MGM이 그들과 계약을 체결했으며 무대를 떠난 제포를 대신해서 마거릿 두몬트Margaret Dumont가 팀에 합류했다. 한없이 머리가 둔했던 그녀는 은밀한 협상을 즐기는 귀부인이었는데, 다른 출연자를 더욱 돋보이게 하는 장점이 있었다. 지금은 유명한 대사가 되어 버린 "나는 지금 당신의 명예를 지켜주고 있다고요. 아마 당신은 이런 건 꿈도 못 꾸었을 거예요"라든가 "우리가 결혼하면 이사를 갈 거야. 나는 내 아이가 학교에 가느라 길을 건너는 것은 참을 수가 없거든……. 잠깐만, 나는 아이가 싫어" 등은 그루초만의 독특한 어투로 자리를 잡았다. 마찬가지로 하포의 택시 경적과 남자들의 타이를 싹둑 자르는 연기, 그리고 치코의 음모를 꾸미는 듯한 더블 토크double talk는 그들만의 전매특허가 되었다. 〈오페라에서의 하룻밤〉은 일정한 형식을 따르는 몇몇 코믹물과 함께 코미디언으로서 그들의 자질을 유감없이 발휘한 작품으로, 정말로 나무랄 데 없는 피날레가 인상적이다.

제2차 세계대전이 터지기까지 대본의 두께는 점점 얇아졌고 스튜디오와의 관계가 악화되었으며 형제도 늙어갔다. 〈서쪽으로Go West〉(1940)는 실망스럽기 짝이 없었지만, 〈빅 스토어The Big Store〉(1941)는 마지막 작품으로 손색이 없었다. 치코와 하포, 그리고 그루초마저 50대에 접어들자 세 사람은 은퇴를 선언했고, 마지막으로 〈카사블랑카에서의 하룻밤A Night in Casablanca〉(1946) 앙코르 공연에 단 한 번 모습을 드러냈다.

치코와 하포가 카메오로 몇 번 출연한 것을 빼면 그들은 대부분 대중의 관심 밖으로 밀려나 있었다. 치코는 주로 도박을 하면서 시간을 보냈고, 하포는 한 친구의 말에 따르면 "이 세상 누구와도 비교할 수 없는 가장 다정한 사람"이 되는 일에 몰두했다. 그루초만이 라디오와 텔레비전 히트작에 출연하며 영화배우 시절처럼 활발한 활동을 벌였는데, '인생을 걸어요You Bet Your Life'라는 유쾌한 퀴즈쇼의 진행을 맡기도 했다. 그러나 퀴즈쇼는 가장 보잘 것 없는 장르에 불과했으며, 60세의 그가 쏟아 놓는 도발적인 위트야말로 진정한 볼거리였다. 한 목사가 그루초에게 그가 세상에 쏟아 놓은 모든 즐거움에 대해 감사하고 싶다고 잘난 척하며 떠벌리자, 그루초 자신은 목사가 이 세상에서 거둬들인 그 모든 즐거움에 대해 감사하고 있다고 응수했다. 그러나 목사의 판단은 틀리지 않았다.

Nelson Mandela
넬슨 만델라

1918~

그는 남아프리카공화국의 합법적인 인종차별주의정책에 대항해 목숨을 건 사투를 벌인 급진 자유주의 운동단체인 혁명적 아프리카민족회의African National Congress(ANC)의 영적 지도자였다. 학창 시절 비교적 다양한 활동을 경험했던 법률가 넬슨 만델라는 자신과 같은 변호사이자 보어공화국과 충돌을 빚었던 마하트마 간디의 무저항주의에 깊은 감명을 받았다고 밝혔다. 그는 마르크스주의자는 아니었지만 정치적 견해 면에서 공산주의자들과 우호적인 관계를 유지했다. 이러한 그의 태도는 아프리카 국민당Afrikaner's National party과 뚜렷한 차이를 보였다. 보수적인 백인 우월주의자 조직으로서 1948년에 정치 세력으로 등장했던 네덜란드계 백인들이 주도한 이 정당은 잔인한 아파르트헤이트 혹은 인종차별주의를 법제화시켰는데, 이러한 인종차별주의는 남아프리카인들의 생활의 주요한 특징을 이루었다.

아프리카너Afrikaner(네덜란드계 또는 위그노계 남아프리카인인 보어인의 후손을 부르는 말)*들이 아파르트헤이트의 반대자들을 모두 공산주의자로 규정하는 오웰 입법의 일부분인 공산주의 탄압법을 공표했을 때, 만델라는 주저 없이 이 법률에 대한 반대 의사를 표명했다. 그는 1950년까지 ANC청년단의 회장으로 활동하다가 1952년에 반정부운동이었던 저항운동Defiance Campaign의 지원병 대장으로 임명되었다. 정부는 곧 그에게 활동을 요하네스버그 안으로 제한하는 6개월 동안의 연금을 명했으며, "금지령이 내려진" 만델라는 ANC의 동지인 올리버 탐보Oliver Tambo와 함께 법률사무소를 세웠다. 다음 해에 만델라는 저항운동에 참여했다는 이유로 9개월의 실형을 선고받았으며 법원은 ANC 활동을 중단하라고 명령했다. 그러나 그는 남아프리카공화국 내 인종차별 철폐와 토지 재분배를 요구하는 자유헌장Freedom Charter을 지지함으로써 또 다시 정부를 공격했다. 아프리카너 정부는 그러한 주장을 지지했다는 이유로 그를 여러 번 법정에 세웠지만 유죄를 선고하는 데에는 매

번 실패했다. 마침내 1961년에 ANC 선전활동이 불법으로 판결남에 따라 아프리칸 저항세력은 지하로 잠입했다. ANC의 게릴라 조직 움콘토 웨 시즈웨Umkhonto we Sizwe, 즉 '국가의 창槍'의 지도자였던 그는 산업 분야에서의 태업을 주도하고 전쟁을 준비했다.

만델라는 보안 당국의 감시망을 요리조리 잘 피해 다니는 놀라운 능력 덕분에 '검은 봄맞이꽃'이라는 별명을 얻었다. 그러나 자가용 운전사로 변장한 그가 예리한 경찰의 눈에 적발되면서 행운은 끝났다. 그는 반역죄로 법정에 출두하여 자신이 애국자이자 합법적인 민주주의의 숭배자라고 주장했지만 유죄 판결과 함께 종신형을 선고받았다. 만델라는 27년이 넘는 기간을 감옥에서 지내는 동안 운동과 권투를 통해 건강을 유지하고 죄수들을 가르치기 위한 학교를 조직했다. 또 그는 제한된 공간 안에서 정치활동을 벌였는데, 잔뜩 예민해 있던 정부 내부에 서서히 자유화 바람이 불기 시작하면서 혹독했던 감옥 생활도 한층 편해졌다. 1990년, 만델라는 전 세계인의 환호 속에 마침내 자유의 몸이 되었다. 만델라는 아내 위니와 함께 그의 적들과 미래에 대해 협상을 벌이는 중요한 임무를 맡게 되었다. 그는 내부 갈등에 휩싸인 채 결단을 내리지 못하고 있는 국민당 지도층의 문제를 해결함과 동시에 자신의 조국을 세우기를 바라는 고집 센 줄루족을 설득했고, 신新나치 옷을 입고 거리를 누비고 다니면서 불복종을 맹세하는 우익 보어 극단주의자들과도 담판을 벌여야 했다. 거기에 가족 내의 불화까지 겹쳤다. 결국 이혼에 합의하게 된 아내 위니는 소웨토 청년에 대한 폭행치사를 명령한 죄로 기소되었으며, 만델라 자신도 그가 투옥되어 있는 동안 ANC가 적으로 의심되는 사람들을 학대했다는 사실을 인정하지 않을 수 없었다(그리고 모잠비크 대통령 사모라 마셸의 미망인 그래사 마셸이 만델라의 새 애인이라는 사실이 세상에 알려졌다. 그러나 두 사람 모두 각자의 나라에서 엄청난 영향력을 지닌 상징적인 존재라는 사실을 깊이 인식하고, 결혼을 하지 않기로 서로 뜻을 모았다).

한편, 만델라는 계속해서 해외 순방길에 올랐다. 가는 곳마다 위대한 정치가로 환영을 받은 그는 미국 의회에서도 연설을 했는데, 이런 활동은 조국의 미래가 자신에게 달려 있다는 사실을 은근히 본국의 국민에게 알리는 효과가 있었다. 그는 새로운 남아프리카공화국을 건설하려면 인종 간의 평등이 필수 조건이라는 사실을 강조했다. 그리고 전쟁의 끝을 의미할 수도 있고 혹은 새로운 전쟁의 시작을 의미할 수도 있는 묘한 상황 속에서, 만델라와 그의 주요 경쟁 상대였던 남아프리카

공화국 대통령 F. W. 데 클러크Frederik Willem de Klerk는 1993년 노벨 평화상 공동 수상자로 선정되었다. 다음 해, 머리가 하얗게 새었지만 큰 키에 온화한 미소를 여전히 잃지 않은 만델라는 새로운 남아프리카에서 민주적인 방법으로 선출된 최초의 대통령이 되었다. 이로써 그는 희망에 부풀어 있지만 인종 간의 불평등이라는 심각한 문제를 안고 있는 국가를 계승하게 되었다.

그가 해결해야 할 문제가 산적해 있었으며, 두 인종 그룹 간의 화해는 빙산의 일각에 불과했다. 그는 진실과 화해 위원회Truth and Reconciliation Commission를 설립해 전범들과 정치범들에게 자수할 기회를 제공했지만 결과는 신통치 않았다. 또한 대다수의 흑인들은 이러한 일률적인 사면이 정의를 손상시키는 일이라고 반대했다. 범죄가 늘었으며, 경찰은 오랫 동안 단순히 아파르트헤이트를 유지하기 위한 준군사적 활동만 해온 탓에 늘어나는 범죄에 적절히 대응하지 못했다. 만델라는 수많은 비판에 직면하게 되면서 자신이 남아프리카에 외국의 투자를 끌어들이는 출장 판매원에 불과하다는 것을 깨달았다. 그 역시 수많은 20세기 반란 지도자들처럼 혁명에서 이기는 것과 나라를 운영하는 것이 전혀 다른 일이라는 사실을 절감하게 되었다. 그러나 확고한 신념이 변치 않는 한 그가 과거에 훌륭한 정치 선동가였던 것처럼 지금도 대통령으로서 자신의 역량을 충분히 발휘할 가능성은 여전히 남아 있다(만델라는 1999년 공직에서 은퇴하여 현재 고향에 거주하고 있다)*.

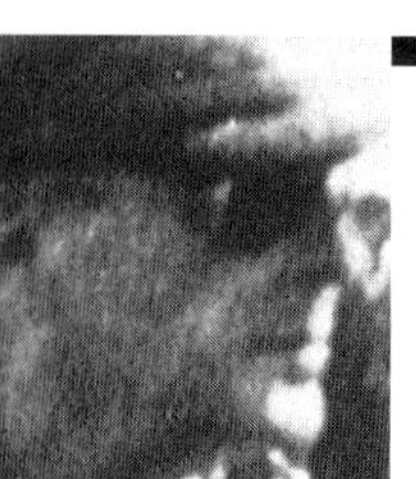

General Douglas MacArthur
더글러스 맥아더 장군

1880~1964

미국에서 가장 위대하고 가장 혁혁한 공을 세운 사령관 중 한 사람인 더글러스 맥아더 장군은 세 가지 신성한 단어, 즉 의무, 명예, 조국에서 힘을 얻어 자신이 맡은 임무를 수행했다. 그는 대통령 보좌관에서부터 오성장군을 거쳐 휴전 이후 사실상 일본 총독에 이르기까지 군사상 주요 요직을 두루 거쳤다. 그처럼 자신의 힘을 공개적으로 과시하여 세계 역사에 극적인 결과를 일구어 낼 임무를 받은 사람은 거의 없었다. 최고의 훈련을 받았으며 침착한 성격을 지닌 그는 그 임무를 수행하는 데 자신이 적격이라는 점을 한 번도 의심한 적이 없었다. 그리고 그런 판단은 매우 적절했다.

더글러스 맥아더는 전통적으로 군사 관련 업무와 정부를 위한 봉사에 적극적인 집안에서 태어났다. 그의 아버지는 남북전쟁과 스페인-미국 전쟁에 참전한 퇴역 군인으로 수많은 훈장을 받았고, 형은 훌륭한 해군 장교였으며 할아버지는 위스콘신 주지사를 지냈다. 맥아더가 자기 성공의 첫째 이유로 꼽은 것은 바로 이러한 가족의 전통이었다. 그러나 아마도 미래의 전쟁 영웅에게 가장 큰 영향을 미친 인물은 그의 어머니 메리 핑크니 '핑키' 하디 여사였을 것이다. 상류 사회 출신으로 미모와 지성을 겸비한 그녀는 아들이 시련에 처했을 때 격려하는 시를 써 보내기도 했다.

맥아더는 먼지가 자욱한 전초 부대를 여기저기 옮겨 다니는 군인의 자녀로 어린 시절을 보냈다. 그는 웨스트포인트사관학교에 입학하여 1903년에 일등으로 졸업했다. 그의 선배 로버트 E. 리Robert E. Lee처럼 그는 보병이 아닌 공병으로 임관했다. 그는 보좌관 노릇을 하며 아버지와 함께 아시아를 여행하게 되었다. 그는 장차 자신이 대승과 참패를 모두 경험할 애욕의 장소를 방문하게 되었는데, 그는 그곳에 마음이 끌리는 것을 처음으로 경험했다. 복무 경험이 풍부했던 그는 시어도어 루스벨트 대통령의 보좌관으로 발탁되었다. 미국이 제1차 세계대전에 참전한 직

후 대령으로 진급하여 보병으로 옮긴 맥아더는 1917년에 다시 42무지개사단의 참모장으로 임명되었다. 한편 치열한 전장마다 어김없이 그가 나타나는 바람에 그의 사령관은 그를 "육군에서 가장 지독하게 싸우는 군인"이라고 불렀다. 두 번이나 부상을 당한 그는 포화 속에서 보였던 용감한 행동을 인정받아 은성훈장을 일곱 번이나 받았다. 1918년, 그는 준장으로 진급했다.

1919년부터 1922년까지 맥아더는 웨스트포인트사관학교 교육감으로 재직했다. 당시 그는 드물게 군사 전문가를 연상시키는 급진적인 개혁을 단행했는데, 특히 생도들의 학업 수준을 높이는 데 역점을 두었다. 3년 후 웨스트포인트를 떠나게 된 그는 필리핀에 다시 부임했고, 그곳에서 8년을 머물렀다. 1928년에는 미국 올림픽위원회 위원장을 역임하기도 했다. 1930년에 육군참모총장에 임명된 그는 재임 기간 동안, 합당한 보너스를 지급할 것을 요구하며 워싱턴으로 행진을 시도한 무직자 퇴역군인들을 강제로 해산시킴으로써 명예에 오점을 남겼다. 그가 육군참모총장을 그만둘 당시 미국에는 총 13만 9,000명의 병력이 있었지만 심각할 정도로 약화되어 있었다. 맥아더는 당시 신생국이던 필리핀 공화국의 군사고문관 역할을 수락함으로써 필리핀의 국토 방위와 독립을 위한 준비 작업에 관여했다.

그러나 이미 때가 늦었다. 1941년 12월 7일, 일본군은 단 한 번의 공격으로 그가 보유하고 있던 공군력의 절반을 파괴해 버렸고, 그로부터 수 주 내에 루손이 적의 공격을 받았다. 1942년, 코레히도르섬에 있던 본부를 포기해야 할 상황에 처한 그는 오스트레일리아로 후퇴해야만 했다. 이 때 그는 "나는 지금껏 많은 역경을 헤쳐 나왔다. 그리고 반드시 돌아갈 것이다"라는 감동적인 맹세를 했고 이것은 태평양에 주둔하고 있던 연합군의 모토가 되었다. 그렇게 맥아더는 전투에서는 완패했지만 곧바로 국민적 영웅이 되어 미국 의회가 수여하는 명예훈장을 받았다.

그는 연합군 공군사령관으로 남서태평양 지역에 다시 돌아옴으로써 자신의 약속을 지켰는데, 일본군을 몰아내고 고립시키기 위한 '교대 약진leapfrog' 작전을 펼쳤다. 전쟁이 끝나고 당시 오성장군이 된 맥아더는 루손 지역의 대부분을 탈환했다. 한눈에 알아볼 수 있는 그만의 독특한 이미지—옥수수 속대로 만든 파이프, 비행사용 선글라스, 배지가 박힌 모자—는 미국 부활의 표상이 되었다.

태평양전쟁의 승리에 이어 맥아더는 일본 사회를 재편하는 어려운 임무를 맡았다. 그는 사회 지배계층이던 군국주의 엘리트들을 정화하고 토지개혁을 단행했으며, 여성에게 선거권을 부여했다. 그는 천황을 상징적인 인물로 남겨 두는 현명한 결정을 내렸고, 의회에 실질적인 권력을 부여하며 전쟁과 무기의 사용을 포기한다는 내용의 새 일본 헌법을 제정했다.

1950년 한국전쟁이 발발하자 맥아더는 유엔군 사령관으로 발탁되었다. 북한의 남침에 대해 해리 트루먼 대통령이 남한을 도와줄 것을 명령했을 때, 맥아더는 한 술 더 떠서 트루먼의 사전 허락도 없이 북한군 비행장에 폭탄을 투하하는 공격을 감행했다. 그 후 그는 인천상륙작전을 통해 공산당의 전진을 물리쳤고, 유엔군은 서울까지 진격할 수 있었다. 1950년 9월, 중국이 결코 공산당을 지원하지 않을 거라고 오판한 맥아더는 남북한의 경계가 되는 38도선 이북까지 진격을 계속했으며, 군인들에게는 크리스마스에는 가족과 함께 보낼 수 있을 거라고 큰소리를 쳤다. 그러나 중국 인민해방군의 공격으로 그의 군대는 치욕적인 대패를 당하고 분열되었다.

맥아더는 중국에 있는 작전기지들을 폭격하기를 간절히 원했지만, 공격에 대한 재가를 내려주지 않음으로써 대통령이 자신을 무력화시키고 있다고 불평을 늘어놓았다. 그러나 트루먼이 맥아더의 공격을 거절하자 그는 마침내 논쟁을 공론화했다. 그는 "승리보다 값진 것은 없다"라고 선언했다. 1951년 4월, 화가 난 트루먼은 그를 사령관에서 해임했다.

맥아더는 의회 연설에서 한국전쟁에서 승리하는 것은 여전히 가능하다고 주장했다. 이것은 병사들 사이에 떠돌던 유행가의 후렴 부분이던 "노병은 죽지 않는다. 다만 사라질 뿐이다"라는 구절을 떠올리게 했다. 달변가였던 그는 11년 뒤 웨스트포인트에서 테이어상 Thayer Award(미국 해군이 40년 동안 복무한 해군 장교 알프레드 테이어 마한을 기념하기 위해 제정한 상)* 수상 소감을 밝히는 자리에서 해가 질 무렵 들리던 마력적인 군대 나팔 소리를 회상하는 감동적인 연설로 동료 병사들에게 작별을 고했다.

Malcolm X
맬컴 엑스

1925~1965

젊은 나이에 고난의 생을 마쳐야 했던 그는 시시껄렁한 10대 불량소년 시절에는 '디트로이트 레드Detroit Red'로 불렸고, 험상궂은 범죄자였을 때는 '사탄'으로, 메카를 찾는 독실한 순례자 시절에는 '엘 하지 마리크 엘 샤바즈El Hajj Malik El Shabazz'로 불렸다. 그러나 그는 후대에게 반은 이름이고, 나머지 반은 씁쓸한 고발의 의미를 담은 맬컴 X로 기억될 것이다. 이 이름은 흑인으로서 정체성을 상실하고 조국에서 노예라는 하찮은 신분으로 전락한 것을 뜻하는 것이었다. 혁명가들의 분노에 찬 목소리가 백인 인종차별주의 사회를 비난하고 있을 때, 맬컴 X는 마음 속 깊은 곳에서 근본적인 변화를 경험하게 되었다. 그는 민족적 편견을 지닌 선동가에서 인류에 대한 형제애를 품을 수 있는 남자로 변화했다.

그는 네브래스카 주 오마하에서 맬컴 리틀Malcolm Little이란 이름으로 태어났다. 아버지 얼 리틀은 침례교 목사로 흑인 분리주의자 단체인 세계흑인지위향상협회의 열성 회원이었으며, 어머니 루이스는 백인 남성에게 강간당한 흑인 여성의 몸에서 태어난 서부 인디언의 자손이었다. 그녀의 아들은 이러한 범죄에 대한 분노와 치욕을 평생 떨쳐버리지 못했다. 그러나 가족의 고난은 거기서 끝나지 않았다. 그의 아버지가 벌인 정치 활동은 KKK단의 분노를 샀다. 백인들에게 공격을 받아 리틀의 집 유리창이 박살나는 피해를 겪은 가족은 공포감을 이기지 못하고 밀워키를 거쳐 미시간 주 이스트랜싱으로 거주지를 옮겼다. 그러나 결국 1931년에 리틀 목사는 철로 위에서 몽둥이에 맞아 죽은 시체로 발견되었다.

대공황 와중에 열 명의 아이들을 돌보아야 했던 루이스 리틀은 정신병을 얻어 주립병원에 수감되었다. 당시 주립교도소 감방에 있던 맬컴은 곧 다시 학교에서 퇴학을 당해 소년원으로 보내졌다. 그는 행동이 조금 나아져 겨우 중학교를 졸업했고, 1941년에는 보스턴에 있는 숙모를 설득해 숙모 집에 머물 수 있었다.

그곳에서 그는 다시 빈민가 힙스터hipster(1950년대에 사회에 강한 소외감을 지녔던 사

람)* 생활에 빠져들었다. 그는 주트 슈트zoot suit(상의는 어깨가 넓고 기장이 길며 바지는 위가 넓고 아래가 좁은 사치스러운 복장)*를 입고 다녔고, 얼굴과 머리카락이 검붉었기 때문에 '레드'라고 불렸다. 그는 곱슬한 머리카락을 펴고 마리화나를 배웠으며 동네 사창가에서 매춘을 알선하는 일을 했다. 기차간에서 샌드위치를 파는 행상인 노릇을 하던 그는 1942년에 할렘으로 이사한 후로는 마약 중독자와 무장 강도로 살았다. 그는 경쟁자에게 살해 위협을 받고 보스턴으로 도망친 뒤 범죄자로 살다가, 결국 깨진 시계 때문에 여러 강도 사건에 연루되었다. 1946년, 그는 스무 살 나이에 10년형을 언도받았다.

그에게 감옥은 대학교였다. 한동안 반항적이고 건방진 모습을 보이던 이 젊은 죄수는 뛰어난 머리를 활용할 수 있는 기회를 얻게 되었다. 자신을 단련하라는 동료 죄수의 권유에 따라 그는 영어와 라틴어 통신교육 강좌에 등록했고, 교도소 도서관을 자주 찾았다. 또 '이슬람 민족the Nation of Islam(NOI 또는 '더 네이션')'이라는 단체의 신봉자였던 자신의 형제에게 영향을 받아 그도 이 단체의 추종자가 되었고, 그 후 마약, 담배, 돼지고기를 멀리했다. 과거에 월러스 포드로 불리던 외판원 엘리야 무하마드Elijah Muhammad가 세운 NOI는 흑인들이 알라에게 선택받은 민족이라고 주장했다. 또 무하마드는 인종을 차별하는 사회의 박해를 벗어날 방법으로 근로와 자립, 그리고 올바른 생활 태도를 강조했다.

맬컴의 삶과 기질은 NOI의 강령에 잘 들어맞았다. 그는 1952년에 출소하자마자 NOI에 가입했고, 이제는 너무도 유명한 'X'를 성姓으로 삼았다. 그것은 절대로 알지 못할 그의 본래 아프리카 이름을 상징하는 것이었다. 그는 디트로이트에 있는 모스크를 관리하는 임무를 성실하게 수행했고, 그 공로로 뉴욕으로 옮겨가게 되었다. 그는 뉴욕에서 NOI의 회보 「무하마드 스픽스*Muhammad Speaks*」를 창간하여 NOI가 세력을 확장하는 데 결정적인 역할을 했다. 1958년에는 베티 X와 결혼하여 여섯 딸을 두었다. 다음 해, 편향적인 시각을 가진 한 텔레비전 프로그램이 그가 쓴 민중 선동 성명서를 공개하면서 그는 세상의 주목을 받기 시작했다. 주요 언론이 그의 선동에 대해 공격하자, 맬컴은 "백인은 다른 사람의 증오에 대해 비난할 도덕적 자격이 없다!"라고 당당하게 받아쳤다.

그러나 맬컴은 개인적으로 NOI의 편협한 시각에 회의를 느끼기 시작했다. 무하마드가 몇몇 사생아의 아버지라는 사실이 밝혀지면서 그의 의심은 더욱 강해졌다. 그러자 과거 맬컴의 스승이었던 무하마드는 맬컴이 존 F. 케네디의 암살에 대해

"자업자득이다"라고 어리석은 비평을 했다면서 이것을 덮어 준다는 구실로 재빨리 맬컴의 활동을 중단시켰다. 그러나 맬컴은 NOI가 자신을 암살할 계획을 세우고 있다는 정보를 입수했다. 1964년 그는 NOI를 떠나 무슬림모스크주식회사의 설립을 공식선언했으며, 이슬람교도로서 종교적 의무를 다하기 위해 메카로 순례를 떠났다.

모든 인종을 초월한 이슬람교도들이 가장 성스러운 곳에 모여 있는 모습은 그의 생각에 변화를 불러왔다. 진정한 이슬람교를 이해하게 된 그는 미국으로 돌아와 시민인권운동에 참여했으며, 자신이 새로 터득한 세계주의적 관점을 표현하는 철학을 찾아보기로 마음을 굳혔다.

그는 그 해답을 제3세계의 해방 정치에서 찾았다. 식민 상태를 막 벗어난 몇몇 아프리카 국가들을 순방하고 돌아온 그는 뉴욕에서 "인종차별 없이 자본주의를 가질 수는 없다"고 역설했다. 그는 백인 급진주의자들과 공통된 명분을 만들어야 함을 느끼고, 미국이 직면한 문제의 핵심에는 무지와 탐욕이 도사리고 있으며 인종 차별은 결코 원인이 될 수 없다는 것을 미국인들에게 납득시키기 위해 노력했다. 이로써 그는 마지막이자 가장 힘든 소임을 자청하고 나섰다.

NOI 지도층과 백인 인종차별주의자의 살해 위협이 날로 거세어지고 있던 1965년 2월 중순, 퀸즈에 있는 맬컴의 집에서 가족이 잠을 자고 있을 때 화염병 두 개가 창문으로 날아들었다. 그리고 일주일이 지난 1965년 2월 21일, 오두본 볼룸에서 연설을 하기 위해 연단으로 올라가던 그에게 세 남자가 총격을 가했다. 그의 온 가족이 그가 쓰러지는 것을 지켜보았고, 그와 더불어 인종 간의 평등을 꿈꾸던 모든 이들의 마음속에서 작은 소망의 불씨가 사라졌다.

Edward R. Murrow
에드워드 R. 머로

1908~1965

한 비평가가 "신의 손위 형제God's older brother" 같은 목소리라고 표현했던 20세기의 목소리 주인공은 초창기 방송인 에드워드 R. 머로였다. 침착하고 사려 깊고 지적인 기자의 성품을 대변하는 그의 목소리는 라디오에서 텔레비전에 이르기까지 20세기의 중요한 역사적 순간들과 함께했다. 1938년 히틀러의 오스트리아 합병, 영국 본토 항공전, 진주만 공습, 부헨발트Buchenwald(독일의 나치 집단수용소)* 공포의 진상, 그리고 소련과 미국 간 적대 관계 형성 등이 그의 목소리를 통해 전달되었다. 머로는 같은 세대의 기자들 중에 가장 통찰력이 뛰어나며 가장 여러 곳을 돌아다닌 구술 역사가였다. 꾀가 많고 비참한 소식을 전해주는 증인이었던 그에 대해 시청자들은 사건을 전달하는 그의 진실성만큼이나 다각적인 면에서 사건을 취재하려는 그의 노력을 신뢰하게 되었다. 그의 아내의 말을 빌리면, 그는 '고민 그 자체'인 사람으로 '피를 토하듯' 원고를 작성했고 자신의 도덕성뿐만 아니라 다른 사람들의 도덕성에 대해서 끊임없이 고민하는 독불장군 같은 기자였다. 전설이 될 정도의 정직함과 스스로 획득한 약간의 오만함으로, 그는 언론의 독립과 객관성을 위해 용감하게 싸웠다.

CBS 사장인 윌리엄 팔레이가 당시 29살이던 머로를 유럽 책임자로 런던에 파견한지 얼마 안 되어 제2차 세계대전이 터졌고, 머로는 일약 세계적인 기자가 되었다. 머로는 취재 경험이 전혀 없는 상태였음에도 1938년 3월 마이크 앞에서 첫 번째 특종을 보도하는 순간 전율을 느꼈다. 당시 그는 특별 수송기를 이용해(그는 좌석이 27개인 루프트한자 수송기를 1,000달러에 전세 냈다) 오스트리아 빈으로 날아간 덕분에 나치의 빈 장악을 제 시간에 보도할 수 있었다. 머로는 열흘이나 그 사건에 매달렸다. 그것은 사건 취재사상 유례가 없던 일이었으며, 이로써 그는 긴급 뉴스의 현장 보도에 새로운 전통을 수립했다. 그의 보도를 계기로 그 후 미국의 해외 방송 양상이 완전히 바뀌게 되었다.

CBS

그러나 그에게 가장 감명 깊은 순간은 CBS에서 재직할 당시 단파 방송을 이용해 런던 대공습 순간을 용감하고 생동감 있게 보도했던 때였다. 머로는 폭탄이 비 오듯이 쏟아지고 겁에 질린 사람들이 엄폐물을 찾아 지하로 대피하는 동안 지붕 위에 서서 공습 상황을 보도했다. "여기는 런던입니다" 하는 그의 침울한 목소리가 스피커를 통해 흘러나왔다. "웨스트엔드West End(런던의 서부 지역으로 대저택, 대형 상점, 극장 따위가 많음)*의 창문들이 지금 붉은 화염에 휩싸여 있으며, 빗방울이 마치 핏방울처럼 창틀을 적시고 있습니다." 집으로 돌아간 청취자들은 벽에 담요를 둘렀고, 얼마 안 있어 사람들은 처칠이나 루스벨트 대통령의 목소리처럼 그의 목소리를 단번에 알아들을 수 있게 되었다. 그리고 곧 미국이 연합군에 가담했던 것은 우연이 아니다.

전쟁의 흐름을 완전히 바꾸어 놓는 데 일조했던 이 남자는 노스캐롤라이나 주 그린스보로의 극빈층 가정에서 태어났다. 가난한 소작농의 셋째 아들로 태어난 에드워드 머로는 힘든 노동과 성경의 가르침 속에서 어린 시절을 보냈다. 1930년, 워싱턴주립대학교를 졸업한 그는 미국학생연합을 이끌다가 세계교육협회의 부회장이 되어 교환 학생 관련 업무와 미국 내에서 학대 받는 독일 대학생의 재배치 업무를 맡았다. 1935년, 그는 CBS에서 시사 프로그램 편성 업무를 시작했다. 이 방송국과의 인연은 25년간 지속되었다.

전장에서 인상적인 데뷔를 한 머로는 잠시 CBS 부사장이라는 어울리는 않는 직책을 수행하기도 했다. 그 후 그는 텔레비전으로 눈을 돌렸다. 그는 미래를 만들어 가는 데 일조하게 된 텔레비전 관련 업무를 시작하면서 숙련된 원로 정치인의 역할을 이해하게 되었다. 그는 자신의 추종자들에게 최고의 세련됨과 권위를 지닌 흔들림이 없는 존재였다. 그러나 그 이면에는 불면증과 심각한 우울증, 그리고 피땀 흘리는 노력을 요하는 무대 공포증으로 고통 받는 초조한 기자의 모습이 숨어 있었다. 또한 그는 독한 카멜 담배를 하루에 네 갑이나 피워댔는데, 결국 나중에 폐암으로 사망했다. 비록 그는 수백만 명의 시청자와 방청자들에게 전적으로 호감이 가는 대상은 아니었지만, 이 무표정한 얼굴의 방송인이 깊은 존경의 대상이었다는 사실에는 동료 기자들 역시 이의를 제기하지 않았다.

1951년, 그가 사회를 맡은 주간 프로그램 '시 잇 나우See It Now'가 첫 방송을 탔다. 이 프로그램은 이민 노동자들에 대한 학대부터 조셉 매카시Joseph McCarthy 상원의원의 선동 행위에 이르기까지 사회 전반의 문제를 통렬하게 비판했고, 텔레비전 다큐멘터리의 체계를 세우는 데 결정적인 역할을 했다. 정부 고위 관직 사회에서 공산주의 '공모자'를 색출하려는 매카시의 개혁 운동은 그 자체가 커다란 위협이었다. 그러나 머로는 거짓말쟁이 불량배에 불과한 이 상원의원의 가면을 벗겼다. 머로의 맹렬한 공격은 매카시의 활동을 중단시키고 그가 작성한 블랙리스트를 폐기하는 데 일조했다. 뿐만 아니라 공인으로서 머로의 페르소나에 또 다른 힘을 실어 주는 결과를 낳았다. 그러나 그가 맡았던 '퍼슨 투 퍼슨Person to Person'과 같은 경박한 프로그램을 포함해 흥미 위주의 쇼 프로그램이 우후죽순으로 생겨나면서, 머로는 텔레비전에 점차 환멸을 느끼기 시작했다. 1958년에 그는 텔레비전 운영진에게 지나친 이익을 추구하고 무의미한 연예 프로그램을 늘리는 정책을 중단할 것을 촉구하는 연설을 하기도 했다. 또 실제로 1960년에 '창피한 수확Harvest of Shame'에 출연하기도 했는데, 이민 노동자들의 고난을 찍은 다큐멘터리 형식의 이 프로그램은 지금도 TV 역사에서 가장 훌륭한 작품으로 인정받고 있다. 다음 해 그는 CBS를 사임하고 존 F. 케네디 대통령의 제안을 받아들여 미국 정보국의 책임자가 되었다.

머로가 마지막으로 맡은 일은 사회적으로 권위 있는 자리이기는 했지만, 우리가 기억하고 있는 그의 모습과는 다르다. 우리가 기억하는 머로는 위험을 즐기고 사건 현장 한가운데 있어야 할 필요성을 인식한 용감한 청년 기자다. 나아가 불의를 폭로한 훌륭한 베테랑 기자이며, 사회를 바꾸기 위한 최선이자 최후의 희망이 보도라고 믿은 사람이다. 그는 전쟁을 보도하던 도중 흐느껴 운 적이 있을 정도로 감정을 솔직하게 드러내는 사람이었다. 그러나 머로는 자신이 하는 일의 핵심이 사실을 정확하게 보도하는 것뿐만 아니라 그만큼 자제할 줄 알아야 한다는 것을 충분히 알고 있는 완벽한 전달자였다. 그의 직업은 우리 시대의 중대한 문제에 대해 선동하는 것이 아니라 잘 보이도록 빛을 비추기 위한 것이었다.

Marilyn Monroe
매릴린 먼로
1926~1962

경쟁이 치열한 뉴욕 연극계를 소재로 하여 아카데미상을 수상한 작품 〈이브의 모든 것〉(1950)에서 매릴린 먼로는 그저 '코파카바나 연극예술학교 졸업생'으로 소개되고 있다. 대사 자체는 한 번 듣고 흘려버릴 정도로서 대단한 것은 아니었지만, 어딘지 모르게 가시 돋친 듯한 이 말은 배우로 활동 하는 내내 먼로를 따라다녔다. 먼로의 재능을 멸시하는 듯한 할리우드의 거만한 태도는 공공연한 비밀이 되어 버린 그녀의 곤궁한 삶과 함께 오히려 배우로 성공하려는 그녀의 필사적인 몸부림의 기폭제가 되었을 뿐이다. 영원한 순정 배우였던 먼로는 완벽한 환상의 인물을 연기할 운명을 타고 났다. 작가 노먼 메일러Norman Mailer가 "사랑스러운 섹스의 천사"라고 표현했듯이 다른 사람들을 기분 좋게 만들면서도 조심스러운 그녀의 유혹은 1950년대의 억압에 대한 도전이었다. 그녀는 이런 이미지를 스스로 만들어 냈지만, 나중에는 그것에서 벗어나기 위해 안간힘을 써야 했다.

먼로의 삶은 불법과 가난, 그리고 잔인한 유기로부터 시작되었다. 먼로는 로스앤젤레스에서 글래디스 모텐슨의 딸 노마 진 모텐슨Norma Jean Mortensen(나중에 베이커로 이름을 바꾸었다)으로 태어났다. 영화 편집자였던 그녀의 아버지는 정신이상이라는 가족력을 가지고 있었고, 여자의 비위를 맞추는 일에만 빠져 있는 아버지 때문에 그녀는 철저한 무관심 속에서 어린 시절을 보내야 했다. 어머니가 편집증으로 병원에 입원하자, 당시 일곱 살이던 그녀는 이곳저곳 위탁 가정을 전전하다가 마침내 아홉 살 되던 해에 고아원에 맡겨졌다. 그녀는 어린 나이에 겪어야 했던 고통 탓에 무조건적인 사랑을 갈망하게 되었고 사소한 일에도 쉽게 상처를 받았다. 전형적인 할리우드 스타처럼 노마 진—그녀가 좋아하는 영화배우 노마 탈마지Norma Talmadge의 이름을 따랐다—은 자신의 비참한 처지를 잊으려고 영화 속 환상에 푹 빠져 들었는데, 예를 들면 자신의 진짜 아버지는 클라크 게이블Clark Gable이라고 상상했다. 11학년이 조금 지나면서 학교를 그만둔 그녀는 상선의 선원과

짧은 결혼 생활을 하기도 했다. 남편이 제2차 세계대전 중에 항해를 떠나자, 그녀는 버뱅크에 있는 라디오플레인 컴퍼니에 취직했다. 한 육군 사진병이 비행기 동체에 니스를 뿌리는 먼로를 눈여겨보았고, 그는 후방의 여성을 소개하는 「양크*Yank*」라는 잡지에 그녀의 사진을 보냈다. 이 일을 계기로 모델 제의가 들어왔고, 그녀는 머리 색깔을 바꾸었다. 20세기폭스 사는 여배우 수집가이자 거물인 RKO 스튜디오의 하워드 휴즈보다 한발 앞서 눈부신 미소를 가진 이 금발 미녀와 계약하는 데 성공했다. 1948년, 스튜디오는 그녀에게 새로운 이름을 지어 준 다음 계약서를 작성했지만 단 두 편의 영화만 촬영하고는 이 스타를 놓아주었다. 그러자 예순아홉 살 된 그녀의 반려자인 조셉 M. 쉔크가 컬럼비아영화사와의 계약을 성사시켰지만, 해리 콘 사장 역시 〈숙녀들의 합창Ladies of the Chorus〉(1949)을 찍고 난 뒤 그녀를 놓아주었다.

1950년에 〈아스팔트 정글The Asphalt Jungle〉과 〈이브의 모든 것〉이 개봉되자 사람들은 먼로에게 관심을 보이기 시작했다. 그리고 1953년에 〈나이아가라Niagara〉, 〈신사는 금발을 좋아해Gentlemen Prefer Blondes〉, 〈백만장자와 결혼하는 법How to Marry a Millionaire〉이 개봉되고, 1949년에 촬영한 누드 달력 사진이 공개되자 비로소 먼로는 진정한 스타의 대열에 합류했다. 1950년대만 해도 여배우가 누드 달력을 찍는다는 것은 치명적인 오점이 될 일이었지만 먼로는 집세를 내기 위해 어쩔 수 없었다고 해명했다. 미국인은 먼로의 백치미를 좋아했기 때문에 그녀를 용서했다. 영화 비평가들도 그녀의 능숙한 코미디 연기와 멍청해 보이는 셀프 패러디에 대해 언급하면서 너그럽게 넘어갔다.

최고의 전성기를 누리던 그녀는 〈7년 만의 외출The Seven Year Itch〉(1955)에서 육감적이고 매력적인 미인으로 출연했다. 이 영화에서 그녀가 지하철 환풍기 위에 서서 하얀 드레스가 바람을 맞아 풍선처럼 부풀던 장면은 그녀를 백치미의 전형으로 만들어 주었다. 그녀는 그 전에도 20여 편에 영화에 출연했는데, 항상 품행이 나쁜 여자 역을 맡았다. 심지어 바람난 아내와 같이 더 심한 배역을 연기하기도 했다. 먼로는 이렇게 고백했다. "솔직하게 말해서 나는 기초가 없이 세워진 거대한 건물 같다는 생각이 든다." 한편 먼로는 직접 영화사를 차려 영화를 만들기도 했다. 1956년에는 첫 번째 영화 〈버스 정거장Bus Stop〉을 만들었고, 1958년에는 〈왕자와 무희The Prince and the Showgirl〉를 만들었지만 흥행 성적은 저조했다. 이 즈음 그녀는 야구 선수 조 디마지오와 이혼하고 극작가 아서 밀러Arthur Miller와 재혼한 상태였다. 먼로는 밀러의 지적인 매력에 흠뻑 도취되어 있었다. 그러나 현실 감각이 부족했던 여배우는 현실과의 괴리감을 느끼기 시작했다. 1959년 〈뜨거운 것이 좋아Some Like It Hot〉는 크게 성공했지만, 그 후 클라크 게이블과 공동 주연한 〈어울리지 않는 사람들The Misfits〉(1961)이 흥행에 참패하자 그녀는 큰 충격을 받았다. 아서 밀러는 이 영화에서 먼로를 위해 특별히 각본을 썼지만 '로슬린'이란 역은 또 다른 백치 미인에 불과했다. 또한 그녀가 촬영장에 지각을 하는 것이 게이블이 심장마비로 죽은 것에 영향을 미쳤다는 소문 때문에 그녀는 절망에 빠졌다. 1961년, 탈진한 그녀는 알코올과 바르비투르산염 남용을 치료하기 위해 스스로 페인 위트니 정신병원을 찾았다. 벽에 솜을 댄 방에 격리 수용된 그녀는 편집증에 시달리던 어머니의 말로를 떠올리면서 공포에 떨어야 했다. 결국 디마지오가 그녀를 컬럼비아 장로교 병원으로 옮겼다. 수면제 중독에서 헤어난 그녀는 〈사랑할 때 버려야 할 것Something's Got to Give〉(1962)을 촬영하면서 활동을 재개했지만 1962년 중반까지 힘든 시기를 보내야만 했다. 먼로는 우울증과 알코올, 그리고 마약의 덫에 다시 빠졌고, 계속 출연 거부를 고집했다는 이유로 영화사로부터 계약 파기를 통보받았으며 존 F. 케네디와 그의 동생 로버트에게 버림받았다.

"도대체 그녀는 뭐가 잘못된 거지?" 언젠가 게이블이 큰 소리로 외친 이 질문은 대중이 오래 전부터 궁금해 하던 모든 것을 한 마디로 표현해 주었다. 먼로는 심각한 성격장애로 고통 받고 있었을까? 그녀가 자살한 것이라면 케네디 형제에게서 받은 상처 때문일까? 아니면 모순으로 가득 찬 삶 자체를 견디기가 힘들었던 것일까? 아마도 이 모든 요인에 먼로 특유의 순진함과 성공을 향한 강한 야망이 더해지면서 매력적인 그녀를 요절하게 만들었는지 모른다. 그녀는 이런 말을 남겼다. "저는 돈에는 관심이 없어요. 단지 멋있게 보이고 싶을 뿐이죠."

Golda Meir

골다 메이어

1898~1978

이스라엘 건국의 선봉장이었던 골다 메이어는 모순의 여인이었다. 교활하고 냉혹했던 그녀는 태동기의 혼란 속에서 신음하던 조국을 어머니 같이 따스한 마음으로 감싸 준 인물인 동시에 빈틈없는 정치가였다. 무자비하다고 할 만큼 용감하게 나라를 통치했던 그녀는 적의 공격에서 이스라엘을 지키기 위해 수천 명에 달하는 병사들을 전쟁터로 내모는 단호함을 보였지만, 지도자 역할을 수행할 때는 따스한 인간애를 결코 잊지 않았다. 수상으로 재직하는 동안 새로운 이민 지원자들을 맞이하기 위해 공항으로 가는 길에는 늘 흘러내리는 감동의 눈물을 주체하지 못했던 그녀였다. 또 새로운 조국을 위한 기금 모금에도 적극적이었다. 첫 의회 연설을 하기 위해 미국을 방문했을 때 그녀는 유대인협회의 대표였던 다비드 벤구리온보다 두 배나 많은 금액인 5,000만 달러를 목표액으로 정했다. 그녀의 애국 동지들의 말에 따르면 나중에 이스라엘 독립전쟁에서 이겼을 때에는, 자신의 부엌에 치킨 수프를 준비해서 동지들과 보디가드들, 그리고 내각 수반들까지 모두 초대한 성대한 파티를 계획했다고 한다.

이처럼 가장 격렬한 혁명가였던 그녀는 피를 흘리는 투쟁에 대해서는 별로 관심이 없었던 반면, 조직적인 공격을 계획하는 능력에서는 열정이 강했던 남성 동지들 못지않았다. 진정으로 평화를 사랑했던 그녀였지만 국가의 생존을 위해 이스라엘이 선택할 수 있는 유일한 방법은 전투 준비를 하는 것이라고 보았으며, "예의를 지키고 자유로우며 반군국주의에 입각한 죽은 이스라엘"은 결코 용납할 수 없다고 솔직한 심정을 밝혔다. 키에프와 민스크에 대한 어린 시절의 기억—아버지가 조직적 대학살로부터 가족을 지키기 위해 정신없이 현관문에 판자를 박던 모습과 폭행을 당하는 사람들의 입에서 터져 나오던 비명 소리—이 항상 그녀를 따라다녔다. 홀로코스트가 일어난 후부터 그녀는 이 때의 체험을 토대로 또 다른 아우슈비츠를 예방할 수 있는 가장 좋은 방법은 군사 공격이라고 주장하곤 했다. 몇 년 후

교황 바오로 6세가 이스라엘 군인의 잔혹함에 대해 불평하자, "우리가 인정을 베풀어서 조국을 잃고 약소민족으로 전락한다면 우리는 결국 가스실로 끌려나게 될 겁니다"라고 이스라엘의 입장을 설명했다.

그녀의 가족은 1906년, 위스콘신 주 밀워키에 정착했다. 그곳에서 자라난 골디 마보비치Goldie Mabovich는 젊은 시절 행동주의에 빠져들었다. 선생님이 될 준비를 하고 있던 그녀는 언니 세냐의 영향을 받아 사회주의 유대 민족주의자가 되었으며, 러시아에서 있을 예정이던 유대인 박해 항의행진의 조직책으로 일했다. 1915년, 그녀는 사회주의자들의 포알레 시온Poale Zion(시온주의 노동당)에 가입했으며, 부모님과 함께 팔레스타인 해방을 위한 전투에 참가할 유대인을 모집하는 일에 가담하게 되었다. 결국, 그녀가 자서전인 『나의 인생*My Life*』에서 밝혔듯이, "말뿐인 유대 민족주의에 싫증을 느낀" 메이어는 스스로 알리야aliyah, 즉 평화의 땅으로 이민 갈 것을 결심했다. 그녀만큼 열정적이지 않았던 남편 모리스 메어슨Morris Meyerson을 겨우 설득한 그녀는 1921년에 이민을 실천에 옮겼다. 미국 여성이 힘든 육체노동을 견뎌낼 수 없을 거라는 이유로 처음에는 그들의 신청을 거부했던 키부츠에서 골다—메어슨을 헤브라이어식 발음에 맞게 메이어로 바꾸었다—는 닭에게 모이를 주었고 공동 취사장 일을 맡았다. 그러나 남편이 원시적인 공동 생활을 견딜 수 없어 하자 두 사람은 텔아비브로 거처를 옮겼고, 그곳에서 두 아들을 낳았다. 그들은 둘째 아이가 태어난 후 곧바로 이혼에 합의했다.

생계를 유지하기 위해 빨래를 해주는 일을 해야 했던 메이어는 노동총연맹인 히스타드루트의 여성노동위원회 활동에 열심히 참가함으로써 정치 경력을 쌓기 시작했다. 1930년에 마파이Mapai(노동당)가 구성되자 그녀는 기금 마련 임무를 띠고 유대인협회와 세계시오니스트기구를 방문함으로써 짧은 시간 안에 유명인사가 되었다. 1936년에 그녀는 히스타드루트의 책임자가 되었고, 아랍 국가들에 대한 영국의 적대감이 고조된 상황에서 팔레스타인 권력의 중심에 놓이게 되었다. 1946년, 영국이 벤구리온을 비롯한 국수주의자들의 모임인 유대인협회의 핵심 회원들을 구속하자 메이어는 협회 정치국의 대표가 되었다. 재임 기간 동안 그녀는 유대인의 무조건적 이민을 이루어 내고 유대인 이민자들이 영국의 억류 캠프에 갇히지 않게 보호하는 일에 최선을 다했다.

1948년 5월 14일, 이스라엘 독립선언문에 서명한 후 메이어는 소련 대사에 임명되었다. 그러나 1949년에 노동부장관으로 임명되어 다시 고국 땅을 밟았고 새로운 이민자들을 소집하고 있던 정부의 노력에 동참했다. 그 후 7년 동안 그녀는 벤구리온이 이끄는 정부에서 외교부장관으로 재직했는데, 당시 벤구리온은 뛰어난 협상가였던 메이어에게 자주 자문을 구하곤 했다. 그리고 마침내 1969년, 그녀는 이스라엘의 네 번째 수상이 되었다. 넓적하고 각 진 얼굴에 굽이 낮은 신발과 단순한 헤어스타일을 고집한 그녀였지만, 군인들의 귀중한 목숨이 자신에게 달려 있다는 책임감과 열정으로 국가의 불안정한 체제를 지키기 위한 투쟁을 두려워하지 않았던 결코 얕잡아 볼 수 없는 인물이었다.

메이어의 재임 기간은 두 번에 걸친 대규모 전쟁이 발발하면서 긴장의 연속이었다. 1967년에는 6일전쟁이 발발해서 이스라엘이 웨스트뱅크와 가자 지역을 장악했으며, 1973년에 터진 욤키푸르전쟁Yom Kippur War 때는 이집트와 시리아가 기습 공격을 시도하는 바람에 그녀의 명예가 심각하게 실추되었다. 아랍 국가들이 공격을 감행하지 않을 거라고 자신만만하게 믿었던 장교들과 정보기관원들은 그녀에게 전면전을 피할 것을 충고했다. 그러나 그녀는 전면전을 고집했고, 그 판단은 이스라엘에게 치명적인 희생을 안겨 주었다. 그녀도 그런 결정을 내린 자신을 결코 용서할 수 없었다. 2,500명 이상의 이스라엘 군인들이 사망했으며, 1974년에 골다는 사임을 발표했다. 한편 자신의 평생 원수들을 용서하는 데 있어서, 그녀는 역시 단호했지만 그래도 관용의 마음을 잊지 않았다. 1969년에 그녀는 자신의 심정을 털어놓았다. "평화의 시대가 오면 우리는 우리 아들을 죽인 모든 아랍인을 용서하게 될 겁니다. 그러나 우리에게 그들의 아들을 죽이게 한 점에 대해서는 그들을 용서하기가 어려울 것 같습니다."

15년 동안 임파선암과 싸웠던 '불굴의 암사자'는 1978년 조용히 눈을 감았다.

Maria Montessori
마리아 몬테소리

1870~1952

마리아 몬테소리는 세기의 전환기에 살았던 페미니스트의 전형으로 손색이 없는 인물이었다. 자신에 대한 동기부여와 철두철미한 독립 정신, 그리고 개발되지 않은 사회의 음지에 대한 관심을 갖춘 이 젊은 여성은 이탈리아의 키아라발레 지역에서 출생하여 남성이 주도권을 쥐고 있는 직업 세계에서 자신의 이름을 남겼다. 수학 신동이었던 그녀는 교황 레오 13세의 후원으로 로마대학교 의학부에 입학하는 특전을 누리며 이탈리아 여성으로는 최초로 의학 박사 학위를 받았다. 그러나 이 '라 도토레사La Dottoressa'(대학을 졸업한 학자의 여성형)*가 혁명가로서 역사에 족적을 남길 수 있었던 것은 바로 유아 학습 분야에서였다. 교육 분야에서는 가장 초보적인 견습생 신분이었던 그녀는 교사가 아니라 아이들을 교육 과정의 중심으로 만들고자 노력했다. 그러는 과정에서 전통적인 교육학 이론과 실습을 바꾸는 것뿐만 아니라 초등 교육의 전체적인 개념에 변화를 시도했다.

몬테소리의 학교들은 기존의 학교들과는 근본적으로 달랐다. 아이들은 마치 '핀 위에 올라앉은 나비들처럼' 책상 앞에 꼭 붙어 앉아 있어야 하는 딱딱한 학급 분위기를 벗어날 수 있었다. 몬테소리는 행동하는 아이들을 원했고, 각 개인의 독창적인 잠재력을 활용하고 각자의 개발 속도에 따라 학업 진도를 나갔다. 그녀는 교사가 사실을 전달하고 최선의 규율을 강조하는 존재가 아니라, 아이들이 앞장서서 스스로 정한 목표를 이루는 과정에 동참하는 조언자이자 관찰자라고 생각했다. 벌을 주지 않으면서 개선해야 할 점을 강조한 몬테소리는 배움은 고난이 아니라 자신이 주인이 되는 놀이이며 교육적인 만큼 즐거워야 한다고 보았다.

제자들에게 '맘몰리나Mammolina'라고 불렸던 이 교육 개혁자는 이러한 목표를 이루기 위해 취학 전 아동들을 위한 특별 도구와 가구들을 고안했다. 또 작은 책상과 의자들, 낮은 창문, 찬장, 그리고 책꽂이들로 이루어진 아이들 키에 맞는 학습 환경을 개발했다. 그녀의 혁신적인 고안품들 가운데 가장 유명한 것은 바로 '교육

도구'였다. 이 도구들은 손이 먼저이고 그 다음이 머리라는 그녀의 철저한 교육 신념에 따라 아이들을 학습 과정으로 끌어들이기 위해 만들어진 교재들이었다. 몬테소리는 아이들이 놀이보다 '실제 생활'에 관한 공부를 선택한다는 사실을 깨닫고 수학 공부에 필요한 눈금이 새겨진 구슬, 신발 끈 묶기, 단추 잠그기, 작은 손가락으로 쓸 수 있는 샌드페이퍼 편지지, 그리고 독서를 위한 눈 운동에 도움이 될 부드러운 나무 조각들을 준비해 놓았다. 그리고 이러한 혁신적인 방법을 이용해 네 살 어린이가 자신의 자장가 리듬을 이해하고 다섯 살 어린이가 대수 등식을 푸는 것을 입증해 보였다. 이 모습을 지켜본 동료 교사들은 놀라움을 금치 못했다.

몬테소리가 새로 시도한 교습 방법은 그녀가 정신과 의사 시절에 정신 장애 어린이를 가르치는 교사들의 훈련소였던 로마의 국립특수학교Scuola Magistrale Ortofrenica에서 2년간 공동 관리자로 재직하는 과정에서 탄생되었다. 발달장애는 의학적인 문제라기보다는 교육학적인 문제라고 본 에두아르 세갱Edouard Seguin 박사의 연구에 자극을 받은 그녀는 당시 전 세계를 깜짝 놀라게 만들 근본적인 접근 방식과 단순한 교재들을 개발하기 시작했다. 그녀는 이것을 '심리교육학'이라고 불렀다. 심리교육학을 이용한 그녀의 교습법은 대단한 성공을 거두어서 여덟 살짜리 장애아가 읽고 쓰는 능력을 평가하는 정규 시험에 통과했다. 그 순간 몬테소리는 정신과 의사가 아니라 한 사람의 교육자가 되었다.

그러던 중 그녀는 로마의 한 건축협회로부터 공동 주택에 사는 어린이들 때문에 아파트가 더러워지는 것을 막기 위해 한 칸짜리 보육시설인 어린이 집Casa dei Bambini을 운영해 달라는 요청을 받았다. 그리하여 마침내 몬테소리의 교습 방법은 그 진가를 발휘할 수 있게 되었다. 그녀는 자신의 방법이 정상적인 지능을 가진 아이들에게도 효과가 있다는 것을 입증하고픈 간절한 욕망으로 그 일을 수락했고, 아이들이 다시는 건물 벽에 낙서를 하는 일이 없을 거라고 장담했다. 일을 시작한 지 단 몇 주 만에 그녀는 천방지축이던 두 살에서 여섯 살까지의 어린이들을 보다 행복하고 보다 협조적인 어린 학생들로 바꾸어 놓았다. 몬테소리는 언론과의 인터뷰에서 자신의 어린 학생들이 버릇없는 아이들이 된 것은 부모가 노동자이기 때문이 아니라 정서적 결핍 때문이라고 말했다. 진보적인 몇몇 학교들이 곧 어린이 집의 선례를 따라 하기 시작했고, 몬테소리는 그녀의 시스템을 근본적인 교육 체험과 잠재능력의 실현에 이르는 유일한 방법으로 이해한 세계적인 운동을 고무시킨 장본인이 되었다.

몬테소리 역시 자신의 생각이 옳다고 선전하기 시작했고, 논쟁과 비평에 대해서는 자신의 성공 사례를 예로 제시했다. 만약 그녀가 큰 소리로 비명을 지르는 난폭한 아이들을 열심히 공부하는 책벌레로 바꾸지 못했다면 어떻게 되었을까? 만약 그녀의 명예를 훼손시킨 사람들보다 그녀가 학벌 면에서 떨어졌다면? 그러나 결국 그녀는 심리학과 자연인류학, 그리고 교육심리학 분야에 전문 지식을 갖춘 정신과 의사였으며 아이들의 권익을 위해 성심을 다한 십자군이었다. 또 그녀는 발표 즉시 '몬테소리 교육 방식'으로 유명해진 교육학적 모델을 소개하는 많은 저서를 발표했다.

그러나 1930년대에 접어들면서 한때 폭발적인 인기를 끌었던 교육 시스템에 대한 열정이 갑자기 식기 시작했다. 많은 학자들, 특히 미국의 저명한 교육자이자 실용주의자 존 듀이John Dewey의 추종자들은 몬테소리의 일부 기본 신조에 대해 이의를 제기했다. 예를 들어 지능은 정해진 것이 아니라든가, 당근과 채찍 방법이 항상 행동에 영향을 미치는 것은 아니라는 주장에 반대했다. 더 실제적인 면에서 그들은 학교 교실 안에서의 자발성은 혼돈을 초래할 뿐이라고 해석했다. 한편 몬테소리 교육의 붕괴 이유를 그녀의 사생활에서 찾는 사람들도 있었다. 다소 보수적인 교육 단체에 의해 그녀의 조수로 일하던 청년이 그녀가 입양한 양자가 아니라 사실은 혼외 관계로 얻은 실제 아들임이 밝혀졌다.

그러나 1950년대에 접어들면서 몬테소리 교육 방법이 다시 활기를 찾기 시작했고, 그녀는 일본에서 베네수엘라까지 대륙을 오가며 자신의 교습법에 대한 독점권을 판매했다. 미국의 헤드스타트Head Start(1964년에 시작한 미국의 취학 전 빈곤 아동 교육 프로그램)*처럼 열린 교실과 준비 프로그램들이 인기를 끌면서 몬테소리에게 회의적이었던 학자들까지 그녀가 제시한 여러 개념들의 진가를 인정하기 시작했다. 아이들의 교육을 위해 직접 십자군의 지도자를 자청했던 몬테소리는 여든한 살의 나이로 임종을 맞이하기 직전 아들에게 자신은 해야 할 일을 다 했으며 그녀의 나비들은 이미 자유를 얻었다는 말을 남겼다.

Benito Mussolini

베니토 무솔리니

1883~1945

10대 동네 싸움꾼에서 사회주의 선동가를 거쳐 세계적인 살인마가 된 베니토 무솔리니는 민족주의자들의 행진 소리에 맞추어 절대 권력을 쟁취하기 위한 노력에 박차를 가했다. 그는 야심가이자 과대망상증 환자였다. 제1차 세계대전 중에 승리한 국민의 새로운 카이사르Caesar임을 자처할 뿐 전쟁의 폐해는 인정하지 않았던 그는 가난한 조국에 자신감을 회복시켜 주고자 했다. 제국 시대의 영광을 재연하기 위해 재건에 착수한 이탈리아는 그의 지도 하에 지중해 지역에서 역사 속의 헤게모니를 재현하고자 했다. 한편으로는 열정적인 개혁자이자 고집 센 혁명가였으며, 다른 한편으로는 기회주의적 허풍쟁이이자 파렴치한 반사회인이었던 '일 두체Il Duce'(이탈리아어로 '대장'이라는 뜻)*는 통일된 프롤레타리아의 필요성과 그러한 통일 체계를 유지하기 위해서는 정부가 폭력을 사용할 권한을 가져야 한다는 거창한 생각에 사로잡혀 있었다. 그리고 이러한 자신의 신념을 '파시즘'이라고 이름 붙였다. 그는 노동 불안과 부패가 없는 사회, 그리고 공산주의자들과 사회주의 분파 집단에 의한 과격한 선동에서 해방된 사회를 약속했다.

호언장담으로 포장된 빛나는 미래에 현혹된 그의 동포들은 무솔리니의 비전을 수용했으며, 해외에 있는 여러 정치인들과 지식인들도 여기에 동참했다. 그 가운데 특히 윈스턴 처칠은 처음에는 불안한 이탈리아 경제에 힘을 실어 주겠다는 무솔리니의 목표에 찬사를 보냈는데, 시간이 흐르면서 변덕스러운 지도자를 '사기꾼'이라고 비난했다. 지그문트 프로이트 같은 권위자도 다르지 않았다. 그들은 경제, 산업, 그리고 전문 단체를 조정하는 전국적 회의에 의해 선출된 정부와 같은 무솔리니의 여러 개념들이 매우 독창적이라고 생각했다. 또 초기에 그의 손을 들어 준 다른 추종자들은 대규모 공공사업의 개발과 일반 교육에 대한 지원뿐만 아니라 증오에 가득한 반反볼셰비키 정책을 환영했다. 그러나 제2차 세계대전 도중 이탈리아가 치욕적인 참패를 하자 정치 선동가와 반신半神이라는 무솔리니의 인기

도 곤두박질쳤다.

자신이 20세기 이탈리아의 구원자가 될 운명을 타고 났다고 굳게 믿고 있던 남자는 이탈리아 북부 로마냐의 빈민촌 도비아 마을에서 태어났다. 학교 선생님이었던 어머니는 열성 가톨릭 신자였으며, 가난한 대장장이이자 교권을 반대하는 사회주의자였던 아버지는 장남을 정치가로 키우고자 했다. 베니토는 이해력이 빠르고 머리가 좋은 학생이었지만 학교 생활에 적응하기가 쉽지 않았다. 열여덟 살에 그는 톨메쪼라는 고산지대 마을에서 교편을 잡았는데, 그곳에서 매독에 감염되었다. 전문가들은 그가 아마도 이 때문에 후에 과대망상증에 걸리게 되었다고 추측했다. 그는 제1차 세계대전 중에 결혼을 했고, 1920년대 중반에는 일정한 직업 없이 유럽 전역을 돌아다니면서 기자로 일하거나 노동조합을 결성했다. 곧 열성 사회주의자가 된 그는 니체, 칸트, 스피노자, 그리고 조르주 소렐Georges Sorel에게 배운 것을 하나로 통합하고자 노력했다. 프랑스의 이론가 조르주 소렐은 노동조합 혹은 신디케이트와 폭력을 혁명에 이르는 확실한 수단으로 이해했다.

무솔리니는 1910년에 포를리의 지역 당 책임자가 되면서 이탈리아 사회주의당 내에서 급부상하기 시작했다. 나중에 나타난 이념상의 반전을 예고하는 듯, 그는 제1차 세계대전이 발발한 초기 몇 달 사이에 중립주의의 신봉자에서 열성적인 내정 간섭주의자로 변했다. 그리고 얼마 안 있어 이번에는 평화주의를 주장하다가 감옥에 갇히는 신세가 되었다. 새롭게 드러나기 시작한 그의 강경주의적 자세는 당 내에서 뿐만 아니라 그가 기자로 활동 중이던 당 기관지 「전진*Avanti*」에게도 수치스러운 일이었다. 사임 압력에 시달리던 무솔리니는 조금의 동요도 없이 「이탈리아 인민*Il Popolo d'Italia*」이라는 신문사를 새로 차리고 전쟁에 참전했으며, 그 후에는 고향으로 돌아가 자신만의 사회주의 운동을 전개했다.

무솔리니는 신속하게 행동했다. 우선 자신이 주도한 맹목적인 애국주의적 · 반자유주의적 대의명분 하에 자신의 주장과는 본질적으로 다른 실직한 퇴역 군인들과 환상에서 깨어난 청년들을 규합했다. 그리고는 국가의 가난과 폭발 직전의 노동 불안이 전국적인 마르크스주의 폭동을 몰고 올지 모른다는 공포에 시달리고 있던 보수적인 세력까지 영입하는 데 성공했다. 정국이 거의 반정부 상태가 되자 1919년에 파시스트당을 구성하기 시작했으며, 1922년에는 지금은 유명해진 '로마에서의 행진'을 하는 동안 그의 블랙셔츠단Blackshirts(이탈리아 파시스트 군대)*과 함께 권력을 장악할 계획을 세웠다. 위험을 직감한 빅토르 엠마누엘 3세는 당시 서른아홉 살이던 무솔리니를 정부 구성에 참여시켰다. 하층 계급 출신이었기 때문에 지위에 어울리는 예의범절과 청결함이 부족했던 무솔리니는 수상으로서 세계의 뉴스 영화의 주인공으로 떠오르기 시작했다. 허영심이 강하고 남자다운 기백이 출중했던 그는—비록 주머니 크기만 한 성 안토니오 상을 늘 지니고 다녔지만—말 등에 앉아 사진을 찍었으며, 1935년에는 에티오피아 정복을 위해 떠나는 이탈리아 여단을 시찰했다. 다음 해 그는 처절한 스페인 내전에서 프랑코를 지원하기 위해 군대를 파견했다.

팽창주의 정책으로 프랑스와 영국에게 외면을 당하자 히틀러와 강력한 협력 관계를 구축한 무솔리니는—비록 가장 바람직한 관계는 아니었지만—1939년 '강철 조약pact of steel'(1939년 5월 히틀러와 무솔리니가 10년 동안 정치, 경제, 군사 분야의 동맹을 약속한 조약)*을 체결함으로써 추축국Axis(제2차 세계대전 당시 독일, 일본, 이탈리아)*과 이탈리아의 협력 관계를 공식화했다. 그러나 프랑스가 함락되기를 기다렸던 그는 1940년에야 비로소 실질적으로 전쟁에 참전했다. 그는 히틀러를 때로는 칭찬하고 때로는 무시했다. 나치의 인종차별에 반대했으며 자신에게 아부하는 사람들을 의심의 눈으로 바라보았다. 또 그는 스스로 '히틀러의 미등Hitler's taillight'라고 부르며 자신을 낮추었는데, 언제부터인가 그러한 표현이 신경을 거스르기 시작했다. 한편 히틀러는 새로운 언론 통제 기술과 대중을 사로잡는 훌륭한 웅변술에 대해 무솔리니에게서 유용한 정보를 많이 얻었다.

그리스와 북아프리카에서 참패하고, 스탈린그라드에서도 거의 모든 병력을 잃으며 참패하고, 1943년에 연합군이 시실리에 상륙함으로써 독재자는 몰락을 눈앞에 두고 있었다. 왕의 군대가 무솔리니를 체포했지만 용감한 독일 습격대가 그를 구출해 냈다. 그는 연합군 부대가 쳐들어올 때까지 레이크가르다 본부에서 파시스트 정부를 다시 일으켜 세우려는 마지막 환상에 젖어 있었다. 결국 무솔리니와 그의 정부 클라라 페타치는 이탈리아 게릴라에게 체포되었으며, 비밀 재판을 받고 총살 당한 뒤 밀라노의 로레토 광장에 거꾸로 매달리는 비참한 최후를 맞았다. '일 두체'가 집권한 20년 동안 그의 독설 섞인 연설에 놀아난 군중들은 온데간데없었고, 피에 굶주린 폭도들의 폭행에 두 사람의 얼굴은 형체를 알아볼 수 없을 정도로 일그러졌다.

Henry Moore
헨리 무어

1898~1986

영국의 조각가 헨리 무어는 체격과 감성 두 가지 면에서 그가 '캔버스'로 즐겨 사용한 거대한 돌덩이와 나무에 필적한 만한 사람이었다. 건장한 신체만큼 정신적으로도 강했던 그는 20세기의 가장 축복받은 조각가로서 강한 힘과 감성을 느낄 수 있는 기념비적인 작품들을 많이 만들었다. 또 그는 전 세계의 수많은 광장과 개인 정원에서 숨 쉬고 있는 모더니즘의 파수꾼이었다. 넓은 어깨와 근육이 발달한 커다란 손을 지닌 그는 조각이라는 힘든 육체노동을 사랑했다. 그는 조각하려는 재료의 저항이 세면 셀수록 조각가에게 그만큼의 에너지와 회복하는 능력이 전달된다고 믿었다. 자연에 대한 깊은 사랑과 인간의 의사소통, 아름다움에 대한 심도 깊은 이해에 뿌리를 두고 있는 그의 천재적인 작품들 속에는 그의 이러한 특성들이 반영되어 있다. 용감한 여성들, 서로 뒤엉킨 가족, 누워 있는 인물들, 그리고 덩치가 큰 인물이 덩치가 작은 인물을 껴안고 있는 형태를 한 포옹하는 남녀들 속에서 무어는 여성의 용기와 침착함에 대한 존경뿐만 아니라, 삶을 지속하는 데에 인내와 공동 사회가 모두 중요하다는 자신의 주장을 분명히 밝히고 있다.

요크셔의 캐슬포드에서 석탄 광부의 여덟 남매 중 일곱째로 태어난 무어는 지리적으로나 기질적으로 예술과는 전혀 관계없는 환경에서 성장했다. 그러나 신출내기 조각가는 문학 속에서 많은 영감을 얻었다. 그리고 어린 시절 류머티즘에 걸린 어머니의 등을 주물러 준 것에 대한 상으로 어머니에게서 3차원 입체의 기본 개념을 배웠다. 사실 그의 놀라운 체력은 어머니에게서 물려받은 것이었다. 지역 초등학교에서 교생 실습을 하던 헨리는 앨리스 고스틱Alice Gostick이라는 헌신적인 미술 지도자를 만나 처음으로 진심어린 격려를 들을 수 있었다. 그는 헨리가 미술 공부를 계속할 수 있도록 장학금을 받게 해주었다.

제1차 세계대전이 터지자 교사로 갓 부임한 열여덟 살의 무어는 군대에 입대했다. 캄브레 전투에서 부상을 당해 몇 달 간 치료에 매달렸던 그는 다시 영국으로

돌아와 퇴역 군인을 위한 정부 보조금으로 리즈예술학교에서 공부를 계속했다. 1921년, 장학생으로 런던의 왕립미술학교에 입학한 그는 비로소 진정한 예술 교육을 받기 시작했다. 또 그는 런던에 있는 훌륭한 박물관에 정기적으로 찾아갔는데, 특히 에트루리아, 이집트, 아프리카, 그리고 멕시코 조각품이 다양하게 구비되어 있는 대영박물관을 자주 찾았다. 이 기간 동안 예술 관련 서적을 숙독하는 과정에서 무어는 특히 톨텍 족과 '마야 족의 비의 정령'을 뜻하는 차크물Chacmool에 깊이 매료되었다. 이 때의 감동이 나중에 그의 감성이 가장 잘 드러난 작품들 가운데 하나인 리드의 〈와상Reclining Figure〉(1929)의 탄생을 가능하게 했다. 그의 '박물관 순회'는 자연사박물관과 지질학박물관까지 이어졌는데, 그곳에서 몇 시간을 머물면서 뼈와 껍질 같은 자연물의 구조와 형태, 색깔, 그리고 디자인을 분석했다.

연구를 위해 몇 번 파리를 방문한 그는 1925년에 이탈리아의 왕립예술대학에서 여행 장학금 수상자로 선정되었다. 피렌체에서 한참을 머무르는 동안 그는 조반니 마사치오Giovanni Masaccio의 색칠한 인물상과 피사노Pisano의 조각상, 그리고 미켈란젤로의 걸작에 빠져들었다. 그가 접한 시각적 화려함은 과거에 그가 소박한 스승들에게서 받았던 영향과 충돌했으며, 그는 한동안 독창성의 한계 속에서 괴로워했다. 그러나 런던에서 처음으로 개인전을 치르고 나자, 1929년에 처음으로 작품 의뢰가 들어왔다. 같은 해 그는 러시아 여성인 이리나 라뎃츠스키와 결혼을 하고 켄트에 정착했다. 그는 왕립미술학교에서 시간제 강사로 미술을 가르쳤으며 강의가 없는 시간에는 작품 활동에 전념할 수 있었다. 1930년대에 접어들면서 무어는 가장 기억에 남을 만한 작품들 가운데 일부를 발표했는데, 초현실주의의 비이성적이며 은근히 육감적인 면을 흡수하되 항상 추상과 구상 사이의 조화를 이루고자 노력했다. '구멍' 조각이—무어 자신은 "한 형식 안에 또 다른 형식이 존재하는 것"이라고 설명했다—그의 작품 속에 나타나기 시작했는데, 1935년에 발표된 '와상'(뉴욕 버팔로에 있는 작품)이 그 좋은 예다. 이 기간 동안 그는 세계적으로 유명인사가 된 반면, 예술 애호가들에게서 오직 자신의 인기를 늘리는 일에만 관심이 있는 성상파괴자라는 비난을 받았다.

첼시예술학교에서 학생들을 가르치던 중 제2차 세계대전이 터지자, 무어는 관선전쟁화가Official War Artist로 임명되었다. 대공습이 진행되는 동안 런던의 지하 방공호에 숨을 숨기고 있던 그는 1940년과 1941년 사이에 그 유명한 방공호 그림을 그렸다. 포위당한 도시 시민들의 우울한 모습을 그린 이 그림은 그 시대의 가장 고통스러우며, 가장 오래 지속되었던 이미지를 대변하고 있다. 이 작품을 시초로 그는 등장인물들을 집단으로 표현하고 꾸미기 시작했고—노샘프턴에 위치한 성 마태성당의 〈성모자상Madonna and Child〉(1943~1944)에서 알 수 있듯이- 작품에 더 많은 인간성을 부여했다. 1946년에 딸이 태어난 일도 비슷한 영향을 미쳤다.

1940년대 들어 부드러운 가족의 배치를 담은 수많은 작품을 발표하면서 이후 20년 동안 그는 세계적인 명성을 누리게 되었다. 주문이 쏟아져 들어왔으며, 무어는 돌과 주철을 이용해 한 번 보면 절대로 잊을 수 없는 강력한 원형들로 세계 도처를 수놓았다. 1952년에서 1953년 사이에 안트베르펜 조각박물관에 만든 〈옷을 걸친 와상Draped Reclining Figure〉 청동상과, 1957년과 1958년 사이에 파리에 있는 유네스코빌딩에 만든 16피트 크기의 석회대리석 와상, 그리고 이탈리아 프라토의 일반 고객을 위해 만든 흰색 대리석 터널인 〈직사각형Square Form with Cut〉이 있었다. 그는 영국 미술을 대표하는 비공식 대사가 되었으며, 대부분의 시간을 17세기에 지은 농가인 자신의 집에서 보내면서 매일 10시간에서 12시간씩 작업에 매달렸다.

무어는 말년에 대규모 회고 전시회를 개최했지만, 그의 작품들은 전체적으로 약간 시대에 뒤떨어진 듯한 인상을 주었다. "부족한 것은 넘치는 것이며, 무어는 지루하다"라고 빈정거렸던 예술가 지망생들은, 명상을 즐기고 허세를 몰랐던 예술가가 거의 혼자 힘으로 30여 년 전 의혹의 눈으로 그를 바라보는 조국의 국민을 설득해서 현대주의 형식을 받아들이고 그것을 지키게 만들었다는 사실을 잊고 있었다. 젊기 때문에 그들은 시간이 주는 시련에 대해 알지 못했으며, 조각가의 작품의 기준이 된 불굴의 정신과 인내에 대해서도 무지했다. 또 그들은 비바람 속에서 폐허로 남은 고대의 스톤헨지가 영감을 불러일으키는 귀중한 자료임을 발견한 끈기 있는 한 남자의 저력을 이해하지 못했다.

Margaret Mead
마거릿 미드

1901~1978

1976년 「라이프」의 '자랑스러운 미국 여성들' 란에 사롱sarong(미얀마, 인도, 말레이시아 반도 등에서 남녀가 스커트처럼 허리에 두르는 옷)*을 느슨하게 걸치고 싱그러운 열대 꽃들에 둘러싸여 있는 젊은 시절 마거릿 미드의 모습을 담은 매력적인 흑백 사진이 실렸다. 목과 팔목, 그리고 촘촘하게 땋은 머리까지 푸른 잎으로 치장하고 있는 그녀는, 그녀와 비슷한 옷을 입고 그녀처럼 순수한 표정을 하고 있는 추장 딸의 맨 어깨 위에 오른손을 올려놓고 있었다. 이 사진은 1925년에 촬영되었다. 같은 해에 모험심이 강한 이 스물네 살의 인류학자는 사모아 지역의 사춘기 소녀들의 행동과 태도를 연구하기 위해 남태평양으로 가는 배에 몸을 실었다. 몇 권의 공책과 아버지에게서 받은 1,000달러, 그리고 바너드대학교 인류학부 학장이자 스승인 전설적인 프란츠 보아스Franz Boas의 든든한 지원이 당시 그녀가 가진 전 재산이었다. 9개월에 걸친 단독 탐사로 『사모아의 성년*Coming of Age in Samoa*』이라는 인류학 저서가 나왔다. 그녀는 이 책에서 사모아 청소년의 삶과 서구 청소년의 삶을 비교했다. 이렇게 해서 세계적인 명성을 얻게 된 이 열정적인 과학자는 형제 간의 경쟁, 치외법권적 생활, 그리고 가족계획에서부터 도시계획, 건강한 식습관, 그리고 남녀평등에 이르기까지 모든 것에 대해 그녀 특유의 도발적인 주장을 펼칠 수 있게 되었다.

미드는 백과사전식 지식을 갖추고 있었으며 독특한 시각을 지니고 있었다. 그녀는 예리하고 독특한 사고의 소유자로, 그녀의 머릿속은 지식들이 항상 유동적인 상태를 유지하는 가운데 서로 뒤엉켜서 새로운 패턴의 시각을 형성하는 일종의 만화경과도 같았다. 그녀는 24권이라는 엄청난 수의 저서를 발표했다. 그녀의 저서들은 사회과학자들만이 알아들을 수 있는 전문 용어를 배제하고 조금도 막힘없는 명쾌한 설명으로 일관되어 있기 때문에 일반인도 쉽게 이해할 수 있었다. 사회과학자로 오랜 기간 활동을 하는 동안 그녀는 6개 국어에 통달했으며, 기호론

—사람들이 동작을 이용해 어떻게 서로 의사소통을 하는가를 연구하는 학문—개발의 개척자였다. 미드는 현장 학습을 통해 사진기술의 전문가가 되었으며 심리학과 심리 분석, 그리고 생물학을 비롯한 여러 학문들을 자신의 이론 연구 과정에 통합했다.

미드는 어린 시절부터 사회학자인 어머니와 선생님이었던 할머니에게서 사회과학 연구 기술을 습득했다. 어린 그녀가 자신의 주위 환경을 세심하게 관찰하게 된 것은 극히 자연스러운 일이었다. 여덟 살 때 그녀는 어린 여동생이 말하는 패턴을 관찰하는 임무를 맡았는데, 이것은 그녀에게 주어진 최초의 프로젝트였다. 시간이 지나면서 미드는 인간의 상태와 지구상의 문제에 대해 말하고 싶은 강한 욕망을 느꼈다. 그러나 완벽한 학업 성적과 뉴욕 미국자연사박물관에서의 오랜 큐레이터 생활에도 불구하고 모두가 그녀의 생각에 관심을 보일 수는 없는 일이었다. 오만한 비평가들은 그녀가 자신의 전문 분야를 벗어난 문제에 공개적으로 의견을 밝히는 호사가이며 쓸데없는 참견자라고 혹평했다. 그러나 그녀는 부모 세대에게 세대 차이를 설명하고, 아이를 돌보는 것에 관해 서구 사회가 원시 사회에게 무언가 배울 점이 있을 거라는 의견을 제시함으로써 소외된 젊은이들의 영웅으로 떠올랐다. 또 마리화나에 대한 해금을 주장했을 때에는 '파렴치한 늙은 여성'으로 낙인이 찍혔으며, 성性에 대한 관대한 시각을 주장했을 때에도 보수주의자들의 분노에 찬 공격을 감수해야 했다. 그러나 두려움을 몰랐던 미드는 꿋꿋하게 텔레비전 토크쇼에 출연했으며 아이 돌보기, 인공두뇌 연구, 그리고 여성운동에 대한 회의를 개최했다. 또 미국과학진흥협회, 세계정신건강협회, 그리고 대중 정보를 위한 과학자협회와 같은 막강한 영향력을 행사하는 여러 단체의 의장직을 역임했다.

미드는 성 역할 및 남성과 여성 관계에 대한 연구에서 선구자적 역할을 했으며—1949년에 그녀의 저서 『남성과 여성*Male and Female*』이 발표되었다—페니미스트들이 씨름하고 있던 수많은 질문에 대해 현장 학습을 실시했다. 결혼 후에도 처녀 시절의 이름을 그대로 사용한다고 해서 신문 1면을 장식하기도 했지만, 일을 한다는 핑계로 아이를 종일반에 맡겨 놓는 엄마들을 질책함으로써 여성 운동가들의 분노를 사는 일도 두려워하지 않았다. 세 번의 결혼 경력이 있는 미드는 이혼을 실패로 규정하는 것을 거부했다. 언젠가 그녀는, 이혼은 여성의 결혼생활이 원만하지 않았다는 것을 의미하는 것이 아니라 단지 '결혼에 지쳤을 뿐'이라고 설명했다.

보편적인 문제에 대해 관심이 많았던 미드였지만, 그녀가 보인 관심사—개인적으로나 직업적으로 의미가 있다고 느낀 거의 모든 것—에서 변하지 않는 그 중심은 바로 마누스, 아라페쉬, 야트물, 참부리, 그리고 먼더거머 부족과 같은 남태평양 민족들을 대상으로 한 그녀의 연구 안에서 그 뿌리를 찾을 수 있었다. 각각의 원시 사회를 보면서 미드는 성숙과 사회화란 과연 무엇인지 알게 되었으며, 그렇게 해서 얻은 지식을 전체적인 관점에 적용함으로써 인류를 하나의 거대한 부족으로 이해했다. 모든 연구 과정에서 그녀가 추구하는 목표는 바로 휴머니즘과 과학의 조화였다. 세계적인 기아 현상, 인구 폭발, 기계화된 행복, 그리고 가끔 우리를 깜짝 놀라게 하는 기술상의 변화 등과 같은 전혀 해결될 것 같지 않은 문제를 안고 있던 당시 사회는, 그녀가 그토록 감동적으로 표현했던 비교적 안정적이고 목가적인 생활 방식을 즐기는 원시 문화에서 많은 것을 배워야 한다고 그녀는 주장했다.

그러한 비교문화적 교훈은 시간이 지나면서 훨씬 광범위해진 그녀의 연구 활동의 기조를 이루게 되었다. 그녀는 예일대학교, 바사르대학교, 포드햄대학교, 그리고 뉴욕대학교에서 교수로 재직하는 동안에도 학문 연구와 저술 활동을 쉬지 않았다. 그녀의 개인적인 체험들은—아내이자 어머니이자 할머니로서, 그리고 세 번의 이혼과 몇 번의 유산을 통해서—그녀의 현명함을 더해 주었으며 더욱 용기 있는 여성으로 만들어 주었다. 말년에 지팡이를 짚고 다녀야 할 정도로 건강이 악화되었지만, 그녀는 개인과 가정, 그리고 정부를 상대로 '인간의 창의력과 상상력, 그리고 생명에 대한 믿음으로' 변화하는 세계에 의해 생겨난 새로운 요구 사항들을 단순히 처리하려고 할 것이 아니라 포옹하는 법을 가르치기 위해 노력했다. 그녀는 황혼기에 접어들어서도 놀라운 에너지를 유지한 채 젊은 사람들도 놀랄 정도로 힘겨운 스케줄을 소화해 냈다. 1978년에 그녀가 사망하자, 항상 무사태평했던 언론도 이번에는 여러 가지 역할을 수행한 이 휴머니스트에 대해 어떤 명칭을 붙여야 할지 당황하는 기색이 역력했다. 그녀를 '지구촌의 다정한 할머니'라고 부른 「타임*Time*」의 선택이 가장 적절해 보였다.

Dr. Christiàan Barnard
크리스티안 바너드 박사

1923~2001

1967년 12월 3일, 휠체어를 탄 55세의 잡화상 루이스 워시칸스키Louis Washkansky가 남아프리카공화국 케이프타운에 있는 그루테슈르병원 수술실로 향했다. 그리고 그곳에서 사고로 죽은 데니즈 다볼Denise Darvall이라는 25세 여성의 심장을 이식 받았다. 마취에서 깨어나자마자 워시칸스키는 간호사에게 "이제 나는 새로운 프랑켄슈타인이 되었군" 하고 말했다. 이 말은 너무도 적절한 표현이었다. 사실 이 혁신적인 수술법으로 워시칸스키의 목숨을 구해 준 의사는 이미 비평가들에게서 자연의 법칙을 거스른 자라고 거센 비판을 받아왔다. 워시칸스키가 치료 과정에서 얻은 합병증으로 고생하다가 18일 만에 숨을 거두자, 바너드는 전 세계적인 유명인사가 되었으며 심장 이식은 세계인의 논쟁거리로 떠올랐다.

크리스티안 니틀링 바너드Christiàan Neethling Barnard는 보퍼트 웨스트의 한적한 마을에서 가난하고 완고한 네덜란드 개혁교회 목사의 아들로 태어났다. 그는 두 형이 입다가 물려준 낡은 옷을 입고 자랐고, 아버지 교회에 놓여 있던 오르간의 바람통 외에는 특별한 장난감도 없었다. 그는 고등학교를 졸업한 후 케이프타운의과대학에 진학했고, 1953년 의사 학위를 취득했다. 케레스에서 일반 진료의로 잠시 일하던 그는 케이프타운의과대학 외과 연구에 합류했다. 그곳 시설은 열악했지만, 그는 개를 대상으로 수술을 하면서 외과용 메스를 쓰는 법을 익혔다. 또한 알레타 로우Aletta Louw라는 아리따운 간호사를 만나 결혼했다.

고급 연구에 목이 말라 있던 바너드는 1955년 미네소타의과대학으로 건너가 임시직을 전전하던 중 드디어 의사면허를 취득했다. 그리고 그곳에서 처음으로 심장 수술을 집도했다. 3년에 걸친 연구 끝에 그는 케이프타운의 외과 연구책임자로 임명되었다. 1960년에 그는 개의 머리를 이식하는 수술을 성공적으로 마침으로써 세계 의학계의 비상한 관심을 모았다.

바너드는 최초로 인공 심장 판막 수술을 성공한 것을 포함해 여러 번 심장 수술

을 주도한 뒤, 마침내 1967년에 심장 이식수술을 위한 만반의 준비를 갖추게 되었다. 당시 그는 심장의 기능 회복이 불가능한 환자에게는 심장 이식수술이야말로 유일한 선택이라고 믿었다. 한 사람의 심장을 다른 사람에게 이식하는 기술은 이미 미국인 의사 노먼 섬웨이Norman Shumway와 마이클 드베이키Michael DeBakey가 개발했지만, 직접 시도해 볼 기회가 없었다. 그러던 중 바너드는 루이스 워시칸스키야말로 심장 이식수술에 가장 적합한 환자라고 생각했다. 당시 워시칸스키의 심장은 다량의 섬유 조직이 괴사한 상태였다.

심장 제공자를 찾아 한 달을 기다린 바너드 앞에, 자동차 사고로 뇌사 상태에 빠진 데니즈 다볼이라는 여성이 나타났다. 바너드는 우선 다볼의 혈액형이 워시칸스키와 일치한다는 사실을 확인하고 거부 반응에 대한 위험을 최대한 줄였다. 그리고 다볼의 심장을 적출하여 인공 심폐기기에 연결한 뒤, 워시칸스키의 병든 심장을 제거하고 그 자리에 다볼의 건강한 심장을 이식했다. 그는 동생 마리우스 바너드의 도움을 받아 다섯 시간에 걸친 대수술을 성공적으로 끝냈다. 다볼의 심장이 워시칸스키의 몸 안에서 처음으로 뛰기 시작한 결정적인 순간, 바너드는 "하느님, 드디어 심장이 뜁니다"라고 중얼거렸다. 불행하게도, 신체의 자연적인 거부반응을 없애려고 투여한 약품 때문에 워시칸스키는 감염에 대한 저항력을 상실했고, 결국 폐렴으로 사망했다.

바너드는 찬사와 비난을 동시에 받으며 전 세계를 누비고 다녔다. 그는 미국 대통령을 만나고, '제트족jet set'(제트기로 유랑 다니는 부유층)*이라 불리던 이들과 어울렸으며, 유명한 이탈리아 여배우 지나 롤로브리지다Gina Lollobrigida를 비롯한 수많은 미인들과 데이트를 즐겼다. 동료 의사들은 갑자기 나타나 세인의 관심을 한몸에 받는 남아프리카 출신의 이 불청객을 '신문에 이름을 올리고 싶어하는 사람publicity hound'이라고 부르면서 공개적으로 비난했다. 많은 의사들이 아직도 뛰고 있는 '죽은' 사람의 심장을 적출하는 것을 도덕적으로 받아들이기 힘들어했다(일부 과학 단체와 종교 단체도 같은 생각이었다). 기증자가 정말 사망했음을 결정할 권리가 과연 누구에게 있는가? 건강한 심장을 한시라도 빨리 필요로 하는 심장 외과의와, 기증자의 생명을 구하기 위해 최선을 다해야 한다는 히포크라테스 선서 사이에 아무런 갈등이 없는가? 실수를 범하기 전에 이와 같은 중대한 문제들을 해결해야 한다는 목소리가 높았고, 의학계에서는 심장 이식수술을 일단 중단해야 한다는 의견이 나왔다.

그러나 바너드는 결정적인 성과를 거두게 되었다. 1968년 1월 2일, 그는 필립 블레이버그Philip Blaiberg라는 58세의 전직 치과의사를 대상으로 두 번째 심장 이식 수술을 실시했다. 기증자는 24세의 뇌졸중 환자인 클라이브 하우프트Clive Haupt라는 사람이었는데, 의식불명 상태였다. 하우프트는 남아프리카공화국 인종법이 정한 '유색인'에 해당했고, 바로 이 때문에 남아프리카공화국 국민의 관심을 끌었다.

훤칠한 외모와 사교성을 겸비한 이 의사의 악명이 높아지는 동안, 그의 애정 행각을 더 이상 두고 볼 수 없었던 부인은 1969년 이혼을 선언했다. 바너드와 사는 것이 힘들다는 것을 안 사람은 그의 부인만은 아니었다. 자신에 대한 사람들의 비판이 떨떠름했던 이 까다로운 완벽주의자는 수술실이 최대한 깨끗하고 정돈되어 있기를 바랐는데, 이런 성격을 미처 알아차리지 못한 사람들에게는 피곤한 일이었다. 나이가 들면서 그는 심해지는 류마티스 관절염으로 고생했고, 점점 손이 마비되어 결국 수술을 하지 못할 지경에 이르렀다. 강의와 집필로 생활을 꾸려가던 바너드는 화장품 분야에 관심을 돌리게 되었고, 1986년 그가 얼굴에 바르는 크림을 선전하자 저급한 상업주의라고 비난하는 소리가 끊이지 않았다.

1997년에 의료계에서 은퇴한 그는 본국의 카루 지방에 정착해 농장을 꾸리고 소설을 쓰며 살았다. 그가 후회하는 일 중 하나로 남아프리카의 인종차별 정책에 미온적인 태도를 보인 것을 꼽았다고 한다. 그는 30년 전에 직접 촉발한 예민한 윤리적 문제 때문에 자신의 기념비적인 업적을 조용히 묻어 둔 것처럼 보였다. 그러나 완전히 잊은 것이 아니라 관심을 보이지 않았을 뿐이다(크리스티안 바너드는 2001년 키프로스의 파보스에서 심장마비로 사망했다.)*

Brigitte Bardot
브리지트 바르도

1934~

20세기의 섹스 심벌은 1956년에 영화 〈그리고 신은 여자를 창조했다Et Dieu créa la femme〉의 개봉과 함께 탄생했다. 한편으로는 악의 없는 순수함을 지녔고 또 한편으로는 남자를 유혹하는 도발적 매력을 지닌 브리지트는 20세기의 성性, 특히 남자들의 갖고 있던 성에 대한 환상을 정의하는 데 일조했다. 그녀는 스크린 안팎에서 자유분방하고 순진한 소녀로 묘사되었고 관능미와 절묘하게 균형 잡힌 몸매를 마음껏 뽐내고 다녔다. 브리지트가 출연한 거의 외설에 가까운 영화가 전 세계에 처음 상영되자 여성들은 앞 다투어 그녀를 따라 하기에 바빴다. 바르도 룩Bardot look이라 불린 그녀의 특징은 건방져 보이는 무광택의 핑크빛 입술, 진한 가짜 속눈썹, 순진한 소녀처럼 보이는 꽉 끼는 옷, 막 잠에서 깨어난 듯 헝클어진 금발머리 등이었다. 멍한 듯하면서 도발적인 시선도 빼놓을 수 없었다. 그 눈빛은 그저 단지 손에 잡힐 듯 말 듯하거나 공허해 보이는 것이 아니었다. 그것은 꿈에서나 접할 수 있는 성적 느낌을 현실에서 느끼게 해주었다.

전성기의 브리지트 바르도는 조각한 듯한 가슴을 내밀고 프랑스 공화국의 전통적 상징 프리지앙 모자(프랑스 혁명 때 자유를 상징하던 원뿔 모양의 붉은 모자)*를 쓰고 프랑스 전역의 관청을 누비고 다녔다. 급진당 당수 장-자크 세르방 슈라이버는 프랑스 국민에게 "로크포르 치즈(양젖으로 만든 치즈)*, 보르도 와인, 그리고 브리지트 바르도를 자랑스럽게 여겨야 한다"고 주장했다. 이는 이 세 가지가 지닌 엄청난 수출 가치를 인정한 것이었고, 당시 프랑스 지식인 사이에 불었던 브리지트 열풍을 반영한 것이다. 문화전문가 장 콕토Jean Cocteau는 그녀를 "완벽한 몸매를 갖춘 뾰로통한 스핑크스"라고 불렀다.

보르도의 인기는 수십 년 동안 식을 줄을 몰랐는데, 그동안 만인의 연인이 된 이 여배우는 주옥 같은 작품에 수없이 출연했으며 미국의 여배우 매릴린 먼로와 함께 세계의 섹스 심벌 자리를 다투었다. 금발에 날씬한 이 프랑스 여배우는 여행객이

자주 찾는 생트로페의 코트다쥐르로 철없는 도피 행각을 벌이기도 했고, 라이벌인 먼로와 마찬가지로 자신의 인생을 위대한 여배우가 되려는 야망으로 결코 내몰지 않았다.

그렇다고 바르도가 마냥 즐거웠던 것만은 아니었다. 1950년 15세의 나이로 「엘르*Elle*」의 모델로 활동을 시작한 그녀는 몸매를 유지해야 한다는 강박관념에 시달렸다. 나이가 들면서는 죽음에 대한 병적인 환상에 빠지게 되었는데, 그럴 때면 자주 술에 의지함으로써 잠시나마 환상에서 벗어날 수 있었다. '베베B.B.'(이름의 이니셜을 딴 별명)*는 남자들의 관심을 얻게 해준 성숙한 매력을 잃고 있다는 사실에 괴로워했고, 40대를 지나 50대가 되자 두려움은 더욱 커졌다. 그녀는 1983년에 프랑스 텔레비전을 통해 방영된 다큐멘터리에서 "나는 점점 썩어가고 있다"라고 불평했다. "사람들은 모두 몸이 시키는 대로 하면서 인생을 소비하는 거예요. 육체가 썩듯, 여러분도 결국 썩어 없어지게 되죠!" 절망감을 이기지 못한 그녀는 몇 번 자살을 시도했다. 특히 아들 니콜라스를 낳은 지 아홉 달 만에 자살을 시도함으로써 상당한 충격을 안겨 주었고, 이 외에도 49세 생일 저녁에 자살을 시도했다는 소문도 있다. 그러나 첫 번째 남편 로제 바딤Roger Vadim이 말했듯이 매년 그녀의 생일은 "그녀를 위한 시험이었고, 그녀에게는 대부분 절망적인 시간이었다."

아마도 바르도에 대해 바딤만큼 개인적으로 잘 알고 있는 사람은 없을 것이다. 이 프랑스 감독은 공인으로서 바르도의 이미지를 만들어 냈다. 그는 바르도에게 요염한 자태를 뽐내는 새침하고 예의바른 여학생이 되도록 주문했고, 이것은 곧 그녀의 트레이드마크가 되었다. 또한 그는 그녀에게 노출을 하나의 예술 형태로 끌어올리는 역할을 맡겼다. 〈그리고 신은 여자를 창조했다〉는 가벼운 소품 같은 영화였다. 따뜻하고 숲이 우거진 리비에라Riviera(지중해의 유명한 관광지)*를 무대로 성에 집착하는 철없는 말괄량이 소녀의 이야기를 담은 다소 황당하고 화끈한 영화였다. 이 스물두 살의 여배우는 이 영화에서 당시로는 충격적이라고 할 만큼 노골적이고 상당히 절제된 정사 장면을 연기했고, 자신의 육체적인 매력을 가장 세련된 방식으로 발산했다. 당시 바르도는 이미 16편의 영화를 찍었지만, 바딤은 그녀가 새로운 성적 관대함의 상징이 될 가능성을 보았다. 그리고 그는 자신이 본 것을 포장했다. 그는 미국에서 영화를 상영하기 위해 과감한 장면들을 삭제하는 등 검열과 관련된 문제에 신경을 썼고, 그 결과 기자들은 공연 배우 장 루이 트렝티냥과의 정사신이 그렇게 많지 않다고 느꼈다.

그녀는 1956년에 〈트로이의 헬렌Helen of Troy〉을 통해 영어로 녹음하는 영화에 처음 출연했고 이듬 해 바딤과 이혼했다. 1959년에 그녀는 〈바베트 전쟁터로 가다 Babette Goes to War〉에서 함께 공연한 자크 샤리에와 재혼했다. 코미디극인 이 영화에서 그녀는 이미지 변신을 시도했지만 성공하지 못했다. 바로 이 시기부터 그녀는 자기중심주의와 건강 문제 때문에 정상적인 생활을 할 수 없었다. 1960년 아들 니콜라스가 태어나자 그녀는 아들을 친척에게 맡겼다. 대중에게 인정받기를 갈망하던 한 여성의 행동으로는 이해하기 어려운 결정이었다. 그 후 그녀는 "나는 당시 아이를 돌볼 수 없었어요. 오히려 저한테 어머니가 필요했답니다"라고 서투른 변명을 늘어놓았다.

안정을 취하고 건강을 회복하는 것이 급선무였지만 애인을 자주 바꾸는 그녀의 변덕스러운 연애 행각은 그 후로도 끊이지 않았다. 이 때부터 그녀는 동물의 권리에 대해 전보다 더 많은 관심을 기울이기 시작했다. 1990년에 바딤이 말했듯이 그녀는 동물의 온순함과 정직함에서 많은 위안을 받았다. 그러나 집에서 동물을 기르며 보내는 시간이 늘어남에 따라 그녀의 인간관계는 소원해지기 시작했다. 한편 끝까지 그녀 곁을 지니고 있던 몇 안 되는 지인들조차 이 여배우가 공개석상에서 점점 기이하고 자기 파괴적인 행동을 보이는 것에 대해 걱정을 했다. 특히 극우정당인 국민전선의 장 마리 르펭과의 진지하지 못한 만남과 1996년에 염소 살육에 대해 이슬람교를 공격한 일은 많은 사람의 우려를 자아냈다. 특히 이슬람교에 대한 비난은 표면상으로만 동물에 대한 사랑을 강조했을 뿐 그 안에는 인종차별주의적 성향이 도사리고 있었기 때문에 비난의 대상이 되었다.

약 30년 전 마르그리트 뒤라스Marguerite Duras는 바르도의 행동을 예술적 관점에서 해석한 적이 있다. 그는 바르도의 경력이 화려해 보이지만 본질적으로는 개성이 없고, 아쉽게도 예술적 '열정'은 찾아 볼 수 없다는 내용의 기사를 「보그*Vogue*」에 발표했다. 뒤라스는 이렇게 한탄했다. "위대하고 강력한 바람, 알 수 없는 그 어떤 힘이 그녀의 인생에서는 한 번도 불지 않았다." 화려하지만 천박한 그녀의 나태함에 비추어 볼 때, 어쩌면 이것이 그녀 마음속 고통의 핵심에 놓여 있던 것인지도 모른다.

Lech Walesa

레흐 바웬사

1943~

폴란드에서 공산주의를 붕괴시킨 예상 외의 전개는 한 노동자에 의해 초래되었다. 군인, 비밀경찰, 정보원, 당 직원을 망라하는 정부의 모든 보안 조직은 결국 선착장에서 일하는 한 전기공 앞에서 무력한 존재가 되고 말았다. 일개 노동자로 살아 온 레흐 바웬사는 삶의 대부분을 폴란드 공산당에 대항하는 투쟁에 바쳤다. 그리고 승리를 거둔 그는 폴란드의 대통령으로 선출되었다. 그는 공산당에 대항해 투쟁하고 승리를 이끌어 냄으로써 단지 동포에게 뿐만 아니라 전 세계 민주주의자들에게 희망을 선사했다.

바웬사는 포포보라는 마을에서 목수이자 청부업자의 아들로 태어났다. 그가 태어날 즈음 그의 아버지는 당시 폴란드를 점령하고 있던 나치에 구금된 상태였다. 그의 아버지는 종전이 되면서 감옥에서 풀려났지만 이미 몸이 상할 대로 상해서 집에 돌아온 지 채 2년도 못되어 눈을 감았다. 그러자 바웬사의 어머니는 죽은 남편의 형과 재혼했다. 이렇듯 복잡한 집안 사정은 사촌들과 바웬사의 네 형제 사이에서 갈등의 원인이 되었다.

십대 시절 레흐는 지역 내 직업학교에서 모범생이었지만 나중엔 '문제아'로 낙인이 찍히게 되었다. 1961년에 학교의 농업기계화학과를 졸업한 그는 2년간 정부 기술자로 일하다 군에 입대하여 2년 뒤 하사로 진급했다. 그는 몇 년 동안 지방정부의 기계공으로 일하다가 1967년에 도시 생활을 꿈꾸며 발트 해 연안으로 갔다. 그는 그디니아라는 항구 도시에서 일을 하겠다는 원래의 목표를 포기한 채 그단스크에 정착했다. 레닌 조선소가 있던 그곳에는 당시 엄청나게 많은 노동자가 일하고 있었는데, 바웬사는 해군 기술자로 근무하게 되었다.

1968년에 폴란드는 전국적으로 더 많은 자유를 요구하는 노동자들과 학생들의 시위로 몸살을 앓고 있었다. 학생들은 지적인 자유를 사수하고자 했고 노동자들은 평등을 요구했다. 작업 환경과 음식 그리고 보수 면에서 열악한 상황에 놓여 있던

노동자들은 그에 따른 보상을 원했다. 정부는 분리통치정책divisi et impera을 통해 학생들과 노동자들을 이간하려고 했다. 그러나 적어도 바웬사에게는 이 방법이 통하지 않았다. 1970년까지 상황은 더욱 악화되었고 노동자들은 파업을 요구하고 나섰다. 파업위원회의 대표로 선출된 바웬사도 경찰을 상대로 폭동을 일으키는 성난 노동자들을 자제시킬 수 없는 상황이었다. 그러나 그는 위기 상황에서 정부 당국이 어떻게 사고하는지를 배웠다.

그 후 몇 년간 정부와 노동자들 사이에서 정부의 경제 정책에 대한 갈등이 계속되는 가운데 바웬사는 선동 방식을 터득했다. 1976년에 그는 생애 첫 대중 연설을 하는 자리에서 독립적인 노동조합의 창설을 주장했다. 그는 주제넘은 행동을 했다는 이유로 해고를 당하자 곧 다른 일자리를 구했고 여러 특별한 노동자 그룹들과 연대를 구성했다. 그의 활동을 못마땅하게 생각한 회사에게 또 다시 해고를 당한 그는 1979년에 독립적인 노동조합과 파업권을 요구하는 선언문에 서명했다. 그 후 경찰에 수도 없이 체포되는 생활이 반복되었다.

파업 시위대가 레닌 선착장을 점령했던 1980년에 바웬사는 노동자 대표이자 공산주의 반대자들의 대변인이 되었다. 그는 노동조합의 대표 자격으로 협상을 이끌었는데, 언론의 자유와 파업의 권리를 포함하여 정부의 입장에서 보면 불온하기 짝이 없는 21개의 요구 사항을 발표했다. 연대Solidarity(1980년 9월에 결성된 폴란드 자유노동조합의 전국 조직)*라고 불린 노동조합은 폴란드 국민 전체를 대표하는 목소리가 되었으며, 지식인층과 반체제 인사들까지 가세하면서 1,000명이 참가한 대중운동을 대변할 정도로 막강한 세력을 지니게 되었다. 소련 군대의 침공이 임박했다는 소문이 무성한 가운데 바웬사가 합의 사항을 실천에 옮기라고 압력을 가하자 폴란드 당서기 보이치에흐 야루젤스키Wojcieck Jaruzelski는 계엄을 선포했다.

그 후 3년간 바웬사는 공산당을 상대로 비폭력적인 게릴라 정치 선전 활동을 주도했고 당연히 그에 대한 체포와 연금이 뒤따랐다. 1983년에 그는 폴란드에 민주주의를 구현하려는 원칙적이고 평화적인 노력을 인정받아 노벨 평화상 수상자로 선정되었다.

1987년에 이르러 폴란드 정부는 흔들리기 시작했고, 정부 개혁에 관한 국민투표는 대다수 폴란드인에게 외면당했다. 2년 후, 불안이 더욱 가중된 상황에서 마침내 정부는 연대노조에게 단순한 노동조합이 아니라 하나의 정당으로서 정부 구성에 참여해 줄 것을 부탁했다. 그리고 바웬사는 1990년에 폴란드 대통령으로 선출되면서 완벽한 승리를 거두었다.

한편 바웬사의 재임 기간이 모두 순탄했던 것만은 아니었다. 그는 폴란드 정부에 참여하는 유대인은 반드시 자신의 '국적'을 밝혀야 한다고 선언했다. 그러자 외국의 비평가들이 신속하게 반응을 보였다. 한편 폴란드 내에서도 그를 비판하는 목소리가 높았는데, 특히 그를 바라보는 학계의 시선이 곱지 않았다. 대통령으로서 그는 독재적이며 인내심이 부족하고 권력 자체를 탐한다는 비판을 받아야 했다. 1994년 그가 여러 번 괴팍한 모습을 보이자 폴란드 의회는 형식적으로 그를 국가의 위험인물이라고 비판하는 결의를 통과시켰다.

한편 그는 국내외의 비판에도 아랑곳하지 않은 채 자신은 국민의 정서를 잘 이해하고 있다는 자신감에 차 있었다. 그리고 그에 만족하지 않고 1995년 대통령 재선에 출마한 바웬사는 유권자들에게 대통령의 권한을 최대한 강화함으로써 법령에 의한 통치를 할 수 있도록 명령권을 허락해 달라고 호소했다. 바웬사가 1926년에 군사 쿠데타를 통해 정권을 잡은 후 그 후 9년간 독재자로 군림했던 요제프 피우수트스키Jozef Pilsudski 원수의 전철을 밟고 싶어 한다는 사실을 깨달은 폴란드 유권자들은 과거 공산당의 단점을 보완한 사회민주당의 손을 들어주었고, 결국 바웬사는 실각하고 말았다.

그 후 바웬사가 보인 경박한 행동, 독재적 성향, 권력의 최상층에 오를 수 있도록 힘이 되어 준 동지들과의 불화설 등이 불거졌고 연대노조가 CIA와 모사드 Mossad(이스라엘의 정보기관)* 그리고 뜻밖에도 KGB에게서 비밀 자금을 지원받았다는 사실이 폭로되었다. 그러나 이러한 불명예 가운데 그 어떤 것도 과거 소련 제국의 여러 중심지 중 하나였던 폴란드에 민주주의를 구현했다는 그의 가장 큰 업적을 가리지는 못했다. 그의 은퇴는 폴란드 민주주의를 위해 그가 할 수 있는 마지막 공헌이었다.

Rudolph Valentino
루돌프 발렌티노

1895~1926

천한 신분에서 일약 만인의 연인으로 부상한 위대한 영화배우의 삶은 할리우드가 만들어 내는 여느 멜로드라마와 비슷하다. 세기의 전환기에 이탈리아의 카스텔라네타에서 로돌포 알폰조 라파엘로 피에르 필리베르트 구글리미 디 발렌티나 안톤구올라Rodolpho Alfonzo Raffaelo Pierre Filibert Guglielmi di Valentina d'Antonguolla라는 긴 이름으로 태어난 루돌프 발렌티노는 가난한 집안에서 자라나 세계의 관심을 한 몸에 받으며 살다가 고독하게 생을 마쳤다. 그러나 그는 이미 전 세계 수백만 여성들의 환상을 자극한 인물이었다.

1921년, 파트타임 택시 운전사로 일하던 그는 〈묵시록의 4기사The Four Horseman of the Apocalypse〉라는 광상곡 영화에 발탁되었다. 우울함과 억제된 욕망을 표출하는 아르헨티나 가우초gaucho(남아메리카 카우보이)*로 단 몇 장면에 출연했을 뿐인데도, 그는 말 그대로 일류 배우가 되었다. 순식간에 반응이 나타나기 시작했다. 무성영화 화면에는 사각턱을 한 남부 유럽 출신의 주연 남자 배우가 등장했는데, 그가 뿜어내는 성적 매력은 한쪽 뺨에 가볍게 입을 맞추는 것으로는 도저히 충족될 것 같지 않았다. 누가 보아도 발렌티노는 전혀 색다른 메시지를 전해 주었다. 보석이 달린 터번과 지나치게 큰 반지를 좋아하는 이국적인 성향에도 불구하고—어쩌면 그러한 이국적인 성향 때문에— 그는 여성들을 기절시켰다. 영화계에 새로이 나타난 이 까무잡잡한 영웅은 거의 모든 여성에게 환대받았다. 이와는 정반대로 남성들은 이 '라틴계 연인'과 자신들을 동일시하지 않았을 뿐만 아니라 그를 지나치게 위협적인 존재로 생각해서 종종 조롱하기도 했다.

발렌티노의 어린 시절은 소소한 범법 행위로 얼룩졌다. 어린 시절부터 거친 행동을 보였던 그는 종종 집 안에 갇혀 지내기도 했다. 어느 정도 성장하여 해군으로부터 입대 허가를 받지 못하게 되자, 발렌티노는 파리로 향했고 길거리에서 구걸을 해야 했다. 열여덟 살 때 미국으로 건너온 후에도 범죄를 저질렀고 여러 번 체

포되었다. 건장한 체격에 친절하고 매력적인 젊은 이민자는 정원사 조수로 일을 하기 시작했으며 그 후 무용수로 직업을 바꾸었다. 브로드웨이의 싸구려 무도회장에서 사근사근한 매너의 난봉꾼으로 첫발을 내딛은 그는 얼마 안 있어 뉴욕에서 유명한 맥심Maxim 같은 카바레의 시범 무용수가 되었다. 그곳에서 그는 상대를 바꿔가면서 마시세maxixe(1870년경 브라질에서 발생하여 제1차 세계대전이 일어나기 전 몇 년간 세계적으로 대인기를 끌었던 사교춤)*, 헤지테이션the hesitation(스텝에 휴지休止와 미끄러지는 듯한 움직임을 임의로 교차시키는 왈츠)*, 그리고 캐슬워크Castle walk('폭스트롯'이라고도 부르는 커플 댄스)*를 공연했다. 그는 1917년에 할리우드로 진출해서 단역으로 몇 번 출연했고 조금씩 비중 있는 역을 맡기 시작했다(그렇다고 수입이 많이 늘어난 것은 아니었다). 기분 전환의 의미에다 본래의 난봉꾼 이미지를 버리지 못한 그는 기분 전환을 위해 종종 선셋대로Sunset Boulevard(로스앤젤레스 서쪽의 도로)*의 한 차고에서 일을 거들어 주는 척하면서 값비싼 차를 타고 그 지역을 돌아다니곤 했다.

발렌티노의 불명예스러운 과거는 〈묵시록의 4기사〉를 광고하는 대대적인 보도자료에 의해 일순간에 묻혀 버렸다. 영화는 대성공을 거두었다. 총 450만 달러라는 엄청난 흥행수입을 올리자 스튜디오는 발렌티노를 스타로 대접하기 위해 기존의 인쇄물을 회수하여 고치는 작업을 해야 했다. 메트로영화사가 그가 요구하는 출연료 인상을 들어줄 수 없게 되자, 새로운 스타는 페이머스 플레이어스-래스키 컴퍼니(파라마운트의 전신)로 소속사를 옮겼고, 거기서 그는 〈시크The Sheik〉(1921)를 발표하면서 세련되면서 위험한 새로운 일류 배우의 입지를 굳히게 되었다. 곧 시크 마니아가 미국을 휩쓸었고, 팬들에게는 실망스러운 일이었지만 나타샤 람보바Natasha Rambova가 발렌티노의 인생에 끼어들었다.

전직 발레리나이자 영화감독인 람보바는 자신의 예술적 취향을 개발하는 데 발렌티노를 이용하고자 했다. 자연스럽게-최소한 영화에서의 그의 배역을 기준으로 할 때-그는 아내에게 모든 것을 맡겼다. 아내의 영향을 받아 그는 더 많은 출연료를 요구했고 대본을 자유롭게 선택할 권리를 요구했으며 또 전혀 새로운 이미지로 변신하는 바람에 그에 대해 변함없는 애정을 가지고 있던 관객들을 혼란스럽게 만들었다. 〈보케르 아저씨Monsieur Beaucaire〉(1924)에서와 같이 그의 스크린 페르소나는 점점 나약한 모습으로 변해 갔다. 광고 사진에서도 마찬가지였는데, 1925년에 발표된 〈젊은 라자The Young Rajah〉의 광고 사진에서는 그는 머리장식과 허리에 두르는 간단한 천만 두른 거의 벌거벗은 모습에 일부러 흔들거리도록 만든 진주목걸이를 목에 걸고 있었다. 발렌티노의 일상 활동에 관한 람보바의 간섭이 점점 늘어났고, 마침내 그의 계약서에 그녀의 촬영장 출입을 규제하는 조항이 첨부되었다. 결국 결혼 생활은 끝났고, 발렌티노는 마침내 침체기에서 벗어나 다시 배우로 활발하게 활동할 수 있게 되었다.

첫 번째 부인과 이혼 서류 정리를 하기 전에 두 번째 부인과 결혼식을 올려 이중결혼 혐의로 체포될 뻔한 위기를 무사히 넘긴 이 씩씩한 미남 배우는 〈독수리The Eagle〉(1925)과 〈시크의 아들The Son of the Sheik〉(1926)을 촬영하는 등 작품 활동을 계속했다. 자부심과 야망으로 가득 차 있으며 오래 전부터 항상 부자들의 생활 패턴을 연구하고 흉내 냈던 배우는 희귀 서적 수집가이자 재능 있는 언어학자였으며, 성공한 가수였다. 그러나 다시 되찾은 성공에 대한 기쁨도 잠시 그의 남성다움에 대한 여론의 공격은 항상 그를 우울하게 만들었다. 한 기자는 「시카고트리뷴」에 게재한 기사에서 발렌티노를 "짙은 화장을 한 여자 같은 남자"라고 비방했으며, 미국 남성상에 부정적인 영향을 미친다고 개탄했다. 분노를 참지 못한 발렌티노는 기자에게 결투를 제안했다.

1926년에 발렌티노가 위궤양으로 갑자기 사망하자, 미국의 모든 여성이 통곡했으며 수천 명의 여성이 장례식을 보기 위해 거리로 쏟아져 나왔다. 갑자기 전 세계적인 컬트가 생겨났고 '레이디 인 블랙Lady in Black'('검은 옷을 입은 여자'라는 뜻)*이라고 알려진 여성이 그 중심이 되었다. 그 후 몇 년 동안 이 신비의 여인은 그의 추도일이면 어김없이 그의 묘에 장미꽃다발을 바쳤다. 1950년대에 들면서 드디어 자신의 정체를 드러낸 신비의 여인은(그녀는 디트라 플레임이라는 이름의 연주자였다) 그와의 오랜 약속을 공개했다. 두 사람은 그녀가 열네 살 때 중병으로 입원해 있던 병원에서 처음 만났다. 발렌티노는 만약 그녀가 죽으면 매일 아침 그녀의 무덤에 장미꽃다발을 놓아 주겠다고 약속했다. 그리고 반대로 만약 발렌티노 자신이 먼저 죽으면 자신은 외로움이 가장 두려웠다는 사실만 꼭 기억해 달라고 부탁했다.

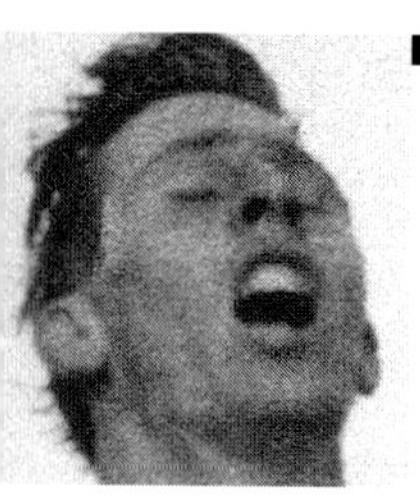

Roger Bannister
로저 배니스터

1929~

1954년 당시 남자 1마일(약 1,609미터)* 달리기 세계 기록은 스웨덴 출신 육상 선수인 군더 하에그Gunder Haegg가 9년 전에 수립한 4분 1초 4였다(종전 기록은 이보다 9초 뒤진 것으로 22년 전에 수립되었다). 당시 많은 사람들이 마의 4분 벽을 깨는 것은 물리적으로 불가능하다고 믿었다. 그러나 사람들은 그 벽이 깨지는 날을 상상했고 마침내 꿈은 현실이 되었다.

보이지 않는 최후의 장벽이자 넘을 수 없는 심리적 한계선을 무너뜨리기 위해 노력한 당시의 아마추어 육상 선수들 중 영국의 젊은 의사 로저 배니스터는 가장 강한 집념을 보였다. 큰 키에 창백한 얼굴, 수줍은 성격, 빈약한 체격에 상류층 악센트를 구사하는 옥스퍼드 출신의 이 육상 선수는 첫눈에 보기에는 전혀 그만한 재목으로 보이지 않았다. 1년에 다섯 경기 이상을 출장하기 못한 그는 승승장구하는 동기들과 뚜렷한 대조를 보였는데, 대회 날이 다가오면 연습을 기피했다. 그러나 그는 어느 누구보다 승리의 가능성에 대해 꿈꾸었다. 그리고 이겨야 한다는 집념과 엄청난 정신력이 있었기에 이 거인은 스포츠의 심리학에서 눈부신 발전을 이룰 수 있었다.

로저 배니스터는 영국 해로온더힐에서 재무부 공무원 부부의 아들로 태어났다. 그는 바스 소년학교에 입학을 거절당할까봐 입학을 위한 수단으로 운동을 시작했다. 그는 열세 살에 처음 참가한 대회에서 1등을 차지했다. 그리고 런던에 있는 유니버시티 칼리지 스쿨에 입학할 때, 나중에 한 해설자가 말했듯이 '운동선수로서 뛰어난 집중력과 폭발력'의 재능이 자신에게 있다는 것을 깨달았다. "어느 누구도 나만큼 달릴 수 없었을 것이다"라는 배니스터의 설명은 훨씬 간결하면서도 설득력이 강했다.

1946년에 옥스퍼드에 있는 엑스터 칼리지에서 의학 공부를 하는 동안에도 여전히 트랙과 필드에 대한 관심을 버리지 못했던 그는 대학 연맹전에서 초라한 성적

AAA
41

을 거두었다. 첫 번째 경기에 장난삼아 참가한 그는 하에그의 기록에서 거의 30초 정도 뒤진 4분 30초 8이라는 기록을 세웠다. 운동 경기에서는 0.5초가 다른 사람의 일평생에 해당된다. 그 경기 이후로 그의 인생은 시간을 상대로 한 치열하면서 지루한 싸움의 연속이었다.

2년 후 옥스퍼드대학교와 캠브리지대학교 단일팀의 주장이 된 배니스터는 미국의 코넬대학교와 프린스턴대학교를 상대로 한 경기에 출전해 4분 11초 1의 기록을 세웠다. 그리고 다음 해에는 종전 기록을 거의 2초나 앞당긴 4분 9초 9를 기록했다. 1951년 필라델피아에서 그는 4분 8초 3으로 기록을 대폭 단축하는 데 성공했다(물론 런던의 세인트메리병원에서 수련의 수업도 충실히 이행하고 있었다). 이 기간 동안 배니스터는 매일 조깅 기구 위에서 탈진할 정도로 열심히 달리기 운동을 함으로써 자신의 신체적 한계를 과학적으로 연구하는 한편, 근육 내 젖산의 생성을 측정하는 기구를 고안했다. 그러나 이런 훈련이 지나쳤는지 1952년 올림픽 육상 1,500미터 달리기에서 4위를 기록하는 부진한 성적을 올리게 되자, 그는 1년 동안 운동을 쉬고 지구력 향상을 위한 특별 훈련에 돌입했다.

1953년에 배니스터는 이플리 로드에서 4분 3초 6로 영국 최고 기록을 수립함으로써 다시 세간의 관심을 받기 시작했다. 같은 해 6월, 그는 잉글랜드 남부 서리의 모트스푸어파크에서 열린 초청 경기에 참가하여 4분 2초를 기록했다. 이것은 그의 세 번째 기록 갱신에 해당했지만 하에그의 기록을 깨기에는 0.6초가 부족했고 마의 4분벽을 깨고자 하는 거창한 목표를 달성하려면 2초를 더 단축해야 했다. 그러나 아마추어육상연맹은 모트스푸어 경기가 공식 시합이 아니라는 이유로 그의 기록을 인정하지 않았다. 배니스터는 육상 선수였던 크리스 채터웨이Chris Chataway와 크리스 브래셔Chris Brasher와 함께 강도 높은 훈련에 돌입했다. 이 두 선수는 배니스터가 다음 시합에서 기록을 단축할 수 있도록 이끄는 역할을 자원하고 나섰다. 그는 시합 5일 전부터는 충분한 휴식을 취했으며, 1954년 5월 6일 경기 당일에도 평상시처럼 병원에서 일을 했고 실험실에 있는 숫돌로 스파이크를 갈았다.

그날 오후, 이플리 로드에 서서 바람이 잦아들기만을 기다리고 있던 배니스터는 탕 하는 총소리에 앞을 향해 돌진했다. 배니스터의 앞에서 채터웨이와 브래셔가 무서운 속도로 그를 리드하는 가운데, 전속력으로 달린 배니스터는 3분 59초 4로 트랙을 완주했다. 특히 마지막 4분의 1마일은 58초 9라는 믿을 수 없는 기록이었다. 결승선을 통과하는 마지막 발길질은 시계 바늘의 구속을 뛰어넘는 승리의 몸짓이었다. 마침내 마의 4분 벽이 깨진 것이다.

배니스터는 여기서 그치지 않고, 같은 해 밴쿠버에서 개최된 대영제국 및 영연방 체전에서 3분 58초 8을 기록함으로써 최대의 라이벌인 호주의 존 랜디John Landy를 눌렀다. 그 후 그는 4분 벽을 깬 것보다 랜디를 이긴 일이 더 기뻤다고 고백했다. 1955년 그는 기사 작위를 받았고, 같은 해에 옥스퍼드의 래드클리프병원의 입주 외과의사가 되었다. 그리고 얼마 후 그는 런던의 해머스미스병원으로 자리를 옮겼다.

유명한 신경과 전문의이자 생리학자였던 로저 경은 1995년 "흑인은 선천적으로 훌륭한 운동선수가 될 수 있는 생리학적 장점을 가지고 있다"고 주장함으로써 신문 1면을 장식했고, 격렬한 논쟁을 불러일으켰다. 그러나 로저 경은 자신의 의견을 결코 인종차별적 발언이라고 생각하지 않았으며, 다만 빨리 달리는 문제를 푼 것과 똑같은 방법으로 그 문제에 대해 객관적으로 다가가고자 했다.

1997년이 다 가도록 1993년에 수립된 3분 44초 39라는 기록은 여전히 세계 최고 기록으로 남아 있었다. 그 후 44년이라는 세월이 흘렀다. 선수들의 신체 조건이 월등히 좋아졌고 장비나 훈련, 트랙 표면에 대한 많은 발전이 있었지만 형편없는 신발을 신고 달렸던 배니스터와 최근 새로이 등장한 우승자와의 기록 차이는 단지 15초밖에 되지 않는다. 물론 육상 경기에서 15초는 엄청난 시간이다. 그러나 전형적인 낙관주의자인 로저 배니스터는 21세기에는 3분 30초까지 기록이 단축될 수 있을 것이라고 예상하고 있다.

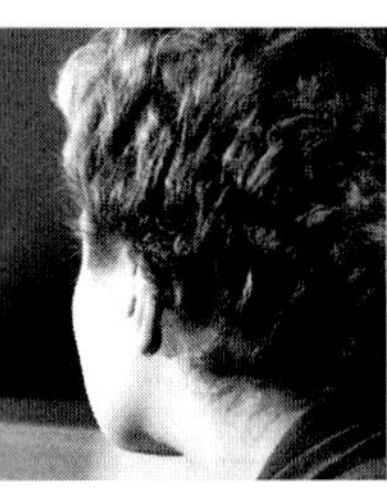

Ingrid Bergman
잉그리드 버그만

1915~1982

"이 세상에 있는 수많은 술집들 가운데 그녀가 바로 우리 가게 안으로 들어왔다." 영원한 고전 〈카사블랑카Casablanca〉에서 카페 '아메리칸'의 주인 릭Rick으로 나온 험프리 보가트는 이렇게 말했다. 1942년에 영화가 발표된 후로 분명 수백만 명의 남성들이 잉그리드 버그만이 찾아올 수 있도록 자신만의 카페를 갖기를 꿈꾸었을 것이다. 이국적이면서도 순박한 아름다움과 영화 속의 그녀에게서 받은 감명은 어떤 형용사로도 정확하게 표현할 수 없을 것이다. 그녀는 완벽한 미인이라고는 할 수 없었다. 코는 약간 큰 편이었고, 동시대 여배우들에 비해 체격도 건장한 편이었으며, 푸른 눈동자도 그렇게 눈에 띄지 않았다. 그러나 그녀에게는 남성뿐만 아니라 여성도 감동할 만한 엄청난 호소력이 있었고, 여배우로서 확실히 자리매김할 수 있게 해주는 깊이와 솔직함이 있었다. 그녀는 일상생활에서도 칭찬의 대상이 되었는데, 버그만과 인터뷰를 했던 한 기자는 그녀가 마치 '총명한 한 송이 난초'와 같았다고 회상했다.

잉그리드 버그만은 우울한 유년시절의 비애를 간직한 채 안정된 중산층 가정에서 성장했다. 두 살 때 어머니를 여윈 그녀는 열한 살 때 또다시 아버지를 잃는 큰 슬픔을 겪어야 했다. 결국 그녀는 숙부의 집으로 거처를 옮겼고 그곳에서 다섯 명의 사촌들과 함께 생활하게 되었다. 큰 키 때문에 극도로 수줍고 내성적이었던 그녀는 연극에 빠져 듦으로써 환상의 세계 안에서 위안을 얻었다. 점차 수줍음을 극복하게 된 버그만은 스웨덴 왕립연기학교에 입학했고, 연기 수업을 시작한 지 겨우 1년 만인 1934년 스벤스크 필름인더스트리와 계약을 체결했다. 장래가 촉망되던 이 젊은 여배우는 1936년에 구스타프 몰랜더Gustaf Molander 감독의 〈인터메조Intermezzo〉에서 주연을 맡았다. 또 1937년에는 치과의사 페테르 린드스톰Petter Lindstrom과 결혼식을 올렸고, 후에 뇌 분야 전문의가 되는 남편과의 사이에 피아Pia라는 아이가 태어났다. 데이비드 O. 셀즈닉David O. Selznick과 계약을 체결한 그

녀는 1939년에 미국으로 활동 무대를 옮겼으며, 그 후 곧 워너브라더스와 손잡고 독일군 점령 하의 북아프리카에 살고 있는 한 여성의 역할을 맡았다. 이 영화에서 그녀는 반나치주의 운동가인 남편에 대한 의무와 어쩔 수 없이 그녀를 돕게 되는 카페 사장—험프리 보가트가 카페 주인으로 열연했다—사이에서 고민하는 역할을 훌륭하게 소화해 냈다. 결국 카페 사장은 그녀에 대한 사랑을 거부하지 못한다. 거장 마이클 커티즈Michael Curtiz 감독의 〈카사블랑카〉는 아련한 분위기와 완벽한 연기를 통해 그 시대의 감성을 그대로 보여 줌으로써 시간이 지날수록 인기를 더해 가는 보기 드문 영화다.

1939년, 스웨덴 출신의 이 젊은 여배우는 처음으로 미국에 갔다. 셀즈닉 감독의 감성적 스웨덴 애정영화 〈인터메조〉의 영어판을 만들기 위해서였다. 셀즈닉 감독은 그녀에게 머리를 짧게 자르고, 눈썹을 정리하고, 저음의 목소리를 좀더 여성스럽게 바꾸라고 요구했지만 버그만은 일언지하에 거절했다. 치아를 가리는 대신 그녀는 이를 악물었고, 할리우드에서는 일상이 되어 버린 분장 같은 필수 조항들까지 모두 거부했다. 마침내 미국 관객이 그녀의 이러한 자연 그대로의 아름다움을 접하자 화장품 판매가 급격히 감소했다. 〈카사블랑카〉 출연 이후 그녀에게는 연달아 행운이 찾아왔다. 1943년에는 게리 쿠퍼Gary Cooper와 〈누구를 위하여 종은 울리나For Whom the Bell Tolls〉를, 그 이듬해에는 샤를 부아예Charles Boyer와 〈가스등Gaslight〉에 출연했다. 이 영화에서 아내를 정신병자로 몰려는 남편의 계략에 의해 무참히 희생되는 역할을 연기한 버그만은 생애 첫 번째 아카데미상을 수상했다. 그녀는 그레고리 펙Gregory Peck과 함께 출연한 앨프리드 히치콕 감독의 심리 스릴러 〈스펠바운드Spellbound〉(1945)와 캐리 그랜트의 상대역으로 출연한 〈오명Notorious〉(1946)을 통해 세계적인 여배우로 입지를 굳혔다. 그녀는 〈세인트 메리의 종The Bells of St. Mary's〉(1945)의 결핵에 걸린 매력적인 수녀나 〈잔 다르크Joan of Arc〉(1948)의 처녀 여장부 등 주로 순수한 인물을 연기했다. 그녀가 〈오명〉에서처럼 조국을 위해 양심을 저버리는 인물을 연기하는 동안에도 관객은 영화 속 배역 뒤에 숨 쉬고 있는 이 여배우의 따뜻한 마음과 완벽함을 떠올렸다.

그러나 그녀가 사람들이 지니고 있던 이미지를 실생활에서 실현하는 데 실패하자 애정 어린 시선으로 그녀를 지켜보던 대중은 큰 충격을 받았다. 1948년에 버그만은 로베르토 로셀리니Roberto Rossellini 감독의 〈무방비 도시Open City〉를 관람했다. 그녀는 나치의 로마 점령을 소재로 한 네오리얼리즘의 고전인 이 영화를 사랑하게 되었고, 곧이어 감독과도 사랑에 빠졌다. 그들의 연애 사건은 세기의 스캔들이 되었고 언론이 흥분을 가라앉히지 못하는 바람에 로마의 시위 진압대가 버그만이 아들을 낳고 있는 병원 주위를 지켜야만 했다. 그리고 마침내 버그만이 사생아를 낳았다는 사실이 알려지자 영화계는 물론이고 팬들까지 그녀를 비난하며 등을 돌렸다. 결국 그녀는 딸 피아를 남겨 둔 채 국외로 나갔고, 그 후 쌍둥이를 출산했다. 그러나 로셀리니와의 결혼 생활은 실패로 끝났다. 잉그리드 버그만은 〈유로파 51Europa'51〉의 흥행 참패를 비롯하여 영화인으로서 어려운 시기를 보내야 했다. 7년 후, 그녀는 조용한 승리를 쟁취함으로서 재기했다. 그녀는 사회의 성적인 이중 잣대를 무시한 여성이었고, 타락한 여자라는 사회의 고정관념에 맞서는 저항의 상징이었다. 대중은 고집불통인 그들의 우상을 다시 한 번 받아들였다. 버그만은 마지막 러시아 황제의 막내딸 행세를 한 여자의 이야기 〈아나스타샤Anastasia〉(1956)로 다시 한 번 아카데미상의 주인공이 되었다. 이것은 그녀에 대한 파문破門이 취소되었음을 전 세계에 알리는 계기가 되었다. 그 후 그녀는 연기 활동을 계속 했고, 1974년에는 〈오리엔트 특급 살인Murder on the Orient Express〉으로 다시 한 번 아카데미상을 거머쥐었다. 그러나 연극 무대나 영화에서 연기 없는 인생을 상상할 수도 없던 그녀는 이전의 명성을 완전히 회복하지는 못했다. 1978년에 출연한 〈가을 소나타Autumn Sonata〉는 63세의 여배우에게 거의 속죄와도 같은 영화였다. 그녀는 출세를 위해 가족을 버린 죄 많은 콘서트 피아니스트 역을 연기했다. 그녀는 실제로 딸을 버리고 고통스러워 했고 딸과 다시 결합하는 기쁨을 모두 경험한 사람이었다. 이 영화에서 버그만은 마치 자신의 지난날을 회상하듯 실감 나는 연기를 보였다. 결국 그녀는 모든 고통의 시간을 예술로 승화하는 데 성공했다.

잉그리드 버그만은 7년간에 걸친 암 투병 끝에 사망했다. 빛나는 스타였던 그녀는 자신의 매력에 이끌려 모든 것을 용서해 준 대중에게 길 잃은 천사와 같은 존재였다. 그녀는 지난날을 후회하지 않으며, 미처 해보지 못한 것이 아쉬울 뿐이라는 말을 남긴 채 눈을 감았다.

Ingmar Bergman
잉마르 베리만

1918~

음울하고 철학적인 잉마르 베리만의 영화는 20세기 중반 신세대들에게 엄청난 반향을 불러일으켰다. 어두컴컴한 예술 극장에서 자막을 곁눈질하던 유럽과 미국의 꿈 많은 영화배우 지망생들은 정체를 알 수 없는 이 스웨덴 사람의 심상치 않은 상징주의, 형이상학적인 질문들, 인간 심리에 대한 흑백 논조의 탐구를 이해하고자 안간힘을 썼다. 베리만의 영화가 끝난 뒤에는 긴 잠을 자는 것보다 신이 침묵하는 세계에서 소외된 인간에 대한 열띤 토론을 벌이는 것이 우선했다. 거금을 쏟아부은 할리우드 영화들은 베리만의 영화에서 강박관념에 사로잡힌 것으로 그려지는 등장인물들의 생생한 불안과 혁신적인 영화 기법에서 나온 강한 이미지들과 비교하면 세속적인 주제를 다룬 호화찬란하고 경망스러운 쇼에 불과했다. 신경과민에, 이기적인 성향이 강한 이 우울한 북유럽인은 순식간에 전 세계 지성인들을 좌지우지하는 개성파 영화감독으로 성장했다. 작가이자 감독인 그가 만든 무거운 주제의 자전적 영화들은 '영화계'에서 영원한 명작으로 주목을 받도록 예정되어 있었다. 한편 잉마르는 한 번도 할리우드 영화를 폄훼한 적이 없었다. 그는 빌리 와일더Billy Wilder, 조지 큐커George Cukor, 에른스트 루비치Ernst Lubitsch 같은 거장들이 자신의 작품에 많은 영향을 미쳤다는 사실을 인정했다.

스웨덴의 웁살라에서 태어난 베리만은 어린 시절로부터 벗어나기 위한 수단으로 영화와 연극이 지닌 마술적 힘을 이용했다. 그는 자신의 어린 시절이 억압적이고 불행했다고 하기도 했고, 아름답고 아주 만족스러웠다고 하기도 했다. 이유야 어떻든, 루터교 목사였던 그의 아버지와 마찬가지로 엄격했던 어머니는 아들에게 음악에 대한 이해와 함께 처벌과 굴욕감에 대한 강한 두려움을 불어넣어 주었다. 잘못에는 언제나 매가 따랐으며, 침대에 오줌을 싸면 빨간 치마를 입고 가족 앞에 서야 했다. 한편 몽상가였던 그는 자신의 놀이방 안에 인형 극장을 만들어 놓고 파라핀 램프 투영기를 가지고 놀았다. 당시 그는 필름더미를 뒤져 찾아낸 조잡한 파

라핀 램프 투영기를 풀로 이어서 사용했다. 여섯 살이 되던 해에 그는 난생 처음으로 〈블랙 뷰티Black Beauty〉를 보게 되었고 너무 흥분한 나머지 3일을 드러누운 채 고열에 시달려야 했다. 그는 나이가 들면서 세상을 초연한 듯한 분위기는 더 강해졌지만 영화에 대한 열정은 그대로여서 청소년기에는 하루에 영화를 두세 편이나 보기도 했다.

소년티를 벗자마자 그는 스톡홀름에 있는 왕립오페라하우스에서 정직원으로 일했다. 스톡홀름대학교에서 미술과 문학을 공부할 기회를 포기하고 내린 결정이었지만 그가 맡은 일은 시시했다. 그는 보수를 전혀 받지 않고 일을 했는데, 이런 상황을 벗어나기 위해 1942년 스벤스크 필름인더스트리에 작가로 취직했다. 몇 번 평범한 작품을 발표한 후인 1955년에 그는 〈한여름 밤의 미소Smiles of a Summer Night〉라는 작품으로 본 궤도에 오르게 되었다. 그러나 베리만의 컬트영화가 세계적으로 알려지게 된 것은 〈제7의 봉인The Seventh Seal〉을 통해서였다. 죽음의 필연성과 신과 인간의 갈등을 우화적으로 표현한 이 작품으로 그는 1957년 칸영화제 심사위원 특별상을 수상했다.

〈산딸기Wild Strawberries〉(1957), 〈마술사The Magician〉(1958), 〈처녀의 샘The Virgin Spring〉(1960), 〈어두운 유리를 통해Through a Glass Darkly〉(1961), 〈겨울 빛Winter Light〉(1962), 그리고 〈침묵The Silence〉(1963)은 그의 천재적 재능을 확인해 주었을 뿐만 아니라 그 후로 수십 년 동안 그가 만들 영화의 리듬과 내용과 분위기를 미리 보여 주는 일정한 테마와 패턴을 제시했다. 그는 영화를 통해 남성의 혼돈과 절망의 깊이를 보여 주는 것 외에 여성의 심리 상태도 탐구했는데, 다섯 번의 결혼과 그 외의 은밀한 만남들을 통해 얻게 된 통찰력과 영감을 유감없이 발휘했다. 그의 주위에는 잉리드 툴린Ingrid Thulin, 비비 안데르손Bibi Andersson, 하리에트 안데르손Harriet Andersson, 막스 폰 시도우Max von Sydow, 군나르 뵈른스트란트Gunnar Björnstrand, 그리고 리브 울만Liv Ullmann 등 항상 재능이 넘치는 배우들이 떠나지 않았다(리브 울만과의 사이에서 아이가 태어나기도 했다). 뛰어난 영화 촬영기사이자 베리만과 여러 번 함께 작업했던 스벤 니크비스트Sven Nykvist가 여기에 합류했다. 그는 스탭들에게 급한 성격의 베리만과 전혀 다른 편안함을 선사해 주었다. 저예산, 철두철미한 준비 작업, 빡빡한 스케줄로 대표되는 베리만의 촬영 스타일에 그를 흠모하는 배우들의 한결 같은 믿음과 뛰어난 기술진들이 더해지면서, 그는 모든 사람들의 선망의 대상인 총감독으로 활동했다.

그러나 1976년 1월 30일, 베리만은 냉정을 잃었다. 스웨덴 정부에서 나온 수사관들이 왕립 드라마극장에서 하고 있던 리허설을 방해하고 베리만을 세금 포탈 혐의로 연행했기 때문이다. 결국 그가 결백하다는 것이 밝혀졌지만, 58세의 감독은 자포자기적인 우울증에 빠졌다. 다시 정상을 회복한 그는 스웨덴을 떠나 뮌헨에서 3년 동안 스스로 망명 생활을 하면서 레지덴츠극장에서 일했고, 고국 스웨덴이 아닌 외국에서 감독한 첫 영화를 만들었다. 지극히 개인적인 종전의 영화들과는 달리, 리브 울만과 미국 배우인 데이비드 캐러다인David Carradine이 출연한 〈뱀의 알The Serpent's Egg〉(1978)은 어떻게 나치즘이 생겨나게 되었는가에 대한 사회적인 문제를 다루었다. 곧이어 만든 〈가을 소나타Autumn Sonata〉(1978)는 대단한 갈채를 받았으며, 그가 마침내 본국으로 귀환했을 때에는 〈화니와 알렉산더Fanny and Alexander〉(1983)를 포함하여 텔레비전 방송용으로 제작된 여러 편의 영화 덕분에 텔레비전 시청자들은 물론이고 영화 관객에게도 그는 유명인사가 되어 있었다.

나이가 들면서 베리만은 무대 장치에 더 많은 관심을 보이기 시작했다. 그의 첫 사랑인 연극 무대는 그에게 육체적으로 덜 힘든 곳이었다. 80세 생일이 다가오자, 그는 사람들에게 더욱 다정하게 대하려고 노력했다. 그러나 그는 여전히 이해할 수 없는 개인주의자였으며, 러시아 해안에서 겨우 100마일 떨어져 있는 발트해의 한적하고 황량한 섬 파로에서 대부분의 시간을 보냈다. 베리만은 자신의 뿌리가 그곳에 있다고 설명했다. 그곳에는 작업대와 스크린이 설치된 관람실 등 작업에 필요한 모든 것이 구비되어 있었다. 쓸쓸하고 음산한 그곳은 인간과 말이 없는 절대적 존재 사이의 쓸쓸한 대화를 영화에 담고자 했던 이에게는 더 없이 훌륭한 장소였다.

Josephine Baker

조세핀 베이커

1906~1975

때로는 공작새처럼, 때로는 나이팅게일처럼 깃털로 몸을 가린 흑인 무용수 조세핀 베이커는 세계 무대에서 풍부한 관능미를 한껏 발산하며 1920년대와 1930년대를 주름잡았다. 미끈한 다리가 매력적이었던 이 열아홉 살의 무용수는 훗날 20세기의 가장 성공적인 엔터테이너 가운데 한사람으로 성장했다. 당시 파리지앤에게 그녀의 등장은 마치 번개를 맞은 듯한 충격이었다. 초기 작품 〈흑인 레뷔La Revue Nègre〉(1925)에서 베이커는 교태를 부리는 희극 배우의 전형이 되었다. 그녀는 몸을 흔드는 듯한 춤뿐만 아니라 과장된 표정 연기까지 소화해 내는 모방의 천재로서 가슴을 훤히 드러낸 채 몸의 주요 부분만 가린 것으로 유명해진 무대 의상을 입고 시끌벅적한 찰스턴Charleston(4분의 4박자 춤의 일종)*과 시미shimmy(몸을 떨며 추는 재즈 춤의 일종)*를 추었다. 그녀의 의상은 마치 바나나 털로 장식을 한 지스트링G-string(북미 인디언들이 하체를 가리는 천)*에 가까웠다. 나중에 그녀는 트렁크 가득 크리스챤 디올Christian Dior의 의상을 챙겨 들고 수많은 재단사를 거느린 채 유럽과 미국의 순회공연에서 선정적인 가운데 익살스러움이 녹아든 인물을 선보였다.

베이커가 방탕하다는 평가를 받은 것은 상대를 가리지 않는 자유분방한 성생활과 정글 테마jungle theme를 연기하고자 하는 강한 집념 때문이었다. 추문에 휩싸였던 〈야성의 춤La Danse de Sauvage〉을 처음 소개하고 살아 있는 표범을 가죽 끈으로 묶은 채 샹젤리제를 산책하기를 즐겼던 그녀는 흑인 여배우에 대한 사람들의 험담을 참아내야만 했다. 그녀는 본국 공연이 뜸한 이유를 묻자 미국인들이 자신에게 "흑인 노래를 강요하기 때문"이라고 대답했다. 그녀는 또 열두 명의 혼혈 고아를 양자로 삼았고, 프랑스 레지스탕스 단원으로서 나치즘에 대항해 싸움으로써 인종차별에 반대했다. 한편 자신의 신념에 심취한 그녀는 1960년대에는 미국 인권운동에도 참여하여 워싱턴에서 있었던 역사적인 행진에 당당하게 마틴 루터 킹과 나란히 참여했다.

베이커가 대중에게 카멜레온 같은 성격으로 비친 것은 너무도 파괴적이고 비극적인 주변 환경의 소산으로, 그녀가 직접 출간한 다섯 편의 자서전들은 서로 모순되는 부분이 아주 많았다. 그러나 세인트루이스에서 보낸 어린 시절에 대해서는 가난, 학대, 인종차별로 얼룩진 고통의 시간이었다는 점을 일관되게 진술하고 있다. 얼굴도 알지 못하는 아버지에게 버림받고 동생에 대한 편애가 심했던 어머니에게 무시당했던 조세핀은 겨우 일곱 살 나던 해에 부유한 백인 가정에 식모로 들어갔다. 첫 번째 주인은 그녀가 잘 몰라서 실수를 저지를 때마다 손바닥을 때렸고, 두 번째 주인은 그녀를 성적으로 괴롭히려고 했다. 열한 살이 되던 해인 1917년에 이 반항적인 소녀는 고향 이스트 세인트루이스에서 일어난 유명한 인종 폭동을 목격했다. 당시 39명의 아프리카계 미국 흑인들이 안전지대로 대피하기 위해 다리를 건너다 모두 몰살당하고 말았다. 몇 년 뒤 가진 인터뷰에서 그녀는 "나는 그 이후로 계속 달렸다"고 고백했다.

베이커는 농담 삼아 "추위를 이기기 위해" 춤을 추기 시작했다고 말했다. 첫 번째 결혼을 한 열세 살 즈음(그녀는 평생 다섯 번 결혼했다) 그녀는 딕시 스테퍼즈라는 보드빌 극단의 여성 합창단원이 병으로 앓아눕자 그 역을 대신 맡게 되었고 한동안 공연에만 전념했다. 그리고 마침내 익살스러운 광대역을 성공적으로 해낸 그녀는 쇼의 주인공 자리를 차지했다. 그녀는 1924년에 제작된 〈흑인 멋쟁이들The Chocolate Dandies〉의 순회공연과 뉴욕에서 공연 중이던 레뷔revues(풍자 익살극)*에서 무용수로 활약하다 한 부유한 여자 흥행주에게 발탁되어 파리로 오게 되었다. 당시 그 흥행주는 출연진 전원이 흑인으로 구성된 쇼에 자금을 지원하고 있었다. 〈흑인 레뷔〉 제작자들이 그녀에게 나체 공연을 하게 했고, 모든 파리 시민들이 이 악명 높은 '재즈 핫jazz hot'을 보기 위해 몰려들었다. 그녀는 수많은 남자들에게 청혼을 받았으며 파리의 지식인들과 상류사회에서 숭배의 대상이 되었다. 파블로 피카소는 그녀를 "이 시대의 네페르티티Nefertiti"라고 부르면서 폴리 베르제르 Folies-Bergère(파리에 있는 뮤직홀 겸 버라이어티쇼 극장)*에 나타난 새로운 스타에 열광했다. 소설가 조르주 심농Georges Simenon은 그녀의 환심을 사기 위해 애를 썼고, 루이지 피란델로Luigi Pirandello는 그녀를 위한 소설을 구상했다. 현란한 스타일을 선보였던 그녀에게 자극받아 당시 멋쟁이들은 앞 다퉈 그녀가 사용하는 향수를 뿌렸고 그녀가 하고 다니던 헬멧 모양의 새로운 머리 모양을 따라했다.

'검은 비너스'는 매니저이자 두 번째 남편인 페피토 아바티노의 도움으로 새로 얻게 된 명성에 재빨리 익숙해져갔다. 아바티노는 개인 교사까지 채용하여 그녀가 국제 무대에서 활동하는 세련된 여주인공이라는 새로운 역할을 수행하는 데 필요한 사교 기술들을 가르쳤다. 녹음 계약에 이어 이번에는 영화에 출연할 수 있는 기회가 왔다. 그녀는 첫 번째 출연작 〈주주zou-zou〉(1934)를 촬영한 데 이어 1년 뒤에는 〈탐탐 공주님Princesse Tam-Tam〉에도 출연했다. 그러나 베이커는 유럽에서만큼 미국 관객들의 사랑을 받지는 못했다. 1936년에 〈지그펠드 폴리스Ziegfeld Follies〉에 출연하기 위해 미국으로 돌아왔을 때 이 '거만한' 흑인 배우에 대한 문화적 반감은—호텔과 레스토랑에서 매일 접한 인종차별은 말할 것도 없고—그녀가 다시 짐을 싸게 만든 이유가 되었다.

제2차 세계대전 당시 베이커는 프랑스 정보국의 스파이이자 연합군의 위문 배우로 활동했다(유대계 프랑스인이던 그녀의 남편과 아프리카계 미국인이던 그녀는 모두 나치 대학살의 대상이었다). 모로코에서 4년을 보내고 다시 파리로 돌아온 이 천국의 새는 점점 더 불행의 나락으로 떨어지기 시작했다. 경제 관념이 없는 것으로 유명했던 그녀는 많은 희생을 치르고 입양한 가족을 돌보기 위해 끊임없이 고별 공연과 컴백을 반복하다가 결국 슬픈 은둔의 시간을 갖게 되었다. 마침내 그녀와 그녀의 '무지개 군단'이 살고 있던 성을 비워 주지 않을 수 없게 되자 미국 출신의 모나코 왕비 그레이스 켈리가 베이커와 그 가족을 위해 모나코 근처에 빌라 한 채를 마련해 주었다. 1964년에 심장 발작을 했음에도 불구하고 그녀는 간헐적이기는 하지만 공연을 계속했다. 1975년 당시 69세의 그녀는 음악당에서 공연되는 시사 풍자극 〈조세핀Josephine〉에 출연했다. 자신의 파란만장한 삶의 일부를 바탕으로 만든 이 작품이 그녀의 마지막 무대가 되었다. 마지막 공연을 끝내고 며칠 뒤에 그녀는 눈을 감았다.

베이커를 그토록 홀대했던 미국은 그녀의 죽음에 대해 거의 아무런 반응도 보이지 않았다. 그러나 그녀에게 레지스탕스 메달과 프랑스 무공십자훈장, 그리고 프랑스 최고 훈장 레지옹도뇌르를 수여했던 프랑스인들은 거리로 쏟아져 나와 마들렌 교회를 에워쌌다. 그녀는 전쟁에 지친 채 즐거움에 목말라 있던 나라와 그림처럼 아름다운 환상을 함께 나누었던 배우였다. 그녀가 선택한 나라는 그녀의 마지막 길을 의장대의 호위와 21발에 달하는 예포로 배웅해 줌으로써 고인이 된 그녀에게 감사를 표했다.

David Ben-Gurion

다비드 벤구리온

1886~1973

유대인을 약속의 땅으로 인도한 현대판 모세인 다비드 벤구리온은 새로운 이스라엘 국가의 아버지였다. 또 그는 시오니즘 지도자이자 게릴라 전투요원이며 정치가였다. 수완이 뛰어나고 고집이 있었던 그는 시오니즘 정치 권력의 중심지에서 몇 년에 걸친 투쟁을 벌인 결과 마침내 민족의 지도자가 되었다. 그러나 1948년에서 1953년에 초대 수상으로 재직하고 이어 1961년부터 1963년까지 수상으로 재선출됨에 따라 그는 자신의 민족과 중동 정치의 틀을 완성했다.

바르샤바에서 35마일 떨어진 폴란드의 플론스크 유대인 정착촌에서 다비드 그륀David Grün이라는 이름으로 태어난 벤구리온은 지방 유지로 활동했던 법률 고문의 아들이었다. 그는 전통 종교의 율법을 따르지 않았지만 유대인으로서 자신의 정체성에 대해 성실한 태도로 일관했다. 할아버지와 아버지의 지도 하에 그륀은 어린 나이에 열렬한 시오니즘 신자가 되었다. 아버지는 '시온을 사랑하는 자들'이라는 단체에서 지도자로 활동하고 있었고 할아버지는 후에 다비드에게 히브리어를 가르쳐 주었다. 14세가 되자 그는 팔레스타인으로 이주 하기를 권장하는 단체의 비서로 일을 시작했고 1905년까지 시오니즘의 윤리적 · 신정주의적 교리와 마르크스주의 경제 이론에 심취했다.

1906년에 그륀은 팔레스타인으로 이주했고, 이 정열 넘치는 20세 청년은 곧 시온 사회주의 정당인 시온 노동자당의 애국주의자 분파의 회장으로 활동했다. 조합의 조직책으로서 그는 말라리아부터 토착 팔레스타인의 의심에 이르기까지 일상적으로 위험과 마주쳤다. 당시 중동을 지배하는 오스만투르크 제국 정부의 일원이 되어 시온주의자들의 위상을 높이려는 남다른 뜻을 품고 있던 그륀은, 대학에서 법률을 전공한 후 지식인층을 상대로 시오니즘에 관한 로비를 벌이기 위해 콘스탄티노플로 향했다. 한편 시오니스트출판연합에 기고한 것을 계기로 그는 '벤구리온'이라는 필명을 사용하기 시작했다. 아버지에게서 최소한의 경제적인 도움만 받

았던 관계로 아사 직전에 놓인 그는 1914년에 팔레스타인으로 돌아와 다시 조합의 조직책으로 활동했다.

제1차 세계대전이 발발하자 벤구리온은 독일과 동맹 관계에 있던 터키에 의해 추방되었다. 이집트를 거쳐 뉴욕에 자리를 잡은 그는 이스라엘의 에레츠에 정착하기 위한 활동을 벌였지만 실패했다. 그가 미국에서 얻은 가장 큰 수확은 1917년에 아내 폴린 먼웨이스를 만나 결혼한 것이었다. 간호사 출신인 그녀는 세 아들을 낳았으며 1968년에 눈을 감을 때까지 남편을 헌신적으로 도와주었다.

결혼 다음 해인 1918년에 영국 퓨질리어 연대 유대인 대대에 합류한 그는 팔레스타인에서 앨런비 장군의 지휘 하에 터키를 상대로 전투를 벌였다. 결국 터키는 중동에서 주도권을 상실했으며, 제1차 세계대전이 끝난 후 오스만제국의 해체 과정에서 국제연맹은 영국에게 팔레스타인 통치권을 허용했다. 그러나 당시 식민지에 대한 대영 제국의 영향력은 점점 줄어들고 있었다. 그 후 15년 동안 벤구리온은 강력한 노동자 동맹인 히스타드루트Histadrut(1920년에 창립된 유대 노동자 총연맹)*의 사무총장으로 활동하면서 행정, 이민, 지하 군대의 증가 등을 관장했는데, 결과적으로 영국인의 코 밑에 국가권력 장치를 만드는 결과를 초래했다. 그는 이미 오래전에 정치 또는 경제철학으로서 마르크스주의를 버렸다. 벤구리온은 팔레스타인 국가를 건설할 적당한 때를 기다렸고, 제2차 세계대전의 발발로 드디어 기회가 찾아왔다.

그는 영국의 자금으로 이스라엘의 군사력을 증강함으로써 영국의 팔레스타인 지배를 교묘하게 이용했다. 반셈족주의로 긴장이 고조되면서 유럽을 떠나는 유대인의 수가 늘어나자 팔레스타인의 유대인 인구가 폭발적으로 증가했다. 1939년에 대영 제국은 악명 높은 맥도널드 백서를 발표함으로써 이러한 인구 유입을 차단하고자 했다. 영국이 발표한 백서에는 10년 안에 팔레스타인 내에 아랍인과 유대인 두 민족으로 구성된 정부를 설립한다는 내용과 함께 이스라엘에 대해 엄격한 이민 할당제를 실시하며—그리하여 5년 동안 겨우 7만 5,000명의 유대인들이 팔레스타인에 정착할 수 있었다—유대인의 토지 매입을 제한한다는 내용이 포함되어 있었다. 제2차 세계대전이 끝나자, 벤구리온은 1947년부터 1948년까지 영국을 겨냥한 정치 투쟁을 이끌었다. 팔레스타인 통치를 위한 정치적 · 경제적 비용이 갈수록 늘어나는 것을 걱정한 영국 정부는 또 다른 백서를 발표하여 유대인과 아랍인으로 구성된 연립정부 설립을 허용했다. 그렇게 되자 중동 문제는 이제 유엔의 책임 하에 들어갔다. 유엔이 팔레스타인을 유대 독립국가와 아랍 독립국가로 분리함으로써—당시 아랍은 유엔의 결정을 거부했고 저항 하겠다고 선언했다—마침내 벤구리온의 오랜 숙원이 실현되었다. 1948년 5월 14일, 그는 이스라엘 공화국의 설립을 선포했다. 그리고 다음 날 아랍연맹(레바논, 시리아, 요르단, 이집트, 이라크)의 군대가 분할 정책에 흥분하여 이스라엘을 침공했고, 벤구리온과 그의 국민은 단호하게 대처하여 제1차 아랍-이스라엘 전쟁을 승리로 이끌었다.

전 세계에서 이스라엘의 상징으로 인정받은 벤구리온은 현명하면서도 급한 성격의 소유자로, 강력한 경제를 건설하는 가운데 때때로 국제 사회의 인내의 한계를 시험했다. 그는 국가 경영보다는 건국에서 큰 성공을 거두었다. 그 결과 1960년대 초에 이스라엘이 국가로서 확고히 자리를 잡고 더 이상 그의 힘이 필요 없게 되자 수상 자리를 사임한 후 네게브 사막 안의 키부츠kibbutz(이스라엘의 집단 농장)*로 은퇴했다. 끝까지 정치적으로 왕성한 영향력을 행사했던 그는 생전에 자신의 꿈이 실현되는 것을 직접 확인한 행운아였다.

Humphrey Bogart
험프리 보가트

1899~1957

험프리 보가트의 스크린 데뷔는 모든 계층에게 다가갈 수 있는 전설 속 미국 터프가이의 출연을 의미했다. 영화에 나타난 모습과는 달리, 그는 맨해튼에서 병원을 경영하는 아버지와 유명한 예술가 어머니 밑에서 좋은 교육을 받으면 자랐다. 매사추세츠 주 앤도버에 있는 필립스아카데미에서 의대 진학을 준비하던 그는 교칙 위반으로 퇴학을 당하지 않았더라면 아마 예일대학에 진학했을 것이다. 그는 충동적으로 제1차 세계대전 말미에 미국 해군에 지원했다. 군대 경험 때문에 그는 트레이드마크가 된 흉터 진 입술과 불명확한 발음을 갖게 되었다. 여러 가지 크고 작은 사건들이 많았지만, 하루는 독일 죄수가 탈옥하면서 수갑으로 보가트의 입술을 내리치는 사건이 발생했다. 그러자 보가트가 45구경 권총을 꺼내 단 한 발에 탈옥수를 보내버렸다는 소문이 있었는데, 십중팔구 그 상처는 그가 타고 있던 전함 레비아탄이 발포하는 과정에서 실수로 생겨났을 가능성이 가장 컸다.

이유야 어떻든, 전후 혼란기에 연극계에서 성공을 꿈꾸던 보가트에게 불분명한 발음은 장점이 될 수 없었다. 뉴욕의 영화 스튜디오에서 잔심부름꾼으로 첫발을 내딛은 그는 흰색 천으로 치장을 한 응접실로 뛰어 들어와 테니스 라켓을 흔드는 풋내기 역할을 맡았다. 보가트가 대사 있는 역할을 맡은 것은 이 때가 처음으로, 그는 "누구 테니스 치실래요?"라는 대사를 평생 잊을 수 없었다. 그러나 사소한 실수들을 떠나서 배우로서 그의 앞길은 어두웠다. 그는 자신의 직업을 소중하게 생각하지 않았고, 제임스 캐그니처럼 함께 활동했던 동료 배우들은 부유한 집안 아이들과 어울리는 험프리 디포레스트 보가트의 태도를 못마땅하게 생각했다. 수년 동안 노력하고 조연 배우로서 다양한 활동을 벌이던 그는 마침내 1936년에 절호의 기회를 맞았다. 당시 영국에서 활동하던 레슬리 하워드Leslie Howard가 자신이 준비 중인 영화에 보가트가 출연해야 한다고 주장하고 나선 것이다(레슬리 하워드는 1935년 로버트 셔우드Robert Sherwood의 희곡 〈공포의 숲Petrified Forest〉에서 머리를 빡빡

민 잔인한 살인자 듀크 만티 역을 훌륭하게 해낸 보가트의 연기에 감동을 받았다). 자신을 추천해 준 레슬리에 대한 보답으로 보가트는 나중에 자신의 딸에게 레슬리라는 이름을 지어 주었다.

그 결과 그는 배우로서 일정 궤도에 오르게 되었지만, 그 후로도 지지부진할 뿐 큰 변화는 없었다. 몇 년 동안 형편없는 이류 영화들에 출연하는 무의미한 생활이 계속되었는데, 주로 갱 영화에 출연해서 대사를 중얼거리다가 영화 마지막에 처참한 죽음을 당하는 비열한 남자로 등장했다. 그러던 보가트가 〈카사블랑카〉(1943)에 캐스팅되면서 드디어 신화가 탄생했다. 마음속에 깊은 상처를 간직한 도망자 신분으로 잉그리드 버그만의 사랑을 얻는—그리고 그녀를 위해 끝없이 희생하는—용감한 남자의 역할을 훌륭하게 소화해 냄으로써, 슬픈 눈의 보가트는 빈틈없고 거칠지만 편견이 없는 미국인들의 우상이 되었다. 이 세계를 혼란으로 몰고 가는 악의 존재들에 대해 냉정하게 평가했던 미국인들도 악을 응징하려는 그의 이상주의적 욕망을 물리치지 못했다. 존 휴스턴John Huston 감독의 〈몰타의 매The Maltese Falcon〉(1941)에서 원작자 대실 해밋Dashiell Hammett이 그렸던 사립탐정 샘 스페이드라는 역할과, 레이먼드 챈들러Raymond Chandler가 쓴 탐정소설을 하워드 호크스Howard Hawks 감독이 영화로 만든 〈명탐정 필립The Big Sleep〉(1946)에서 필립 말로우 역할을 연기함으로써 그는 진정한 사립 탐정의 행동 모델로 자리 잡게 되었다. 그가 열연했던 〈카사블랑카〉의 리크 블레인과 〈소유와 무소유To Have and Have Not〉(1945)의 자유 프랑스군에 동조하는 낚싯배 선장인 해리 모건은 세계인에게 외로운 늑대와 같은 미국의 모습을 시사하는 것으로, 미국인 자신을 바라보는 시각을 반영할 뿐만 아니라 전 세계를 대상으로 바람직한 미국인상을 제시하는 이상적인 페르소나였다.

그러나 실제 생활에서 보가트는 영화에 나온 강인하고 무딘 남성이 아니었다. 할리우드에서 그와 언쟁을 벌인 유일한 상대는 나치나 사기꾼들이 아니라 그의 세 번째 부인인 마요 메소트였는데, 그녀는 남편과 함께 토론하고 술 마시기를 즐겼다. 그들의 논쟁이 너무도 격렬했고 상대방에 대한 적대감을 노골적으로 드러냈기 때문에 언론은 그들을 '투사 보가트 부부the Battling Bogarts'라고 불렀다. 부인과 언쟁을 벌일 때를 제외하곤 보가트는 언제나 점잖고 예의바른 사람이었다. 그러나 오만하게 거들먹거리는 이들을 만날 때면 군인이 쓰는 거친 말을 쏟아내어 상대방의 코를 납작하게 만들어 주기도 했다. 결코 싸움을 벌이는 적이 없었던 그는 주먹

다짐 일보 직전까지 상대편을 자극하다가도 호기 좋게 술을 대접할 줄 아는 사람이었다. 존 스타인벡John Steinbeck을 만난 자리에서도 "헤밍웨이가 그러는데 당신은 좋은 작가가 아니라고 하더군요" 하고 그를 몰아세웠다. 영화에서 생각에 잠긴 듯하면서 가끔 냉소적인 살인자로 그려지는 그의 모습과는 달리 세 번의 결혼은 모두 실패로 끝나고 말았다. 그러나 그의 방황도 결국 〈소유와 무소유〉에서 함께 열연한 스물 살의 로렌 바콜Lauren Bacall을 만나면서 끝이 났다. 그녀는 〈명탐정 필립〉, 〈다크 패시지Dark Passage〉(1947), 그리고 〈키 라고Key Largo〉(1948)에서도 공연했다. 바콜은 보가트의 자식을 낳았고, 혼자 여행하기와 술을 즐기던 그를 이해해 주었으며, 그의 죽음을 지켜보았다.

보가트에게는 데뷔 초 멍청이에서 수호천사로 도약하는 것이 어렵지 않았던 것처럼, 감성적인 거물급 인사에서 성숙한 인물에 이르기까지 변신을 거듭하는 것 역시 힘든 일이 아니었다. 존 휴스턴 감독의 〈시에라마드레의 보물The Treasure of the Sierra Madre〉(1948)에서 맡은 욕심 많은 허풍쟁이 프레드 C. 도브스라는 역할은 관객에게 탐욕이라는 죄를 멋지게 보여 주었고 〈케인 호의 폭풍Caine Mutiny〉(1954)에서 맡은, 입을 씰룩거리고 딸기를 아주 좋아하는 퀵 선장의 역할은 편집증에 관한 최고의 걸작이었다. 한편 후반기에 접어든 그는 휴스턴 감독의 〈아프리카 여왕The African Queen〉(1951)에서 거만한 노처녀 역을 맡은 캐서린 헵번의 상대역인 나룻배 선장 찰리 알넛 역을 맡아 노련함이 넘치는 배우의 모습을 유감없이 발휘했다. 그는 영화계의 위대한(그리고 지극히 비현실적인) 러브스토리 중 하나인 이 영화로 유일하게 아카데미상을 받았다. 이를 통해 거만함과는 거리가 멀었던 보가트는 비로소 자신의 배우 생활이 그다지 나쁘지 않았다고 평가할 수 있었다. 그러나 그는 잘못 생각하고 있었다. 후두암 때문에 영화계의 다른 전설적 인물보다 이른 57세라는 나이로 세상을 떠났지만, 영화계의 가장 로맨틱한 주인공이었던 그는 다른 배우들을 능가하는 독보적인 존재로 우뚝 서 있다.

Lucille Ball

루실 볼

1911~1989

선풍적인 인기를 끈 텔레비전 시리즈 '왈가닥 루시I Love Lucy'와 하트 모양의 프로그램 로고가 모든 것을 결정해 주었다. 모든 사람이 루시의 극성팬이 되었다. 좌충우돌에 혈기 왕성한 통제 불능의 미국인 주부는 과장된 표정 연기와 끝없는 모험을 통해 미국을 웃음의 도가니로 몰아넣었다. 거의 전 국민이 그녀가 연기한 활달한 성격의 빨간 머리 루실 볼에 열광했다. 실제로 어느 쪽이 그녀의 진짜 모습인지 구별하기 어려웠다. 그녀의 극 중 남편이자 쿠바 출신의 악단장 리키 리카르도 역을 맡은 데시 아나즈는 실제로 그녀의 남편이자 쿠바 출신 악단장이었다. 극의 내용 중 상당 부분이 그들의 실제 생활을 그리고 있었다. 루실 볼이 임신하자 극 중의 루시도 임신한 것으로 설정되었다. 가장 높은 시청률을 보인 에피소드에서는 골든아워 중에 루시가 '리틀 리키'를 낳는 장면이 나오는데, 실제로 루실은 로스앤젤레스의 한 병원에서 아들 데시데리오를 출산했다. 한편 별거와 화해를 반복했던 이 할리우드 부부의 변덕스러운 결혼 생활은 훨씬 멋지게 포장되어 극 중의 루시와 리키의 다툼으로 그려지기도 했다.

적절한 캐스팅과 완벽한 타이밍 그리고 순진함과 허술함 등이 '왈가닥 루시'가 가진 제일 큰 장점이었다. 루시가 일으키는 여러 가지 사건들—어리둥절한 산타클로스 놀리기나 포도즙 소동 또는 초콜릿에 빠진 사탕 공장 신참 일꾼 등—은 쇼 비즈니스 세계로 들어가고 싶은 주인공의 불굴의 의지를 중점적으로 그렸는데, 이것이야말로 열다섯 살짜리 드라마학교 학생 시절부터 루시가 마음속에 품어 온 목표였다. '왈가닥 루시'는 179회를 끝으로 1957년 5월 6일에 마감했지만, '루시 쇼The Lucy Show'와 '안녕하세요, 루시입니다Here's Lucy'와 같이 루시를 주인공을 한 작품들이 속속 탄생되었다. 「TV가이드」에 따르면 재방송과 전 세계 동시 방영에 의해 장기 방영되면서 볼은 "이 세상 어떤 사람보다 더 많은 사람들이 더 자주 접하는" 주인공이 되었다.

그녀의 성공은 하나의 인간 승리였다. 뉴욕 제임스타운 출신으로 무대에 매료되어 배우 시험에 지원한 그녀는 전문 연극인들에게 매력은 있으나 재능이 없다는 평을 받고 쫓겨났다. 그러나 볼은 그들의 평가를 무시했다. 브로드웨이의 벽이 높기는 했지만 뜻을 굽히지 않았다. 그녀는 간이식당에서 웨이트리스로, 의상 디자이너 해티 카네기 밑에서 '다이안 벨몬트'라는 예명으로 모델 노릇을 하며 생계를 꾸려나갔다. 1933년, 그녀는 마침내 〈로마의 스캔들Roman Scandals〉에서 골드윈 걸Goldwyn Girl 중 한 명으로 캐스팅되면서 기회를 잡게 되었다. 그 후 오랫동안 단역 배우로 활동하던 그녀는 마침내 영화사 RKO에서 평범하지만 고정적인 배역을 맡게 되는데, 여기서 그녀는 'B급 배우의 여왕'이 되었다.

눈부신 금발에 요염한 자태를 뽐내던 볼에게 점점 더 많은 코미디물이 쏟아져 들어왔다. 그녀는 1937년 캐서린 헵번과 공동 주연한 〈무대의 문Stage Door〉에서 처음으로 진정한 주목을 받게 되고, 그 다음 해에는 세 편의 코미디 영화 〈고우 체이스 유어셀프Go chase Yourself〉, 〈애너벨의 연애 사건The Affairs of Annabel〉, 〈애너벨 여행을 떠나다Annabel Takes the Tour〉에서 주연 배우로 등장했다. 또 1938년에는 〈룸 서비스Room Service〉란 작품에서 막스 브라더스와 함께 공연하는 기회를 얻게 되었고, 이것을 필두로 해서 버스터 키튼, 벌트 라르, 레드 스켈톤, 밥 호프 같은 전설적인 희극 배우들과 공연함으로써 연기를 배웠다. 특히 밥 호프와는 그의 후기 작품인 〈슬픈 존스Sorrowful Jones〉(1949)와 〈멋쟁이Fancy Pants〉(1950)에서 공동 주연을 맡았다. 이렇듯 슬랩스틱 코미디의 거장들로부터 볼은 더블테이크doubletake(희극에서 처음에는 웃음으로 받아넘겼다가 화들짝 놀라는 시늉을 하는 것)*, 엉덩방아 찧기, 완벽한 타이밍을 배웠을 뿐만 아니라 얼빠진 표정과 우스꽝스러운 동작을 직접 익히게 되었고, 그 후 방영된 텔레비전 프로그램에서는 다양한 레퍼토리를 자신의 것으로 훌륭하게 소화해 냈다.

1940년, 〈바람둥이Too Many Girls〉에서 천방지축 상속녀를 연기한 볼은 그녀를 보호하기 위해 고용된 축구 스타를 연기한 미남 음악가와 금방 사랑에 빠지게 되었다. 같은 해 그녀는 6살 연하의 데시 아나즈Desi Arnaz와 결혼했다. 그들은 캘리포니아 주 크래츠워스에 있는 목장을 사들였는데, 데시에게 고향인 쿠바의 목장을 떠올리게 한 이 목장에서 그들은 두 아이를 키웠다. 두 사람의 결혼 생활은 시작부터 시끄러웠지만 역사적인 코미디물의 탄생에 일조했다. 볼은 텔레비전 쇼에 데시와 함께 출연하기 위해 CBS를 상대로 로비를 벌였으나 방송국 담당자는 사람들이 데시의 쿠바 악센트를 좋아하지 않을 거라고 생각했다. 결국 두 사람은 직접 제작사를 세우고 미국의 성인 남녀들이 색다른 코미디 2인극을 좋아한다는 사실을 입증하기 시작했다. 그들의 예상은 정확하게 들어맞았고 결국 CBS는 자금을 지원했다. 초기에 작품 소재를 구하기 위해 동분서주하던 두 사람은 볼이 40대에 출연하여 히트를 쳤던 라디오 쇼 '당신 밖에 난 몰라My Favorite Husband'의 대본을 꼭 필요한 만큼만 수정해서 사용했다. 겨우 한 시즌을 넘기면 다행이라고 생각했던 방송사는 루시와 데시에게 재방송으로 발생하는 모든 수입을 돌려주는 조건으로 재계약을 체결했다. 결국 방송사는 엄청난 대가를 지불해야 했고, 데질루 프로덕션(볼과 아나즈가 세운 회사)*은 텔레비전 역사상 가장 많은 이익을 남긴 회사 중 하나가 되었다. 그리고 루실 볼은 회사 최초의 여성 경영인이 되었다. 또 두 사람은 쇼 프로그램을 녹화할 때 세 대의 카메라를 동시에 사용함으로써 기술적인 발전을 이룩했다. 그 결과 평상시처럼 한 대의 카메라를 사용하는 것보다 더욱 융통성을 발휘할 수 있었다. 볼은 '왈가닥 루시'가 방영되던 전성기 동안에 비미활동위원회에 소환되어 1936년 선거 당시 공산당을 위해 활동했다는 의혹에 대해 해명해야 했다. 당시 50대에 접어든 연예인이라면 누구나 한 번쯤 그와 같은 곤혹을 치러야 했다. 그녀는 사회주의자였던 할아버지를 즐겁게 해드리기 위해 그랬다고 솔직하게 털어놓았는데, 놀랍게도 비미활동위원회는 그녀의 혐의를 즉시 취하해 주었다.

볼은 1960년 데시와 이혼한 후 코미디언 개리 모튼과 재혼했다. 그리고 몇 년 뒤 그녀는 아나즈가 가지고 있던 데질루 프로덕션의 소유권을 사들여 '스타트랙'과 '미션 임파서블' 텔레비전 시리즈를 제작했다. 1967년, 그녀는 1,700만 달러에 회사를 걸프&웨스턴에 매각했다. 은행 잔고는 화려한 경력을 지닌 여성 코미디언과는 어울리지 않았지만, 이러한 결정은 배우이자 사업가인 한 여성의 사업 수완으로는 뛰어난 것이었다. 그녀는 죽기 몇 년 전「롤링스톤스*Rolling Stones*」와 한 인터뷰에서 루시를 그리워했다. 볼은 지난 활동을 돌이키며 자신은 전혀 유별스러운 여자가 아니었다고 주장했다. "그러니까 당시 나는 용감했던 거죠." 이것이 자신에 대한 평가였다.

Helen Gurley Brown

헬렌 걸리 브라운

1922~

자신을 '쥐고기 버거mouseburger'(얼굴, 용모, 학벌 등 어느 것 하나 내세울 것 없는 여성이 성공하는 것은 쥐고기로 햄버거를 만드는 것처럼 어렵다는 것을 비유한 표현)*라고 불렀던 헬렌 걸리 브라운은 소심했지만 열정의 소유자이기도 했다. 그녀는 전운이 감도는 우울한 아칸소 주에서 불행한 어린 시절을 극복하고 독신 여성의 성적 자유를 주장하는 미국의 대표 주자가 되었다. 사실 미국의 미혼 여성은 오랜 세월 동안 반드시 순결을 지켜야 한다는 엄격한 규범 속에 살아야 했다. 브라운은, 자신은 다섯 시가 지나면 옷을 하나도 입지 않는다고 당당하게 밝혔다. 미혼 여성이 결혼한 여성처럼 건강한 동물적 본능을 적극적으로 표현하게 되었는데, 사회는 왜 축하하지 않는가? 오히려 왜 그것을 장려해야 하지 않을까? 이렇게, 모두 쉬쉬하는 문제들을 자신의 책과 「코스모폴리탄*Cosmopolitan*」 잡지 지면을 통해 부각시켰다는 점이, 작가이자 편집자인 브라운이 20세기 문화에 남긴 업적이었다.

섹스에 대한 그녀의 열광적인 찬양들은 '페모크라시femocracy'(국가 기관의 여성 관료)*, 즉 서류 정리 사무원, 비서, 그리고 정체성을 상실한 여성들을 목표로 했다. 이탤릭체로 쓴 숨 막히는 문체는 고등학교 졸업 앨범의 헌정사를 보는 듯했지만, 그녀의 따뜻한 마음만은 거짓이 아니었다. 리틀록에서 살던 열 살 때, 헬렌 걸리는 교사로 일하던 아버지가 의문의 엘리베이터 사고로 사망하자 큰 충격을 받았다. 그녀는 깊은 상실감에 빠져 있었는데, 몇 년 후 언니 메리가 소아마비에 걸리면서 슬픔은 더 커졌다. 걸리는 언니를 간호하면서 로스앤젤레스의 한 고등학교를 다녔는데, 치료비로 인해 얼마 안 되는 저금마저 바닥나 그들의 생활은 곤궁 그 자체였다. 반드시 일자리를 구해야 했던 그녀는 25세가 될 때까지 열여덟 번이나 직장을 옮기며 말단 사무직을 전전했다. 그러다가 우여곡절 끝에 텍사스의 한 대학에서 한 학기 동안 수업을 받을 수 있었고, 이어서 로스앤젤레스에서 경영대학원에 입학했다. 그녀는 1942년에 졸업을 하고 미국음악조합, 윌리엄 모리스 에이전시(할

리우드의 인력섭외 에이전트 회사)*, 그리고 로스앤젤레스의 「데일리뉴스*Daily News*」 등에서 일했다. 이 혹독한 시기에 그녀는 풍족하지 못한 삶을 살았다. 다만 돈 후안Don Juan(스페인의 전설적인 바람둥이)*도 시기할 정도로 열렬했던 연애만이 그녀에게 위안이 되었다.

1948년 그녀는 푸트,콘 & 벨딩이라는 회사에서 돈 벨딩이라는 광고 담당 이사의 비서로 일을 시작했고 몇 년 뒤 카피라이터로 승진했다. 그로부터 10년 후 브라운은 경쟁 관계에 있는 직원이 자신보다 월급을 두 배나 많이 받는다는 사실을 알고 회사를 그만두었다. 그녀는 몇 번 상을 받은 적이 있었고 웨스트코스트에서 가장 높은 보수를 받는 광고 카피라이터였지만 자신이 광고에 싫증을 느끼고 있음을 깨달았다. 1959년에 새 남편이자 영화 제작자인 데이비드 브라운은 그녀에게 그녀의 철학을 보여 주는 책을 쓸 것을 권했다. 그것은 다름 아닌 성적 관습에서 자유로워질 것은 주장하는 내용이었다. 광고 일을 계속하면서 주로 저녁 때와 주말을 이용해서 완성한 『섹스와 독신 여성*Sex and the Single Girl*』은 1962년 출간되자마자 전국적으로 큰 반향을 일으켰다. 이 책은 남자의 마음을 사로잡는 법, 남자 다루는 법, 그리고 결혼을 꼭 하지 않고도 남자와 잠자리를 같이 하는 법 등에 대해 자세하게 설명한 실용적인 해설서였다. 그러나 이 책은 단순히 중산층을 겨냥한 카마수트라Kama Sutra에 그치지 않고, 미모, 재능, 재력, 높은 지위와는 거리가 먼 수많은 '쥐고기 햄버거들'을 위해 성공적인 삶을 살 수 있는 방법을 설명해 주는 안내서였다. 그리고 연달아 발표한 『섹스와 직장*Sex and the Office*』(1964)과 『헬렌 걸리 브라운의 엉뚱한 생각*Helen Gurley Brown's Outrageous Opinions*』(1966)을 통해, 그녀는 몸단장, 향수, 의상, 말솜씨, 연애 등 한마디로 남자를 말랑거리는 젤리로 만들어 여자가 최고의 승리자가 되게 하는 모든 것에 대한 솔직한 충고를 거침없이 쏟아냈다. 브라운은 『섹스와 독신 여성』이 발표된 후 물밀 듯이 쏟아지는 질문에 답하기 위해 '여자들끼리의 수다*Woman Alone*'라는 제목의 칼럼을 쓰기 시작했고, 이것은 50개가 넘는 신문에 동시에 실렸다.

성적 환희와 데이트 비용에 목말라 있던 여성들은 열광했지만, 페미니스트들은 여성을 섹스의 대상으로 전락시켰다며 브라운의 철학을 맹렬히 공격했다. 거센 비판에 부딪치자 그녀는 여성이 정말로 알고 싶어 하는 것에 대해 썼을 뿐이라고 되받아쳤다. 그러나 그녀는 글을 쓰는 일을 도덕적 의무로 여긴다는 말은 하지 않았다. 1965년, 그녀는 자신에게 어울리는 일을 찾게 되었다. 침체일로에 있던 잡지

「코스모폴리탄」의 편집장이 된 것이다. 씩씩한 브라운은 젊은 여성을 독자로 하는 너저분한 잡지를 완전히 새로운 잡지로 바꾸었다. 이 잡지에는 섹스 정보, 다이어트 계획, 남자를 유혹하는 방법, 오르가슴 느끼는 법, 가슴의 갈라진 부분을 드러내는 법 등이 담겨 있었고, 무엇보다도 자유 연애를 주장하는 글로 가득 차 있었다. 여성의 성적 특성을 설명하면서 'cupcakable'과 같은 참신한 신조어도 등장했지만, 브라운은 대담한 여성들을 위해 침실과 회의실 문을 활짝 여는 데 엄청난 영향을 미쳤다. 그녀는 남성이 강한 욕망을 가지고 있듯이 여성도 성적 욕구를 느낀다는 사실을 주장함으로써 여성의 성적 욕구에 대한 수수께끼를 풀어줌과 동시에 그것이 인간으로서 당연한 본능임을 역설했다. 또 재치 있는 비유를 통해 남성이 여성을 위해 창조된 섹스의 대상이라고 규정했다. 그리고 투자한 만큼 보람을 느끼게 해주는 것은 인간관계가 아니라 일이라고 주장했다.

브라운은 그 후 두 권의 책을 더 출간했다. 1982년에 발표된 『모두 다 가지기 *Having It All*』는 '쥐고기 버거'가 멋진 직업과 근사한 남자라는 두 마리 토끼는 잡는 방법을 소개하고 있고, 1993년에 발표된 『한밤의 쇼*The Late Show*』는 50대가 넘은 여성의 생존 전략 선언문—다시 말해서 「코스모폴리탄」이 전달하려는 메시지—이었다. 여자들이 에이즈의 위협을 두려워하는 것을 과소평가한 그녀의 태도는 거센 비판의 대상이 되었으며, 어쩌면 이 일을 계기로 은퇴 시기가 앞당겨졌는지 모른다. 「코스모폴리탄」의 편집장으로 활동한 32년의 세월을 뒤로 한 채, 그녀는 1997년 3월호를 끝으로 지휘봉을 내려놓았다. 그러나 그녀는 70세에 접어든 나이에도 불구하고 여성의 성적 해방을 외치는 이 시대의 가장 훌륭한 운동가로서 지금도 왕성한 활동을 펼치고 있다.

Marlon Brando
말론 브란도

1924~2004

이 세상에 말론 브란도는 오직 하나다. 이 말은 뛰어난 연기력을 갖춘 이 다혈질의 배우가, 맡은 역을 훌륭히 소화하고 관객을 압도하기 위해 수십 년을 노력했다는 부정할 수 없는 진실을 말해 준다. 1947년, 테네시 윌리엄스 원작의 〈욕망이라는 이름의 전차〉에서 스탠리 코왈스키 역으로 주목을 받은 브란도는 성적 흥분 속에서 방황하는 충동적인 인물을 열연함으로써 영화계를 발칵 뒤집어 놓았다. 그는 이렇게 짧은 시간에 연기를 완전히 새롭게 정의하려고 했다. 그는 직관력이 뛰어난 자연주의자인 동시에 항상 더 많은 자유를 갈망했다. 이 영화 이후 브란도는 끝없는 변신을 꾀했다. 그는 출연작을 신중하게 선정함으로써 각 배역을 통해 자신의 천재적 재능을 마음껏 발휘했다. 〈위험한 질주The Wild One〉(1953)에서 가죽 재킷을 입은 조니, 〈워터프론트On the Waterfront〉(1954)에서 하반신 불구의 전직 권투선수 테리 말로이, 그리고 〈파리에서의 마지막 탱고Last Tango in Paris〉(1972)에서 충격적인 성도착자 폴 역을 맡은 그의 정력적인 연기는 불신, 이중성, 그리고 신비감에 그 뿌리를 두고 있다. 그러나 이러한 특성은 배우로서 브란도가 가지고 있는 날카로움을 예리하게 만들기도 했지만, 한편으로는 대중의 신화에 편승하는 반항기 넘치는 왕자보다는 인생에서 더 의미 있는 역할을 맡고자 하는 그의 절망적인 욕구를 무너뜨리기도 했다.

브란도는 잘생긴 외모와 균형 잡힌 몸매로 데뷔 초기에 즉시 연기력과 성적 매력을 얻었고(그의 성적 매력은 위협적이면서도 약점이 되기도 했다), 그 결과 사람들은 그에게 더 많은 관심을 보였다. 그러나 브란도에게는 또 다른 면이 있었다. 1960년대에 브란도는 파괴적이며 진부한 상업주의의 메카로만 보이는 할리우드를 떠나, 타히티의 테티아로아라는 원시적인 휴양지로 향했다. 그의 인생은 쓸쓸했다. 중년이 되자 한때 조각 같던 얼굴은 망가지고 피부는 완전히 탄력을 잃었다. 단지 근사한 턱과 타는 듯한 두 눈만이 젊은 시절의 모습을 떠올리게 해주었다. 그는 영화계

를 은퇴하고 미크로네시아 출신의 부인과 두 자녀와 함께 조용한 푸른 석호 근처에 풀집을 짓고 라디오를 끼고 살았다. 체중은 약 136킬로그램에 이르렀고 원주민이 입는 옷을 입었으며, 가끔 한쪽 귀 뒤에 협죽도 꽃을 꽂기도 했다.

연극을 공부하는 학생이던 브란도는 영화계에 혜성처럼 나타났다. 네브래스카 주 오마하에서 포악하지만 성실한 사료 생산업자와 알코올 중독자인 준 전문 여배우의 아들로 태어난 '버드'는 일리노이 주 리버티빌의 한 농장에서 유년 시절을 보냈다. 일곱 살 때 자신을 돌보아 준 여자 가정교사가 집을 나가자 크게 낙심한 그는 게으른 문제아가 되었고, 결국 육군사관학교로 보내졌다. 그러나 곧 연극을 하겠다고 고집을 부리기 시작했고, 결국 혼내기에 지친 아버지에게서 경제적인 지원을 받게 되었다. 브란도는 누나의 뒤를 따라 뉴욕에서 공부하면서 섬머스톡 무대에 섰고, 결국 1944년 브로드웨이 최고 인기작 〈아이 리멤버 마마I Remember Mama〉에서 인정 많은 노르웨이 사람 넬스 역으로 데뷔했다. 그는 공연의 성공에 힘입어 사회연구를 위한 뉴스쿨에서 스텔라 애들러Stella Adler의 유명한 드라마 워크숍에 등록했다. 그는 그녀에게 스타니슬라프스키Stanislavsky의 연기론을 배웠으며 그 후 실력자인 리 스트라스버그Lee Strasberg와 함께 연구하기도 했다.

얼마 후, 그는 1946년에 〈캔디다Candida〉(조지 버나드 쇼의 작품)*의 재공연에서 캐서린 코넬의 상대역으로 무대에 섰다. 그러나 그 해 초 맥스웰 앤더슨의 〈트럭라인 카페Truckline Cafe〉 공연에서처럼, 그는 비평가들의 관심을 끄는 데 실패한다. 그러나 감리교 지지자인 엘리아 카잔Elia Kazan의 열정적인 지도 하에 만들어진 작품 〈욕망이라는 이름의 전차〉 이후 브란도의 연기 생활은 급변했다. 그는 1950년에 스탠리 크레이머의 〈맨The Man〉에 출연하면서 스크린에 데뷔했고, 그 뒤를 이어 〈혁명아 사파타Viva Zapata!〉(1952)에서 멕시코 반란군을 연기했으며 〈율리우스 시저Julius Caesar〉(1953)에 잇달아 출연했다. 마침내 그는 〈워터프론트〉(1954)의 열연으로 아카데미상을 수상했다. 이 작품은 그의 변덕스러운 인물 묘사로 새로운 차원의 비애와 고통을 표현한 고전이다.

브란도는 〈위험한 질주〉에서의 연기로 최고의 배우가 되었다. 이 영화에서 그는 성적 매력과 들끓는 분노로 가득 찬 연기를 보였다. 그는 10대들에게는 우상이 되었고, 그를 닮고자 하는 사람들과 반항의 세대에게는 역할 모델이었다. 그는 우울했고, 불행했으며, 위험했다. 동료 배우 잭 니콜슨Jack Nicholson은 이렇게 말했다. "그가 나타나면 사방 200마일이 뜨겁게 달아올랐다." 브란도의 성적 매력과 거친 모습은 니콜슨이 넘겨받았고, 알 파치노와 로버트 드니로의 팬들은 무미건조한 매력에 만족해야만 했다.

1960년대에 들어서면서 상황이 달라졌다. 브란도의 감독 데뷔작 〈애꾸눈 잭One Eyed Jacks〉(1961)은 제작비 초과로 실패했고, 〈바운티호의 반란Mutiny of the Bounty〉(1962)를 찍는 동안 촬영과 관계없는 일에 기이한 행동을 해서 전국 개봉으로 적자에서 벗어나려던 희망을 산산조각 냈다. 한편, 브란도는 '공허하고 쓸모없는 직업'이라고 연기를 비하하면서 배우 활동을 중단했다. 그에게 연기란 미국 인디언 운동부터 시작해서 섬에서 은둔 생활을 꿈꾸던 자연보호 계획에 이르기까지, 여러 가지 야심에 찬—그리고 항상 포기해 버렸던—이상주의적 대의명분을 실현하기 위한 자금 조달의 의미밖에 없었다.

그는 프랜시스 포드 코폴라Francis Ford Coppola 감독의 〈대부The Godfather〉(1972)에서 마피아 두목 돈 콜레오네 역으로 두 번째 아카데미상을 수상하며 화려하게 컴백했다. 탕아는 다시 할리우드에 돌아왔고 모든 잘못을 용서받았다. 베르나르도 베르톨루치Bernardo Bertolucci 감독의 〈파리에서의 마지막 탱고〉에서 그는 사랑 없는 섹스를 통해 감정적 카타르시스를 경험하는 중년 남성의 불안한 모습을 보여 주었으며, 코폴라 감독의 잊을 수 없는 작품 〈지옥의 묵시록Apocalypse Now〉(1979)은 시간이 흘러도 그의 내면의 정열이 식지 않았다는 것을 한 번 더 입증해 주었다.

그러나 늘 그런 것만은 아니었다. 항상 애정 행각을 벌이고 자멸적 행동을 서슴지 않았던 브란도는 여러 명의 아내와 전처, 그리고 애인이 번번이 서로 비방하고 싸움을 벌이는 바람에 난처한 입장에 처했다. 1990년, 아들 크리스천이 여동생 샤이엔의 남자친구를 살해한 혐의로 기소되었고, 연이어 샤이엔의 자살하자 그는 깊은 상처를 받았다. 브란도는 아들의 재판이 끝난 뒤 이렇게 말했다. "고통의 전령이 우리 집을 방문했다."(말론 브란도는 2004년 7월 1일 사망했다.)*

Bertolt Brecht
베르톨트 브레히트

1898~1956

20세기의 가장 영향력 있는 독일 시인이자 극작가인 베르톨트 브레히트는 지성 세계의 엄청난 무법자였다. 냉철한 분석과 터무니없는 자기 확신에 사로잡혀 있던 그는 현대 사회, 특히 '부패한' 물질만능주의적 서구 사회를 경멸의 시선으로 바라보았다. 그는 중년의 막바지에 이른 나이에 『자본론*Das Kapital*』을 자신의 성경으로 받아들였고 마르크스의 프롤레타리아를 진정한 주인공으로 인정했다. 심지어 그는 낡은 모자를 삐딱하게 쓴 채 노동자 복장을 하고 다녔는데, 그가 입던 허름한 옷들은 일부러 그런 효과가 나도록 재단된 것임이 나중에 밝혀졌다. 그는 늘 듬성듬성하게 자른 머리를 잘 씻지도 않고 다녀서 친구들의 원성을 사기도 했다. 그가 이념적으로 정확하게 어떤 상태였는가를 떠나서 그에게 가장 중요한 것은 사회의 혼란을 불러일으킬 수 있는 현대 정치의 '우화들'을 무대에 올리는 일이었다. 이러한 연극에는 그가 잔인한 현대 사회를 상대로 벌이는 개인의 무기력한 전투라고 이해한 것들이 잘 나타나 있다. 그의 내부에서는 이러한 이상주의적인 활동만큼이나 교묘하게 위장된 일련의 반사회주의자적인 욕구들이 숨 쉬고 있었다. 성적으로 개방적인 여성들과 벌인 수많은 염문들, 버지니아산 시가의 과도한 소비, 망명 동료 쿠르트 바일Kurt Weill에 버금가는 명성, 그리고 브로드웨이에서의 보장된 성공 등이 그것들이다.

브레히트는 딱딱한 형식의 문학 안에 일상생활에서 사용되는 다양한 언어를 끌어들였다. 그러나 그의 가장 큰 공로는 바로 '서사극'의 지나치게 고전적인 개념을 현대적인 드라마로 바꾸어 놓았다는 점이다. 브레히트의 무대는 허구를 신봉하는 전통을 거부하고 현재진행중인 극의 연극성 자체를 강조하여 관객들로 하여금 날것 그대로 노출된 클리그 라이트klieg light(등장인물이 착용한 옷감 따위에 고광을 투사하거나 질감을 돋보이게 하는데 사용하는 특수조명)*와 장면 교체를 모두 볼 수 있게 해주었다. 추상적인 세트가 설치된 무대 위에서 수술실에 어울리는 밝은 불빛에 완전

히 노출된 배우들은 전통적인 자연주의적 방식의 '연기'를 요구받거나 판에 박힌 역을 맡으라고 요구받지 않았다. 자기 자신과 등장인물을 동일시하지 않도록 훈련을 받은 브레히트의 연기자들은 여기서 더 나아가 내레이션과 동작, 그리고 간단하지만 분명한 방백傍白에 의존하여 자신들이 연기하는 인물들(그리고 관객들)과 일정한 거리를 유지했다. 브레히트는 인간의 본성은 일정하지 않으며 역사적으로 특정한 시기의 경제 상태에 대한 반응일 뿐이라는 마르크스주의의 교리를 확신했다. 독일 남부의 바이에른에서 보낸 브레히트의 어린 시절은 그의 연극 속의 세계, 즉 투쟁 세력 사이의 쓰라린 전투와 따스한 정을 조금도 느낄 수 없는 삭막함으로 특징지을 수 있는 세계와는 완전히 반대였다. 그는 당시에 활동했던 여러 전위파 예술인과 마찬가지로 중산층 가정에서 태어나 유복한 어린 시절을 보냈고 완벽한 교육을 받을 수 있었다. 그는 또한 한동안 의과대학을 다닌 덕분에 위생병으로 군 복무를 마쳤다. 어머니의 편애—그가 열두 살 되던 해에 심장 발작을 일으키자 어머니는 유약한 아들에게 남다른 애정을 쏟았다—속에서 자란 그는 상당히 똑똑했지만 고집이 센 아이였다. 그는 주변 사람들을 마음대로 조종할 수 있는 남다른 능력을 갖고 있었다.

1918년에 그의 첫 번째 작품이자 섬뜩한 내용의 다소 자전적인 이야기인 〈바알Baal〉을 뮌헨의 무대에 올렸다. 그 후 두 번째 작품 〈밤의 북Drums in the Night〉을 발표했는데, 이 작품을 통해 그는 냉소적이라는 평가를 받았다. 그는 성공을 꿈꾸며 1924년에 베를린으로 이주했다. 그곳에서 그는 반낭만적 실험주의 작곡가 쿠르트 바일과 공동 작업을 하고 칼 마르크스의 저서를 읽음으로써 자신의 작품에 커다란 영향을 끼친 두 가지 요소들을 하나로 통합하는 데 성공했다. 마르크스와 바일(그는 도덕적인 학자 같은 성향을 지닌 또 다른 좌익이었다)과의 만남은 1928년에 반자본주의의 고전이라고 할 수 있는 〈서푼짜리 오페라The Threepenny Opera〉의 탄생을 가능하게 해주었다. 이 작품은 멜로드라마이자 풍자 뮤지컬로서 브레히트의 작품 가운데 경제적인 성공을 가져다 준 유일한 작품이자 명성을 쌓게 된 작품이었다.

그러나 1933년에 히틀러가 나타나자 브레히트는 어쩔 수 없이 도피 생활을 시작했다. 그의 이름은 나치가 작성한 반역자 목록에서 다섯 번째에 올라 있었다. 그는 덴마크를 시작으로 스웨덴, 핀란드를 거쳐 1941년에 미국에 정착했다. 망명 생활의 경험은 〈사천의 선인The Good Woman of Setzuan〉, 〈갈릴레오 갈릴레이의 생애Galileo〉 같은 서정성이 풍부하고 교훈적인 연극들, 그리고 작품이 미친 영향력 때문에 자주 무대에 오르게 되는 〈억척어멈과 그 자식들Mother Courage〉을 탄생시켰다. 그 후로 그는 몇 년 동안 할리우드에서 참패를 맛보며 〈코카서스의 백묵원The Caucasian Chalk Circle〉, 프리츠 랑Fritz Lang과 공동으로 대본 작업을 했던 〈사형 집행인도 죽는다Hangman also Die〉(1943) 등을 발표했다. 브레히트는 할리우드에서 영화 산업과 관련된 모든 것을 악의에 찬 경멸의 눈으로 지켜보았으며, 논쟁을 좋아하는 감독이자 밉살스러운 '위험인물'로 알려졌다. 유럽에서 망명 온 다른 예술인들의 성공에 불안감을 느낀 그는 배타적인 오락 산업 자본이 자신에게 기회를 제공하지 않는다는 사실에 분개했다. 브레히트가 남긴 비꼬는 글에 따르면, 그는 미국 서해안에서 체류하는 동안 1947년에 미 하원 반미활동조사위원회로부터 소환 명령을 받은 '비협조자' 가운데 한 사람이었다. 그 심문이 끝남과 동시에 그는 유럽으로 탈출하여 동베를린에 정착했다.

그곳에서 브레히트는 배우 출신의 아내이자 동료인 헬레네 바이겔과 함께 베를리너앙상블Berliner Ensemble을 설립했다. 이 극단은 브레히트의 비극적인 연극 작품들과 진보적인 공산당의 선전 활동 사이의 갈등으로 위기를 맞았다. 1950년대 초 독일민주공화국의 압박 탓에—같은 기간 자행된 스탈린의 탄압은 말할 것도 없고—제국주의의 신랄한 비판자였던 그는 당연히 활동을 중단해야 했지만 자신이 느끼는 환멸감을 공개적으로 드러내지는 않았다.

최근 들어 브레히트의 계승자들은 환멸감과 싸워야만 했다. 국제브레히트협회의 창시자인 미국인 존 퓌지John Fuegi는 1994년 쓴 『브레히트 앤드 컴퍼니: 섹스, 정치 그리고 모던 드라마 만들기*Brecht and Company: Sex, Politics and the Making of the Modern Drama*』에서 브레히트가 존 게이의 〈거지의 오페라The Beggar's Opera〉(1728)를 참고하여 만든 〈서푼짜리 오페라〉의 내용 중 80퍼센트가 실은 브레히트의 애인 엘리자베스 하우프트만이 쓴 것이라고 주장했다. 퓌지는 이 사건을 표절과 위선적 행위라고 비난하면서 심각한 문제들을 제기했다(브레히트는 또한 동료의 판권을 사취한 혐의가 있고, 동독에 거주하는 동료 작가들보다 경제적으로 훨씬 편안한 생활을 즐겼다고도 한다). 그러나 그 문제에 대해서는 지금까지도 충분한 증거가 확보되지 못한 상태다. 그러나 〈서푼짜리 오페라〉가 이 허무주의의 천재의 작품이냐 아니냐의 여부를 떠나서, 그가 남긴 작품들이 보여 주는 시학적 성취와 연출 분야에서 이룩한 성취는 영원히 '브레히트의 공로'로 남을 것이다.

Diana Vreeland

다이애나 브리런드

1903?~1989

스스로 그렇게 표현한 바 있듯이 그녀의 친구들은 "아름다운 사람들"이었으며, 그녀의 세계는 그럴싸한 꿈같은 그림들로 가득 찬 패션 잡지들이었다. 다이애나 브리런드는 수명이 짧고 경쟁이 치열한 자기 분야에서 평범함을 허용하지 않는 독창성과 엘리트주의를 보여 주었다. 오늘날에도 여전히 현대적인 스타일을 창조한 이로 인정받고 있는 그녀는 늘 자신의 조수에게 "이봐, 천박해지는 것을 두려워해서는 안 돼. 오히려 너무 지루하고 평범하거나 단조로운 것을 피해야지"라고 조언했다. 그녀는 유럽 상류사회의 전통 속에서 참패한 적이 있었지만 굉장한 거부나 똑똑한 사람들이 지니고 있는 우아한 안목과 속물근성 모두를 포용하는 데 두려워하지 않았다. 그리고 그녀는 타협할 줄 모르는 독특한 시선으로 패션쇼 무대뿐만 아니라 길거리에서도 중요한 패션 메시지를 찾아낼 줄 알았다. 실제로 '다이너마이트 D.'(브리런드의 별칭)*는 반패션 트렌드의 가치를 인식한 첫 인물로서 셰어Cher, 앤디 워홀, 믹 재거 같이 전통을 거부하는 유명인들이 그녀와 뜻을 같이했다. 물론 그녀는 「하퍼스 바자*Harper's Bazaar*」나 「보그」에서 자신이 몇몇 트렌트를 만들었다는 사실을 대대적으로 선전하기는 했다. 부츠와 미니스커트가 등장하는 1960년대 패션은 그녀의 작품이며, 그녀 세대의 영향력을 의미하는 'youthquake'도 역시 그녀가 만들어낸 단어였다. 트렌치코트와 여성용 바지, 그리고 모조 장신구 등도 브리런드가 좋아하던 품목이었다. 그녀는 또한 속이 비치는 상의와 이국적인 가발, 그리고 인조 천을 애용했다. 비록 그녀 자신은 미인이 아니었지만 많은 여성을 발굴하여 다듬어 주었는데, 퍼넬로페 트리Penelope Tree와 트위기Twiggy 그리고 불후의 배우이자 모델인 로렌 허턴Lauren Hutton이 그녀에게 도움을 받았다. 또 그녀에 의해 스타를 촬영하는 사진작가로 선정된 리처드 아베든, 어빙 펜, 세실 비튼 역시 스타가 되었다.

다이애나는 스코틀랜드의 성공한 증권 중개인 프레더릭 영 달질과 매력적인 미

국인이자 사교계의 명사였던 에밀리 호프만 달질의 두 딸 가운데 맏이로 태어나 파리의 품격 높은 문화 환경 속에서 어린 시절을 보냈다. 심지어 그녀는 부모의 금전적 능력 이상으로 사치스러운 자신의 집에서 캐슬 부부가 캐슬워크Castle walk 공연하는 것을 지켜보았다(버넌 캐슬과 아이린 캐슬 부부는 유명한 커플댄서이며 캐슬워크라는 춤을 창안했다).* 그녀는 세르게이 디아길레프, 니진스키, 이사도라 던컨, 그리고 그 외에도 무용계를 대표하는 여러 유명 인사를 만났다. 1914년에 가족이 파리의 호화 주택을 떠나 뉴욕에 있는 좀더 검소한 집으로 이사하자 역사에 남을 이러한 위대한 인물들을 대신하여 또 다른 저명인사들이 그녀의 삶 속에 등장했다. 그들 중에는 그녀가 발레를 배웠던 미셸 포킨Michel Fokine과 와이오밍에서 함께 도보 여행을 즐겼던 버팔로 빌 코디Buffalo Bill Cody가 포함되어 있었다. 이 기간 동안 브리런드는 정규 교육을 제대로 받지 않고 주로 오락이나 보잘것없는 것들에 심취했다. 예를 들면 그녀는 발렌시아가와 디올 같은 유명한 패션 디자이너들의 옷에 관심이 많았다. 그녀는 화려한 옷차림에 예의까지 갖춘 예일대학교 졸업생 토머스 리드 브리런드를 처음 본 순간 그에게 완전히 빠져 들었다. 그 뒤 두 사람은 런던에 정착하여 두 아들을 낳았고, 그녀는 합창 무용을 공부하거나 미술관을 구경하고 다녔다.

1936년에 남편이 뉴욕으로 발령이 나자 가족은 미국으로 건너왔다. 런던과 비교할 때 동 페리뇽Dom Perignon(프랑스 샴페인)*으로 하루에 지출하는 비용이 상당히 많았기 때문에 브리런드는 소득을 보충할 만한 별도의 수입원이 필요하다고 생각했다. 다행히 얼마 안 있어 직장 생활을 한 번도 해본 적이 없던 이 여자에게 완벽한 자리가 나타났다. 브리런드는 세인트레지스 호텔에서 춤을 추다가 「하퍼스 바자」 편집장인 카멜 스노우의 눈에 띄어 그 잡지의 패션 부서에서 일하게 되었다. 그녀는 그곳에서 28년간 패션 전문가로 활동하면서 깔끔한 옷차림의 개념을 재정립했다. 그녀는 '한번 해보세요 *Why don't you*' 라는 다소 엉뚱하고 익살스러운 제안을 담은 칼럼을 통해 유행을 따르는 것에 대해 현명한 조언을 해주는 상담자 역할을 시작했다. 당시 미국인들은 대공황 속에서 무료 빵 배급으로 생활하는 데 지쳐 있었다. 그러나 그녀는 그런 사회 상황에도 아랑곳하지 않고 낡은 모피 코트를 실내복으로 입으라고 제안하는 칼럼을 실었다. 이처럼 그녀는 아주 기묘한 제안을 한 덕에 독자들에게 괴짜로 인식되었다. 한편 그녀의 영향력이 계속 커지고 있는 것과 달리 봉급은 항상 제자리 걸음이었다. 1937년부터 1962년까지 그녀의 연봉은 정확히 2만 달러에 머물러 있었는데, 이 돈은 집안 곳곳에 신선한 꽃을 꽂아 둔다든지 하녀에게 매일 엷은 비단 크레이프를 다리게 하는 식의 사치스러운 '기본 생활'을 하기에는 턱없이 부족했다.

1962년에 브리런드는 「하퍼스」를 떠나 최대의 라이벌 잡지인 「보그」로 옮겼고 1년 만에 편집장으로 승진했다. 그녀는 잡지의 지루한 이미지를 포기하는 대신 시각적인 화려함과 언어상의 다양함을 선택했다. 밤이면 뉴욕의 스튜디오 원Studio One과 호화로운 제트족 사이를 당당하게 누비고 다녔던 그녀는 1960년대와 1970년대의 분열된 시대정신들을 모두 활용했다. 다양한 소재들을 폭넓게 다룬 상상을 초월한 그녀의 잡지 속에는 이러한 모습이 잘 반영되어 있었다. 그녀는 "아름다운 사진을 아름답게 보이도록 편집하는 것은 정말 지겨운 일"이며 "우리는 그것을 가지고 뭔가 근사한 것을 만들어내야 한다"고 주장했다.

「보그」에 미친 영향과는 별도로 그녀 자신과 그녀가 연출한 인테리어 장식, 그 가운데 특히 그 유명한 '레드-레드-레드 red-red-red' 거실은 브리런드의 독창성을 말해 주었다. 자신이 추구한 완벽주의의 화신이기도 했던 그녀는 자신이 시각적인 충격을 선사하는 매개체가 되기를 자청했다. 흑단처럼 검은 머리를 뒤로 말끔하게 빗어 넘긴 그녀의 모습은 마치 원시 마야의 조각상을 연상시켰는데, 그녀는 방안에 조용히 들어서는 것만으로도 거부할 수 없는 권위를 발산하곤 했다.

1971년에 「보그」에서 해고된 후 브리런드는 조용히 은퇴하는 방법을 선택하지 않았다. 그녀는 메트로폴리탄 미술관이 자신의 마지막 직장으로 손색이 없다고 판단하고 의복 분야의 특별 상담원으로 여러 차례 전시회를 개최하여 비평가들에게 호평을 받았다. 가끔 불가능한 것을 요구하거나 직원들에 대한 독단적인 처우로 인해 비판의 대상이 되기는 했지만, 브리런드의 작업 방법은 언제나 눈부신 햇빛이라기보다 하늘을 뒤흔드는 천둥에 가까웠다.

그녀가 죽고 난 뒤, 만약 그녀처럼 놀라운 재능을 갖춘 여성이 다른 직업을 선택했더라면 과연 어떠했을까 하는 의문을 제기한 사람이 한둘이 아니었다. 그러나 항상 "아직 한 번도 보지 못한 어떤 것"을 찾고 있다고 말한 브리런드는 자신의 선택에 대해 조금도 후회가 없었다. 그녀에게 정말로 중요했던 것은 "어느 정도의 화려함"으로 눈을 즐겁게 해주고 그러면서도 "최대한 멋지게 보이도록" 만드는 것이었다.

The Beatles

비틀즈

1961~1974

비틀즈는 한마디로 20세기에 가장 영향력이 큰 밴드였다. 멤버 모두 작곡을 함으로써 리더가 없는 그룹이라는 개념을 처음으로 도입했고 가장 먼저 4인조 밴드의 우수성을 널리 알렸다. 수많은 사람들이 마치 주문처럼 그들의 이름 존, 폴, 조지 그리고 링고를 인용했지만 사실 그들은 개인의 성격보다는 그룹 전체의 성격이 더 중요했다. 비틀즈는 여러 요소로 구성된 하나의 밴드였으며 앞으로도 영원히 비틀즈로 남을 것이다.

침울하고 반항적인 성격의 존 레넌은 1957년에 영국 리버풀이라는 거친 항구에서 폴 매카트니를 만났을 때 말재주가 좋고 매력적인 이 왼손잡이 기타리스트의 재능을 알아보았다. 두 사람은 비슷한 환경, 즉 중류층 가정에서 자라났으며 그야말로 세련된 것과는 거리가 먼 촌뜨기들이었다. 존이 폴에게 자신의 '스키플skiffle' 악단인 쿼리맨Quarrymen에 가담할 것을 권유하면서 같은 음악의 길을 가는 동료로서 우정을 나누게 되었다. 그리고 이어서 두 사람은 과묵한 조지 해리슨을 밴드에 끌어들였다. 매카트니가 자신이 만든 곡을 레넌에게 보여 주면서 친구의 경쟁의식에 불을 붙였고, 레넌은 재빨리 자신의 곡을 완성했다. 이러한 음악적 경쟁 관계는 그들이 함께하는 동안 계속되었다.

베이시스트 스튜 셔트클리프와 드러머 피트 베스트가 합류한 뒤, 이제 실버 비틀즈Silver Beatles—레넌이 일부러 철자를 틀리게 쓴 것으로, 버디 홀리Buddy Holly가 이끌던 밴드 크리케츠Crikets의 이름에서 영감을 받았다—라고 불리던 이 그룹은 독일 함부르크에 있는 악명 높은 클럽 스타Star에서 몇 년간 연주했다. 그들은 잡다하게 무리를 이룬 거친 선원들과 가난한 학생들을 위해 하룻밤에 여섯 곡의 R&B를 두들겨댔다. 이 리버풀의 음악인들은 리틀 리처드Little Richard와 척 베리Chuck Berry 그리고 시폰즈The Chiffonds 같은 여러 '소녀 그룹들'로부터 다분히 미국적인 영향을 크게 받으며 그들만의 사운드를 개발하기 시작했다.

그들은 당시 유럽 젊은이들 사이에서 널리 유행하던 대로 긴 곱슬머리를 짧게 잘랐으며, 1961년에 함부르크에서 결혼한 셔트클리프를 남겨둔 채(불행하게도 그는 이듬해 봄에 사망했다) 네 사람만 고향으로 돌아왔다. 그리고는 곧 캐번 클럽Cavern Club의 인기 그룹으로 부상했다. 당시 지하에 있었던 캐번 클럽은 이 그룹 덕에 단번에 로큰롤의 신화적 장소로 부각되었다. 그러나 클럽에서의 인기가 폭등하였음에도 그들은 여전히 세련된 것과는 거리가 먼 촌뜨기들이었고 런던 음반사들의 관심을 끌기에는 부족했다. 그러던 중에 전직 배우였던 브라이언 엡스타인이 그들의 매니저가 되면서 그룹은 진 바지와 검은색 가죽 재킷을 벗어버리고 말쑥한 신新 에드워드풍의 정장과 타이를 입게 되었다. 또 엡스타인은 드럼 연주자인 피터 베스트를 해고하고 당시 로이 스톰과 허리케인에서 타악기 연주자로 활동하고 있던 링고 스타를 영입했다(사석에서 멤버들은 그를 리치라고 불렀는데, 엘비스를 만나는 자리에서 이 로큰롤의 황제는 계속해서 그를 빙고라고 불렀다). 비록 스타는 박자가 불안하기는 했지만 비틀즈의 전성기 시절 내내 많은 사람들을 몰고 다니는 뛰어난 스타일리스트로 성장했다. 그는 그룹 내에서 가장 현실적인 사람이기도 했다. 이를테면 1968년 2월에 그룹이 인도의 마하리시 마헤시 요기the Maharishi Mahesh Yogi의 아시람ashram(종교 교육과 훈련을 받는 곳)*을 방문했을 때, 마하리시가 자신들의 돈을 노리고 있다고 걱정하며 며칠 뒤 첫 비행기를 잡아 타고 런던으로 되돌아간 사람이 바로 그였다.

엡스타인은 유명한 EMI 레코드의 프로듀서 조지 마틴과 비틀즈의 음반 계약에 대해 의견을 나누었고, 마침내 1962년 여름에 계약이 체결되었다. 그해에 밴드는 〈러브 미 두Love me do〉라는 신나는 곡으로 영국 차트 진입에 성공했고, 곧이어 1963년에는 〈플리즈 플리즈 미Please Please Me〉가 인기를 끌었다. 그리고 곧이어 〈쉬 러브즈 유She Loves You〉와 〈아이 워너 홀드 유어 핸드I Want to Hold Your Hand〉라는 명곡들이 발표되었다. 미국의 텔레비전 프로그램 '에드 설리번 쇼'에도 출연한 뒤, 그들을 하룻밤 사이에 세계적인 스타가 되었다. 조심스럽게 쌓아온 이미지만큼 멋지지는 않았지만 팬들은 순수한 노랫말이 시사하고 있는 바를 꿰뚫어 보았기 때문에 호소력은 그만큼 더 컸다. 비틀즈 가발, 비틀즈 부츠, 비틀즈 영화, 심지어 비틀즈 만화 쇼까지 생겨나면서 명실 공히 비틀즈 마니아는 곧 전 세계적인 현상이 되었다.

비틀즈가 세대를 초월한 청중에게 오랫동안 엄청난 인기를 누린 비결은 멤버들 각자의 전문가적 자질이 서로 조화를 이루어 균형 잡힌 레퍼토리로 결합했기 때문이다. 스타를 제외한 구성원 모두 똑똑했고 새로운 것을 추구하는 작곡가들이었다. 영국의 뮤직홀 노래에 대한 매카트니의 취향, 레넌이 쓴 강력한 가사, 그리고 힌두 음악에 대한 해리슨의 열정 덕분에 비틀즈 대중음악의 근본을 뛰어넘어 아무도 시도한 적 없는 영역으로 들어갈 수 있었다. 그들은 마틴의 도움을 받아 가장 능숙한 어쿠스틱 연주자들이 되었으며, 인도의 시타르sitar와 옛 음악에서 현악 사중주와 심포니 오케스트라에 이르기까지 시간이 있을 때마다 다양한 시도함으로써 아무도 흉내 낼 수 없는 자신들만의 소리를 만들어 내고자 했다.

다른 유명 그룹들과 마찬가지로 비틀즈도 활동 시기별로 그 특징을 찾아볼 수 있었다. 스튜디오의 무한한 가능성을 섭렵해 보려는 욕심을 포기했던 중간 시기는 매카트니의 서정성과 레넌의 열정적인 초현실주의에 바탕을 두고 있었다. 이 시기에 발표된 〈서전트 페퍼스 론리 하츠 클럽 밴드Sgt. Pepper's Lonely Hearts Club Band〉(1967)와 〈더 비틀즈The Beatles〉(〈더 화이트 앨범The White Album〉, 1968) 같은 걸작들에는 이 그룹의 독특한 예술성이라고 할 수 있는 현대적 삶에 대한 재치 있는 해석들이 가득 차 있었다. 비틀즈는 록, 발라드, 레게, R&B 등 어떤 음악도 할 수 있는 것처럼 보였으며 실제로 그럴 때가 많았다. 레넌은 자신들의 인기에 대해 "예수 그리스도보다 위대하다"고 주장하기도 했는데, 이런 경솔한 행동에 분노와 반감을 느끼는 이들도 적지 않았다.

그러나 어떤 일이든 끝이 있게 마련이고 실제로 그들에게도 끝이 다가왔다. 시작이 그랬듯이 변호사들, 회계사들, 아첨꾼들, 그리고 옛 동료들이 복잡하게 얽히면서 끝 또한 소란스러운 가운데 순식간에 다가왔다. 비틀즈가 일련의 사건들을 해명하고 나서자 전 세계에 드리워져 있던 마법도 풀리기 시작했다. 존 레넌과 폴 매카트니는 계속 작곡과 공연을 병행하면서 서로 각자의 음악 스타일을 발전시켰다. 두 사람은 가자 아내인 오노 요코와 린다 매카트니에게서 많은 영향을 받았다. 해리슨과 스타는 은퇴하여 대중 앞에 모습을 드러내는 일이 줄어들었다. 1980년에 레넌이 뉴욕에 있는 자기 아파트 앞에서 총격을 받아 40세의 나이로 사망하자 비틀즈가 다시 뭉치기를 바라던 올드 팬들의 희망은 영원히 물거품이 되었다.

Jean-Paul Sartre
장-폴 사르트르

1905~1980

프랑스의 철학자이자 극작가이며 소설가인 장-폴 사르트르는 활발한 활동을 보인 지성인의 표상이자 현실에 적극적으로 동참한 사상가였다. 그가 벌인 정치적 활동과 지속적인 발전을 보여 준 정치적 사고는 세계, 즉 인류가 그 속에서 방황하고 또한 살아 있음을 느끼는 세계에 대한 그 자신의 이해와 밀접한 관련이 있었다. 그의 존재론적 사고는 무신론과 함께 궁극적으로 세계의 무의미성에 바탕을 두고 있으며, 그 중심에는 한 가지 공식이 자리 잡고 있다. 다시 말해 그는 만약 신이 존재하지 않고 그래서 기본 계획이 세워져 있지 않다면 인류는 마음대로 행동하고 마음대로 선택할 수 있다고 보았다. 이를 확대해서 해석하면 인류는 궁극적으로 자신의 선택에 대해 스스로 책임을 진다고 생각한 것이다. 제2차 세계대전 당시 프랑스 레지스탕스 활동에 참가한 것부터 시작하여 전후 유럽의 상황에 대한 그의 견해와 전 세계에서 일어나고 있는 모든 혁명에 대한 지지, 그리고 노벨상 수상 거부에 이르기까지, 장-폴 사르트르는 계속하여 스스로 자유롭게 선택하며 그 결과에 책임지는 모습을 보여 주었다. 늘 문제를 몰고 다니던 사르트르는 열정과 공정함을 겸비한 인물이었다. 즉, 그는 자본주의와 사회적 불의와 식민주의에 대해 전면적으로 맞섰으며, 또한 모든 억압받는 사람들에 대한 헌신과 사회에 영향력을 행사하는 공인으로서의 자기 인식을 지니고 있었다.

사르트르는 1944년에 발표한 글에서 "인간은 자신의 실체를 스스로 창조해야 한다"고 주장했다. "세계 속으로 자신의 몸을 내던지고, 그 안에서 괴로워하고 투쟁함으로써 서서히 자신의 참모습을 찾아야 한다"는 사르트르의 주장은 전후 유럽의 양심의 소리가 되었다. 그가 처음 프랑스에서 반셈족주의라는 주제로 강연했던 40대 후반부터 사망하던 해에 병들고 눈이 먼 상태로 엘리제궁을 찾아가 베트남과 캄보디아 난민들에 대한 원조를 늘려 줄 것을 대통령에게 탄원하던 순간까지, 사르트르는 인류를 위해 헌신함으로써 자신의 참모습을 찾으려는 노력을 중단

하지 않았다.

근엄한 로마 가톨릭 신자인 어머니와, 그가 두 살도 되기 전에 죽은 해군 장교 아버지의 유일한 혈육이었던 사르트르는 파리에 있는 루터교 신자인 할아버지 댁에서 자랐다. 자그마한 체구에 사팔눈이었으며 스스로 인정했듯이 안경을 쓴 두꺼비 같은 모습을 한 이 조숙한 소년은 네 살 때 글을 읽었다. 그는 다른 아이들한테 인기가 없었던 대신 공상과 글쓰기에서 위안을 얻었다. 엄격했지만 무한한 애정을 지닌 할아버지는 손자가 작가가 되는 것을 말리려고 애썼지만, 손자는 할아버지의 뜻을 어기고 언어를 자기 세계의 중심으로 만들었다. 그는 1963년에 발표되어 많은 관심을 끈 자서전 『말*Les Mots*』에서 "글을 씀으로써 나는 존재한다"고 밝혔다.

리세lycée(프랑스의 국립 고등학교)*를 마친 뒤 고등사범학교에 들어간 그는 철학에 관심을 갖기 시작했고, 그곳에서 평생을 함께 할 여인을 만났다. 사르트르와 훌륭한 페미니스트 작가인 시몬느 드 보부아르는 죽을 때까지 결혼식을 올리지는 않았지만 지적 동반자이자 동료이자 연인이었다. 두 사람은 각자 수많은 연애와 배신을 경험하면서도 사르트르가 죽을 때까지 항상 서로의 곁을 지키면서 불안한 관계를 유지했다.

사르트르의 철학은 평생 그의 예술과 불가분의 관계를 유지했다. 1930년대 들어 데카르트의 이상주의에서 멀어진 그는 추론보다 서술을 중요하게 생각하는 에드문트 후설Edmund Husserl의 현상학적 방법에서 영향을 받았다. 쇠렌 키르케고르Søren Aabye Kierkegaard와 마르틴 하이데거Martin Heidegger에게 많은 영향을 받아 이루어진 사르트르의 실존적 관점은 그의 첫 번째 소설 『구토*La Nausée*』(1938)에 상세하게 소개되었다. 이 자기진술적인 소설에서 서술자인 로캉탱은 자신의 육체에 대해 스스로 느끼는 반감을 일기에 솔직하게 기술하고 있으며, 인간의 육체적 속성에 대한 자신의 딜레마를 소설 쓰기를 통해 극복하려고 시도한다. 이 책이 출판된 지 1년 뒤, 여러 리세에서 학생들을 가르치고 있던 사르트르는 프랑스 육군에 입대했다. 그리고 9개월 후 그는 독일군에 생포되어 나치에게 점령당한 파리로 돌아와 레지스탕스에 가입했으며, 투옥될 위험을 무릅쓰고 대중을 선동하는 내용을 담은 유명한 희곡 『파리들*Les Mouches*』(1943)을 발표했다.

같은 해에 사르트르는 중요한 의미를 지닌 그의 첫 번째 철학서 『존재와 무*L'Être et le néant*』(1953)를 발표했다. 이 책에서 그는 보부아르가 말한 '저항 미학'이라는 개념을 통해, 의식이란 존재하지 않는 것이므로 물리적 세계를 지배하는 인과성이 적용되지 않는다고 주장했다. 따라서 의식은 본질적으로 자유로우며, 마찬가지로 인간 역시 자유롭다. 사르트르는 네 개의 또 다른 논문과 아홉 개의 희곡들, 그리고 세 개의 유고 작품을 통해 인간 존재의 근원에 대한 고찰을 계속하면서 자신의 선택에 대해 책임을 져야 하는 필요성을 강조했다. 인간이 윤리적 의무에 순응하지 못함으로써 야기된 혼란의 시기에 사르트르는 인간 존재가 자신의 결정에 의한 행동을 통해 자신의 참모습을 찾아갈 것을 주장함으로써 동시대인들에게 색다른 위안을 주었다.

사르트르는 마르크스주의에 자신의 실존적 믿음을 접목하고자 했으며—나중에 그는 귀스타브 플로베르Gustave Flaubert에 대한 연구를 통해 심리 분석과의 접목을 시도했다—그가 사회의 억압받는 사람이라고 정의내린 이들에게 헌신했다. 그는 사회운동에 참가하고, 시위를 조직했으며, 1940년대에 자신이 창간한 평론지 「레탕모데른*Les Temps modernes*」의 편집을 도맡았다. 세월이 흐르면서 그의 정치 단체 활동에 변화가 생겼다. 그가 정식 당원이 된 적은 한 번도 없었지만 공산당에 몸담게 된 계기도 복잡한 개인적 이유에서였다. 1956년, 그는 이제 소련과의 우정은 사라졌으며 그들의 행동에 대한 '분노'만 남았다고 밝힘으로써 소련의 헝가리 침공을 비난했다. 그는 그 후에도 4년 동안 소련을 아홉 번이나 방문했는데, 여전히 소련에서 목격한 심각한 인권 유린 현황에 대해 목소리를 높였다.

1964년에 사르트르는 냉전 시대의 인질이 되고 싶지 않다는 이유로 노벨상 수상을 거부했다. 그 후 사회적 책임 문제에 대한 그의 관심은 더욱 높아졌다. 말년의 그는 당시 활동하던 다른 프랑스 지성인들과 마찬가지로 민중을 우선시한다는 점에서 마르크스주의와 동일한 마오주의에서 위안을 얻었다. 1960년대에 그는 세계적으로 불붙기 시작한 학생 운동의 자극제가 되었던 주요 인사들 중 한 사람으로서, 중국 공산주의가 '참여'를 실현했다는 점에서 높이 평가했다. 다른 사람들, 심지어 그의 비판자들까지도 바로 이와 같은 특징을 그의 가장 큰 장점으로 보았다.

Emiliano Zapata

에밀리아노 사파타

1879~1919

레닌이 태어나기 전에 사파타가 있었다. 멕시코 혁명가인 에밀리아노 사파타는 자신의 투쟁의 목표인 농민들을 위해 봉사하는 과격한 이상주의자의 삶을 살았으며, 그의 죽음도 삶과 다를 것이 없었다. 20세기 최초로 사회주의 이상을 반영한 그의 투쟁은 1917년 폭풍우가 몰아치던 페트로그라드 겨울 궁전보다 거의 10년을 앞섰다. 멕시코에서 일어난 혁명들은 대부분 반드시 폭력을 동반했고 신념에 의한 것은 아주 드물었다. 그러나 사파타는 이 두 가지를 하나로 통합했다. 그의 가장 큰 목표는 거의 노예와 다름없이 고통스럽게 사는 멕시코 농부들에게 땅을 소유할 수 있는 권리를 주는 것이었다. 이런 생각은 처음부터 함께 활동한 일부 무장 동지들도 놀랄 정도로 획기적이었다. 결국 그는 이러한 신념 때문에 살해당했다.

사파타는 멕시코시티 남부 모렐로스 주에서 비교적 부유한 집안의 아들로 태어났다. 그의 집안은 인디언과 스페인 혼혈족인 메스티소였다. 어릴 적부터 주변 환경에 잘 적응한 사파타는 말을 잘 타고 다루었으며 총 솜씨도 뛰어났다. 탁월한 지도력을 발휘했던 그는 이미 20대에 사람들의 열렬한 지지를 받아 칼풀레퀴calpuleque, 즉 '마을의 두목'이 되었다. 처음에 그는 유럽에서 온 정착민들이 인디언에게서 빼앗은 토지에 대해 보상을 요구하는 것부터 시작했다. 그러나 공동 경작을 하는 인디언 및 그들의 메스티소 동지들과, 모렐로스에서 소작지를 늘여가고 있던 부유한 설탕 농장주들 사이에 긴장이 커지면서 그의 혁명 목표도 확대되었다. 사파타는 부패한 멕시코 독재자 포르피리오 디아스Porfirio Díaz에 대항해 1910년에 일어난 농민 봉기의 조직책이 되었는데, 이 기간 동안 반역자들은 문제가 되는 땅을 무력으로 점령했다.

사파타는 잠시 멕시코시티에 머무르는 동안 무정부주의를 접하게 되었다. 그는 무정부주의야말로 캄페시노스campesinos(남아메리카의 토지 없는 농부를 말함)*의 고난을 해결해 줄 수 있다고 생각했다. 당시 멕시코에서 활동하던 다른 정치 행동가

들은 사회주의 강령을 받아들였다. 그들 중에는 멕시코의 여러 구세주 중 한 사람인 프란시스코 마데로Francisco Madero도 있었다. 사파타는 마데로가 주장한 대의를 이루기 위해 남부를 장악했다. 그러나 일단 마데로가 멕시코 대통령이 되자 토지개혁을 주장하는 사파타는 마데로와 그의 내각 및 지지자들에게 불편한 존재가 되었다. 그 결과 멕시코 혁명기의 불안한 정치 환경 속에서 사파타는 곧 마데로가 지배하려는 체제에 반대하는 세력과 한편이 되었다. 그러나 그는 정부를 전복하려는 계획은 없었다.

1911년, 잔혹한 빅토리아노 우에르타Victoriano Huerta 장군에게 사파타를 제거하라는 임무가 하달되었다. 이 혁명가는 숨어 지내면서 대대적인 토지 개혁을 위한 아야라 계획을 수립했다. 이 계획에는 토지 소유주들에게 남부 요새 안에서 마데로를 사살해야 하는 필요성을 설명하는 내용이 포함되어 있었다. 전투는 몇 년 간 지지부진한 상태로 계속되었다. 정부의 폭정이 지속되었고 사파타의 혁명군은 정부의 본거지를 장악하지 못했다. 마침내 절망적인 상황에 놓이게 된 사파타는 전술을 강화하고, 북부에서 싸우고 있던 반범죄자이자 반란군인 판초 비야Pancho Villa와 연합 전선을 구축했다.

착 달라붙는 차로charro(멕시코 카우보이가 입는 복장)* 바지에 커다란 솜브레로 sombrero(챙이 넓은 미국 남서부 및 멕시코의 중절모)*를 쓰고 시커먼 콧수염을 기른 멕시코 혁명가의 사진에서 보듯, 수려한 용모를 지닌 사파타는 엄청난 열정을 지닌 무자비한 사령관이었다. 그는 부자들에게는 비난의 대상이었고 농부들에게는 숭배의 대상이었다. 그러나 그는 자신이나 판초 비야가 로빈 후드처럼 영원할 수 없다는 것을 이미 깨닫고 있었고, 두 사람은 동맹을 맺은 지 몇 주 만에 결렬되었다. 가난한 사람들을 위해 돈을 빼앗거나 적군에게 테러를 가하는 약탈 행위 탓에 물자는 조금씩 바닥을 드러내었고 그를 지지하던 민심을 잃게 되었다. 멕시코시티에서 온 사회주의 계획자들이 탈퇴한 지지자의 자리를 대신했는데, 그들은 사파타가 학교 제도를 재편성하고 지도력을 발휘하여 다른 개혁을 실천에 옮기도록 도와주었다. 이러는 동안 그들 앞에 새로운 적이 나타났다. 망명길에 오른 우에르타의 뒤를 이어 임시 대통령직을 수행하던 베누스티아노 카란사Venustiano Carranza가 대통령이 된 것이다. 한때 디아스 밑에서 위선에 찬 아첨을 늘어놓은 카란사는 말로만 토지개혁을 하겠노라고 주민들을 안심시킨 다음 남부의 농민혁명을 탄압하기 위해 군대를 파견했다. 그는 농민에게 발포하고 농민들을 참수형에 처하거나 추방하는 등 만행을 서슴지 않았다. 1916년 들어 카렌사가 이끄는 멕시코 정부군의 포위망이 좁혀 오자, 분노에 찬 사파타가 외쳤던 '무조건적 저항'은 이미 피할 수 없는 악몽의 재현이라는 암울한 실상을 보여 주기 시작했다.

테러와 사보타주에 의지하고 있던 사파타는 토지개혁에 대한 토론을 진행하기 위한 최후의 방법으로 소유권을 이양했다. 1917년까지 그는 테러를 포기하고 정규 군사조직을 다시 조직할 수 있도록 재편성을 단행했다. 그러나 이미 때는 너무 늦었다. 교활한 카란사는 농업 개혁을 위한 토론에 나서라는 압력에 굴복해 모렐로스에서 군을 철수했고, 사파타는 그 전 해에 그가 잃었던 토지의 상당 부분을 회복할 수 있었다. 그러나 이것은 불이 완전히 꺼지기 전에 피어나는 마지막 화려한 불꽃에 불과했다. 이 혁명군 대장은 2년도 못 버티고 결국 자신의 꾀에 빠져 스스로 파멸을 초래하게 되었다. 질투심에 불타 정부의 한 대령을 자신의 편으로 끌어들이려던 사파타는 자신이 이중첩자의 손에 놀아나고 있다는 사실을 깨닫지 못한 채 덫을 향해 돌진했다. 1919년 4월 10일, 그는 모렐로스에서 카란사 하수인의 총에 등을 맞았고 시체는 적의 손에 의해 사라졌다. 지금까지 그가 묻힌 장소를 아는 사람이 아무도 없다.

그러나 근심하는 사파타의 정령이 아직도 라틴아메리카를 떠돌고 있다. 이 멕시코 혁명군은 아르헨티나 출신의 낭만적인 게릴라 투사 체 게바라의 정신적 선구자가 되었다. 또 농민 반란군은 일부는 단명했지만, 다른 일부는 '빛나는 길Sendero Luminoso'(대학생들을 중심으로 결성된 신마오주의 단체)*과 같이 불사조처럼 살아남아 남아메리카와 카리브해의 정치 상황을 여전히 불안하게 만들고 있다. 1994년에 멕시코 빈민 지역 치아파스 주에서 일어난 인디오 봉기에서 반란군은 사파타 부대임을 자칭했다. 그들은 유령이 된 그들의 지도자가 입었던 솜브레로 대신 현대 테러리스트들의 필수품이라고 할 수 있는 스키 마스크를 쓰고 있었다. 약 80년 전 두려움을 모르는 사파타가 속임수에 넘어가 죽음을 맞은 뒤 멕시코에는 변하지 않고 남아 있는 것들이 많다. 주도면밀한 계획을 통해 사파타를 짓밟은 독재자들의 철학을 계승한 이들이 아직도 가난한 사람들을 탄압하고 있으며, 새롭게 태어난 사파타 무리들은 억압받는 이들을 위해 싸우고 있다.

Margaret Sanger
마거릿 생어

1883~1966

마거릿 생어는 피임을 기본적인 의료 서비스로 권장하기 위해 50년 동안 헌신했다. 그녀는 처음 활동을 시작하기에 앞서 자신이 주장하는 새로운 운동을 적절하게 표현하는 표어를 찾아내기 위해 몇몇 동료들과 머리를 맞댔다. '자발적인 부모되기'를 비롯해서 '예방하기'와 '의식 있는 세대' 같은 표어들을 나왔다. 그러나 모두 동의한 표어 '산아 제한birth control'이 가장 무난해 보였다. 그러나 생어가 잡지 기사와 공개 강연에서 이 용어를 사용하기 시작하자, 이 용어는 전쟁의 시작을 알리는 신호탄이 되었다.

1912년, 생어는 뉴욕 로어이스트사이드의 가난한 임금 노동자들 사이에서 운동을 시작했다. 그녀는 릴리언왈드 방문간호사협회의 후원을 받고 있었는데, 당시 미국에서 피임이란 단어는 입 밖에도 낼 수 없는 '외설적인 것'으로 받아들여졌다. 심지어 연방법에 의해 의사가 피임에 관한 정보를 우편으로 발송하는 것조차 금지되어 있었다. 피임은 모든 여성의 권리임을 대담하게 주장하고 나선 생어는 '씨받이 동물'이라는 억압적인 역할로부터 여성을 해방하기 위해 노력했다. 그녀는 산아 제한에 관한 정보를 널리 보급함으로써 여성이 육체적 예속에서 자유로워지기를 바랐고 그리하여 여성이 스스로 결정하고 자유롭게 성적 만족감을 느낌으로써 삶을 즐기기를 소망했다.

생어의 반골적인 성향은 아버지에게서 비롯되었다. 로마 가톨릭 신앙을 버린 배교자였던 그녀의 아버지 마이클 헤네시 히긴스는 뉴욕 코닝 지역의 선술집에서는 정치 독설가로 이름이 자자했다. 집안의 장녀였던 그녀는 자유사상가라는 평판 탓에 일자리를 구하지 못하는 아버지를 대신해서 생계를 걱정해야 할 정도로 어려운 집안 살림에 보탬이 되어야 했다. 조산사 보조로 일하게 된 마거릿은 무계획적인 임신으로 인한 결과가 얼마나 고통스럽고 그 여파가 얼마나 오래 가는지 알게 되었다. 무엇보다도 그녀가 그렇게 헌신하게 된 것은 바로 자신의 어머니가 고통 받

는 모습을 옆에서 직접 목격했기 때문이었다. 열여덟 번이나 임신하고 열한 명의 아이를 출산한 애나 히긴스—아이를 낳을 때마다 그녀의 결핵 증세는 더욱 심해졌다—는 너무나 쇠약해져서 병상에서 일어나는 것은 고사하고 말도 할 수 없는 지경에 이르렀다. 마거릿은 어머니의 건강이 악화되어 결국 48세에 세상을 떠나야 했던 이유는, 바로 너무 많은 출산과 양육 때문이라고 확신하게 되었다.

간호학을 공부하던 이 젊은 급진주의자는 건축가이자 열성적인 사회주의자였던 윌리엄 생어를 만나 결혼했다. 생어는 엠마 골드먼Emma Goldman에게서 많은 영향을 받았다(그 외에도 빅 빌 헤이우드, 존 리드, H. G. 웰스, 그리고 미국 급진주의가 한창 번성하던 시기에 활동한 다른 주요 인물에게서도 영향을 받았다). 그녀는 그리니치빌리지에 있는 생어의 아파트에 밤마다 찾아와 전 세계에 있는 노동자 계층을 위해 더 공정하고 당당한 대접을 받는 미래를 계획했다. 골드먼처럼, 생어 역시 여성의 '성적 예속'을 끝내는 것이 진정한 개혁의 토대가 된다고 믿었다. 또 그녀는 하층민의 공동주택에서 산과 간호사로 일하면서 현실을 냉정하게 되돌아볼 기회가 많았다. 집안 살림에 조금이라도 보탬이 되기 위해 시작한 일을 통해 그녀는 특히 청결하지 못한 낙태가 불러온 소름끼치는 부작용을 여러 번 접해야 했다. 그녀는 이 때 충격을 받고 생명을 위태롭게 하는 5달러짜리 낙태, 혹은 여성이 선택할 절망적인 방법들보다 원치 않는 임신을 미연에 방지할 인간적인 방법을 찾겠다고 굳게 결심했다. 그러나 사실 그녀가 의료단체에서 일을 하고는 있었지만 가난에 찌든 여자 환자들이 호소하는 실제적인 문제에 대해서는 모르는 것이 많았다. 그녀는 이미 사회주의 신문인 「더 콜*The Call*」에 성병 예방법을 솔직하게 다룬 '모든 소녀들이 알아야 하는 것*What Every Girl Should Know*'라는 연재물을 발표한 적이 있었다. 그러나 미국에서 산아 제한에 관한 구체적인 정보를 구하기는 쉽지 않았다. 생어는 이스트코스트의 모든 도서관을 뒤졌지만 별 소득이 없었고, 의사들도 정보를 주지 않았다. 그녀는 1913년에 프랑스로 건너갔는데, 그곳의 주부들은 자신이 그렇게 찾던 정보들을 마음대로 접하고 있다는 것을 알았다. 1년 후 생어는 「여성의 반란*The Woman Rebel*」이라는 새로운 간행물을 통해 성교육을 실시했다.

뉴욕악덕근절협회의 회장이자 음란물에 등급을 매기는 컴스톡 법안의 배후 실력자인 앤서니 컴스톡Anthony Comstock과 법정에서 대결한 결과, 생어는 우편으로 '외설적인' 산아 제한 정보를 발송한 죄로 기소되었다. 그녀는 실형을 피해 유럽으로 몸을 피했지만 이름이 널리 알려지자 용감하게 고국으로 돌아와 여러 번의 투옥 생활을 견뎌 냈다. 1915년에 그녀는 미국가족보건복지협회의 전신인 미국산아제한연맹을 구성했으며, 1916년에는 브루클린 브라운스빌 지역의 건물에 방 하나를 빌려 최초의 산아 제한 클리닉을 열었다.

1921년에 생어는 남편과 세 아이들의 생활은 뒤로 한 채—그녀는 항상 가정 생활은 만족스럽지 못하다고 고백했다—전 세계를 돌면서 강연을 하고 클리닉을 세웠다. 또 수백만 달러에 달하는 기금을 모금했으며, 정부와 공공 건강관리 시스템을 상대로 인구 통제를 지지할 것 독려한 사건을 계기로 로마 가톨릭교회와 평생 불편한 관계를 유지해야 했다. 그러나 그녀의 결의와 노력은 결국 전 세계 수많은 여성의 삶을 바꾸는 계기가 되었다.

자그마한 체구에 붉은 머리를 한 선동자가 피임약을 내놓았던 80년 전과 비교할 때, 오늘날 산아 제한 논쟁의 갈등 구조는 당시와 비슷한 양상을 보이고 있다. 마거릿 생어가 펼친 사회 활동들은 20세기에 대두된 주요 쟁점들과 큰 차이를 보였는데, 그것은 가난과 가족의 수 사이에 빚어지는 상관관계를 그녀가 명확하고 꿰뚫어 보았기 때문이었다. 그녀가 남긴 유산은 우리를 난처하게 만드는 한편 심오한 뜻을 내포하고 있다. 그녀는 "나는 성생활의 결과를 조정할 수 있는 여성의 권리를 위해 싸운다"라고 자신 있게 썼다. 그리고 그 말과 함께 그녀는 출산과 성적 쾌락을 분리했으며 새로운 혁명의 창시자가 되었다.

Gabrielle 'Coco' Chanel
가브리엘 '코코' 샤넬

1883~1971

변화를 위한 변화라는 직업상의 성스러운 신조에 맞서 코코 샤넬은 시대를 초월한 우아함의 전통을 제시했다. 샤넬은 끝없는 혁신을 시도하는 대신 혁신적인 클래식을 창출했다. 터틀넥 스웨터, 주름치마, 점퍼, 여성용 바지와 블레이저와 같은 의류와, 모조 장신구, 트렌치코트, 끈 없는 드레스, 그리고 무엇보다도 지금도 우아함과 스타일의 기준으로 자리를 지키고 있는 샤넬 정장을 탄생시켰다. 이 혁신적인 디자이너는 군더더기를 없애고 가장 단순한 라인을 강조했는데, 프릴frill, 과장, 화려함을 배제함은 물론이고 다른 디자이너나 다른 시대의 작품들을 참고로 하는 복식 역사에 대한 재치 있는 응용도 거부했다. 작년에 발표된 의상을 유행이 지난 형편없는 쓰레기로 치부하는 대신, 그녀는 전체적인 이미지라는 개념을 강조했으며 여성이 생활 전반에 응용할 수 있는 의류를 강조했다. 1920년대 초반에 유행하던 코르셋과 이국풍의 모자와 풍성한 롱스커트에서 여성을 해방시킨 샤넬은 간편하고 편안하면서도 여전히 맵시 있는 옷을 만들었다. 그러나 샤넬이 인기를 유지한 비결은 편안함과 맵시가 아니었다. 그녀의 옷은 근사해 보이기 위해서 반드시 젊거나 아름다울 필요가 없다는 전제에서 출발했다.

아마도 샤넬이 프릴을 싫어하게 된 것은 가난했던 어린 시절이 그 원인이었던 것 같다. 20세기 패션계의 대가인 그녀는 1883년 서부 프랑스의 소뮈르Saumur에서 뜨내기 행상의 사생아로 태어났다. 어머니가 돌아가신 후 아버지에게 버림 받은 열두 살의 가브리엘과 여동생 줄리에는 가톨릭 수녀들이 운영하는 오버진Aubazine 고아원에서 6년 동안 살았다. 이 외에는 그녀의 어린 시절에 대해 알려진 것이 거의 없다. 샤넬은 자신의 신비감을 조장했는데, 종종 자신을 미화하곤 했다. 그 밖에 알려진 것으로, 그녀는 물랭Moulins(프랑스 오베르뉴 주의 도시)*에서 가수로 데뷔하려고 했었다('코코'라는 별명은 당시 그녀가 자주 불렀던 〈누가 코코를 보았는가Qui Qu'a Vu Coco〉라는 노래에서 유래했다고 한다). 또 검은 눈에 빼어난 용모를 자랑했던 그

녀는 부유한 남성들의 마음을 설레게 했고, 그들은 샤넬을 상류사회에 입문할 수 있게 해주었을 뿐만 아니라 초기 사업을 확장할 때 경제적인 도움을 주었다. 또한 이들은 남성복의 발전에도 상당한 공헌을 했는데, 남성복을 즐겨 입었던 그녀는 애인의 타이와 코트와 재킷을 응용함으로써 자신의 스타일을 계속해서 발전시켰다. 1913년에 그녀는 도빌Deauville(프랑스 북부의 휴양지)*에 여성 모자 매장을 열었다. 전쟁의 여파로 인해 상류사회 고객들이 여성용 긴 털목도리와 양단을 사용할 수 없게 되자, 그녀는 자신이 즐겨 입던 미디블라우스middy blouses(세일러복형 블라우스)*와 발목 바로 아래까지 내려오는 긴 스트레이트 스커트로 구성된 실용적인 복장을 본뜬 옷을 내놓았다.

1914년 경, 그녀는 한 열렬한 숭배자에게 자금을 지원 받아 파리의 캉봉 가街에 모자 몇 개와 드레스 한 벌을 가지고 부티크를 개장했다. 비록 단 한 벌이었지만, 그녀가 말했듯이 "드레스는 너무도 우아했다."

1920년대가 되면서 샤넬룩이 완전히 실현되었다. 여분을 잘라내면서도 활동에 편안한 독특한 스타일을 진주와 인조 보석을 꿰어 놓은 줄로 강조했으며, 유혹하듯 얼굴의 반을 가리는 작은 모자들, 그리고 몸에 착 달라붙어 부드럽게 떨어지는 이브닝드레스, 중간 톤의 슬링백 구두slingbcak heel(발꿈치 부분이 끈으로 된 구두)*가 샤넬룩을 이루었다. 모든 의상 하나하나가 자신감에 찬 관능미와 우아함이라는 그녀만의 특징을 담고 있었다. 그리고 여기에 그녀가 개발한 샤넬 No. 5라는 향수가 더해지면서 모든 것이 완벽해졌다. 자신의 행운의 숫자—그녀는 항상 매달 5일에 자신의 새 컬렉션 시연회를 열었다—를 따서 이름을 지은 이 향수는 출시된 지 얼마 안 되어 세계에서 가장 유명한 향수가 되었다. 파리 모드를 좌지우지하는 패션계의 여왕으로서 그녀는 또한 바지 분야에 혁명을 몰고 온 나팔바지, 짧은 머리 모양, 그리고 전에는 파리의 점원들이 유니폼으로 입던 그 유명한 '검은색 짧은 드레스'를 내놓았다. 고객층을 확대하고 자신의 독창력을 키우기 위해 그녀는 새롭게 나타난 엘리트 전위 예술작가들과 손을 잡았고, 극작가 장 콕토와 발레 감독 세르게이 디아길레프의 옷을 디자인해 주었으며, 파블로 피카소, 콜레트, 이고르 스트라빈스키 등과 친분을 쌓았다. 1930년대 말이 되자 그녀는 엘자 스키아파렐리 Elsa Schiaparelli와 10년에 걸쳐 벌인 불꽃 튀는 경쟁에 지쳤고, 제2차 세계대전 전운이 감돌기 시작했다. 환멸을 느낀 샤넬은 갑자기 의상점을 닫고 파리의 리츠 호텔과 비시, 그리고 스위스를 오가며 은둔 생활을 즐겼다. 이 시기에 그녀가 악명 높은 나치 친위대 대장 하인리히 힘러의 보좌관인 발터 쉘렌베르크Walter Schellenberg의 연락책이라는 소문에 휘말리면서 불안한 시간을 보냈다.

그러나 어떤 잘못을 저지르든 그녀의 과오는 금방 잊혀졌다. 샤넬은 1954년에 70세의 나이로 다시 패션계에 돌아왔는데 디올, 발맹, 발렌시아가Christubal Balenciaga 같은 남성 디자이너들이 파리 의류계를 장악하고 있다는 사실에 몹시 불안해했다. 그녀의 쇼는 실패로 끝났고 패션 평론가들의 말에 따르면 새로운 점이 없었다고 한다. 물론 그것이 그녀의 한계였다. 하여튼, 무뚝뚝하지만 요염한 패션계의 거물이 결국 인기를 끌었는데, 여자들이 그녀의 컬렉션을 구입했을 뿐만 아니라 모든 파리 시민이 샤넬 스타일의 옷을 입기 시작했기 때문이다.

피카소가 "세계에서 가장 분별 있는 여성"이라고 극찬한 샤넬은 평생 독신으로 살면서 뭇 남성과 끊임없이 사랑을 나눈 낭만주의자였다. 물론 청혼도 수없이 받았다. 웨스트민스터 공작이 청혼했을 때, 그녀는 특유의 솔직함을 보여 청혼을 사양했다. "세상에 공작부인은 수없이 많지만 코코 샤넬을 단 한 명뿐입니다." 그녀에게는 세상 무엇보다 일이 가장 중요했던 것이다. 그 다음 해 샤넬은 리츠 호텔(하우스 오브 샤넬 위에 위치한 화려한 그녀의 아파트와 길을 사이에 두고 마주보고 있었다)의 방 안에서 혼자 조용히 죽음을 맞았다. 당시 그녀의 장롱 속에는 옷이 단 세 벌 걸려 있었다. 그러나 그녀가 이룩한 제국은 일 년에 1억 6,000만 달러가 넘는 매출을 올렸고, 나이와 계층을 초월한 모든 여성이 항상 신뢰할 만한 샤넬룩을 선택했다.

Jim Thorpe
짐 소프

1888~1953

그는 20세기 최고의 만능 체육인이었다. 일류 풋볼 선수였으며, 트랙 · 필드 분야에서 금메달을 수상한 다재다능한 육상선수이자 프로야구 선수이기도 했다. 오클라호마 주에서 미국 폭스 인디언의 후예로 태어난 그는 실제로 스포츠 역사상 대적할 경쟁자가 없는 단연코 독보적인 선수였다. 그러나 그가 이룩한 모든 성과에도 불구하고, 짐 소프는 국제올림픽위원회에게서 메달을 박탈당한 불명예 선수로 더 많이 기억되고 있다. 이 때의 경험을 통해 인생은 게임이 아니지만, 더러운 권모술수가 판을 치는 정치는 그럴 수 있다는 교훈을 얻었는지에 대해 소프는 언급을 회피했다. 그는 30년을 더 운동에 열중했고, 천천히 대중의 기억에서 사라지는 고통을 감수했다.

소프는 당시 오클라호마 주 자치령에서 인디언과 프랑스 혼혈인 어머니와, 인디언과 아일랜드 혼혈인이었던 아버지 사이에서 태어났다. 그는 후에 자신을 '아메리칸 에어데일'(검은 얼룩이 있는 대형 테리어종 개)*라고 소개했다. 그의 인디언 이름은 와토후크Wa-Tho-Huck('밝은 길')였는데, 아마도 풋볼 경기장에서 수비수들을 뚫고 질주하게 될 그의 모습을 암시하는 것 같았다. 어린 시절 사슴을 좋아했던 소프는 말을 보살피면서 강하게 자랐다. 1904년이 되자 그는 펜실베이니아 주 칼라일 인디언산업학교에 입학을 준비하는 건장한 16세 청년으로 성장했다. 이 학교는 실업고등학교로 아메리카 인디언 보호구역에서 인디언들을 끌어내기 위한 동화주의 커리큘럼을 실시했다. 소프는 새로운 환경과 학교의 통제에 적응하지 못 했다. 젊은 운동선수는 교과 분야에서는 부족한 점이 많았지만 체육에서만은 출중했다. 장화를 신고 작업복을 걸친 채 교내 높이뛰기 최고기록 보유자를 가뿐히 제쳤으며, 풋볼 시합에서는 한 번도 태클을 당하지 않고 운동장을 휘저으며 상대편 선수들을 모두 밀어 쓰러뜨렸다. 또 그는 종종 칼라일의 트랙 선수 대표로 활동하기도 했는데, 총 47명으로 구성된 라피엣대학 팀과의 경기에서 여덟 종목에서나 1등을 차지

했다. 그러나 소프가 진정으로 진가를 발휘한 분야는 바로 풋볼이었다. 그는 마치 로켓처럼 달려갔으며, 패스와 캐치에 능했고, 드롭킥은 물론이고 공을 60야드 이상 던질 수도 있었다. 1911년에 열린 강적 하버드 팀과의 경기에서 칼라일은 소프 덕분에 승리의 주인공이 되었다. 그는 그 해 국가대표 선수로 선발되었다.

1912년 스독홀름 올림픽을 준비하는 미국 올림픽 선수단에 그와 같은 신동이 참가하게 된 것은 당연한 일이었다. 올림픽에서 그는 10종 경기와 5종 경기에서 모두 금메달을 차지하여 2관왕에 올랐다. 그에게 메달을 수여하는 자리에서 스웨덴 왕은 "당신은 세계에서 가장 위대한 운동선수입니다"라고 극찬을 아끼지 않았다.

그러나 2년 후 독선적인 국제올림픽위원회IOC 집행부는 대학 선수인 그가 여름 방학 때면 세미프로야구 경기에 출전했다는 사실을 알고, 오직 아마추어 선수들만 참가할 수 있는 올림픽 규정을 위반했다는 그럴 듯한 이유를 들어 그의 영광을 빼앗아 갔다. 소프는 프로 선수와는 거리가 멀었고 야구는 올림픽 종목에 속하지도 않았지만, 이러한 부당한 처사는 수십 년 동안 지속되었고 그 배후에는 유명한 IOC 회장인 에이버리 브런디지가 있었다. 그리고 우연이라고는 할 수 없게, 달리기 선수 소프는 이미 홀연히 스톡홀름을 떠난 뒤였다. 스톡홀름 대회에서 두 경기의 은메달리스트들은 모두 소프가 받아야 할 상을 받는 것을 거부했다. 비난을 받은 IOC는 결국 1982년이 되어서야 소프의 금메달을 그에게 돌려주는 촌극을 연출했다.

1915년, 소프는 상처를 감춘 채 캔튼 불독스에서 프로 풋볼 선수로 활동했다. 5년 후 불독스가 새로운 북아메리카프로풋볼리그 설립에 참여하게 되면서 소프는 리그 회장이 되었고, 그의 이름은 아직 충분히 자리를 잡지 못한 순회 경기에 활력을 불어넣어 주었다. 엄청난 위협을 안겨 주는 슈퍼스타가 되어 있었던 그는 상대편에 대해서는 전혀 신경 쓰지 않았다. 일부 비평가들은 분위기를 잘 타는 소프가 게임에 불성실하거나 무심할 수 있다고 지적했지만 그는 뛰어난 쇼맨십의 소유자였다. 노트르담 출신으로 전위를 담당한 신인 선수 크누트 로크니가 그에게 너무 강력한 태클을 걸자 소프는 "이봐, 로크, 이 늙은 인디언이 좀 달리게 내버려 둬. 사람들이 그걸 보려고 돈을 내고 들어왔단 말야" 하며 그를 달랬다. 로크니는 그의 충고를 무시했고 다음 경기에서도 역시 소프를 받아버렸다. 세 번째 태클이 들어오자 소프는 로크니가 뒤로 나가떨어질 정도로 세차게 밀치고는 마치 춤을 추듯이 터치다운에 성공했다. 정신을 차린 로크니의 귓가에 "좋아, 로크. 아주 잘했어.

이 늙은 짐이 달릴 수 있게 해줘서" 하고 말하는 소프의 다정한 목소리가 들렸다.

1913년부터 1919년까지 소프는 야구장을 누볐다. 이번에는 베어스가 아니라 뉴욕 자이언츠, 신시내티 레즈, 그리고 보스턴 브레이브즈가 그의 공격을 막아 내야 했다. 그는 통산 0.252 타율을 기록했는데, 만약 그가 야구에만 전념했더라면 훨씬 좋은 기록을 남겼을 것이다. 타고난 운동가였던 소프는 연습 벌레는 아니었다. 그는 능력을 최대한 발휘할 수 있을 때까지 자신을 채찍질하는 타입이 아니라 승리할 수 있을 정도만 노력하는 선수였기 때문에 최선을 다하지 않는다는 비난을 자주 받아야 했다. 적절한 훈련과 동기가 주어졌을 때 과연 그가 어떤 성과를 이룰 것인가 하는 점은 상상 속에서만 가능했다. 나이가 들면서 잦은 음주 탓에 민첩함이 약간 떨어지기는 했지만, 그렇다고 선수 생명을 단축시킬 정도는 아니었다. 그는 1920년부터 1925년까지 네 개의 마이너리그 팀에서 활약하다가 1929년에 41살의 나이로 시카고 카디널스에 다시 기용되었다. 1933년부터 1937년까지 소프는 할리우드에 살면서 여러 B급 영화에 출연하기도 했는데, 인디언 춤 선생님, 야간 경비원, 그리고 도랑 파는 인부에 이르기까지 다양한 역을 시도했다. 1953년에 강철 같던 그의 심장이 멎었다. 그러나 그때까지 그는 인간이 단순히 즐기는 차원에서 어느 정도 탁월한 업적을 이룩할 수 있는지를 충분히 보여 주었다.

Aleksandr Solzhenitsyn

알렉산드르 솔제니친

1918~

소련의 작가 알렉산드르 솔제니친은 순수한 눈과 꺾일 줄 모르는 펜이라는 위대한 소설가의 자질과 구약성서에 나오는 예언자의 도덕적 정당성을 두루 갖춘 사람이다. 구소련 체제의 강제노동수용소에서 수년간 복역한 솔제니친은 공산주의가 막바지에 이르던 시기에 대중의 관심을 받게 되었다. 그리고 곧 이어 전 세계적으로 톨스토이와 체호프의 후계자로 인정받았으며, 정치범으로 환생한 19세기 러시아의 거장이 되었다.

솔제니친은 러시아 혁명을 계기로 새로운 소수 독재정치를 통해 공산당의 역할이 강화된 지 1년 후인 1918년에 태어났다. 육군 포병대 장교였던 아버지는 알렉산드르가 태어나기 6개월 전에 사망했다. 속기사였던 그의 어머니는 로스토프온돈이라는 도시에서 올케 이리나 쉬체르박의 도움으로 아들을 양육했다. 알렉산드르는 숙모에게서 책을 사랑하는 마음을 배웠다. 아홉 살 때부터 작가가 되기로 마음을 먹은 그는 열 살이 되면서 톨스토이의 『전쟁과 평화』에 심취했다.

솔제니친은 비록 열성적인 마르크스주의 신봉자였지만, 어릴 적부터 믿었던 러시아 정교회의 의식을 한 번도 중단한 적이 없었다. 1936년에 로스토프의 일류 고등학교를 졸업한 솔제니친은 그곳에서 대학교를 다녔고, 대학교에서 첫 번째 부인인 나탈야 레스테토프스카야를 만났다. 그는 신혼여행에 마르크스의 『자본론』 복사본을 가져갔다.

솔제니친은 글쓰기를 좋아했지만, 1941년에 수학으로 학위를 취득했고 지방의 한 고등학교에서 수학과 천문학을 함께 가르쳤다. 나치 독일이 러시아를 침공하자 그는 적군赤軍(옛 소련군)* 에 지원했다. 그는 선친의 뒤를 이어 포병에 지원했으며 오렐 전투에서 훈장을 받았다. 그리고 1944년에 장교로 승진했다.

다음 해에 그는 스탈린을 반대하는 내용의 편지를 썼다는 이유로 러시아 방첩기관에 체포되었다. 인민재판장에 끌려간 그는 골수 레닌주의자들이 이끄는 새로

운 정당 창당에 찬성했다는 이유로 기소되었으며, 8년간 강제노동수용소 복역을 선고받았다. 1947년에 관계 당국은 솔제니친을 마르피노 감옥으로 이송했고, 과학 연구기관이던 그곳에서 그는 수학자로 일했다. 마르크스주의를 포기한 마르피노 체제를 규탄하면서 연구 프로젝트의 참여를 거부하던 그는 상관을 비난한 죄로 1950년에 카자흐스탄의 에키바우슈츠에 있는 중노동수용소로 이송되었다. 그는 이곳에서 첫 번째 소설 『이반 데니소비치의 하루』를 썼다. 그는 자그마한 종잇조각에 원고를 써내려갔다.

1953년 솔제니친을 박해하던 스탈린이 사망한 바로 그날, 그는 감옥에서 풀려나 자유의 몸이 되었다. 그러나 독재자의 망령은 평생 그를 쫓아다녔다. 그는 중앙아시아로 영구 추방되었고, 그곳에서 수학과 물리학을 가르치며 살았다. 그러나 유형 생활은 3년만 지속되었다. 1956년, 그는 풀려났고 유죄 판결은 취소되었다.

솔제니친은 다시 글을 쓰기 시작했다. 그러나 관계 당국의 감시가 두려웠던 그는 두 번째 아내 이외에는 어떤 사람에게도 원고를 보여 주지 않았다. 그러던 중, 1961년 제22차 공산당대회에서 더 자유로운 문화활동 선언이 채택된 것에 용기를 얻어 그는 「노비미르*Novy Mir*」('새로운 세상')라는 잡지에 『이반 데니소비치의 하루』를 발표했다. 흐루쇼프는 책의 발간을 허락했고 솔제니친은 즉시 유명한 작가가 되었다. 그러나 1964년에 흐루쇼프가 권력에서 물러나자, 그를 우려의 시각으로 바라보던 레오니트 브레즈네프Leonid Brezhnev(구소련의 공산당 제1서기)*가 이끌던 반동 정부에 의해 솔제니친의 『제1원』 원고가 압류되었다. 솔제니친은 여러 번 공산당과 소련작가협회를 공격했는데, 이것이 정부의 불신을 산 원인이 되었다.

국외에서의 성공은 국내에서 솔제니친의 입지를 더욱 불안하게 만들었다. 그는 1970년 노벨 문학상 수상자로 선정되었지만 정부의 압력에 못 이겨 수상을 거부했다. 1971년, 제1차 세계대전과 혁명에 대한 비판적 시각을 담은 『1914년 8월』이 런던에서 출판되자 관계 당국은 그를 더욱 적대시했다. 결국 노동수용소의 실상을 적나라하게 고발한 『수용소 군도』의 출판을 계기로 정부의 노골적인 탄압이 시작되었다. 이 소설은 노동수용소의 존재를 스탈린뿐만 아니라 그 당시까지 신성시되어 오던 레닌의 잘못으로 몰았으며, 또 그러한 지도자들이 죄를 저지른 것을 소련 국민의 잘못으로 돌렸다.

그의 이러한 주장에 자극을 받아 활동을 시작한 비밀경찰은 작가의 타이피스트를 체포했는데, 비밀경찰의 강압에 못 이겨 원고의 소재를 밝힌 타이피스트는 곧 자살했다. 출판을 늦추어 원고를 지키려던 솔제니친은 책을 즉시 출판해 줄 것을 요구했다. 제1권이 러시아 밖으로 몰래 반출되어 1973년 12월 파리의 서점에 모습을 드러냈다. 두 달 뒤, 솔제니친은 소련에서 추방되었다.

작가는 미국에 정착했다. 그러나 버몬트의 한 작은 자유지 안에 자리를 잡은 후로는 새로 정착한 미국에 등을 돌리더니 미국의 해이한 도덕관념을 공격했다. 솔제니친을 옹호하던 사람들은 바람직한 러시아 정부의 모습에 대한 그의 생각을 알고는 질겁했다. 그의 생각은 민주주의가 아니라 러시아 정교회의 계율에 뿌리를 둔 권위주의 신권정치에 바탕을 둔 것이었다. 솔제니친은 자신에 대한 비판에 아랑곳하지 않고 연극, 에세이, 소설을 계속 창작했으며, 틈틈이 정원을 가꾸고 숲속을 오랫동안 산책했다. 서구 문명의 타락에 대한 그의 비판은 소련의 붕괴라는 예기치 못했던 사건에 의해 새로운 국면으로 접어들었다. 1994년에 조국으로 다시 돌아간 그는 1995년 가을까지 한 텔레비전 토크쇼의 진행자로 활약했다. 불행히도 러시아 혁명의 역사를 담은 탁월한 소설 『붉은 바퀴』는 러시아 대중과 지식인층에게 전혀 주목을 받지 못했다. 그러나 그의 작품이 세계 문학에 끼친 영향은 다음 세기에도 계속될 것이다.

George Bernard Shaw

조지 버나드 쇼

1856~1950

박학다식했던 영어의 마술사 조지 버나드 쇼는 빅토리아 시대의 드라마를 현대 드라마로 변모시킨 연극계의 몽상가였다. 그의 작품들은 위트와 에너지와 개성으로 가득 찼으며 항상 놀라운 언어 구사력을 선보였다. 연극을 사랑하는 사람들에게 그의 작품은 축복인 동시에 도전이었으며, 연극계 내에서 폭넓은 교우 관계를 자랑하던 그에게 동료들은 관용과 아낌없는 우정을 보냈다.

그는 연극 분야에서 확고한 입지를 굳히고 있었고 아주 오랫동안 활동했다. 그래서 그를 추종하는 사람들은 그가 성공하기까지 얼마나 오래 무명 시절을 보냈는지 잊어버렸다. 20세기 최고의 극작가로 불리는 그는 더블린에서 태어났다. 알코올 중독자였던 그의 아버지는 세상을 비꼬는 코미디언의 재능을 갖추고 있었는데, 쇼는 아버지의 재능을 물려받은 셈이다. 그의 부모는 가난을 이기지 못하고 십대 초반인 쇼를 빈민층 가톨릭 신자의 자녀를 위한 교육 시설인 센트럴 모델 보이즈 스쿨로 보냈다. 가족이 처한 상황에 대한 그의 모멸감은 더욱 깊어졌다. 학교는 어디로 튈지 모르는 그의 기발한 생각을 수용할 수 없었고, 결국 그는 열다섯 살에 정규 교육을 중단하고 비천한 육체 노동과 사환 일을 반복하는 고단한 생활을 시작했다. 그러나 직장 생활은 이제 막 문학적 소질을 보이기 시작한 더블린 소년에게는 전혀 매력이 없었다.

1876년에 쇼는 아일랜드를 떠나 런던으로 향했고, 그곳에서 발간되지 않은 다섯 권의 소설 가운데 첫 번째 소설을 쓰기 시작했다. 그리고 12년이라는 긴 시간이 흐른 뒤 그는 안정된 언론 직종에서 일자리를 잡기 시작하여 「스타*The Star*」에 뛰어난 음악 칼럼 시리즈를 연재하기도 했다. 그는 예리하게 다듬어진 미학적 감각으로 전문지식의 부족을 극복했고, 평범함으로 정곡을 찌르는 논쟁을 피했다. 쇼는 "나는 옳은 것을 찾아내는 데 최대한을 수고를 아끼지 않으며, 그렇게 찾아낸 것을 최대한 가볍게 표현하는 방법을 사용한다"라고 말했다. 그는 1890년에 헌신적인 독

자층을 확보하고 있던 「월드*World*」로 자리를 옮겼다.

쇼는 연극 평론가로서 당시 웨스트엔드 무대를 지배하던 '잘 만들어진 희곡'의 공허한 형식과 비현실적인 대사를 신랄하게 비판함으로써 명성을 얻기 시작했다. 그는 1895년부터 1898년까지 「새터데이리뷰*Saturday Review*」에 연극 비평을 개제하면서 매우 개인적인 연극 철학을 발전시켰다. 그의 철학은 사회 전통의 그릇된 권위에 대한 모멸감에 깊은 뿌리를 두었다. 쇼는 자연주의적인 배경 속에서 일상용어를 사용할 경우, 무대는 서로의 생각을 나누는 가장 이상적인 도구가 될 수 있다고 믿었다. 쇼가 여러 번 언급한 입센Henrik Ibsen의 예술은 그 좋은 예가 되었다. 그러나 입센은 등장인물의 심리적 동기에 집중한 반면, 쇼의 연극에 등장하는 인물들은 사회적인(따라서 정치적인) 관심거리들을 보여 주었다. 한편 그는 1884년 페이비언협회Fabian Society 창립에 참가한 것을 계기로 문학의 성상파괴주의자로서의 명성이 더욱 자자해지게 되었다. 사회주의자들이 결성한 그룹인 이 단체는 계급 투쟁에 관한 마르크스주의 이론에 대립되는 개념으로 사회주의의 점진적 발전을 선전했다.

1892년, 쇼는 마침내 〈홀아비의 집Widower's House〉이라는 연극을 발표했다. 이 작품은 이데올로기와 드라마 그리고 비평 등 그의 삶에 실타래처럼 엉켜 있는 서로 다른 요소들을 엮은 것이었다. 첫날 공연이 끝나자 청중의 박수가 쏟아졌다. 머리를 숙여 감사의 뜻을 전하고 있던 그에게 한 관객이 야유를 보냈다. 쇼는 "관객님, 저도 당신과 같은 생각입니다. 그러나 저렇게 많은 사람들 앞에서 맞서고 있는 우리 두 사람은 도대체 어떤 인간들인가요?" 하고 대답했다. 이처럼 논쟁하기를 좋아하는 비평가는 극작가로서도 입지를 굳히게 되었고, 예리한 비판 대신 자신의 판단을 선택했다. 그러나 〈캔디다〉와 〈악마의 제자The Devil's Disciple〉(1897)가 발표된 다음에야 비로소 그는 경제적으로 안정된 생활을 누릴 수 있었다. 그리고 얼마 안 있어 쇼는 비평가를 포기하고 아일랜드 여성인 샬럿 페인 타운센드와 결혼식을 올렸다. 그들은 합의하에 섹스 없는 결혼생활을 했지만, 그는 자신을 따르는 젊은 여성들을 대상으로 한 '분방한 애정행각'을 통해 성적 욕구를 해소할 수 있었다. 그러나 성경적 의미에서 볼 때 그들이 모두 그의 정부였던 것은 아니었다. 실제로 쇼의 전기를 집필한 작가들에 의해 그의 성생활은 실제보다 더 많이 부풀려진 것이 사실이다. 그는 한때 자신의 관념적 사랑의 대상으로 생각했던 유명한 여배우 엘렌 테리Ellen Terry에게 "나는 여자를 사냥하는 탁월한 능력을 가지고 있어. 그리고 그것을 함부로 사용하지 않아"라고 말한 적도 있었다. 다른 남성들과의 우정 관계를 보면, 그는 천성적으로 사람들과 어울리는 것을 즐겼지만 정말 흉금을 터놓을 수 있는 진정한 친구는 많지 않았다. 오스카 와일드Oscar Wilde는 쇼의 사회생활에 대해 "그는 적도 없고, 그를 좋아하는 친구도 없다"라는 유명한 말을 남겼다.

다른 위대한 예술가들과 다르게, 쇼는 〈인간과 초인Man and Superman〉(1903), 〈아무도 모른다You Never Can Tell〉(1905) 그리고 〈안드로클레스와 사자Androcles and the Lion〉(1912)를 발표함으로써 늦은 나이에 비로소 최고의 전성기를 누리게 되었다. 1923년에 〈성녀 조앤Saint Joan〉을 발표한 후 2년 뒤에 그는 노벨 문학상을 수상했다. 〈피그말리온Pygmalion〉(1913)이라는 작품은 미국인들의 마음속에 연극으로 기억되는 것에 그치지 않고, 레너Lerner와 로위Loewe가 제작한 브로드웨이 뮤지컬 〈마이 페어 레이디My Fair Lady〉(1956)와 조지 큐커George Cukor가 1964년에 만든 같은 제목의 영화 속에 등장하는 쇼와는 전혀 거리가 멀어 보이는 의상들 안에서도 살아 있었다.

제2차 세계대전의 포화 때문에 전 세계가 신음하고 있는 동안에도 쇼는 펜을 놓지 않았다. 그는 히틀러와 스탈린 중 어느 쪽도 공격적이라고 생각하지 않는다고 주장함으로써 독자들을 자극했다. 또 학교에서 자신의 작품을 셰익스피어의 작품처럼 가르치는 것을 거부하는 오만한 모습을 보이기도 했다. 사실 그는 연극 비평가로 활동할 당시 늘 그랬던 것은 아니지만 셰익스피어에 대한 악평을 주저하지 않았는데, 나중에야 비로소 그것은 자신을 광고하기 위해 한 방편이었음을 고백했다. 그러나 현재 그의 작품이 무대에 오르는 것만큼 작품에 대한 연구도 활발히 진행되고 있다. 또 그의 작품은 늘 그랬듯이 단순한 기쁨만이 아니라 '도덕적 교훈'을 전해 주고 있다. 쇼는 그러한 도덕적 교훈이야말로 좋은 연극이 갖는 가장 큰 특징이라고 생각했다.

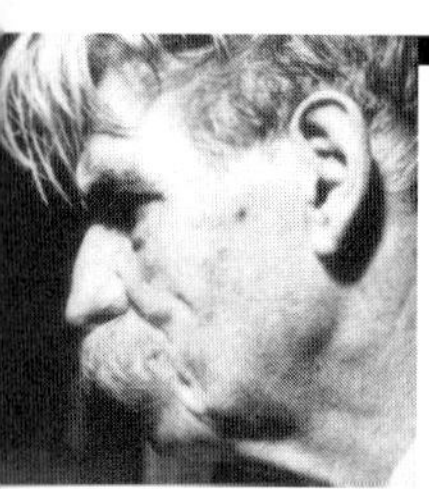

Albert Schweitzer

알베르트 슈바이처

1875~1965

프랑스령 적도 아프리카 랑바레네(현재의 가봉)의 원시 정글 지대에 있는 병원에서 긴 하루 일과를 끝낸 후 알베르트 슈바이처 박사는 파리의 바흐 소사이어티에서 선물로 받은 특수 페달식 피아노로 오르간 작곡을 연습하곤 했다. 머리가 하얗게 센 정글의 구세주가 희미한 적도의 달빛 아래 혼자 앉아 있고, 그가 가장 좋아하는 작곡가의 악보가 후텁지근한 저녁 공기 속에 무겁게 매달려 있는 모습은 참으로 흥미로운 이미지다. 이 모습은 또한 남달리 다채로운 삶을 통해 그가 이룩한 여러 업적들을 요약해 준다. 90 평생 계속한 학문 연구와 자기희생은 그에게 의사, 전도사, 철학자, 신학자, 음악학자, 오르간 연주자, 그리고 교육자라는 명성을 안겨 주었다.

독일 알자스의 루터교 목사 집안에서 태어난 슈바이처는 목사였던 아버지의 노력 덕분에 음악에 대한 사랑과 다른 사람들의 고통에 대한 연민의 정을 가지게 되었다. 아버지는 다섯 살 때부터 그에게 피아노를 가르쳤고, 이역만리 아프리카에서 하느님의 말씀을 퍼뜨린 용감한 전도사들에 관한 이야기들을 자주 들려주었다. 스물한 살의 학생 슈바이처는 자신의 재능을 개발한 다음 9년 후에는, 소박하지만 평온한 삶을 허락하신 하느님의 은총에 대한 보답으로 세상의 가난한 이들을 위해 헌신할 것을 맹세했다. 몇 년 동안 주위의 그렇게 많은 사람들이 '슬픔으로 고통받고 있는' 동안 자신은 행복한 삶을 산다는 사실이 그에게는 '상상할 수조차 없는 것'처럼 보였다. 그와 같이 다른 사람들을 불쌍하게 생각할 줄 아는 마음에, 종교적 신념과 행동은 말보다 영혼을 더욱 감동시킨다는 슈바이처의 확신이 더해지면서 '삶에 대한 존경'이라는 그의 유명한 신조가 탄생되었다. 이것은 모든 존재를 성스럽게 생각해야 하며, '다른 사람들의 삶을 위해 자신의 삶의 일부를 희생할 것'을 요구하는 하나의 도덕적 의무였다.

30세가 되던 해에 슈바이처는 자신의 신조를 실천에 옮겼다. 이 때 그는 이미 학

계에서 주목을 받고 있었는데, 파리의 소르본느대학교에서 공부를 마치고 슈트라스부르크대학에서 철학 박사, 음악 박사 학위와 함께 신학의 미취임 목사 자격증까지 취득했다. 또 평생 발표한 42권의 책들 가운데 첫 번째 저서인 『칸트의 철학 *The Philosophy of Kant*』을 출판했다. 한편 선구적인 연구서인 『J. S. 바흐 *J.S. Bach*』를 서술했는데, 두 권짜리 바흐의 전기인 이 책을 통해 크게 주목을 받지 못했던 자신의 음악적 우상의 낭만주의적 정서를 강조했다. 그 외에도 그는 걸작으로 인정받고 있는 『역사적 예수 탐구 *The Quest of the Historical Jesus*』 집필을 이미 시작한 상태였다. 이 책을 통해 그는 영적인 존재인 예수를 역사적인 존재에서 분리하는 것에 이의를 제기했고, 이러한 신학적 입장이 세속적 인본주의의 토대가 되었다.

한편 목사이자 신학대학교 교장으로 활동하고 있던 슈바이처는 한 전도 잡지에서 의사를 절실히 필요로 하고 있다는 기사를 읽고 즉시 열대 질병을 전문으로 하는 의사 면허증을 취득했다. 1913년에 그는 아내이자 오랫동안 조수로 일해 온 헬레네 브레슬라우와 함께 랑바레네의 숨 막히는 폭염을 향해 출발했다. 그 후 그들은 몇 년 동안 지칠 줄 모르고 일을 했고, 이국의 질병에 노출되었으며, 기금 모금과 관련한 복잡한 문제가 계속 발생했다. 확고한 결심이 없는 부부였다면 결코 견디지 못했을 것이다.

오고우에Ogooué 강가에서의 생활 환경은 열악하기 짝이 없었고 의료 지원은 마치 갑자기 쏟아지는 폭우처럼 변화가 심했다. 비록 유럽의 노인이었던 그의 태도에 다소 허황되고 권위적인 면이 없지는 않았지만, 슈바이처는 지역의 전통에 자신의 진료 방법을 맞추려고 최선을 다했다. 환자의 치료에 모든 가족이 참여하게 한 것도 바로 그런 이유에서였다. 그러나 '신이 사는 왕국의 경계'였던 그곳에서 완벽한 환경이란 불가능했다. 전기는 상상도 할 수 없었고, 동물들이 집 안팎을 어슬렁거리며 돌아다녔다. 한편 슈바이처가 보살핀 아프리카 환자들은 그의 수고에 감사한 반면, 나중에 나타난 비평가들은 슈바이처의 자기중심적이며 생색 내는 듯한 태도, 그리고 비위생적인 환경을 문제 삼았다.

제1차 세계대전은 비극을 낳았다. 랑바레네는 프랑스의 지배 아래 있던 곳이었고, 독일 알자스 출신인 슈바이처는 적으로 몰리게 되었다. 결국 1917년 가을에 그와 부인은 전범으로 프랑스로 후송되었다. 그의 '생명에 대한 경외'를 자세히 설명해 놓은 윤리학 논문인 『문화 철학 *Philosophy of Civilization*』이 발표되자, 비로소 1924년에 그는 랑바레네로 돌아올 수 있었다. 병원은 완전히 폐허로 변해 있었고 잡초들도 무성했다. 그는 전보다 좀더 큰 병원을 짓기 시작했다. 50대가 되자 그는 정기적으로 유럽을 방문해서 강의도 하고 녹음도 했으며, 새로 발견한 나병 환자촌의 의료장비 조달 기금을 마련하기 위해 훌륭한 오르간 연주회를 열었다. 이미 세계적인 명사로 급부상해 있던 슈바이처는 원자력 시대가 불러온 절박한 인류의 숙명에 대해 홀로 전쟁을 선포했다. 비록 제2차 세계대전은 끝났지만, 전쟁으로 인해 심각한 의료품 부족으로 그의 건강은 이미 상당히 악화된 상태였다. 1952년에 그는 노벨 평화상을 수상했고, 3년 후 '양심의 선언'을 통해 전쟁을 선포했다. 라디오로 방송된 이 연설에서 그는 전 세계인들에게 핵 실험을 중단하도록 정부에 압력을 가할 것을 호소했다.

시간이 흐르면서, 그리고 인종적, 문화적 자기 결단의 중요성을 인식하게 되면서 슈바이처는 조롱의 대상이 되었다. 또, 진보주의적 성향이 부족한 과거 시대에 대한 '현대적' 해석을 시도함으로써 그의 공적은 충분한 평가를 받지 못했다(구김이 간 흰색 의사 복장에 나무껍질로 만든 정글 탐험용 헬멧을 쓴 그는 19세기의 짐을 지고 가는 백인의 모습을 재연하는 것 같았다). 그러나 그는 20세기의 처음 반세기 동안 가장 유명한 기독교인으로, 극기와 양심의 전형으로 남아 있다. 천천히 흐르는 오고우에 강의 진흙 제방 위에 서 있는 사진 속의 그는 형제애가 느껴지는 따뜻한 환영의 인사를 건네고 있다. 이웃을 위해 봉사함으로서 이웃 사랑을 몸소 실천한 그를 닮고자 하는 모든 사람들에게는 영원한 초대의 몸짓이 것이다.

Gertrude Stein
거트루드 스타인

1874~1946

많은 사람들에게 '모더니즘의 찬양받지 못한 영웅'이라고 평가되는 거트루드 스타인은 매일 단지 30분 동안 자신만의 독특한 표현 양식, 즉 행동이나 성격 묘사, 구성, 그리고 전통적인 개념의 문법을 무시한 소설과 연극을 집필했으며 상당한 양의 작품을 발표했다. 짧게 깎은 머리에 부처와 같은 몸을 했으며 재치 있는 격언을 사용할 줄 아는 세련된 재능을 갖춘 스타인은 문학계의 석학이라는 역할에 진정으로 만족했다. 그녀는 "나는 20세기의 독창적인 문인이었다"라고 공표하기도 했다.

펜실베이니아 주 앨러게니에서 다니엘과 아멜리아 스타인 부부 사이에서 태어난 어린 거트루드는 고집 세고 성격이 급한 아버지를 싫어했으며 어머니는 무기력하다고 무시했다. 거트루드가 출생하자마자 유럽으로 건너간 그녀의 가족은 3년 후 다시 캘리포니아 주 오클랜드에 정착했다. 나중에 스타인은 오클랜드를 회상하며 "그곳에는 아무 것도 없었다"라고 한마디로 표현했다. 한편 거트루드와 그녀의 남매들(거트루드는 막내였다)은 어머니(1888년)에 이어 아버지(1891년)가 돌아가시는 모습을 침착하게 지켜보았다. 이에 대해서도 그녀는 "남매들 중 부모님을 좋아하는 사람은 아무도 없었다"고 무심하게 회고했다. 그녀에게는 곧 후견인들이 지정되어 결국 장남인 마이클이 후견인 역할을 맡게 되었다.

남매들 중 누가 가장 뛰어난 사람인지 서로 경쟁하는 가운데 거트루드와 그녀보다 두 살 많은 오빠 레오는 서로 매우 친숙한 관계가 되었다. 둘 다 매사추세츠 주에 있는 캠브리지대학교에 다녔는데, 레오는 하버드로 진학했고 거트루드는 래드클리프대학교의 윌리엄 제임스 교수 밑에서 심리학을 공부했다. 그리고 두 사람은 다시 존스홉킨스대학교를 함께 들어가 거트루드는 그곳 의과대학에 다녔다. 그녀가 네 개의 과정에서 낙제한 뒤 1903년에 두 사람은 파리로 가서 그 유명한 플뤼루스 27번가에 아파트를 얻었다. 레오는 그림을 그렸고 거트루드는 글을 썼다. 두

사람은 명화들을 사들였을 뿐만 아니라 앙리 마티스, 프랑시스 피카비아Francis Picabia, 조루즈 브라크Georges Brauqe, 그리고 피카소 같은 유명한 화가들과 교류했다. 그 가운데 피카소는 그녀의 초상화를 그려 주었다. 다정한 성격의 앨리스 B. 토클라스Alice B. Toklas(거트루드 스타인의 연인)*가 그들의 스튜디오로 이사를 해서 들어왔고, 몇 년 후 레오가 이사를 나갔다. 파리에 아방가르드 바람이 불기 시작했고, 스타인과 토클라스는 일요일마다 손님들에게 진수성찬을 대접했다. 식사가 끝나면 스타인은 토클라스에게 손님들의 아내들과 여자 친구들을 접대하도록 한 다음 자신은 남자들에게 둘러싸여서 삶과 죽음과 예술로 이루어진 장편의 미스터리를 장황하게 늘어놓았다. 그러나 그들의 대화는 항상 그녀 자신에 관한 이야기로 변하곤 했는데, 그녀에게는 그것이 너무도 당연하게 생각되었다.

그곳은 문학과 예술의 역사에 남을 유서 깊은 살롱들 중 하나였다. 인상주의자들과 입체파들, 그리고 초현실주의 화가들 외에 장 콕토와 기욤 아폴리네르 등의 작가들이 그녀의 말동무가 되었다. 대부분 국적을 상실한 사람들이었던 그들은 그녀의 재치 있는 표현대로 '잃어버린 세대lost generation'였다. 어니스트 헤밍웨이(그의 『해마다 날짜가 바뀌는 축제A Moveable Feast』에는 이 스튜디오를 묘사한 부분이 나온다), F. 스코트 피츠제럴드F. Scott Fitzgerald, 포드 매독스 포드Ford Madox Ford, 그리고 에즈라 파운드Ezra Pound는 모두 어렵게 그녀와 친분을 쌓아갔지만, 파운드는 경쟁적인 성격과 토론이 격해지면 물건을 집어 던지는 버릇 때문에 결국 모임에서 퇴출되었다. 제임스 조이스James Joyce 역시 인기가 없기는 마찬가지였다. 그의 난폭한 행동이 문제가 되었을 뿐만 아니라 스타인은 모더니즘 문학에서 그를 가장 큰 라이벌로 생각했기 때문이다.

지금까지도 그녀의 최고 작품으로 평가받고 있는 심리학적인 3부작 『3인의 생애 *Three Lives*』(1910)를 비롯하여 『텐더 버튼스*Tender Buttons*』(1914), 한 가족의 역사를 담은 『미국인의 형성*The Making of Americans*』(1925), 『글을 쓰는 법*How to Write*』(1931), 그리고 그녀의 환자들이자 충실한 친구가 명목상 그녀에게 써준 찬가로 다소 비꼬는 듯한 의미가 담긴 제목의 『엘리스 B. 토클라스의 자서전*Autobiography of Alice B. Toklas*』(1933) 등 스타인의 많은 작품들이 바로 이곳에서 탄생되었다. 무엇보다 명확하고 쉽게 이해할 수 있는 문체로 쓰였으며 그녀와 교제를 나누는 모임에 대한 심술궂고 장난스러운 표현이 가득한 『엘리스 B. 토클라스의 자서전』을 통해 스타인은 미국에서 베스트셀러 작가가 되었다. 이로써 공공연하게 유명인이 되고 싶어 하던 그녀의 소망 실현 되었다. 그녀에 대한 찬사가 끊이지 않았는데, 그녀는 "내가 만든 짧은 문장들이 그들의 마음을 사로잡았다"며 행복감을 감추지 못했다.

작가로서 스타인의 작품은 혁신적이었다. 그녀는 그러한 효과를 내고자 노력했으며 강한 자의식을 드러냈다. 그녀는 의미가 아니라 소리를 중심으로 단어를 선택했으며, 작품 내용에 있어서도 진보적인 성향을 일부러 포기했다. 그녀는 그녀를 따라 하는 작가들이 거의 없을 정도로 독특한 표현 방식을 선택했는데, 그럼에도 불구하고 어니스트 헤밍웨이, 윌리엄 버로우즈William Burroughs, 셔우드 앤더슨Sherwood Anderson, 그리고 잭 케루악Jack Kerouac은 물론이고 그들보다 재능이 부족한 비트족 작가들도 그녀의 영향을 받았다. 기교면에서 여유로운 스타인의 문체와 곡예에 가까운 언어 활용 뒤에는 놀라울 정도로 분석적인 사고가 자리 잡고 있었다. "장미가 장미라는 것은 장미가 장미라는 것이다Rose is a rose is a rose is a rose"(「성스러운 에밀리*Sacred Emily*」)와 "아 슬프도다, 잔디 위의 비둘기여Pigeons on the grass alas"(「3막의 네 상자*Four Saints in Three Acts*」)와 같은 표현으로 유명해진 동시에 조롱을 산 스타인은 실제로는 엄격할 정도로 논리적이었다. 무의식의 힘을 실험해 보는 일에 열심이었던 그녀의 측근들 중에서 그녀는 아마도 이성은 모든 현실을 표현할 수 있는 힘이 있다고 믿는 유일한 사람이었을 것이다. 스타인은 19세기의 이성주의에 깊은 뿌리는 두고 있었다. 비록 혁신적인 미술과 보헤미안 친구들을 좋아했지만, 그녀는 완고한 공화당원이었으며 지극히 여성스러운 인물이었다.

스타인은 제1차 세계대전에 대해서는 별로 신경을 쓰지 않았지만 제2차 세계대전이 터지자 겁을 집어 먹고 친구들과 스위스의 한 마을로 피난을 갔다. 해방된 파리로 다시 돌아왔을 때, 그때까지 민족주의와는 전혀 무관한 삶을 살아 온 그녀는 자신의 아파트로 몰려드는 미군 병사들과 사랑에 빠졌다. 심지어 재미 삼아 미군 폴라리스 잠수함을 찾아가기도 했다. 1946년에 암으로 눈을 감게 된 그녀의 임종 순간은 수수께끼 같았다. 임종을 코앞에 둔 병상에서 스타인은 토클라스에게 고개를 돌리더니 "정답이 뭐야?" 하고 중얼거렸다. 토클라스가 아무 말도 못하고 있자 항상 재치가 넘쳤던 그녀가 "그럼, 질문은 뭐야?" 하고 다시 물었다.

Joseph Stalin
요제프 스탈린

1879~1953

요제프 스탈린은 1924년 레닌이 사망한 뒤 자신이 죽을 때까지 소련의 불굴의 지도자로 군림했다. 당시 요제프 스탈린의 통치는 정보를 엄격한 통제하고 자신이나 자신의 정책에 대한 어떠한 반대에도 즉각 탄압하여 공포 그 자체였다. 이미 오래 전부터 독재자의 탄압에 익숙한 국가였지만 스탈린의 숙청은 그 잔학성이나 고통 받은 사람들의 숫자 면에서 전례를 찾아볼 수 없을 정도로 참혹했다. 인간의 광기를 잘 이해하고 그것을 교묘하게 조작했던 20세기 최후의 독재자는 상당한 군사기술과 외교적 재능을 겸비한 인물이었다. 프랭클린 델라노 루스벨트와 윈스턴 처칠이 함께 참가한 회담에서 중요한 이권을 따냄으로써 동부 유럽에 소련의 세력권을 형성한 것은 그의 놀라운 외교 수단이 불러온 쾌거였다. 냉전의 선동자였던 그는 전 세계에 대한 지배권을 장악하기 위해 과감하게 서구에 맞설 준비를 갖추었다. 제2차 세계대전 이후 그는 고국에서 영웅적인 지도자로 대대적인 추앙을 받았는데, 그의 공로에 열광하는 대중은 그가 저지른 숙청의 잔혹함은 모두 잊은 듯 했다. 한편 그의 장례식장에서 그를 기리는 동지들의 찬사가 눈에 띄게 줄어든 반면, 남녀노소 할 것 없이 수많은 군중이 붉은 광장으로 물밀듯 쏟아져 나오는 바람에 많은 사람들이 압사를 당했다.

1879년 12월 21일 그루지야의 고리 마을에서 태어난 요시프 비사리오노비치 쥬가시빌리Josif Vissarionovich Dzhugashvili는 일자무식인 세탁부 어머니와 알코올 중독자인 구두 수선공 아버지 밑에서 자랐다. 아버지에게 육체적으로 학대를 받았던 소소는—그의 어머니는 그를 "소소"나 "리틀 조"라고 불렀다—아버지가 싸움 도중에 사망한 지 4년 후인 1894년에 트빌리시에 있는 교회 학교에 입학했다. 독실한 그리스 정교 신자였던 어머니의 눈에는 얼굴에 수두 자국이 있고 패혈증으로 한쪽 팔이 쇠약해진 병약한 어린 아들이 사제가 되는 것만이 유일한 희망으로 보였다. 그러나 어머니의 소망은 이루어지지 않았고 아들은 1899년에 학교에서 퇴

Бакинское Губернское Жандармско

Возрастъ по наружному виду 30-32 ... 1879

1. Волосы
2. Борода и усы
3.
4. Лобъ
5.
6.
7.
8.
9.

학을 당했다. 2년 후 그는 그루지야 사회민주당에 합류하여 그루지야의 유명한 범죄자의 이름인 '코바' 또는 '불굴의 사내'라는 별명을 얻게 되었고, 그 후로 서서히 그의 이름이 알려지기 시작했다.

1903년에 그는 볼셰비키에 합류함으로써 레닌과 같은 편이 되었다. 그는 비밀 인쇄소에서 만든 혁명 팸플릿을 돌리는 동시에 당의 주장을 뒷받침하기 위한 약탈 행위에도 가담했다. 그는 1903년과 1913년 사이에 다섯 번이나 체포당했고 매번 가까스로 탈출에 성공했다. 1905년에 그는 제1회 볼셰비키 전당 대회가 열린 핀란드에서 처음으로 레닌을 만났다. 항상 레닌을 당당한 체격을 한 영웅으로만 상상했던 스탈린은 그를 만나는 순간 평범해 보이는 그의 외모에 다소 실망했지만, 레닌은 이 '훌륭한 그루지아인'을 염두에 두었다가 7년 후 그를 선택하는 결단을 내렸다.

1912년에 스탈린—당시 그는 자신을 "철의 사나이the man of steel"라고 불렀다—은 레닌에 의해 중앙위원회의 일원이 되었으며, 「프라우다」(진실)의 첫 번째 편집인 중 한 사람이 되었다. 스탈린은 1913년에 체포되어 시베리아 유배에 오르게 되었는데, 1917년 2월 혁명 특사로 풀려날 때까지 그곳에 머물렀다. 10월 혁명 이후 스탈린은 여러 민족을 대표하는 인민위원의 일원으로 내각에 참여했으며, 내전 중에는 유능한 행정관으로 활약했다. 1922년까지 스탈린은 중앙위원회의 서기를 역임했다.

1922년에 레닌이 갑자기 졸중으로 사망하자, 스탈린은 레프 카메네프 및 그리고리 지노비에프와 함께 삼두체제troika를 형성해서 정권을 장악하려는 레온 트로츠키에 맞섰다. 1925년에 트로츠키가 권력 싸움에서 밀려나 멕시코로 망명길에 오르자 스탈린은 니콜라이 부하린과 결합하여 카메네프와 지오비에프에 맞섰다. 카메네프와 지오비에프가 실권하고 당에서 축출되자 스탈린은 이번에는 부하린에게 등을 돌렸는데, 다른 사람들과 마찬가지로 그도 나중에 제거되었다(레온 트로츠키는 1940년에 멕시코에서 암살되었다). 1928년에 스탈린은 제1차 5개년 계획을 실시하여 최대한 빠른 시일 안에 조국의 근대화와 농업의 집단화를 실현하려 했다. 집단화는 중산층 농부 계급인 수십만 쿨라크의 처형과 재배치를 불러왔고, 그보다 많은 사람들이 기아로 사망했다. 스탈린은 압제와 테러를 통해 자신의 정권을 유지했으며, 1930년대에 들어 자신의 간부 중 한 사람이었던 키로프가 살해당하자 미래의 적과 반대자를 뿌리 뽑기 위해 볼셰비키당과 적군赤軍, 심지어 비밀경찰에게까지 등을 돌렸다. 과거 볼셰비키 동지들에 대한 재판은 사형으로 끝났고 수많은 무고한 시민들이 감금이나 죽음을 통보하는 현관 노크 소리에 떨어야 했다. 1932년, 스탈린의 두 번째 부인 나데차다가 의문의 죽음을 당했는데, 남편의 과도한 행동에 대한 반항으로 자살했다는 소문이 돌았다. "아내의 죽음과 함께 모든 인간에 대한 나의 마지막 온정도 죽었다"라고 선언한 스탈린은 그 후 20년 동안 그 자신과 조국을 세계의 강대국으로 변화시켰다.

1939년에 독일과 체결한 불가침 조약을 소련이 파기한 대가로 1941년에 히틀러가 소련을 침공하자, 스탈린은 몇 차례 우여 곡절을 겪은 끝에 대승을 거두었다. 그는 동쪽 국경을 지키기 위해 놀라운 전술로 적을 물리쳤는데, 크레믈린의 전술과 연합군의 상당한 지원, 그리고 혹독한 러시아의 겨울 날씨가 함께 이루어낸 승리였다. 그의 국민이 포화 속에서 보인 용기는 대단했으며, 800만 명에 달하는 희생자를 낳은 전쟁에서 스탈린은 조국의 국민이 목숨을 바친 대의명분을 끝까지 사수할 것을 맹세했다. 그는 1945년에 얄타 회담에서 처칠과 루스벨트를 설득해서 독일 영토의 절반을 포함한 동유럽에 대해 소련의 지배권을 확장하는 데 성공함으로써 영리한 협상가의 진면목을 보여 주었다. 두 연합군 수뇌들은 세계대전 때문에 다소 자극을 받은 스탈린이 전후 개혁을 실시할 것을 기대했지만, 그의 신발은 여전히 러시아의 목을 내리누르고 있었다.

스탈린이 레닌의 묘소 바로 옆에 묻힌 지 4년 뒤인 1956년, 니키타 흐루쇼프를 비롯한 여러 사람들이 스탈린의 폭정과 세력 강화, 그리고 역사 왜곡을 비난했다. 1961년에 그의 시신은 다른 곳으로 옮겨졌고, 과거 러시아를 이끈 지도자의 동상과 초상화가 러시아 전역에서 완전히 제거되었다. 그의 이름이 붙었던 도시들과 거리들, 공원들 그리고 광장들이 새로운 이름으로 불리게 되었다. 1991년, 마침내 스탈린이 이룩했던 제국은 흔적도 없이 사라졌다.

Igor Stravinsky
이고르 스트라빈스키

1872~1971

20세기의 위대한 음악적 개척자였던 이고르 스트라빈스키는 한때 전제적인 차르 체제의 신봉자였다가 파리 시민과 스위스 망명자 신분을 거쳐 마침내 미국 시민이 되었지만 실은 언제나 러시아인이었다. 러시아의 고대 전통을 익힌 교양인이었던 그의 예술에는 그의 삶에서 뿌리가 된 러시아의 문학과 민간 설화, 종교 제례, 민족 정서, 민속 미술이 반영되어 있었고 형식적인 천재성이 번뜩였다. 그 결과가 음악적인 혁명으로 나타나게 되었다. 스트라빈스키의 아버지는 상트페테르부르크에 있는 왕립 오페라하우스에서 베이스 가수로 활동했다. 스트라빈스키는 피아노를 배우기는 했지만, 부모님은 아들이 음악가의 길을 가는 것을 반대했다. 어린 시절 스트라빈스키는 붉은 머리의 벙어리 농부가 혀로 싱커페이션syncopation(선율이 진행 중에 센박이 여린박, 여린박이 센박이 되어 셈여림의 위치가 바뀌는 일. 당김음이라고도 함)*을 하거나 손을 겨드랑이 밑에 끼우고 팔을 위아래로 휘저어서 이상한 리듬을 연주하는 모습을 보고 얼을 빼앗긴 적이 있었다.

상트페테르부르크대학교에 입학한 스트라빈스키는 법률을 공부했다. 홀쭉한 몸매에 새를 닮은 얼굴을 한 그는 집안 분위기에서 탈출하기 위한 하나의 방편으로 악기를 이용한 즉흥 연주와 작곡을 즐겼다. 대학에 다니는 동안 그는 아버지의 친구인 작곡가 니콜라이 림스키코르사코프Nikolay Rimsky-Korsakov에게 자신의 최초 작품들 가운데 일부를 보여 주었다. 스트라빈스키의 놀라운 재능을 발견한 이 작곡가는 그의 개인 교사를 자청하고 나섰으며, 그에게 전통 예술 학교에는 절대 발을 들여놓지 말라고 충고했다. 림스키코르사코프와의 관계를 통해 스트라빈스키는 화성적인 불협화음을 접하게 되었으며, 초기 작품을 정기적으로 공개석상에서 연주할 기회를 가질 수 있었다.

림스키코르사코프가 사망한 지 몇 달이 지난 1909년의 어느 날, 두 개의 스트라빈스키의 교향곡을 연주하는 콘서트에 세르게이 디아길레프Sergey Diaghilev가 참

석했다. 이 거장은 곧 어린 동포의 음악적 재능을 알아보았으며 자신이 이끄는 혁신적인 무용 극단 발레 뤼스Ballets Russes를 위해 몇 개의 교향곡을 작곡해 달라고 요청했다. 극단의 두 번째 시즌을 위해 디아길레프는 스트라빈스키에게 발레 원작을 위한 곡을 써줄 것을 요청했는데, 그것이 바로 〈불새The Firebird〉였다. 1910년에 작품의 특별 개봉을 위해 아내와 두 아이를 데리고 파리를 방문한 스트라빈스키는 빛의 도시에서 새로운 삶을 시작했다.

얼마 안 있어 그는 두 번째 발레곡 〈페트루슈카Petrushka〉를 발표했다. 그리고 곧 이어 1913년에는 〈봄의 제전Le Sacre du printemps(The Rite of Spring)〉으로 충격을 던져 주었다. 스트라빈스키가 낮잠을 자던 중 꿈속에서 이교도 무용수가 종교 의식에 따라 희생 제물로 바쳐지는 것을 보고 영감을 받아 작곡한 이 곡— 발레 뤼스의 전설적인 무용수 바슬라프 니진스키Vaslav Nijinsky가 안무를 짰다— 은 전통적으로 봄이 온다는 의미 속에 들어 있는 낭만적인 특징을 정면으로 부인했다는 점에서 무척 충격적이었다. 섬뜩한 바순 독주가 울려 퍼지는 작품 초반부터 관중석에서는 웅성거리는 소리가 들려오기 시작했고, 웅성거림은 곧 요란한 야유로 돌변했다. '청춘 남녀의 춤'과 함께 막이 오르자 "입 닥쳐!"라는 괴성들이 극장 안에 메아리쳤다. 곧 폭동이 일어날 기세를 보이자, 극장 앞줄 가까이에 앉아 있던 스트라빈스키는 어쩔 수 없이 무대 뒤로 몸을 피해야 했다. 그러나 그 사건이 일어난 지 1년이 안 되어 너무도 독창적인 그의 곡—불협화음과 불규칙한 리듬, 그리고 복잡한 코드 구성— 은 혁신적인 대작이라는 호평을 받게 되었다.

음악에서는 비정통주의를 고수했지만 종교에서는 보수적인 정통파를 고수한 부르주아였던 스트라빈스키는 제1차 세계대전과 이어서 1917년에 발발한 러시아 혁명으로 인해 실향민이 되었다. 그와 그의 가족은 매년 겨울이면 찾던 스위스에서 전쟁이 끝나기를 기다렸다가 1920년에 프랑스로 돌아갔다. 그곳에서 그는 패션 디자이너 코코 샤넬과 공개적인 연인 관계를 유지했다. 스트라빈스키와 오랫동안 연인 관계를 유지했던 또 다른 여성 미술가 베라 수데이키나Vera Sudeikina는 1939년에 그의 아내 캐서린이 사망하자 그의 두 번째 부인이 되었다. 마침내 1940년에 그는 베라와 함께 미국으로 이주했다. 진한 향수가 자신의 청각을 마비시킨다고 주장했던 우울증 환자 스트라빈스키는 술을 마시면서 작곡을 하는 습관이 있어서 여러 나라의 다양한 술을 즐겼다. 스위스에 머무는 동안에는 뇌샤텔 와인을, 프랑스에서는 보르도를, 그리고 미국에서는 스카치를 즐겼다. 항상 감기와 인플루엔자가 잘 걸렸던 그로서는 술을 마시는 것이 장기복용중인 감기 예방약의 효능을 높여 주었다.

스트라빈스키 부부는 미국 할리우드에 정착했다. 당시 할리우드에는 제2차 세계대전을 피해 미국을 찾은 많은 유럽인이 모여 살았다. 그 후 30년 동안 스트라빈스키는 생계를 유지하는 일에 전적으로 매달려 작품 청탁료와 지휘 및 공연 수익, 그리고 친구들의 지원 덕택에 겨우 생활을 이어갈 수 있었다. 한편 그는 〈3악장의 교향곡Symphony in Three Movements〉(1945), 〈미사Mass〉(1948), 그리고 유일한 오페라 전곡 〈난봉꾼의 행각The Rake's Progress〉(1951) 등과 같은 훌륭한 작품들을 작곡했다. 그러나 일흔의 나이에 예술적인 면에서 방향 전환을 선언함으로써 사람들을 깜짝 놀라게 만들었다. 현대 음악 분야에서 최고 자리를 놓고 그와 경합을 벌이던 아르놀트 쇤베르크가 주로 사용했던 작곡 이론인 음렬주의serialism의 엄격한 무조성atonality(일정한 조성에 입각하지 않는 작곡 양식)*을 받아들인 것이다.

다행히도 그는 자신만의 독특한 음악을 포기하지 않았다. 통렬한 위트의 소유자였던 그는 자신이 시도한 양식상의 혁신적인 변화에 세 걸음 뒤쳐져 있는 거만한 비평가들과, 너무도 천박해서 그의 음악을 시도할 수 없는 비판적인 작곡가들, 그리고 그와는 전혀 어울리지 않는 동료들과 싸웠다. 그는 지휘자인 레오폴드 스토코브스키Leopold Stokowski를 "완벽한 헤어스타일을 위해서 하루에 한 시간을 낭비하는 사람"이라고 조롱했으며, 작곡가인 새뮤얼 바버Samuel Barber에 대해서는 "사회적 행사와 선전을 결코 분리시켜 생각하지 않는 사람"이라고 냉담하게 평가를 내렸다.

스트라빈스키는 노년이 되어 우울증 증세가 더욱 악화되면서 당시 그에게 가장 필요한 존재였던 의사들과 가까이 지내기 위해 뉴욕으로 이사했다. 그는 89세의 나이로 세상을 떠났다. 그의 시신은 조국 러시아도, 망명 생활을 했던 미국도 아닌 베니스의 산미케레 묘지의 러시아 묘역에 위치한 그의 위대한 후견인 디아길레프 옆에 묻혔다.

Barbra Streisand

바브라 스트라이샌드

1942~

1960년대 초, 20세기 후반 미국 연예계에서 가장 큰 영향력을 발휘하게 되는 이 솔로 여가수는 항상 무일푼 신세였다. 중고품 할인 매장에서 고른 정장을 차려 입은 바브라 스트라이샌드는 맨해튼의 나이트클럽과 게이 바에서 공연했지만 수입은 거의 없었다. 항상 배고픔에 시달렸던 브루클린 출신의 이 팝 가수는 관객들이 술을 한 잔 사겠다고 하면 술 대신 배를 채울 수 있는 감자 요리를 사달라고 부탁하곤 했다. 스트라이샌드의 가장 큰 매력은 바로 목소리였다. 두 옥타브를 넘나드는 음역에 놀랍도록 감미로운 그녀의 목소리는 푸근한 동시에 어떤 음악이든지 소화해 내는 능력이 탁월했고, 풍부한 성량을 마음껏 발휘할 때는 너무도 감동적이었다. 1960년대 말 이미 여러 미디어를 통해 스타덤에 오른 스트라이샌드는 더 이상 중고품 가게를 돌며 이 옷 저 옷을 짜 맞추어 입지 않아도 되었다. 그녀는 큰 성공을 거둔 브로드웨이 뮤지컬 〈퍼니 걸Funny Girl〉에서 코미디언 퍼니 브라이스 역을 연기하여 1969년 토니상의 '10년간의 스타' 특별상을, 첫 앨범으로 두 개의 그래미상을, 첫 여성 일인극 텔레비전 특집극 〈내 이름은 바브라My Name is Barbra〉로 에미상을, 그리고 1968년에는 윌리엄 와일러William Wyler가 영화로 만든 〈퍼니 걸〉에서 다시 퍼니 브라이스로 출연하여 오스카상을 수상했다. 1970년대에 들어 그녀는 영화 제작 사업에 관심을 갖기 시작했다. 1980년대까지 그녀의 레코드가 계속해서 플래티넘(100만 장 이상 팔린 레코드 앨범)*을 기록하는 행진을 계속했음에도 불구하고 노래 공연을 거의 중단한 상태였다. 이는 그녀가 자신의 본업이 배우라고 생각했기 때문이며, 그녀를 마비시키는 무대 공포증도 적잖이 작용했다.

스트라이샌드는 위험을 무릅쓰고 〈스타탄생A Star Is Born〉(1976)이라는 고전을 재영화한 작품에 출연하여 아카데미 네 개 부문에 후보로 올랐고 아이작 바셰비스 싱어Isaac Bashevis Singer의 이야기를 영화화한 〈옌틀Yentl〉(1983)의 제작에 자신의 모든 것, 즉 가수이자 프로듀서, 스타, 감독, 그리고 각본 공동 집필자로서 사활을

걸었다. 이 영화는 세기의 전환점에 처한 폴란드에서 탈무드를 공부하기 위해 남장을 한 꾀 많은 젊은 여성의 이야기를 담은 것으로 아카데미 다섯 개 부문 후보에 올랐다. 그러나 스트라이샌드는 수상자 명단에서 제외되었고, 그 중에서도 특히 최우수 감독상은 그녀의 몫이 아니었다. 이는 근본적으로 영화계가 그녀를 얼마나 냉대하는지 보여 주었다. 한편 〈옌틀〉의 성공에 힘입어 유대교 신앙과 자신감을 다시 회복한 그녀는 가족의 역기능을 소재로 한 팻 콘로이Pat Conroy의 소설 『사랑과 추억*The Prince of Tides*』을 스크린에 옮겨 놓았다. 이 영화는 스트라이샌드를 새로운 시각에서 존경하게 만들었지만, 그러나 이번에도 역시 최우수 감독상 후보에는 오르지 못했다.

영화계가 그녀에게 반감을 가지게 된 데는 본질적으로 그녀의 야망이 문제가 되었다(그녀는 몇 년 동안 그들의 그러한 태도를 이해하지 못했다). 업계의 기준으로 보자면 그녀는 놀라울 만큼 노골적이었다. 수년 동안 그녀와 함께 일해 온 영화계 동료들은 그녀가 너무도 솔직하고, 너무도 적극적이며, 그리고 너무도 강압적으로 자신의 뜻을 주장한다고 생각했다. 자신의 잘못에 대해 그녀는 "그것이 영화에 대한 나의 비전이다. 따라서 영화에 등장하는 모든 의상과 가구들 그리고 모든 색채까지도 이 비전의 일부다"라고 항변했다. 또한 그녀는 영화계의 '성차별적' 이중 잣대에 대한 분노를 여러 번 표현했다. 그녀는 "남자한테는 '지휘권을 잡겠습니까?' 라고 물어보지 않는다"라고 말했다. "그런데 여자들은 왜 달라야 하는가? 도대체 자기 일을 자신이 관리하고 싶지 않은 사람이 어디 있는가?" 그러나 그녀도 인정했듯이, 겉으로 보이는 이러한 당당함 뒤에는 쉽게 상처 받는 어린아이 같은 영혼이 숨어 있었다. 지금도 그녀는 자신이 항상 성공을 열망했지만 성공을 이루기 위해 무자비한 행동은 하지 않았다고 말하고 있다.

태어난 지 15개월 만에 영어 교사이던 아버지를 잃은 바브라는 외로운 성장기를 보냈다. 비참한 기분에 빠진 어머니 다이애나 스트라이샌드는 아직 덜된 딸을 잘 받아주지 못했으며, 1949년에 어머니와 결혼한 중고차 세일즈맨은 어머니보다 더 쌀쌀맞은 사람이었다. 그러나 바브라—이 때만 해도 바브라로 이름을 바꾸기 전이었다—는 무모했고, 못생긴 코에도 불구하고 배우가 되겠다는 꿈으로 가득 차 있었다. 장학생으로 2년 일찍 고등학교를 졸업한 그녀는 맨해튼으로 이사한 뒤 불과 열여섯 살에 독립했다. 1962년에 그녀는 브로드웨이 뮤지컬 〈도매값으로 드리죠I Can Get It for You Wholesale〉의 주연 배우 자리와 함께 배우 엘리엇 굴드Elliott

Gould의 마음까지 차지하게 되었다. 그들은 결혼식을 올렸고, 아들 제이슨이 태어났다. 1964년에 〈퍼니 걸〉이 연극 무대에 오른 뒤 그녀는 1968년에 발표된 영화에서도 주연 배우로 출연했다. 줄 스타인Jule Styne이 작곡한 여러 작품 가운데 〈피플People〉과 〈돈 레인 온 마이 퍼레이드Don't Rain on My Parade〉 두 곡은 그녀의 영원한 레퍼토리로 자리를 굳혔다. 그녀는 또 자신의 SRO(standing room only, 입석 외 만원)* 수입을 기록한 작품들의 수를 늘리는 데 성공했다. 〈왓츠 업, 닥?What's Up, Doc?〉(1972)에 나오는 노래 〈유 아 더 탑You're the Top〉, 1973년에 로버트 레드포드와 함께 출연한 〈추억The Way We Were〉에 소개되어 큰 성공을 거둔 노래 〈더 웨이 위 워The Way We Were〉, 그리고 그녀가 공동 각본을 맡은 영화 〈스타 탄생〉(1976)에서 소개된 노래 〈에버그린Evergreen〉이 여기에 해당했다. 특히 〈스타 탄생〉은 존 피터스Jon Peters와 공동 제작한 것으로, 2년 전 굴드와 이혼한 상태였던 스트라이샌드는 〈바브라 내 사랑For Pete's Sake〉(1974)을 촬영 하는 동안 가발을 만들기 위해 온 그를 알게 되었다.

1990년대 들어 정치에 더욱 관심을 가지게 된 스트라이샌드는 빌 클린턴의 대통령 유세 기금 마련 행사에 출연하여 자신의 재능과 엄청난 정치적 영향력을 행사했다. 또한 그녀가 오래 전부터 지지해 온 민주당에 상당한 금액을 기부했다. 그녀는 스트라이샌드재단을 설립하여 환경 보호와 여성 및 시민의 권리를 위해 노력했다. 1994년에는 22년 만에 계획한 순회공연에서 초만원 사태를 기록함으로써 다시 한 번 주목을 받았다. 1996년에 아는 사람의 소개로 만난 제임스 브롤린James Brolin과 사랑의 불꽃이 일면서 이 미남 배우는 그녀의 남편이자 아버지를 대신하는 존재가 되었고 그녀의 '계율mitzvah'이 되었다. 그해 말, 그녀가 만든 〈로즈 앤 그레고리The Mirror Has Two Faces〉라는 영화에서 그녀의 새로운 인생을 이야기해 주는 노래가 주제가로 흘러나왔다. 그 노래는 바로 〈드디어 그 사람을 찾았어요I Finally Found Someone〉였다.

Dr. Benjamin Spock
벤저민 스포크 박사

1903~1998

많은 부모들에게는 자식을 살려 준 구세주로 칭찬을 받았지만 비판가들에게는 '자유방임의 사회'를 만들어낸 생각 없는 사람이라는 비난을 받은 벤저민 맥레인 스포크 박사는 세 세대에 걸쳐 미국 청소년의 성장에 일조했다. 그가 제안한 혁신적인 자녀 육아법인 간명한 제목의 책 『유아와 육아*Baby and Child Care*』가 전후 첫 베이비붐이 일었던 1946년에 출간되자마자 그는 곧 유명인사가 되었다. 선의를 지닌 소아과 의사였던 그는 이 책에서 획일적인 데다 때로는 비정상적이기까지 한 과거의 육아법과 단절을 선언한 후 그 스스로 매우 상식적인 육아법이라고 확신하는 방법들을 제안했다. 그는 규율과 사랑에 바탕을 둔 차분하고 유용한 자신의 조언이 분별 있고 온정적인 사회를 만들고 부모의 마음에 평화를 가져오는 데 도움이 되기를 바랐다. 그러나 그 해 겨울 그는 인간 공동체의 실상을 절감하고 절망감에 빠져 들지 않을 수 없었다. 그에게 신랄한 독설을 퍼부은 비판가들 가운데 상당수가 그와 마찬가지로 우울한 기분을 느꼈지만 그는 자기 자신밖에 원망할 사람이 없었다.

1903년에 코네티컷 주 뉴헤이븐에서 태어난 스포크는 여섯 남매의 장남이었다. 과묵하고 내성적인 그의 아버지는 미국 독립전쟁에 참전했던 군인의 후손이었다. 그러나 그의 인생에 가장 큰 영향을 끼친 사람은 바로 어머니 밀드레드 스터튼이었다. 아름답고 지적이며 엄격한 어머니 밑에서 자란 그는 나중에 어머니에 대해, 나쁜 공상과 행동을 하지 못하도록 자기를 일상적으로 엄하게 다그치던 "매우 도덕적이고 지나칠 만큼 통제적이었던" 사람이었다고 회상했다. 자식에 대해 이렇듯 절대적인 영향력을 행사하는 어머니상은 루터 에멧트 홀트 박사Dr. Luther Emmett Holt의 『자녀의 육아와 급식*The Care and Feeding of Children*』에서 비롯된 것으로, 이 책에서는 삶의 행복well-being이 적절한 식이요법에 있다고 역설했다. 홀트 박사의 열렬한 신봉자였던 스포크 부인은 바나나 같은 '위험한' 음식은 절대 집안에 들여

놓지 않았으며, 여름이든 겨울이든 아이들은 바깥 공기를 쐴 수 있는 방에서 잠을 자야 한다고 주장했다. 이러한 구속 아래서 자란 어린 벤은 수줍음이 많은 불안한 아이였으며, 그의 자서전에서 묘사하고 있듯이 "반드시 필요한 정도나 현명한 정도보다 훨씬 과도한" 양심을 지니게 되었다. 그러나 그는 자신이 교육자의 길로 들어서게 된 것은 효율석이지 못한 육아 방법을 몸소 보여 준 어머니의 공이 크다고 고백했다. 어머니는 여섯 아이를 모두 집에서 출산했는데, 스포크는 이에 대해 "출산 때마다 의사가 집에 와서 아이를 받아내는 것을 보고 나는 아기는 어디서 태어나는 것일까 하는 의문을 현실적으로 이해하게 되었다"라고 회상했다.

1919년에 스포크는 매사추세츠 주 앤도버에 있는 필립스아카데미에 입학했다. 그에게는 어머니와 멀리 떨어져 있다는 사실이 작은 기쁨이 되었다. 스스로 '평범한 사람'이 되기를 꿈꾸었으며 무려 192센티미터가 넘는 이 키다리는 예일대학교에 진학 뒤 운동에 빠져 들었다. 그는 대학 보트 팀의 주장에게 "진정한 남자의 운동"에 참가하라는 권유를 받고 거기에 들어갔고, 그 팀은 1924년 파리 올림픽에 참가하여 열심히 노를 저어 금메달을 획득했다. 그는 재기가 뛰어난 학생은 아니었으나 "아마추어 운동선수가 따낸 평균 C 학점"의 성적으로 의과대학에 무난히 합격할 수 있었다. 그는 예일대학교과 컬럼비아대학교에서 의과 과정을 마치고 1929년에 의학 박사가 되었다. 한편 그보다 2년 앞서 그는 학생 신분으로 제인 데이븐포트와 결혼했고 슬하에 두 아들을 두었다.

그는 17년 동안 소아과에 대한 교육과 연구에 전념하면서 전국적으로 유명인사가 되었다. 그는 아이들이 겪게 되는 감정상의 문제를 미연에 예방하는 새로운 분야에 집중하기 위해 뉴욕심리분석협회에 입회했다. 그리고 그곳의 책임자 산도르 라도에게 정신 분석을 전수받았다. 그는 거기서 자신의 젊은 시절 스승 가운데 한 사람이자 진보적인 교육 운동 지도자 캐롤린 자크리를 만나 인격 개발에 관한 세미나를 들었다. 또한 스포크는 코넬대학교에서 강의했으며, 뉴욕 시의 소아정신병학 자문 의사로 일했다.

이 모든 것은 『유아와 육아』의 탄생을 위한 서곡이었다. 이 책은 포켓 북스Pocket Books 편집자의 요청에 의해 탄생되었다. 당시 편집자는 미국의 장래를 걱정하는 한 젊은이가, 자녀들을 숨 막히게 만들며 잘못된 애정을 강조하는 기존의 '과학적' 이론을 대치할 만한 방법이 부모들에게 필요하다는 점을 절감하고 있음을 간파했다. 이 책에서 스포크는 아이의 식사는 엄 격한 시간표에 따라야 하며 아이가 운다고 무조건 안아 줘서는 안 된다는 냉담한 조언에 맞서 침착한 조언을 내놓았다. 그는 "당신 자신을 믿어라. 당신은 자신이 생각하는 것보다 더 많은 것을 알고 있다"라고 썼다.

1946년 『유아와 육아』는 단돈 25센트의 가격으로 판매되자마자 선풍적인 유행을 일으켰다. 스포크는 애초 이 책이 연간 1만 부 정도 팔리기를 바랐는데, 실제로는 30여 개 언어로 번역되어 4,600만 부 이상이 팔리면서 당대 최고의 베스트셀러가 되었다. 그러나 대중의 반응이 우호적인 것만은 아니었다. 스포크가 너무 관대하며, 여러 가지 올바르지 못한 행동들을 어떻게 해서든 지극히 정상적인 것으로 받아들인다는 비판이 일었다. 게다가 그는 1960년대에 베이비붐 세대가 성년에 되면서 일어나게 될 혼란을 몰고 온 장본인으로 비난받을 소지도 지니고 있었다. 스포크는 분별력 있는 토론을 통해 반대자들을 설득함으로써 미네소타대학교와 피츠버그, 그리고 웨스턴 리서브까지 자신의 학설을 전파했고, 미네소타에 있는 마요 클리닉과 로체스터 차일드 헬스 인스티튜트의 의료진들도 그의 주장에 동조하기 시작했다. 또한 텔레비전에 출연하여 수백만의 시청자에게 양치질과 화장실 훈련에 대해 가르쳤다.

그런데 베트남 전쟁이 일어나면서 스포크 박사는 스스로 커다란 윤리적 도전에 직면하게 되었다. 전쟁은 질병이나 영양실조와 마찬가지로 아이들에게 치명적이라고 확신했던 그는 절조 있게 비폭력 반대 운동을 주도했다. 그는 반전 활동으로 여러 차례 당국에 체포되었으며, 1967년에는 징병 기피를 선동한 일로 미국 일반 군사 훈련 및 병역에 관한 법률 위반 혐의로 실형을 선고받았다. 그는 1971년에 국민당 대통령 후보로 출마했고, 1986년에는 미사일 실험에 반대하기 위해 케이프커내버럴Cape Canaveral(미국 플로리다 주 중동부에 있는 우주선 발사기지)*의 파도 모양 철사 울타리를 넘었다. 1990대에 들어서도 여전히 항해를 즐기던 그는 건강의 비결을 장수식품과 명상, 그리고 상냥한 두 번째 부인 메리 모건의 공으로 돌렸다. 그는 끝까지 미래 세대를 위해 옳은 일을 하는 것을 절체절명의 과제로 삼았는데, 그것은 그가 옛날 어머니의 무릎에 앉아 배운 도덕적 과제였다.

Steven Spielberg

스티븐 스필버그

1947~

트레이드마크가 된 야구 모자와 스니커즈를 신은 스티븐 스필버그의 모습은 서구 세계에서 현존하는 가장 유명한 영화 제작자로 보이지 않는다. 그러나 전 세계적으로 그토록 많은 관객을 영화관으로 향하게 만든 사람이 바로 스필버그였다. 지금도 계속해서 기록이 갱신되고 있지만 〈죠스Jaws〉(1975), 〈미지와의 조우Close Encounters of the Third Kind〉(1977), 〈레이더스Raiders of the Lost Ark〉(1981), 〈이티E.T. The Extra-Terrestrial〉(1982) 그리고 〈주라기 공원Jurassic Park〉(1991)은 아직도 최고의 흥행작이라는 명성을 유지하고 있다. 그리고 스필버그는 그에 앞서 탄생한 수많은 영화 거장들의 스타일을 잘 조화시켜 성공적인 작품을 만들어 낸 장본인이기도 했다. 그리하여 스필버그는 모험적인 동시에 너무나 인간적인 이야기를 통해 전해지는 훈훈한 감동을 마법에 가까운 영화 기술들과 접목하는 데 성공한 영화감독으로서 독보적인 존재가 되었다.

〈스타워즈Star Wars〉 시리즈를 만든 다재다능한 프로듀서 조지 루카스George Lucas는 그를 '감독 중의 T-Rex'라고 부르지만 사실 그의 혈통은 결코 으리으리한 것은 아니었다. 스필버그는 오하이오 주 신시내티에서 컴퓨터 전문가 아놀드 스필버그와 콘서트 피아니스트 레아 포스너 사이에서 태어났다. 잠시 뉴저지 주에서 어린 시절을 보낸 그는 애리조나 주 피빅스 근교의 중산층 가정에서 풍족하게 자랐다. 부모는 세 자녀의 교육을 위해 극장에 가는 것과 텔레비전 보는 것을 엄격히 통제했지만 결국 텔레비전은 그의 '세 번째 부모'가 되었다. 여섯 살 되던 해에 부모님과 함께 〈백설 공주〉를 본 이 아이는 사악한 마녀가 너무 무서워서 그 후로도 며칠 동안을 부모님의 방에서 잠을 자야 했다. 그토록 겁이 많던 어린아이가 어른이 되어서는 거대한 공룡과 불꽃을 내뿜는 UFO로 전 세계 수백만 관객을 공포의 도가니로 몰아넣는 위대한 감독이 되었다. 5년 후 아버지는 그의 앞에서 트랜지스터라디오를 높이 들어올리며 "이것이 미래야"라고 선언했다. 컴퓨터 그래픽 이미

The White House

지 작업과 로봇 공학의 거인이 되고자 했던 소년은 아버지의 손에서 진지하게 라디오를 받아들였고 그것이 망가질 때까지 가지고 놀았다. 그는 아버지의 8밀리미터 카메라를 아주 잘 다루게 되었고 여동생들과 어머니가 항상 출연하는 가족의 활동상을 차례대로 찍어 기록했다(한번은 과일이 산산조각이 나면서 '피'가 나는 장면을 카메라에 담기 위해 어머니에게 압력솥에 체리주빌레를 담게 한 적도 있었다).

그러나 유년 시절이 항상 그렇게 즐거운 것만은 아니었다. 부모님은 자주 다투었고 가족이 자주 이사를 다닌 탓에 그는 계속해서 새로운 동네에 나타난 낯선 아이가 되어야만 했고 고등학생 시절에는 반셈족주의의 조롱에 시달렸다. 그는 학교생활을 너무나 싫어해서 성적이 저조했던 탓에 첫 번째로 지망한 대학에서 고배를 마셨다. 그는 열세 살 때 영화 제작 콘테스트에서 우승을 차지한 경력이 있었음에도 서던캘리포니아대학교 영화과의 입학 허가를 받을 수 없었다. 스필버그는 두 번째로 지망한 롱비치의 캘리포니아주립대학교에서 영문학을 전공하게 되었으나 영화에 대한 관심은 계속 이어졌다. 그는 1971년, 그는 이제는 컬트 영화의 고전이 된 〈결투Duel〉라는 텔레비전 영화를 만들었고 이어서 20분짜리 단편 영화 〈앰블린Amblin〉을 만들었는데, 이 영화를 계기로 유니버설-MCA와 7년짜리 계약을 하게 되었다. 이 작품이 해외에서도 성공을 거두자 그는 1974년에 첫 장편 영화 〈슈가랜드 특급Sugarland Express〉을 발표했다. 이 영화는 비록 흥행에는 실패했지만 스필버그의 정교한 촬영 기술에 감동한 프로듀서 리처드 자누크Richard Zanuck와 데이비드 브라운David Brown은 그에게 1975년에 발표된 실험적인 공포물 〈죠스〉의 감독을 맡겼다. 7미터가 넘는 폴리우레탄 백상어가 출연하는 이 끔찍한 블록버스터는 흥행에서 신기록을 수립하며 스필버그에게 세계적인 감독이라는 명성을 안겨 주었다.

1977년에 〈미지와의 조우〉를 발표하며 그의 명성은 더욱 커져갔다. 외계인과 인간의 만남이라는 충격적인 이야기는 공상 과학에 푹 빠져 있던 작가 겸 감독의 어린 시절을 보여주었다. 그는 감동적인 정서와 빠르게 진행되는 액션, 그리고 현란한 특수 효과들을 한걸음 더 발전시켰으며, 어린아이들의 솔직한 눈을 통해 보이는 모습을 자주 그려 내려고 했다. 그는 1981년에 조지 루카스와 함께 만든 〈레이더스〉에서 다시 형식의 변화를 시도했다. 이 작품은 고전 시리즈물에서 영감을 얻어 탄생된 인디아나 존스 3부작 중 제1편에 해당했다. 스필버그에게 이 시리즈는 천만 단위의 수익을 벌어들인 것 이상으로 중요한 의미를 지녔다. 1983년에 〈인디아나 존스The Temple of Doom〉 오디션에 참가했던 케이트 캡쇼라는 여배우를 만나 아내로 맞아들였기 때문이다. 한편 1982년에 발표된 〈이티〉는 어린 시절 디즈니 영화를 볼 때마다 그를 감동시켰던 교훈들을 집대성해 놓은 것으로, 종종 비난의 대상이 되기도 하지만 재미와 교묘한 속임수를 최대한으로 느낄 수 있는 작품이다. 이 작품에서도 알 수 있듯이 스필버그가 만든 모든 영화의 핵심은 가족이었다. 그가 영화 속에서 그리는 가족은 순수한 마음으로 세상에 대해 도전적인 모험을 감행하는 용감한 아이의 둥지인 동시에 한편으로는 악의 침입에 무기력하게 노출된 곳이다.

〈이티〉에 나오는 사람처럼 생긴 외계인 스타와 그의 어린 친구들이 미국인의 마음을 사로잡은 반면에 할리우드의 일부에서는 〈이티〉의 창조자에게 그만큼 열광적인 반응을 보이지는 않았다. 할리우드가 흔히 천재를 판단하는 기준으로 삼았던 엄청난 숫자는 정작 스필버그가 오스카상을 수상했을 때는 갑자기 의미가 없는 것처럼 되었다. 〈이티〉가 같은 감독이 1993년에 만든 스릴 넘치는 공룡 영화 〈주라기 공원〉에 박스오피스 최고 흥행작이라는 기록을 넘겨주자 비평가들은 그 영화가 깊이가 없고 형식적이며 교활하다고 비판했다. "지나치게 상업적이다"라는 평가를 받은 스필버그는 홀로코스트 서사극 〈쉰들러 리스트Schindler's List〉를 발표하여 자신에 대한 비난을 잠재웠다. 그는 나치의 잔혹함과 희망을 통렬하게 표현한 이 작품으로 마침내 오스카 최고 감독상과 최우수 작품상을 한꺼번에 차지하는 영광을 안았다.

1994년에 스필버그는 미디어계의 두 거물인 디즈니 경영진 출신 제프리 카젠버그Jeffrey Katzenberg와 레코드 업계의 큰손 데이비드 게펜David Geffen과 손잡고 '드림웍스'라는 회사를 세우고 차세대의 가장 영향력 있는 엔터테인먼트 업체가 될 것이라며 대대적으로 선전했다. 3년 후 드림웍스는 스필버그가 감독을 맡은 노예 이야기 〈아미스타드Amistad〉를 발표했다. 그는 또한 중증 어린이 환자들이 사이버 스페이스에서 함께 대화를 나눌 수 있게 해주는 컴퓨터 네트워크 회사 스타브라이트 월드Starbright World와도 계속 함께 일했다. 스필버그가 만들어 낸 다른 가상 세계와 마찬가지로 이 곳 역시 이야기를 들려주는 공간이다.

Frank Sinatra

프랭크 시나트라

1915~1998

프랭크 시나트라가 소년 가수에서 터프가이 멋쟁이로, 또 나이 지긋한 쇼맨으로 변해가는 것을 지켜보는 것은 미국이 성장해 가는 모습을 지켜보는 것과 같다. 그와 함께 시작한 빅밴드는 이제 기억 속으로 사라졌고 시나트라와 그를 둘러싼 세계도 변했지만 단 하나 그의 목소리만은 조금도 변함이 없다. 젊은 시절 부드러운 그의 목소리는 감미로운 연가戀歌로 우리의 심금을 울렸다. 시간이 지나면서 연가는 더 세속적인 발라드로 바뀌었는데, 나중에 그가 선호하게 된 오케스트라 반주에 맞춰 울려 퍼진 그의 노랫소리는 시원하면서도 편안했다.

뉴저지 주 호보켄에서 태어난 프랜시스 앨버트 시나트라Francis Albert Sinatra는 침울한 학창 시절을 보내다 결국 고등학교 2학년 때 퇴학을 당했다. 마지못해 지방 신문사의 트럭 운송일을 하던 그는 빙 크로스비의 공연을 보고 너무도 감동을 받은 나머지 부모의 만류에도 불구하고 가수가 되기로 마음먹었다. 그의 아버지 마티는 권투 선수 출신의 살롱 지배인이었으며, 건장한 체격에 적극적인 성격인 어머니 돌리는 난폭한 아들을 꼼짝도 못하게 만들었다. "그러나 어머니는 거칠지 않았다. 오히려 이웃들이 거칠었다"라고 시나트라는 회고했다. 학교에서 퇴학을 당한 '프랭키 트렌트'는 1938년까지 뉴저지의 변변찮은 호텔 러스틱 캐빈에서 노래를 불렀다. 비쩍 마른 몸매에 진지한 성격이었던 그는 라디오 방송국마다 찾아다니면서 자신의 노래를 들어 달라고 관계자들을 설득했고, 결국 '메이저 보우스 아마추어 아워Major Bowes' Amateur Hour'라는 라디오 프로그램에 출연하게 되었다. 1939년, 트럼펫의 거장 해리 제임스Harry James가 방송에서 시나트라의 노래를 듣고 자신이 새로 조직한 밴드와 1년간 계약을 제안했다. 그는 주저 없이 제안을 받아들였지만 7개월 만에 밴드를 그만두었다. 트롬본 연주자 토미 도시Tommy Dorsey의 밴드로 자리를 옮긴 그는 토미의 음악 표현 기법과 정교한 호흡법을 금방 습득했다. 가수 빌리 홀리데이의 재즈 발성법까지 익힌 그는 연극적인 이야기체를

이용해 감동적인 가사를 표현하는 방법을 개발했다. 그는 진지하게 사귀던 첫 번째 여자 친구 낸시 바바토와 결혼을 하고 몇 해가 지난 1942년에 함께 일하던 도시와의 관계를 청산했다. 그리고 마치 그의 손녀 세대가 엘비스 프레슬리에게 열광했듯이 그의 노래에 졸도를 하는 '사춘기 소녀들' 사이에서 낭만주의의 기수가 되었다. 시나트라는 이러한 열광적인 현상을 제2차 세계대선의 '삼낭할 수 없는 외로움'으로 해석했다. "나는 전쟁터로 떠나야 하는 평범한 청년이었다"라고 그는 말했다.

병사들이 고향으로 돌아왔을 때 시나트라는 할리우드로 향했다. 1943년에 〈높이 더 높이Higher and Higher〉를 통해 영화계에 발을 들여 놓은 그는 〈닻을 올리고 Anchors Aweigh〉(1945)와 〈춤추는 뉴욕On the Town〉(1949) 같은 가벼운 뮤지컬 영화에도 출연했다. 그러나 1947년까지 그는 마치 10대 시절 그가 되고 싶어 하던 권투 선수처럼 파괴적인 강타를 날리고 있었다. 시민권의 열렬한 수호자였던 그는 가십난 기자들과 하원 비미활동조사위원회HUAC로부터 마피아와 공산당에 연루되어 있다는 비난을 받게 되었다. 그는 달콤하던 목소리를 잃었는데, 여배우 에바 가드너Ava Gardner와의 불행한 결혼 생활과 악명 높았던 과도한 음주도 한몫을 했다. 그는 영화 제의가 줄어들고 레코드 판매가 감소하는 동안 '위원회 의장님'이라는 별명답게 조금도 기가 죽지 않았으며 타협이라는 현명한 방법을 택했다. 그는 인쇄물을 통해 HUAC를 강도 높게 비난하면서도 반공산주의 압력에 순응하여 자신의 영화에 나오는 출연자가 요시찰 명부에 올랐다는 이유로 그를 해고하기도 했다. 그는 자신의 활동 영역을 포기하기는커녕 〈지상에서 영원으로From Here to Eternity〉(1953)에서 혈기 왕성한 안젤로 마기오 역을 따냄으로써 정체 상태에 있던 배우 활동에 활기를 불어넣었다. 이 영화로 그는 아카데미상의 주인공이 되었다. 그런 다음 〈아가씨와 건달들Guys and Dolls〉(1955), 〈황금 팔을 가진 사나이The Man with the Golden Arm〉(1955), 그리고 〈상류사회High Society〉(1956) 같은 히트작에 잇따라 출연했고, 편곡자 넬슨 리들Nelson Riddle을 발견했다. 넬슨이 추구하는 화려하면서도 재즈풍의 편곡은 거친 다이아몬드처럼 변해 있던 시나트라의 목소리에 안성맞춤이었다.

시나트라는 1950년대를 대변하는 테마 뮤직을 발표하는 한편 그와 그의 그룹 '랫 팩Rat Pack' 친구들(딘 마틴Dean Martin, 새미 데이비스 주니어Sammy Davis Jr., 피터 로포드Peter Lawford, 조이 비숍Joey Bishop)은 로스앤젤레스와 라스베이거스의 모조 가죽

의자가 놓인 라운지를 오가면서 아름다운 쇼걸들과 샘 지안카나Sam Giancana(마피아 두목)*와 같은 위험한 사람들과 어울렸다. 1960년에 시나트라는 새로운 개척자인 존 F. 케네디를 지지했으며, 1959년의 그의 히트곡 〈큰 희망High Hopes〉을 샘 칸이 개사해서 대통령 선거 주제가로 사용했다. 1966년, 50세가 된 그는 당시 스물한 살이던 여배우 미아 패로우Mia Farrow와 재혼했지만 1년을 조금 넘기고 파경을 맞았다. 10년 후 그는 제포 막스(막스 브라더스의 멤버)*의 전부인 바버라 막스와 다시 결혼했다. 남 모르게 아낌없이 자선 사업을 해오고 있던 시나트라는 정치에도 더욱 보수적인 시각을 가지게 되었다. 사회적 약자와 자신의 변함없는 충성에 관해 열변을 토하던 그는 1963년 대통령 암살 사건이 터진 뒤로 리처드 닉슨과 로널드 레이건에게 협력하는 쪽으로 정치 성향을 바꾸었다.

1970년대와 1980년대에도 녹음 작업과 영화 출연은 계속되었지만, 시나트라는 조용히 나이가 들어가는 사람들과는 거리가 멀었다. 가끔 언론을 상대로 시실리 사람 특유의 성질을 부리기도 했으며, 자신의 몰락을 보도한 기자를 공격하기도 했다. 그러나 그의 새 친구들은 그런 사실을 알아차리지 못한 것 같았고—레이건 대통령은 1986년에 그에게 자유 훈장을 수여했다—대중은 별로 신경을 쓰는 것 같지 않았다. 그는 말년에 들면서 목소리에 힘이 조금 빠지기는 했지만 여전히 〈문라이트 인 버몬트Moonlight in Vermont〉, 〈플라이 미 투 더 문Fly Me to the Moon〉, 〈올 오어 나싱 앳 올All or Nothing at All〉, 그리고 〈마이 웨이My Way〉 등 주옥같은 대표곡으로 서민들에게 기쁨을 선사했다. 그의 팬들에게 '올드 블루 아이스Ol' Blue Eyes'(프랭크 시나트라의 별명)*는 여전히 사회에 강한 소외감을 느낀 사람이었으며, 노래를 통해 인생에서 사랑이 가장 중요하다는 사실을 두 세대에 걸쳐 확인시켜 준 장본인이었다. 말년이 다 되어 그의 싸움꾼 본능이 다시 살아나는 것을 지켜본 팬들과 적들은 노래를 하다가 쓰러지고자 하는 그의 결심을 높이 사지 않을 수 없었다.

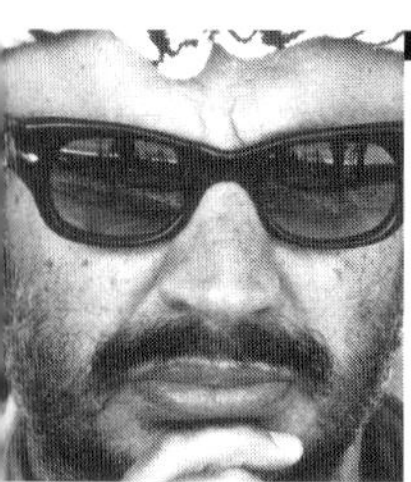

Yasir Arafat
야세르 아라파트

1929~2004

1993년에 평화협정이 체결되기 전까지, 팔레스타인 지도자 야세르 아라파트는 이스라엘과 서방 세계에게 반드시 제거되어야 할 테러리스트였다. 반면에 자유의 백기사가 되기를 약속한 그의 민족에게는 고향으로 돌아가려는 꿈을 실현해 줄 보석 같은 존재였다. 아라파트는 팔레스타인 정부를 세운다는 극히 실현 불가능한 목표를 위해 고군분투했다. 초기에 테러리스트로 활약하던 시절부터 팔레스타인 동포를 위한 정치인이자 대변인으로 복귀할 때까지, 아라파트는 목적을 달성하기 위해 방침을 수정하는 능력을 보여 주었다.

그는 1948년부터 활동하기 시작했다. 당시 학생이던 그는 영국군과 이스라엘 방위군에 맞서 싸우는 아랍인들을 무장시키기 위해 이집트에서 예루살렘으로 무기를 나르는 일을 수행했다. 한편 사업가였던 아라파트의 아버지가 시온주의자들과의 거래에 연루되어 기소를 당한 뒤, 가족을 이끌고 가자를 떠나 카이로에 정착했다는 주장이 있다. 또 다른 사람들은 아라파트가 카이로에서 태어났고, 승승장구하던 이스라엘군을 상대로 전투를 벌이다가 1949년에 공학을 공부하기 위해 카이로로 돌아갔다고 주장한다. 잠시 유럽을 다녀온 그는 단순히 팔레스타인의 주장을 지지하는 것에 만족하지 못하고 파이잘 왕을 이집트에서 쫓아내기 위한 계략을 꾸몄다. 1956년 그는 반란군의 공동 창시자가 되었고, 반란군에게 '정복'이란 의미를 지닌 알파타al-Fatah라는 이름을 붙였다.

이름은 거창했지만 사실 알파타는 이스라엘 새 정부에 맞서는 아랍의 작은 단체에 불과했다. 그러나 이미 쿠웨이트에서 군사를 훈련시켜 놀라운 조직력을 과시했던 아라파트는 이번에도 최악의 조건에서 전술 훈련을 시키는 천재적인 능력을 발휘했다. 이스라엘을 상대로 치고 빠지며 공격하는 동안, 알파타는 약이 오른 주변 국가들의 군대를 피해 다니는 데 주력했다. 사실 알파타는 강력한 이스라엘 방위군과 충돌하기를 원치 않았다. 1964년 팔레스타인 단체들을 하나로 결속한다는

명분 아래 팔레스타인해방기구PLO가 탄생하자, 모두들 아라파트의 입지가 흔들릴 것으로 예상했다. 그러나 이 기구는 아랍정부연합을 위해 조직된 꼭두각시에 불과했다. 자신의 생각이 옳다는 확고한 믿음을 지녔던 아라파트는 이스라엘이 알파타 전사들을 소탕하는 동안에도 교묘한 방법으로 더 많은 권력을 장악하게 되었다. 그에 반해 변덕스러운 아랍 지지자들은 그의 국민을 상대로 정치적 모략을 일삼았다.

1969년 아라파트의 노력이 첫 결실을 보게 되었다. 그는 PLO의 의장으로 선출되었고 그와 동시에 인근에 위치한 요르단을 거점으로 이스라엘에 대한 급습을 감행했다. 그러나 그는 자신의 능력을 오판했다. 1970년 가을 이스라엘에게 압력을 받은 요르단의 후세인 왕은 PLO에 대한 반대를 공식 선언했으며(당시 이 사건을 검은 9월 사태라고 불렀다), 아라파트의 군대에게 요르단 지역을 떠나라고 요구했다. 이스라엘의 반감, 아랍인의 배신, 자신의 투쟁에 대한 세상의 무관심 등으로 사면초가에 놓인 PLO는 분열을 겪게 되었고, 그런 상황 속에서도 소규모 테러 공격은 계속되었다. 아라파트와 그 외 대외적으로 잘 드러나지 않은 PLO 단체의 책임자들은 비행기 납치, 학생들에 대한 공격, 그리고 올림픽 선수 학살(검은 9월단이 1972년 제20회 올림픽에서 이스라엘 선수를 인질로 잡은 사건)*을 통해 전 세계를 공포에 떨게 만들었다는 비난을 받았다. 트레이드마크가 된 점박이 카피에를 쓴 아라파트의 모습은 서양인의 가슴에 두려움과 공포의 대상으로 자리 잡기 시작했다.

시간이 갈수록 아라파트의 대립적인 자세는 정치적으로 많은 문제를 불러일으켰다. 그는 유엔을 방문하면서 제복에 가죽 권총 케이스를 차고 나타났다. 1982년에 서부 베이루트에 있던 PLO 특수 기습부대가 이스라엘에 의해 바다에 내몰리게 되어 유엔군의 감시하에 후송되는 사건이 발생했다. 당시 그들은 9주 동안의 감금을 버텨낸 것 외에는 별다른 성과를 거두지 못했다. 걸프전이 한창이던 1991년에 아라파트는 사담 후세인을 지지하고 나섰고 서방 군대와 아랍 군대가 무서운 속도로 이라크인을 무참하게 밟고 지나가는 것을 지켜보았다. 1993년에 소련 지지자들도 모두 그를 떠나고 아랍 동맹국조차 싸늘한 태도를 보이자, PLO는 경제적으로 파산 상태에 이르게 되었다. 완전히 고립된 이 단체는 5년 동안 점령지역을 폐허로 만든 인티파다('봉기' 또는 '반란'이란 뜻으로 팔레스타인 사람들의 반이스라엘 저항운동을 말함)*를 통제할 수 없었다.

그러나 아라파트는 최악의 상황에서 어렵게 재기에 성공했다. 팔레스타인 군인들 사이에서 세력을 키워가던 이슬람 근본주의 덕분에 아라파트는 이스라엘 지도층의 눈에 비교적 온건파로 보였다. 곧이어 백악관을 방문한 그는 이스라엘 총리 이츠하크 라빈Yitzhak Rabin과 화해의 악수를 나누었고, 1994년에는 라빈과 함께 노벨 평화상을 수상했다. 역사의 도시 예리코는 새로 태어난 팔레스타인 정부의 중심지가 되었고, 가자 지구로 돌아와 눈물을 흘리는 아라파트의 모습이 전 세계에 방송되었다. 세계는 평화 협정이 성공할 것이며, 팔레스타인 국가에 대한 약속이 마침내 현실이 되리라고 믿었다.

1995년 라빈이 암살되었다. 아랍 과격주의자나 PLO 저격수가 아니라 이스라엘 우익 세력에게 살해당한 것이다. 다음 해 선거에서 우익 연합정당인 리쿠드Likud와 친미 성향의 지도자 벤야민 네탄야후Benyamin Netanyahu가 실권을 쥐었다. 그는 수상으로 임명되자마자 평화협정에 제동을 걸었고 이제 정치적으로나 법률적으로 애매한 지역에서 분노와 실망으로 떨고 있는 팔레스타인을 달래는 일은 아라파트의 몫이 되었다. 그는 무장 폭도를 이끄는 것보다 정치가 훨씬 어려운 일임을 실감했다. 심각하게 부패한 팔레스타인 정부는 공공사업이나 그밖의 일을 처리할 능력이 없을 만큼 무능했다. 많은 팔레스타인들은 그들의 새 정부를 전통적인 아랍 독재정치의 반복이라는 비극으로 받아들이고 있으며, 앞으로 팔레스타인이 중동 독재국가로 남게 될 운명에 처해 있다고 생각한다. 한편, 세계는 1993년에 시작된 평화협정이 실현될 수 있을 것이라는 기대감에서 앞으로의 정세를 예의 주시하고 있다(야세르 아라파트는 2004년 11월 11일 사망했다)*.

Hannah Arendt
한나 아렌트

1906~1975

20세기에 가장 눈부시고 독창적이며, 논쟁의 여지가 많은 정치 사상가이자 히틀러 독재를 피해 해외로 망명을 떠났던 한나 아렌트는 '악의 진부성'이라는 개념으로 널리 알려져 있다. 그녀는 1961년 「뉴요커」에 기고한 나치 전범 아돌프 아이히만의 재판에 관한 기사를 기고했다. 여기서 그녀는 우리가 아이히만이 괴물이었다고 믿는다면 마음은 편할 수 있겠지만, 그는 "소름 끼칠 정도로 정상적인 인간"이자 자신의 직업에 만족을 추구하던 전형적인 관료였으며 유대인에 대한 특별한 증오심도 없이 그저 자신이 맡은 일을 확고한 의지를 가지고 실천했을 뿐이라고 주장했다. 그녀의 눈에 아이히만은 악마나 정신병자가 아니라 "옳고 그름을 구별할 줄 모르는" 그저 평범한 인간이었다. 또 같은 글에서 그녀는, 유럽에 거주하는 유대인들은 저항 세력을 조직하는 대신 나치에게 다른 유대인들을 밀고하거나 넘김으로써 자기 민족에 대한 파괴 행위에 "협력했다"고 주장하여 동족인 유대인들의 분노를 샀다(이 글은 나중에 『예루살렘의 아이히만: 악의 진부성에 대한 보고*Eichmann in Jerusalem: A Report on the Banality of Evil*』라는 이름으로 출판되었다).

아렌트는 독일 하노버에서 동프로이센 유대인 가문의 후손이지만 유대교의 교리는 실천하지 않는 부유한 가정의 딸로 태어났다. 그녀의 어린 시절은 셈족에 대한 반감이 커져가는 가운데 독일 문화에 대한 감동에 사로잡힌 시기였다고 할 수 있다. 혼자 있는 시간을 즐기고 조숙했던 이 아름다운 소녀는 1924년에 마르부르크대학교에 입학했다. 그곳에서 그녀는 유명한 실존주의 철학자 마르틴 하이데거 교수를 만나 마치 마법에 걸린 듯 그를 사랑하게 되었고, 두 사람은 곧 연인 관계로 발전했다. 그녀는 그렇게 4년 동안 유부남이었던 교수와 은밀하게 열정적인 사랑을 나누었다. 그녀는 이후 하이데거와의 관계를 청산한 듯했지만 그와 주고받은 편지를 보면 전쟁이 끝난 후에도 그녀는 자신이 '숨겨진 왕'이라고 불렀던 하이데거와 또 다시 우정을 나눈 것으로 확인되었다. 또한 그녀는 제3제국 초기에는 하

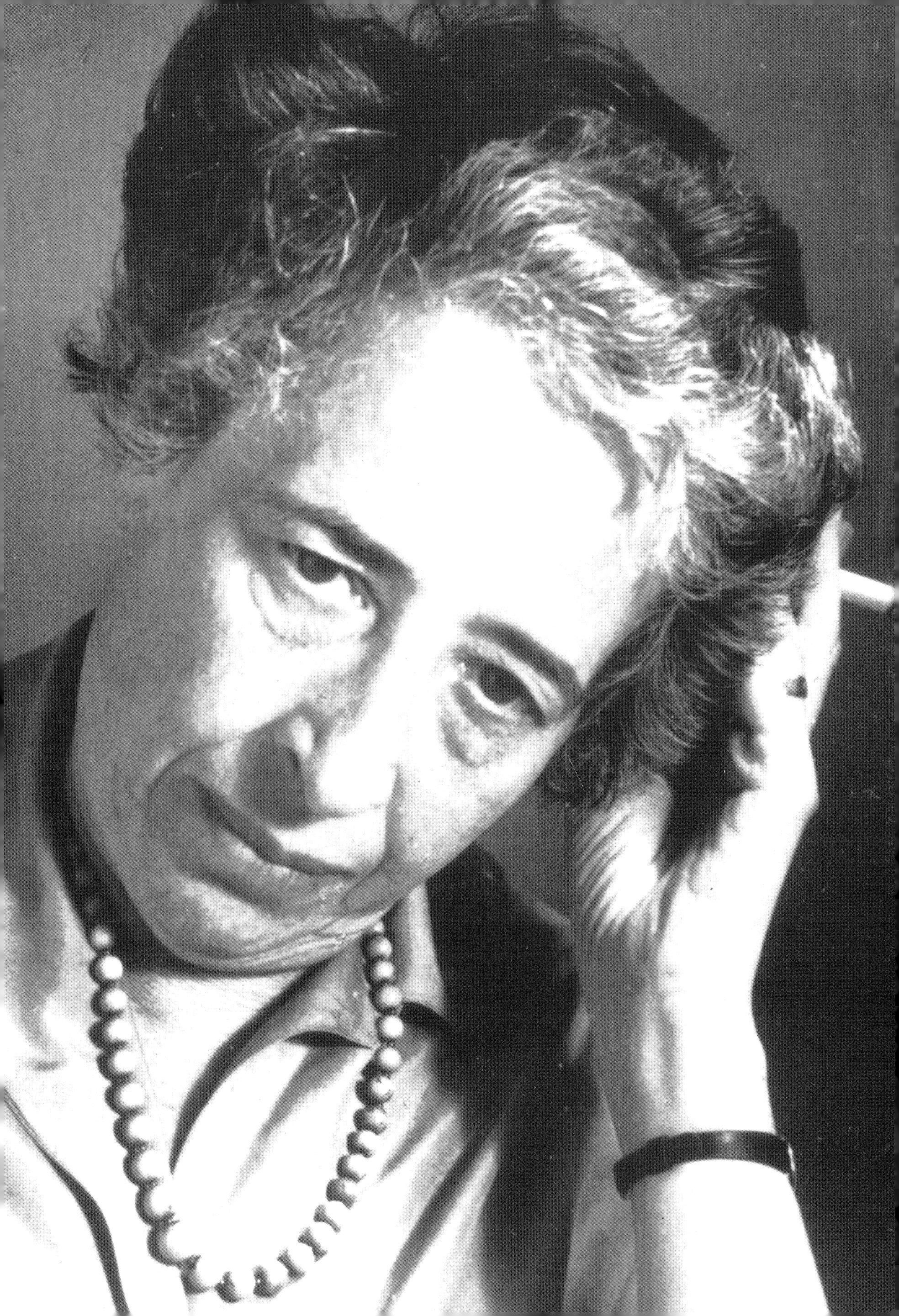

이데거가 히틀러의 지지자였음에도 불구하고 그의 연구 성과를 선전하고 다녔다. 하이데거와 그녀의 관계—아렌트는 이를 "불행한 사랑"이라고 표현했다—에 대한 윤리적 판단은 학자들의 관심의 대상이 되어 왔다.

그 후 아렌트는 하이델베르크대학교에서 칼 야스퍼스Karl Jaspers의 지도를 받게 되었다. 철학자이자 정신과 의사였던 야스퍼스는 친구이자 아버지 같은 존재였는데, 아렌트는 그를 "독일의 양심"이라고 불렀다. 그의 지도로 아렌트는 가장 훌륭한 교황이었던 성 아우구스티누스의 사랑 개념에 대한 박사 논문을 썼다. 그녀의 논문은 자신의 유대인 신분에 대한 한계를 설정하고자 하는 젊은 학자의 의지를 보여 주었다는 점에서 획기적이었는데, 당시 아렌트의 생각과 행동은 결코 전통이라는 이름으로 규제할 수 없었다.

1929년, 아렌트는 동료 학자 귄터 슈테른과 결혼하지만 그들의 결혼 생활은 오래가지 못했다. 1933년에 히틀러가 다시 권력을 회복하자 두 사람은 아렌트의 어머니와 함께 체코슬로바키아를 거쳐 파리로 망명했다. 아렌트는 그곳에서 집필 활동을 계속하는 동시에 유대인 단체를 위한 사회활동을 벌였다. 슈테른과 이혼한 1936년, 그녀는 노동자 계급 출신으로 마르크스주의를 신봉했던 하인리히 블루허라는 비평가를 만나게 되었다. 그녀는 프랑스 남부의 한 캠프에 6주 동안 구금되었다가 석방된 뒤 그 전에는 한 번도 이민을 생각해 본 적이 없었지만 블루허와 함께 어머니를 모시고 1941년에 뉴욕으로 탈출했다. 그녀는 생활비를 벌기 위해 「네이션*The Nation*」, 「뉴욕리뷰오브북스*The New York Review of Books*」, 그리고 「파르티잔리뷰*Partisan Review*」 같은 명망 있는 잡지에 원고를 기고했고 브루클린대학교에서 시간 강사로 학생들을 가르쳤다. 그녀가 엄청난 파장을 불러온 『전체주의의 기원*The Origins of Totalitarianism*』(1951)을 집필하기 시작한 것도 바로 이 시기였다. 3부로 구성된 이 책은 19세기의 반셈족주의와 제국주의, 그리고 20세기를 주도했던 전체주의인 국가사회주의와 공산주의 사이의 상관관계에 대한 연구서다. 아렌트에게 히틀러와 스탈린은 근대의 위기를 상징하는 인물로 보였고, 그들은 대중 사회의 '조직된 고독'을 이용하여 권력의 자리에 오른 지도자들이었다. 이러한 사회적 소외감과 분열은 평범한 사람이 근대적 폭군들의 이데올로기에 매우 쉽게 전염되는 결과를 낳았다. 그녀가 주장했듯이, 고전적인 전제정치에서는 그 유례를 찾아볼 수 없는 이러한 독재자들은 어느 누구도 예상치 못한 '과격한' 악이라고 할 수 있는 강제수용소를 탄생시켰다. 그녀는 『인간의 조건*The Human Condition*』

(1958)을 발표하면서 사회적으로 더욱 큰 성공을 거두며 많은 사람들에게 정치 철학의 최고 걸작이라는 호평을 받았다.

1959년에 아렌트는 프린스턴대학교 역사상 최초의 여성 교수로 임명되었으며, 다음 해에는 컬럼비아대학교의 객원 교수가 된다. 1960년대에는 시카고대학교와 뉴 스쿨 포 소셜 리서치New School for Social Research에서 강의했다. 이 시기에 그녀는 칼 야스퍼스가 발표한 『위대한 철학자들 *The Great Philosophers*』이라는 두 권짜리 책을 영어로 번역하고 여러 곳에서 강의를 했는데, 유럽에 들를 때면 하이데거와 야스퍼스를 방문했다. 그녀는 단지 자신의 철학적 의문, 특히 자신이 『인간의 조건』의 자매편이라고 여겼던 『정신의 삶 *The Life of the Mind*』라는 책에 대한 연구에 충실하고 싶었지만, 1970년대의 격변기를 맞아 일련의 사건들에 대한 정치적 해설을 작성하는 일에 매진했다. 그녀는 스스로 분류 자체를 거부했기 때문에 그녀의 작품들은 보수적이라거나 개혁적이라고 쉽게 규정할 수 없었다. 그녀가 시온주의에 매혹되면서도 무력을 앞세운 이스라엘의 열광적 애국주의에 반감을 가진 것 역시 이와 맥락을 같이 한다. 그녀는 자신이 규정한 '양심적 정치 추방자'의 삶을 살았다.

1975년, 그녀는 심장 발작을 일으켜 『정신의 삶』 제2권의 집필을 중단했고 금세기의 가장 박식하고 열정적인 학자는 영원히 잠들었다. 20세기의 가장 활동적인 지식인들 가운데 한 사람이었던 그녀는 공개토론장에서 그 자리에 참석했다는 이유 하나만으로도 토론의 질을 높이기에 충분한 존재였다. 홀로코스트와 전체주의에 관한 아렌트의 저서는 그녀를 위대한 정치 사상가로 우뚝 서게 만들었으며, 그녀의 관점은 종종 논쟁을 불러일으키기는 했지만 항상 신선했다. 그녀는 20세기 철학자들 가운데 지식과 고결한 인격과 도덕적 측면에서 독보적인 존재였다.

Dwight David Eisenhower
드와이트 데이비드 아이젠하워

1890~1969

평범하게 태어난 사람이 어떻게 위대한 사람이 되었는지 곰곰이 생각해 본 사람이라면 분명 드와이트 데이비드 아이젠하워의 삶을 떠올릴 것이다. 제2차 세계대전 당시 유럽을 무대로 활동한 연합군 최고사령관이자 미국 34대 대통령을 역임한 아이젠하워는 텍사스 주 데니슨 근처의 한적한 마을에서 불운한 목장 인부와 평생 고생만 한 그의 아내 사이에서 태어났다. 그의 가족은 곧 캔자스 주 애빌린으로 이사했는데, 그곳에서 어린 드와이트는 심부름꾼, 막노동꾼, 그리고 목동 노릇을 해서 돈을 벌어야 했다.

주립대학에 갈 형편도 못 되었던 아이젠하워는 해군사관학교와 육군사관학교 두 곳에 모두 응시했다. 나이가 너무 많아 해군사관학교에 갈 수 없었던 그는 육군사관학교에 입학했고 1915년에 웨스트포인트를 졸업했다. 그 다음 해 텍사스 주 샌안토니오에 주둔 중이던 그는 덴버의 부유한 정육업자의 딸 메이미 제네바 다우드를 만나 결혼했다. 아내가 집안일을 잘 하지 못했기 때문에, 그는 동료들에게서 '아이크 새댁'이라는 놀림을 받아가며 요리와 청소를 전담했다. 제1차 세계대전 중에는 잠깐 중령으로써 몇 가지 훈련 임무를 맡았지만 전쟁이 끝나자 대위로 강등되었다. 부대 축구 코치라는 한직으로 물러남에 따라 군 생활 자체가 위태로웠던 그는 두 가지 극적인 사건을 겪게 되었다. 하나는 1921년에 그의 어린 아들이 성홍열로 사망한 일이었고, 다른 하나는 슬픔을 털어버리기 위해, 파나마의 부부대장으로 부임해 달라는 폭스 코너 대령을 제의를 받아들인 일이었다.

슬픔과 기회를 통해 자극을 받은 아이크는 코너의 연줄을 이용해 육군지휘참모대학에 들어가 1등으로 졸업했다. 졸업 후 소령이 된 그는 현명하고 자기중심적인 더글러스 맥아더 장군의 부하가 되었으며, 1935년에 마닐라로 부임하는 맥아더를 따라 그곳으로 향했다.

1939년까지 대령이었던 아이크는 그로부터 3년 사이에 여러 번 진급을 거듭했

다. 하루는 육군참모총장 조지 마셜Geroge Marshal이 간단한 질문을 하나 하려고 그를 사무실로 불렀다. "태평양에서 전반적인 전선을 어떻게 배치해야 한다고 생각하는가?" 유능했지만 야전 경험이 전무했던 아이젠하워는 "비록 필리핀이 함락되더라도 필리핀 전선을 철수해야 합니다. 왜냐하면 아시아가 우리를 지켜볼 것이기 때문입니다. 그 다음 오스트레일리아가 함락되기 전에 그곳을 강화해야 합니다"라고 대답했다. 마셜은 심리와 전술을 교묘하게 결합한 그의 대답에 흡족해 했고, 아이젠하워는 또 다시 승진했다. 1942년에 아이크는 유럽 지휘권을 얻었고, 피 한 방울 흘리지 않고 52세의 나이로 육군 소장의 자리에 오르게 되었다.

완고하면서 외교적 수완도 뛰어났던 아이크는 때로는 유쾌하게 때로는 무자비하게 보였지만, 지뢰밭과 같은 정치 및 홍보 분야에서 흔들리지 않는 확고한 위치를 확보했다. 아군에게는 신뢰의 대상이었으며 적군에게는 공포의 대상이었던 그는 가난한 가정환경 때문에 겪은 모진 세파에서 얻은 경험을 토대로 전쟁에서 승리를 이끌어냈다. 십여 가지 깃발 아래 모인 수백만 군대의 움직임을 통제하는 권한이 있던 그는 지구 반쪽을 담은 지도 위에서 전략을 세우고 다양한 함대와 전투기 부대를 출동시켰다. 또 상호 견제라는 불안한 상황을 조정함으로써 욕심 많은 연합군 사령관들 간의 마찰을 중재했고, 점령 지역을 통치했으며, 자존심과 자아도취에 빠져 있던 조지 패튼George Patton, 버나드 몽고메리Benard Montgomery, 그리고 샤를 드골과 같은 뛰어난 군인들을 상대했다.

신기에 가까운 포커 기술의 소유자이며 늘 신중한 태도를 잃지 않았던 이 캔자스 출신인은 작전 개시일이었던 1944년 6월 6일에 악천후를 무릅쓰고 노르망디 상륙 작전을 감행함으로써 허세를 부리는 적군의 허를 찔렀다. 약 250만 명에 달하는 연합군 원정대는 잔뜩 긴장한 채 조용한 프랑스 해변에서 수 마일 떨어진 영국에 운집해 있었다. "제군은 이제 위대한 십자군 전쟁을 떠나게 된다." 아이젠하워는 출두 명령을 받은 장병들을 보내는 환송식에서 이렇게 연설했다. "세계의 눈이 우리를 지켜볼 것이다." 임무를 성공적으로 완수할 수 없을지 모른다는 비장한 각오를 한 낙하산 부대를 실은 미국 101공수부대가 출격하자 그는 눈물을 머금고 당면한 문제를 해결하는 일에 매달렸다. 그가 내렸던 문제의 소지가 많았던 결정들—북아프리카 비시 프랑스와 거래를 한 일과 패튼의 베를린 진격을 저지한 일—처럼 오버로드 작전Operation Overlord(연합군의 노르망디 상륙 작전의 암호명)*은 가능한 빨리 전쟁을 끝내려는 단 한 가지 목적을 위한 것이었다. 전투는 50일 동안 계속되었고, 그는 승리를 거머쥐었다. 또 이탈리아와 북아프리카 독립을 책임지고 있던 그는 1945년 5월 7일 독일의 항복을 직접 받아냈다.

전쟁이 끝나자 그는 컬럼비아대학교 총장이 되었고 대통령 후보 제안을 거절했다. 그러나 1952년 첫 번째 총선에서 승리하자 대통령직을 수락했다. 대통령이 된 그는 한국전에서 미군을 철수시킴으로써 선거 유세 때 내세운 공약을 지켰으며, 베트남 파병을 거부함으로써 베트남이 파놓은 함정을 피해 갔다. 그러나 국가의 안위를 지키려던 그의 신중한 행보도 인권에 대한 미온적인 태도로 그 빛을 잃고 말았으며—그러나 그는 1957년에 법원이 명령한 교내 인종차별 철폐를 강행하기 위해 아칸소 주 리틀록에 82공수부대를 파견했다— 또 그가 주장한 불간섭 외교 정책은 냉전 시대에 국무장관이던 존 포스터 덜레스로 하여금 강경책을 고수하게 만들었다. 한편 그는 '군산복합체'의 성장을 경고함으로써 미래를 정확하게 내다보는 능력을 입증했다.

전쟁터에서 보여 준 통찰력이 대통령의 퍼팅 그린(골프에서 홀 주위 20야드 이내의 구역)* 안으로 사라지자, 그에 대한 인기가 식었고 존경의 소리도 잦아들었다. 그러나 상식, 근면함, 그리고 자신과 신에 대한 믿음을 보여 준 충실함이 있었기에 첨예한 갈등이 반복되던 20세기에 대한 청사진을 제시할 수 있었다. 이러한 단순한 장점들이 역사의 한 시기에 그를 진정한 위인으로 만들어 주었으며, 그의 이러한 능력이 없었더라면 세상은 재앙의 늪에서 헤어나지 못했을 것이다.

::Photograph Credits

Addams, Jane *Archive Photos*

Ali, Muhammad *Paul Slade/Paris Match*

Allen, Woody *Chester Higgins/N.Y Times/Archive Photos*

Arafat, Yasir *Rene Burri/Magnum*

Arendt, Hannah *UPI/Corbis/Bettmann*

Armstrong, Louis *DR*

Armstrong, Neil *Archive Photos*

Astaire, Fred *Archive Photos*

Baker, Joshepine *Roger Viollet*

Ball, Lucille *The McClay Archives*

Bannister, Roger *Archive Photos*

Bardot, Brigitte *Walter Carone*

Barnard, Dr. Christian *Archive Photos*

Beatles, The *Roger Viollet*

Ben-Gurion, David *Horst Tappe/Archive Photos*

Bergman, Ingmar *UPI/Corbis/Bettmann*

Bergman, Ingrid *Archive Photos*

Bogart, Humphrey *Popperfoto/Archive Photos*

Brando, Marlon *Photofest*

Brecht, Bertolt *Agence Bernard*

Brown, Helen Gurley *UPI/Corbis/Bettmann*

Callas, Maria *AGIP*

Capone, Al *Archive Photos*

Carson, Rachel *Erich Hartmann/Magnum*

Cartier-Bresson, Henri *Martin Franck/Magnum*

Castro, Fidel *Francois Pages/Paris Match*

Chanel, Gabrielle "COCO" *Roger Schall*

Chaplin, Charlie *Photofest*

Christie, Agatha *Hubert De Segonzac/Paris Match*

Churchill, Winston *UPI/Corbis/Bettmann*

Colette *Harlingue/Roger Viollet*

Le Corbusier *Robert Doisneau/Rapho*

Cousteau, Jacques *Philippe le Tellier/Paris Match*

Curie, Marie *Keystone*

Dalai Lama *Benjamin Auger/Paris Match*

Dali, Salvador *Photofest*

Davis, Bette *Photofest*

Dean, James *Photofest*

De Beauvoir, Simone *Robert Doisneau/Rapho*

De Gaulle, Charles *DR*

Diana, Princess of Wales *Exprss Newspapers/Archive Photos*

Dietrich, Marlene *Photofest*

Dinesen, Isak *Nordisk Pressefoto/Archive Photos*

Disney, Walt *Archive Photos*

Duncan, Isadora *Imapress*

Dylan, Bob *Photofest*

Earhart, Amelia *UPI/Corbis/Bettmann*

Edison, Thomas *UPI/Corbis/Bettmann*

Einstein, Albert *Photo Researchers*

Eisenhower, Dwight D. *Camera Press*

Eisenstein, Sergei *Photofest*

Eliot, T. S. *UPI/Corbis/Bettmann*

Elizabeth, Queen Mother *Rex Features*

Elizabeth, Queen II *Camera Press*

Ellington, Duke *Frank Driggs Collection/Archive Photos*

Fellini, Federico *Roma Press Photo/Archive Photos*

Fermi, Enrico *Archive Photos*

Ford, Henry *Archive Photos*

Franco, Francisco *Archive Photos*

Frank, Anne *UPI/Corbis/Bettmann*

Franklin, Aretha *Photofest*

Freud, Sigmind *Archive Photos*

Friedan, Betty *Gerald Davis/Archive Photos*

Gagarin, Yuri *Archive Photos*

Gandhi, Indira *UPI/Corbis/Bettmann*

Gandhi, Mohandas *UPI/Corbis/Bettmann*

Garbo, Greta *DR*

Garcia Marquez Gabriel *Helmut Newton/Sygma*

Garland, Judy *Photofest*

Gates, Bill *Reuters/Sue Ogrocki/Archive Photos*

Ginsberg, Allen *Camera Press/Archive Photos*

Goodall, Jane *UPI/Corbis/Bettmann*

Gorbachev, Mikhail *Stone/Gamma*

Graham, Billy *Photofest*

Graham, Martha *Photofest*

Grant, Cary *Photofest*

Griffith, D. W. *Archive Photos*

Guevara, Che *Archive Photos*

Hawking, Stephen *Reuters/Martin Langfield/Archive Photos*

Hearst, William Randolph *Archive Photos*

Hefner, Hugh *Archive Photos*

Heifetz, Jascha *Photofest*

Hemingway, Ernest *Photofest*

Hepburn, Katherine *Archive Photos*

Hillary, Edmund Sir&Tenzing Norgay *UPI/Corbis/Bettmann*

Hirohito, Emperor *Keystone*

Hitchcock, Alfred *Archive Photos*

Hitler, Adolf *DR*

Ho Chi Minh *Roger PIC*

Holiday, Billie *Herman Leonard*

Horowitz, Vladimir *Photofest*

Ibarruri, Dolores *LAPI/Roger Viollet*

Jackson, Michael *Archive Photos*

Jagger, Mick *Photofest*

Jiang Qing(Madame Mao) *Bruno Barbey/Magnum*

John, Elton *Tim Boxer/Archive Photos*

Pope John XXIII *Photofest*

Jordan, Michael *UPI/Corbis/Bettmann*

Joyce, James *Faber&Faber/Paris Match*

Jung, Carl *Henri Cartier Bresson/Magnum*

Kafka, Franz *Keystone*

Kahlo, Frida *Archive Photos*

Keller, Helen *UPI/Corbis/Bettmann*

Kelly, Grace *Izis/Paris Match*

Kennedy, John F. *American Stock/Archive Photos*

Kevorkian, Dr. Jack *Reuter/Jeff Kowalsky/Archive Photos*

King, Billie Jean *Archive Photos*

King, Martin Luther, Jr *Archive Photos*

Ann Laders/Abigail Van Buren *Archive Photos/Photofest*

Lenin, Vladimir *Novosti Press Agency*

Lindbergh, Charles *Archive Photos*

Loren, Sophia *UPI/Corbis/Bettmann*

Luxemburg, Rosa *UPI/Corbis/Bettmann*

MacArther, General Douglas *Archive Photos*

Madonna *Photofest*

Malcolm X *Photofest*

Mandela, Nelson *Archive Photos*

Mao Zedong *Archive Photos*

Marx Brothers, The *Archive Photos*

Mata Hari *DR*

Matisse, Henri *Archive Photos*

Mead, Margaret *UPI/Corbis/Bettmann*

Meir, Golda *DR*

Monroe, Marilyn *Michael Ochs*

Montessori, Maria *UPI/Corbis/Bettmann*

Moore, Henry *Sabine Weiss/Rapho*

Murrow, Edward R. *Archive Photos*

Mussolini, Benito *Archive Photos*

Namath, Joe *Archive Photos*

Nassar, Gamal Abdel *Popperfoto/Archive Photos*

Nixon, Richard M. *Archive Photos*

Nureyev, Rudolph *Photofest*

O'keeffe, Georgia *UPI/Corbis/Bettmann*

Oliver, Sir Laurence *American Stock/Archive Photos*

Onassis, Jacqueline Kennedy *Molly Thayer Collection/Magnum*

Oppenheimer, J. Robert *Henri Cartier Bresson/Magnum*

Owens, Jesse *Barnaby's/Archive Photos*

Pankhurst, Emmerline *Iln/Archive Photos*

Parker, Charlie *Freddie Patterson/Archive Photos*

Pasternak, Boris *Cornell Capa/Magnum*

Pavarotti, Luciano *David Lees/Archive Photos*

Pavlova, Anna *Photofest*

Pel? *Archive Photos*

Peron, Eva *DR*

Piaf, Edith *Izis/Paris Match*

Picasso, Pablo *Robert Capa/Magnum*

Pickford, Mary *Photofest*

Pollock, Jackson *Pollock-Krasner/Hans Namuth*

Presley, Elvis *Photofest*

Proust, Marcel *Martinie/Roger Viollet*

Rand, Ayn *UPI/Corbis/Bettmann*

Reagan, Ronald *Photofest*

Riefenstahl, Leni *Express Newspapers/Archive Photos*

Robinson, Jackie *UPI/Corbis/Bettmann*

Rockefeller, John D. *Photofest*

Roosevelt, Eleanor *Philippe Halsman*

Roosevelt, Franklin D. *Roger Viollet*

Rosenberg, Ethel&Julius *Archive Photos*

Rudolph, Wilma *Express Newspapers/Archive Photos*

Russel, Bertrand *Archive Photos*

Ruth, George Herman 'Babe' *American Stock/Archive Photos*

Sanger, Margaret *Hackett/Archive Photos*

Sartre, Jean-Paul *Marc Riboud*

Schweitzer, Albert *Archive Photos*

Shaw, George Bernard *LAPI/Roger Viollet*

Sinatra, Frank *Photofest*

Solzhenitsyn, Aleksandr *UPI/Corbis/Bettmann*

Spielberg, Steven *Photofest*

Spock, Dr. Benjamin *Archive Photos*

Stalin, Joseph *Photofest*

Stein, Gertrude *UPI/Corbis/Bettmann*

Stravinsky, Igor *Photofest*

Streisand, Barbra *Photofest*

Taylor, Elizabeth *Burt Glinn/Magnum*

Temple, Shirley *Stills*

Teresa, Mother *Raghu Rai/Magnum*

Thatcher, Margaret *Photographers Int/Archive Photos*

Thorpe, Jim *Branger/Roger Viollet*

Tokyo Rose *Archive Photos*

Toscanini, Arturo *UPI/Corbis/Bettmann*

Truman, Harry S. *Archive Photos*

Turner, Ted *Reuters/Mark Cardwell/Archive Photos*

Valentino, Rudolph *Photofest*

Von Braun, Wernher *UPI/Corbis/Bettmann*

Vreeland, Diana *Cecil Beaton/Sotheby's*

Walesa, Lech *Imapress/Archive Photos*

Warhol, Andy *Photofest*

Watson&Crick *Archive Photos*

Wayne, John *Photofest*

Welles, Orson *Archive Photos*

West, Mae *Archive Photos*

Williams, Hank *Archive Photos*

Williams, Tennessee *Ara Guler/Magnum*

Windsor, Duke&Duchess of *Photofest*

Winfrey, Oprah *Terry Thompson/SIPA*

Woolf, Virginia *Camera Press/Archive Photos*

Wright, Frank Lloyd *American Stock/Archive Photos*

Wright, Wilbur&Orville *UPI/Corbis/Bettmann*

Zaharias, Babe Didrikson *UPI/Corbis/Bettmann*

Zapata, Emiliano *UPI/Corbis/Bettmann*